羅光全書

冊二

生命哲學訂定版

生命哲學續編

生命哲學再續編

臺灣學生書局印行

冊二總目錄

二之一　生命哲學訂定版

訂定本序……I
修訂本序……IX
第一版序……XIII
第一章　中國的生生哲學……一
一、中西形上本體論比較研究……一
1 西洋形上學……一
2 中國形上學……四
二、中國生命哲學的發展……八

1 原始的生命哲學……八
2 生命哲學的成熟……一〇
3 中庸禮記的生命思想……一三
4 老莊講生命的發揚……一七
5 秦漢的生命哲學……二〇
6 佛教的生命哲學……二五
7 理學家的生命哲學……二七
8 結論……三五
第二章 創造……三七
一、創造……三七
1 宇宙萬物常動……三七
2 創造力……四三
3 創生力……四六

二、宇宙萬物……五三
1 創造主……五三
2 宇宙……五五
3 化生……五八
甲、化生的意義……五八
乙、化生的次序……五九
三、時間與空間……六三
1 空間……六三
2 時間……六九

第三章 生命

第三章 生命……七七
一、論變易……七八

1 西方哲學……七八
甲、變易的意義……七八
乙、能和成的關係……八〇
丙、動力因……八五
丁、個　體……八六
2 中國哲學……八八
甲、氣·陰陽……八八
乙、理和氣……九一
丙、變　易……九二
3 創生力的變易……九三
甲、創生力的變……九三
乙、創生力的造……九五
二、生　命……九六
1 生命的意義……九六

2 生命的成因……一〇〇
3 生命的特性……一〇五
三、生命的本體……一一〇
1 本體（體）……一一一
2 附體（用）……一一五
3 生命與在……一二一
4 生命與性……一二七
四、生命的整體性……一三一
1 實體的整體性……一三一
甲、實體因著生命而成為「一」……一三一
乙、實體因著生命而成為真、美、善……一三四
2 自我的整體性……一三六
甲、我因着生命而有「自我」……一三六

乙、整體的自我……一三八
丙、一致的自我……一四〇
丁、空間與時間……一四一
第四章 生命的發展——生活……一四三
一、自我……一四三
1 自我是我的生命……一四三
2 自我意識……一四六
甲、直見之知……一四六
乙、反省之知……一五〇
丙、永恒之知……一五三
二、美……一五六
1 求滿足……一五七

2 美感……一五九
3 美的欣賞……一六一
三、善……一六五
1 求利……一六五
2 求善……一六八
3 罪惡……一七一
四、真……一七七
1 求知……一七七
甲、理智……一七七
乙、理的世界……一七九
丙、主體客體相結合……一八三
2 求眞……一八八

五、愛……一九二
1 求取……一九二
2 求予……一九四
六、自由創新……一九五
1 心靈……一九六
2 自由……二〇一
3 無止境……二〇六
4 創新……二一一
七、發展歷程——歷史……二一六
第五章 生命的旋律……二三一
一、生命的世界……二三一

1 自然世界……二二一
2 人文世界……二二六
3 信仰世界……二二七
二、人文世界的建立……二三〇
1 傳達……二三一
2 符號……二三四
3 語言文字……二三九
三、人文世界的規律……二四一
1 原則……二四二
甲、天道……二四二
乙、我發展自己精神生命……二四四
丙、我贊造物者的化育……二四七
丁、人造規律……二五三

2 善德……二五四
甲、仁……二五五
乙、義……二五九
丙、禮……二六一
丁、智……二六五
3 修養……二六九
甲、正心立志……二七〇
乙、守敬主一……二七二
丙、淨心寡慾……二七七
丁、誠心對主……二八一
戊、自强不息……二八四
四、生命的旋律……二八八
1 家庭……二八九
2 社會……二九二

3 國　家……二九六
第六章　生命的超越……三〇一
一、中國生命哲學的生命超越……三〇二
1 儒家——聖人……三〇二
2 道家——至人……三〇九
3 佛教——佛……三一七
二、天主教精神生命的超越……三二六
1 形上的學理……三二六
2 空虛自己……三三二
甲、觀　過……三三二
乙、空虛自我意識……三三五
A 主動空虛自我意識……三三五
B 被動空虛自我意識……三三八

3 愛的圓融……三四七
甲、與主圓融……三四七
乙、與物圓融……三五三
A 宇宙圓融……三五四
B 人類圓融……三五八
C 存在圓融——生命圓融……三六二

二之二 生命哲學續編

序……I
第一章 宇 宙……三六七
一、宇宙爲無限之力……三六七
二、宇宙的質與理……三六九
三、力……三七三
第二章 「一」的根基……三七九

一、實體的一……三七九
二、實體的一致性來自創生力……三八二
三、位稱……三八六
附錄……三九一
第三章 二與變——陰陽……三九五
一、行動……三九五
二、變化……三九九
附錄：物理之道……四〇二
第四章 整體的實體……四一三
一、實體由力而成……四一三
二、實體爲存在……四一五
三、實體爲複雜的繼續生化體……四一七
四、體和用……四二一
五、結語……四二四

附錄：熊十力新唯識論……四二五
第五章　主體——我……四三一
一、人——心物的關係……四三一
二、靈魂的來源和永生……四三四
三、主體的認知……四三九
四、我——三我……四四四
第六章　合一的宇宙……四四九
一、生態學的合一宇宙……四四九
二、儒家的合一宇宙……四五二
三、生命哲學的合一宇宙……四五六
附錄：懷海德——自然與生命……四六二
第七章　圓滿的認識論……四六七
一、肯定的前題……四六七

二、莊子的氣知……四七一
三、合理的完滿認識論……四七六
第八章　倫理道德和生命……四八三
一、倫理和生命……四八三
二、道德和生命……四八七
三、仁和生命……四九二
第九章　美與生命……四九七
一、美的意義……四九七
二、美是活的……五〇〇
三、美是統一的整體……五〇六
第十章　歷史與生命……五一三
一、歷史的意義……五一三
二、歷史表現人生命之目的和趨向……五一八

三、歷史哲學……五二一
第十一章 文化與生命……五二七
一、民族的生活……五二七
二、生命的創造力……五三〇
三、宗教的創造……五三三
第十二章 位格在當代哲學可有的意義……五三七
一、西方哲學……五三七
二、中國哲學……五四〇
三、生命哲學與位格……五四二
附錄：位格的弔詭……五四五

二之三 生命哲學再續編

序……………………………………Ⅰ

一、生命的形上問題

一、生命哲學的形上問題……………………五五一
二、存在的行、動、變……………………五六三
三、論附加體或附加式……………………五七五
四、生命哲學中單體的成因……………………五八五
五、生命哲學的認識論……………………六〇一
六、生命哲學的時間和記憶……………………六一九
七、生命哲學融會中西哲學思想……………………六五五

二、生命的意義

八、生—生命是愛……六六九
九、婚姻—常學習　常相愛……六七三
十、老—學到老　愛到老……六七七
十一、病—愛心繞病榻……六八一
十二、死—愛的圓融……六八五

三、古哲的思想

十三、聖奧斯定論「我」……六八九
十四、曾國藩家書的五倫道德……七〇七
十五、王船山思想的體系……七三九

附　錄

一、生命與信仰互融的智慧（談羅光教授的生命智慧）……周景勳……七四九
二、羅光的生命哲學……李匡郎……七七三

羅光全書

冊二之一

生命哲學訂定版

臺灣學生書局印行

訂定本序

一

生命哲學一書，在民國七十四年元旦出版。民國七十七年九月出版了修訂本，今年民國七十九年年底出版了訂定本。在五年以內，這本書經過了兩次大修改。

第一次的修改，在於增加「生命」的說明。初版的生命哲學，試圖以「生命」貫通全部哲學，重點在貫通上。修訂本把重點放在「生命」上，從哲學思維去解釋「生命」。

自然科學解釋「生命」，以由單細胞分裂爲另一細胞，爲生命的開始，由簡單而到複雜，爲生命的發展。這是自然科學的「生命」，不是哲學的「生命」，且不能解釋精神生命。

哲學的「生命」，爲內在的活動以成就自己。內在的活動，爲一種內在由能到成的變易。

生命哲學的修訂本，講論了「變易」。「變易」的觀念來自西方士林哲學，但是士林哲學以本體不能變，本體變便是滅。本體由生而有，一有就是成，一成就不變；變只是附加體的變。這種不變的本體，只是一個抽象的觀念，如同「有」的觀念也是一個抽象的觀念。中國哲學由具體存在方面去研究「有」，具體的有乃是繼續的「生」。本體的生，不是一生就固定不變，而是繼續不斷的生，假若一斷了「生」，便不存在，不有了。中國哲學乃以「有」爲「生命」。

「生命」，爲繼續的內在變易，繼續由能而到成。在這方面，有兩個重大的難題：第一，內在的變是本體的變，本體若變，本體怎麼存在？第二，本體繼續變易，變易爲用，變易的體何在？熊十力講宇宙生命，以宇宙就是生命，生命就是宇宙，體用不分，體用合一。王船山講易經，以性日生，命日降，性由陰陽相合而成，陰陽相合依照天命而結合，生命便是陰陽的結合，生命的體就是陰陽，佛家講生命的輪廻，用燭火作比喻，火是生命，輪廻是火由一燭點燃另一燭，燭是「六入」。「六入」爲六識，代表身體。

我自哲學方面去講，重點在「本體」上。現代西洋哲學許多派系反對傳統不變的本體(Substance)，認爲是一種虛構的觀念。士林哲學根據亞立斯多德和聖多瑪斯的思想，主張本體爲一抽象觀念，但是在具體的「有」上有根據；因此，並不肯定本體在具體上不能變。例如「一致性」(Identity) 問題，我爲什麼常是我？十年前的我，二十年，三十年，以至於八十年前，剛出生的我，就是今日的我？西洋哲學有些派系說是因爲有「記憶」，有些派系說是有「自我意識」，有些派系說是因爲有「心理感受」；這些說明都不能解答所要解答的問題，都是從自然科學心理學去解答。實際上哲學要從「本體」去解答，我常是我，因爲我的本體不變。但是「本體」究竟是什麼？「本體」是一個自立的個體。我是一個自立的個體，這個自立個體，在具體上無論怎麼變，常是這個自立個體。我是一個由心物合成的自立個體，心物兩方面都常在變，自立個體則常是這一個。同樣，這張桌子，四支腳若換了三支腳，仍舊是這張桌子，你可以反駁說桌子除了桌面和腳以外，還有什麼？我也可以反問你，你說這張桌子，爲什麼不說這張桌面或四支腳？這張桌子是個本體，本體是個觀念，但不是虛構的觀念，而是在實事上有根據的觀念，感覺看不到，理性則見到。

生命的本體，就是每個具體存在的實體，這個實體繼續由能而到成。「成」便是實體，實體既成，又繼續由本體之能到成。繼續之成相連，不是滅和生相繼續，又不是兩個自立體的結合，而只是一個變易的自立體。士林哲學以自立體不變，自立體的附加體則變，自立體常是同一的實體。實際上，一個人的身體的變，由少到老，不僅是附加體的變，而是身體本體都變了，所以現代哲學派中，有許多不承認在身體以外另有人的本體。然而身體實際上變了，個體的我則沒有變，便必須在身體以外另有人的本體。同樣人的生命，是繼續內在的變易，繼續變易是繼續由能到成，變易的本體，即生命的本體就是「成」，「成」在觀念上不變，就是本體的不變，我的不變，實際上則繼續在變，我繼續在變。

二

這次訂定本的修改，在於講明生命的來源。

儒家的易經，主張宇宙爲一道生命的洪流，而以生命的根源爲天地，繫辭下第一章說「天地之大德曰生」，朱熹便說天地以生物爲心，日夜不停，化生萬物。道家的老子以「道」爲天地之根，「道」化生萬物。莊子卻承認有造物者，佛教以「眞如」爲萬物的本根，「眞如」向外表象而成萬物，萬物好似海水的波浪，爲海水的外象。

宇宙萬物爲相對的實體，相對的實體有自己存在的開始，在開始以前不存在，不存在者不能使自己存在，所以必須由絕對自有的實體使它存在，宇宙便有創造主天主。創造主天主創造宇宙，不是由自體變化而化生宇宙萬物，因爲創造主是絕對之有是純全之成，本體不能變易。創造主天主用創造力而創造宇宙。創造力爲絕對之有之力，爲全能之力，由無中造有。

創造力創造宇宙是造一種力，這種力稱爲「創生力」。創生力有體有用，即是一個變易的質體，有如老子所說的「道」和張載所說的「太和」。這種質體含有無盡的能，又有創生的力，又有變易之理。創生力和創造力常相銜接，由創造力乃常有發動各種變易之力。變易之力，發動變易，由理和質相合，化生萬物。聖多瑪斯曾經說天主的創造是繼續的創造，天主若停止創造，宇宙就歸於無。

創生力就是宇宙，開始時只一物體，逐漸變化，化生他種物體。物體的化生，不由別種物體進化而來，而由創生力的發動，使一種理和質相結合而成物。實際上爲一種進化論，但不是物種進化論，而是「適者生存論」，到一種物體適於生存的空間和時間，創生力便發動相應的理和質，而化生適於生存的物。這種創生的力在宇宙以內，所以創生力的變 是宇宙內在的變易，因而稱爲宇宙的生命，宇宙是生命的洪流。

生命雖是繼續的變易，生命卻常是一，而且是一的根由；生命乃有整體性，整個宇宙是一，不論銀河多麼多，星辰多麼衆，彼此距離多麼遠，宇宙是一，是一個創生力。每一個物體的一，來自它的存在，實際存在爲生命；物體的一來自生命。人活着爲一個人，人死了，身體就解肢分化。凡是通常所說有生物，都由生命結成一；就是通常所說的無生物也由它的存在而成一，無生物的存在實際上也是繼續的變，因爲創生力也在這些物中，創生力是活動的，因此凡是實體沒有不內在變易的，都稱爲生物，都由生命而成一。一是整體性，人的整體，由生命而來，一件肢體若失去了和生命相通，成爲一件死肢體，便不在人的整體內了，可以挖去割去，別的物也是一樣。一塊石頭，一部份風化了，就是這部份和整體的存在——生命不相通了。

創生力是宇宙，創生力的力週遊宇宙，貫通萬物，萬物的生，靠創生力的力；萬物的存在，靠創生力的力。

三

對於生命的發展，這次訂定本特別提出美善眞和愛的活動。宇宙的生命，以人的生命最高，最複雜，最完成，朱熹曾說人得理之全，物得理之偏。人的生命爲心物合一的生命，然以心的生命爲主宰。心的生命，在於美、善、眞、愛的各種活動，遍及知識生活，意志生活，情感生活，且有發展的歷程，形成歷史的意義。

人的生命，不能孤立，和宇宙萬物的生命相連，人生命的發展，一出母胎，就有家庭，由家庭進入人類社會，由社會伸張到國家和人類。同時，人的生命和宇宙自然界相連接而不可分，王陽明稱爲「一體之仁」，孟子乃說『親親，仁民而愛物』。這是生命的旋律，生命在宇宙中週遊，由人而到物，由物而到人。中庸講至誠之人，『唯天下至誠，爲能盡其性；能盡其性，則能盡人之性；能盡人之性，則能盡物之性；能盡物之性，可以贊天地之化育，

則可以與天地參矣。」（第二十二章）

人的生命，由心靈發展，則不限於宇宙以內。我曾寫「我的生命哲學」一文，對於生命的超越，有以下的話。

> 中國古代哲學，儒釋道三家都很明顯地指示人的生命應超越人世的有限界限。道家指示人忘掉形骸，以心神的元氣和宇宙的元氣相合，成為「真人」，長生不死，和宇宙而長終，莊子寓言真人入火不焚，入水不濡，飄遊六合中。佛敎指示人泯滅假心，尋到真心，真心卽真我，真我卽真如，真如卽絕對實體，人和真如相合，進入涅槃，「常樂我淨」，常在，喜樂，真我，潔淨。儒家指示人和天地合其德，與天地參，贊天地的化育，易經乾卦文言：「夫大人者，與天地合其德，與日月合其明，與四時合其序，與鬼神合其吉凶」。中國哲學都提挈人的精神生活，發展到無限的永恒境界。
>
> 但是我的生命，來自絕對的生命。和宇宙萬物的生命相合，我能「仁民而愛物」，我的生命通貫到宇宙萬物裏，有孟子所說的「浩然之氣」的境界，便要超越宇宙，面對絕對的生活，「慎終追始」，始自絕對的生活，終於絕對的生命。

我的天主信仰指示我，我生命的歸宿，是回到造物主天主。天主是絕對的完全生命，是絕對的真美善。我回到天主，因祂的永恒生命，而使我的生命永遠存在，因祂的絕對真美善，我生命所追求的享受，乃能達到追求的目的。我的超越生命的完成是一種超越的圓融的愛；因為天主是愛，絕對生命的生命就是愛。

「在愛中，圓融為一。天主教的超越生命，不是冷清的冰冷生命，不是消失感情的平靜生命，也不是空的虛浮生命，而是最實際，最有活力的超性生命，不是高飛天際傾向不可攀登的天主，而是天主在我心內的生命。超越生命是生命本體的體認生命，生命的根由和受造生命的結合，人乃以整個心靈喊叫天主為『天父』。」

（哲學與文化第一八五號）（哲學年刊　一九八九年）

羅　光　民七十九年八月十八日　序於天母牧廬

修訂本序

民國七十三年我出版了「生命哲學」一書。這本書大半是我在宏恩醫院治病時所寫，當時祇想用「生命」貫通中國哲學和士林哲學，注意點是在於「貫通」，所以把中國哲學和士林哲學的重要部份，都列舉在書裏，全書的次序也是傳統士林哲學的次序，認識論、本體論、宇宙論、心理學、倫理學、精神生命。因而給人一個印象，是在講一次士林哲學。

出版以後，五年以來，我深入研究生命哲學的意義，漸漸有了新的構想。西洋哲學講論「有」，「有」是一個實體，可以說是「有者」。但是「有」爲什麼有呢？「有」究竟是什麼？西洋哲學認爲不必講，也不能夠講。中國哲學卻就是講「有」是什麼，「有」是「變易」。「有」爲什麼有呢？因爲「在」。「在」是什麼？「在」是變易。「變易」是什麼？是「生生」。中國哲學提出來「生生」，說「生生」是生命，但沒有講生命是什麼。

我說明生命是內在的「由能到成」。「有者」就是「在者」，「有」是因爲「在」。「在」則是繼續的變易，繼續的變易成於物體以內，所以是生命。

「有者」或「在者」可以說是本體，繼續的由能到成，可以說是用。實際上本體祇是一個抽象觀念，雖是抽象但有實際的根據，實際的根據在於繼續由能到成的用常結成一整體性和一致性，就是普通所說的「我」。實際的「我」則是繼續由能到成的行，即是生命。中國哲學常講體用合一，或體用不分。

這種生命，卽繼續由能到成的變易，或行，要由附體的變易才顯露出來，例如我的生命，要由身體的變易和心靈的變易顯露出來。附體的變易則由時間而顯露，時間所以是生命的顯露，顯露由先後的次序而明。「我」的「在」，不是一個孤獨的在，而是在許多的「在」中，「我」和「別的我」卽「非我」的分別，要在空間顯出，空間便是單體生命的顯露。

「我」爲一個體，這個個體常是一致，所以是一致，因爲是同一生命，個體的整體性和一致性由生命而成。宇宙萬物的個體，雖都是單體，卻不是孤獨的單獨在，而是在生命上互相連繫，因爲每個物體的變易在動因上互相關連，最後的動因則是造物主的「創造神力」；「創造神力」發動——宇宙開始時的初次物體，予以「創生力」，初次物體發動再次物體，以後陸續發動，陸續傳予「創生力」，然而從開始到現在，一切物體仍靠造物主的「創造神力」繼續支持；這種繼續支持，等之於繼續創造。造物主的「創造神力」，卽是造物主生命的神力，這種生命的神力，連繫了整個宇宙的萬有，宇宙萬物在生命上乃有整體性，而宇宙萬物的生命也有整體性，由同一的生命神力所發，分享造物主的生命。

宇宙萬物的生命，在人的生命中全部表現出來，人的生命則是「我的生命」。「我的生命」造成人文世界，也造成整個世界，凡是沒有和「我的生命」相連繫者就等於不存在。

「我的生命」不僅在我以內生活，又在我的世界裏生活，和別的我（人）相通，且和宇宙萬物相通，好似一湖水，互相旋流，旋流的水就是仁愛。

「我的生命」來源在造物主的生命，本然地就傾向回歸來源。中國儒釋道的哲學都講一個生命的超越目標。士林哲學和天主教的神學相連，指定「我的生命」的超越目標，在於分享基督的神性生命，由本性生命邁進超性生命。

「生命哲學」因此便是完全講生命，不僅以生命貫通一切，而是解釋生命的意義，由生命的意義解釋萬有。這樣的解釋好似走入海德格的存在論路線，我先不知道，近日閱讀項退結教授在哲學與文化月刊所發表「海德格的存有與時間探微」，才理會出來，但是內容不相同。以前我講生命哲學時沒有看到方東美教授的文章，後來看到他的著作，發現我們都是由同一路線解釋中國哲學。這一點或者表示哲學應該向這方向走。

「生命哲學」修訂本現在付印，出版後大概不容易被讀者所明瞭，更不容易被讀者所接納；但是我相信我的路線是不錯的。

民國七十七年四月十七日　序於天母牧廬

第一版序

從事哲學的研究工作，已經五十年。在求學時代所研究的爲西洋哲學，在教學時代所教的是中國哲學，在寫作方面所寫的爲中國哲學思想史和士林哲學。五十年來雖不是全副精力都集中在哲學研究上，但每天都幾乎用了三分之一的時間去研究。花了這麼長的時間，費了這麼多的精力，對於哲學自己有什麼心得？只是介紹中西的哲學或是自己有點哲學思想呢？

目前中西都不是哲學興盛的時代，歐美雖然新起一些哲學派別，然都是「人存哲學存，人亡哲學亡。」中國國內在大陸馬克思思想暫時在稱霸，然將來必是「暴雨不終朝」；在臺灣大家焦慮着如何產生新的中國哲學，使傳統的哲學可以有薪傳，新的中國社會能夠有中心的思想。天主教會去年紀念利瑪竇來華四百週年，激起天主教接受中國文化的問題。我既研究中西哲學，在這兩方面都有應盡的責任。

唐君毅先生的最後一部著作，名稱是生命存在與心靈境界，代表他自己的哲學思想。這部著作有一千兩百頁，詞句深奧艱澀不易讀，讀的人不多。但是他由生命和心靈去講哲學，路途非常正確。

方東美先生所著的中國哲學之精神及其發展英文原本雖已出版，讀者頗少，中文譯本上冊今年已出版。這部著作雖是講中國以往的哲學，但是方先生以生命和生命超越解釋中國哲學的精神，也可以說是代表他本人的思想。

我的這部書，名爲「生命哲學」，不是以哲學講生命，而是以生命講哲學，這乃是儒家哲學的傳統。

易經以「生生之謂易」，宇宙變易以化生萬物，萬物繼續變易以求本體的成全，整個宇宙形成活動的生命，長流不息。西洋形上學以萬物爲「存有」，「存有」卽存在之有，爲一切事物的根基。中國哲學以萬有之「存有」爲動之「存有」，爲「生命」，乃萬物的根基。「存有」和「生命」爲一體之兩面。在這兩面的根基上，建立我的哲學思想。

哲學爲學術工作，乃生命的高度活動；哲學的研究對象乃是生命，爲我的生命向各方面的表現。我的生命不限於生理的生命，而以心靈生命爲主。心靈生命向外的開展，認識宇宙萬物。宇宙萬物進入我的心靈，引起我對萬物發生關係的意識，我明瞭生命不是孤獨，而是相通。宇宙不是塊然無靈的客體，乃密密地和我的生命相連。我的心靈給予宇宙萬物一種眞美善的意義和價值，顯示造物主的愛心。

人的社會從心靈的眼去觀看，不是數字的統計，生產和消費，只有形相的文明。社會文明的眞諦在於生命的聯繫，在於聯繫的和諧。科技造成的機械，若缺少了心靈仁愛的動力，將要燒毀人類的文明，遺留一堆灰燼。

心靈的仁愛週遊在宇宙萬物以內，造成生命的旋律，激盪人類的生命向前創新，和造物主的神愛相融會。心靈生命進入無限的天淵，擴展到絕對的眞美善，達到生命的頂點，在愛的圓融中，安祥幸福。

沿着心靈生命發展的歷程，本書講論了認識論，以建立人文的世界。研究了本體論，以認識萬有的基本。探索了宇宙論，以體驗生命的聯繫。分析了心理現象，以觀察生命的創新。討論了倫理學，以建立生命旋律的規範。描述了心靈生命的發揚，以窺見生命的超越。

生命的哲學，貫通了全部哲學的思想，結成一生活的系統。不是「隔岸觀火」地研究哲學的對象，而是我在哲學的對象內生活。這就是中西哲學的結合，萬物爲「存有」，「存有」爲「生命」。

生命哲學可以代表中國傳統哲學的革新而成爲中國的新哲學嗎？生命哲學可以作爲天主教思想和儒家思想的結合成爲教會本地化的基礎嗎？請好心的讀者自作答覆。我只述說了我自己的哲學思想。

民國七十三年八月一日 序於天母牧廬

生命哲學訂定版

目錄

訂定本序……I
修訂本序……IX
第一版序……XIII
第一章 中國的生生哲學……一
一、中西形上本體論比較研究……一
1 西洋形上學……一
2 中國形上學……四
二、中國生命哲學的發展……八

1 原始的生命哲學……八
2 生命哲學的成熟……一〇
3 中庸禮記的生命思想……一三
4 老莊講生命的發揚……一七
5 秦漢的生命哲學……二〇
6 佛教的生命哲學……二五
7 理學家的生命哲學……二七
8 結　論……三五
第二章 創　造……三七
一、創　造……三七
1 宇宙萬物常動……三七
2 創造力……四三
3 創生力……四六

二、宇宙萬物……五三
1 創造主……五三
2 宇宙……五五
3 化生……五八
甲、化生的意義……五八
乙、化生的次序……五九
三、時間與空間……六三
1 空間……六三
2 時間……六九
第三章 生命……七七
一、論變易……七八

1 西方哲學……七八
甲、變易的意義……七八
乙、能和成的關係……八〇
丙、動力因……八五
丁、個　體……八六
2 中國哲學……八八
甲、氣·陰陽……八八
乙、理和氣……九一
丙、變　易……九二
3 創生力的變易……九三
甲、創生力的變……九三
乙、創生力的造……九五
二、生　命……九六
1 生命的意義……九六

2 生命的成因……一〇〇
3 生命的特性……一〇五
三、生命的本體……一一〇
1 本體（體）……一一一
2 附體（用）……一一五
3 生命與在……一二一
4 生命與性……一二七
四、生命的整體性……一三一
1 實體的整體性……一三一
甲、實體因著生命而成為「一」……一三一
乙、實體因著生命而成為真、美、善……一三四
2 自我的整體性……一三六
甲、我因着生命而有「自我」……一三六

乙、整體的自我……一三八
丙、一致的自我……一四〇
丁、空間與時間……一四一

第四章　生命的發展——生活……一四三

一、自　我……一四三
1 自我是我的生命……一四三
2 自我意識……一四六
甲、直見之知……一四六
乙、反省之知……一五〇
丙、永恒之知……一五三
二、美……一五六
1 求滿足……一五七

2 美感……一五九
3 美的欣賞……一六一
三、善……一六五
1 求利……一六五
2 求善……一六八
3 罪惡……一七一
四、真……一七七
1 求知……一七七
甲、理智……一七七
乙、理的世界……一七九
丙、主體客體相結合……一八三
2 求眞……一八八

五、愛……一九二
1 求取……一九二
2 求予……一九四
六、自由創新……一九五
1 心靈……一九六
2 自由……二〇一
3 無止境……二〇六
4 創新……二一一
七、發展歷程——歷史……二一六
第五章 生命的旋律……二三一
一、生命的世界……二三一

1 自然世界……二二一
2 人文世界……二二六
3 信仰世界……二二七
二、人文世界的建立……二三〇
1 傳達……二三一
2 符號……二三四
3 語言文字……二三九
三、人文世界的規律……二四一
1 原則……二四二
甲、天道……二四二
乙、我發展自己精神生命……二四四
丙、我贊造物者的化育……二四七
丁、人造規律……二五三

2 善德……二五四
甲、仁……二五五
乙、義……二五九
丙、禮……二六一
丁、智……二六五
3 修養……二六九
甲、正心立志……二七〇
乙、守敬主一……二七二
丙、淨心寡慾……二七七
丁、誠心對主……二八一
戊、自強不息……二八四
四、生命的旋律……二八八
1 家庭……二八九
2 社會……二九二

3 國　家……二九六
第六章　生命的超越……三〇一
一、中國生命哲學的生命超越……三〇二
1 儒家——聖人……三〇二
2 道家——至人……三〇九
3 佛教——佛……三一七
二、天主教精神生命的超越……三二六
1 形上的學理……三二六
2 空虛的自己……三三二
甲、觀　過……三三二
乙、空虛自我意識……三三五
A 主動空虛自我意識……三三五
B 被動空虛自我意識……三三八

3 愛的圓融……………………三四七
甲、與主圓融……………………三四七
乙、與物圓融……………………三五三
A 宇宙圓融……………………三五四
B 人類圓融……………………三五八
C 存在圓融—生命圓融……………………三六二

第一章　中國的生生哲學

一、中西形上本體論比較研究

1　西洋形上學

形上學追究宇宙萬物的根本理由，從一切萬物的基本上著想，我們分析宇宙萬物時，從一個人而到人，從人而到動物，由動物而到生物，由生物而到物，由物而到「有」。一切萬物都是有，有以上再不能分析。若不是有，便是無，無則沒有可談。所以「有」，乃是萬物的根本，爲萬物的基本觀念。亞里斯多德和聖多瑪斯便以「有」爲形上學本體論的研究對象。

「有」，這個觀念非常單純。在研究萬物時，分析再加分析，最後剩下這個觀念。在分析時，把特點舉出；把一切的特點都舉出，繼續予以排除，所存下的就只是「有」。有和無相對立。

然而「有」是一切萬物的根本；不僅是宇宙萬物，就連超越宇宙的精神體，也是以「有」爲根本。因此對於萬物的研究，都要以「有」爲基本。不建立在「有」上的理論和學說，都如同建立在沙灘上的房屋，沒有基礎，經不起批評或辯駁，常要倒下來。

亞里斯多德和聖多瑪斯就在「有」的基礎上建立自己的學說。

「有」是什麼？什麼意義？「有」是「在」。一個物體是「有」，這個物體就在。不在當然不算有。

一個物體怎麼「在」呢？需要兩個因素：一個因素是自己的「性」，一個因素是自己的「在」，「性」是一個物體所以是這物體而不是另一物體的理，「在」是一個物體實際存在。

「理」是抽象的，「在」是實際的。抽象的理怎麼成爲實際的有呢？那或者是「自有」，或者「從他有」。「自有」常是在，「性」和「在」同一，爲一完全的有，爲一絕對之有，也爲唯一的有。「從他有」是從他一實際的有而得存在。追根卽是從「自有」者而得有。「從他有」，在未存在以前，爲一可能之有，乃一「潛能」。由「潛能」而到「現實」，需要一個動力因。宇宙間的動力因環環相結，最後的動力因必是絕對之有。因爲絕對之有爲

「自有」，常為「現實」，不需要另一動力因。

一個實體既然是「有」，便不能是無。有和無相對立，不能同時存在。這便是矛盾律。一個實體是實際的「有」，這個實際的「有」，包括這個整體，這個整體便是這個整體，不能不是這個整體，這便是同一律。莊子所說的齊物論，認為大家對於一個客體所講的雖不相同，卻都能是對；因為人的知識有限，不能認識整體的客體，只認識一部份，一個客體的各部份可以不相同。莊子所說的是關於認識論，不關於本體論。在本體論上一個實際的「有」，只有一個自己，便不能不是牠自己。在認識論上，對於矛盾律便加上一句，「在同一觀點上」，對立者不能成立。

一個「有」既然在，為一實際之有，便應有自己該當有的，否則本體不完全，便不能存在。本體和具體的個體意義不相同，本體是具體個體的基本。例如這個人，人的本體是這個人的基本，他必定要有人之所以是人該有的一切。這就是「眞」。

有了本體所該有的一切，便是一個完全的本體，沒有缺憾，在本體方面便是善的。善是完全 Perfection。

不僅有完全的本體，而且本體各份子都各在應在的值，彼此相調協，有次序。這就是美。

眞美善的基礎，建在本體上，不隨時隨處漂蕩。而且在倫理方面，倫理的美惡也以本體之「有」作根基，因爲倫理的規律，以性律爲根本。

「有」，在具體上爲「存有」，乃一切哲學問題的據點。形上學研究「有」，便是研究宇宙萬物的最後理由。但是「有」是在，「有」是「有者」，「有者」所以有，是因爲「在」，「在」又是什麼呢？西方傳統哲學沒有解釋，海德格的存在論便是想解釋「在」。

2 中國形上學

中國形上學，儒家的易經，便答覆這個問題，

易經研究宇宙的變易，由宇宙到萬物，從變易而認識萬有。宇宙爲一變易的宇宙，由變易而生萬物，萬物也常在變易，每一物體爲一種變易。「在」便是變易。

「變易」有什麼意義？易經說明宇宙的變易爲「生生」，「生生」爲創生生命。「變易」的因素爲陰陽，陰陽爲兩種動力，陰陽兩動力繼續變動不停，宇宙乃有各種物體。陰陽在每種物體內，仍變動不止。整個宇宙常在變易，每物也常在變易。變易爲生生，每一物爲一生命，易經說：

「一陰一陽之謂道，繼之者善也，成之者性也。」（繫辭上　第五章）

「生生之謂易。」（繫辭上　第五章）

「天地之大德曰生。」（繫辭下　第一章）

宇宙的每一物體，爲一具有內在活動的「在」，這個「在」稱爲「生」，卽生命。生命卽是說是具有內在的動，內在的動，因陰陽兩動力的動而成。

每個「有」或「存有」爲生生。宇宙的變易固然爲創生萬物；每一物的變易爲發展自己的性體，以求自己的成全，便也可以稱爲生生。

生生的變易，由陰陽兩動力的動而成，陰陽兩動力的變易是以「互輔互成」爲原則，不是互相否定。陽不否定陰，陰不否定陽，陰陽互相輔助，互相調協。例如春夏秋冬，春是陽漸盛，陰漸衰；夏是陽盛陰衰；秋是陰漸盛，陽漸衰；冬是陰盛陽衰。每一季都具有陰陽，彼此互相調劑。

爲能互輔互成，生生的第二原則爲「中庸」。「中庸」的原則是每事恰得其當，陰陽各在所應有份上，爲有中庸，便有時和位的觀念。易經的卦講求時位，每一卦的爻代表位，也代表時，凡是變易都要適合時和地位的境遇，適合者則爲中庸。孟子以孔子爲「聖之時者」，常能「時中」，孔子自己則非常看重中庸。

生生變易的另一原則，爲宇宙萬物「互相連繫，天然和諧。」每一物和另一物，互相連繫，生命不能孤獨存在，整個宇宙連繫在一起，互相溝通。彼此間的連繫，天然具有次序，造成宇宙全體的和諧。

這幾項原則，爲本體方面的原則，爲形而上之道，宇宙變易循著這幾項原則而繼續不停。因此，宇宙萬物繼續生化，形成一道生命洪流，長流不息。

在西洋近代哲學裏，有討論動的哲學。黑格爾以宇宙乃絕對精神的非我，絕對精神循著正反合原則而變易。馬克思以宇宙爲物質，物質常動不停，物質的動以正反合爲原則，建立了唯物辯證論。達爾文的進化論也假定宇宙在變，由變而有進化，進化的出現也由於正反合的規律，乃有物競天擇的原則。至於柏格森認爲宇宙只有動，動是生命創新力的流行，超越時間空間。

易經生生變易的原則，稱爲天地人之道，即宇宙萬物的原則。在這原則中含有人生之道。

人生之道，總括一句稱爲「仁」。「仁」是「生」，在宇宙變易中爲生生，在人生活中爲「仁」，易經的天地有好生之德，朱熹以天地之心爲好生，人得天地之心爲心，故仁，仁即好生。天地好生使萬物的生命能夠存在，能夠發揚，能夠繼續。人好生，使自己的生命發揚，也使萬物的生命能夠發揚。孔子說：「夫仁者，己欲立而立人，己欲達而達人。」（論語雍也）中庸以至誠之人，盡性而盡人性，而盡物性，然後贊天地之化育。儒家的聖人乃「肫肫其仁，淵淵其淵。」（中庸　第三十三章）

仁既化育萬物，便和萬物相連繫，張戴乃說「民吾同胞，物吾與也。」（西銘）王陽明講「一體之仁。」（大學問）孟子進一步說明聖人「仁民而愛物。」（盡心上）所以仁爲好生，實則廣愛宇宙的萬物。

人生之仁道，既爲「贊天地之化育」，使萬物的生命能夠發展，便是互相互成，而不自相鬬爭，達爾文所講進化由於「弱肉強食」不合理，馬克斯認爲社會進化由於階級鬬爭更不合理。

互助互成要適合時位，這便是孔子的中庸之道。不走極端，以求適宜。孝道在中國實行數千年，孝道的原則不變，孝道的實踐則適合人、地、時。所以孟子的後喪逾前喪，有適宜人、地、位之道。

有中庸，應有次序。儒家最重禮。禮由聖人按照天理而製成，使人的行動都有次序。所以禮爲分，分上下的等級。有了次序，乃能有和諧，和諧爲平安。儒家的家庭爲大家庭制，數十人或數百人同居，然而家中和睦，一片安寧。國家既由家族而結成，國家的幸福就在於國泰民安。

中國哲學的形上學原則，應用於人事，成爲倫理規律，而以形上本體論的生生爲根基。從中西形上學研究對象的趨勢，就造成中西哲學精神的不同。西洋哲學研究「有」，予以分析，建立原則。西洋哲學的精神便在於求知求眞，就事實的本體深加分析，事事淸楚。這種精神導致科學的發達。中國哲學研究「生生」，探討宇宙生生的意義和原則，乃造成儒家發展人性以達生活美滿的境界，而成聖人。這種精神爲人文精神，以求發展心靈生活，求美求善。因此，中國哲學偏重倫理道德。但兩者不相衝突，萬物都是「有」，萬物也都是「生生」。西洋形上學從靜的本體分析「有」，得有各種學術的基本原則，也可以用於中國的學術中國形上學從動的本體研究生生，釐定形上的原則，應用於人生。中國哲學可以說是「生生哲學」，也可以稱爲「生命哲學」。

二、中國生命哲學的發展(一)

1 原始的生命哲學

原始的哲學思想，常發原於哲學人對具體生活和生活的環境所有的探討，就如易傳述說伏羲作八卦的來由：「古者包犧氏之王天下也，仰則觀變於天，俯則觀法於地，觀鳥獸之文，與地之宜，近取諸身，遠取諸物，於是始作八卦，以通神明之德，以類萬物之情。」（繫辭下第二章）原始哲學人探討人類生活之道，以爲君王治民的政則。中華民族的原始哲學思想，從書經裏可以見到。

堯典述說帝命羲和與羲仲、羲叔，掌管人民的生活，配合天象和四時；人民的生活是農耕的生活，四時四方對於農產物有密切的關係。天時、地質，對於人、畜、農作物都有影響。

在洪範篇有「四、五紀：一曰歲，二曰月，三曰日，四曰星辰，五曰曆數。」「八、庶徵，……曰：王省惟歲，卿士惟月，師尹惟日；歲月日時無易，百穀用成，乂用明，俊民用章，家用平康，……庶民惟星，星有好風，星有好雨。日月之行，則有冬有夏；月之從星，則以風雨。」這一篇所講，關於人民的生活，使「百穀用成，家用平康。」重要的因素，在於歲月日星能夠順時不亂。

這種思想在周禮中也表現明白，周禮所記的官制，是天官、地官、春官、夏官、秋官、

㈠　這一章所寫的，也刊載在余所著儒家哲學的體系續編，第十一、中國生命哲學的發展，稍加增刪。

冬官，每種官職的職位，不是按照名字去分，而是按照國家的事務去分，但是官制的名稱，就明顯地指示，國家的事務和天時互相連繫。禮記書中則有月令一長篇，記述每月所行的政事，莫不以天時爲準則。禮記月令和呂氏春秋的十二月紀相同，呂氏春秋爲呂不韋所編，屬秦始皇時代的作品，然秦朝並未能遵照月令行政，姑不論月令和月紀的作者是周公或呂不韋，月令的思想則是古代的思想。人君行政總按天時，天時由日月星辰而顯，天時的影響在於宇宙萬物的生命，宇宙萬物的生命，和人的生命相關。立春之月，天子迎春於東部，向上帝祈穀，親載耒耜以耕。因爲在這一月，天氣下降，地氣上騰，天地相合，草木萌動。月令和月紀的思想來自古代，細的節目和禮規，乃是後代秦漢人的作品。這種思想，以宇宙萬物的變化，由春夏秋冬四季而顯，在四季所顯的變化，是萬物的生化過程。

2 生命哲學的成熟

中國古代生命哲學的思想，到了易經，已經成熟，結成了一種系統。

宇宙一切都在變，稱爲「易」，變易的目標在於生生，「生生之謂易」（繫辭上 第五章），變易的成因，爲陰陽兩元素，陰陽繼續相交，交乃成物，「一陰一陽之謂道，繼之者善也，成之者性也。」（同上）陰陽兩元素各有特性，陽爲剛，陰爲柔；剛爲進，柔爲退；進則動，退則靜；動有進取，靜則迎合；兩種特性互相調協，以成萬物。陰陽的變易，繼續不停，循環運行，如日夜相繼續，如春夏秋冬四季相替換，宇宙乃形同一道生命的洪流，浩浩蕩蕩，生化不息，「剛柔相推，乃生變化……變化者，進退之象也。」（繫辭上　第二章）

易經以卦象代表物形，以爻代表變，以辭解釋變的意義。「聖人有以見天下之賾，而擬諸其形容，象其物宜，是故謂之象。聖人有以見天下之動，而觀其會通，以行其典禮，繫辭焉以斷其吉凶，是故謂之爻。」（繫辭上　第八章）「八卦成列，象在其中矣；因而重之，爻在其中矣；剛柔相推，變在其中矣；繫辭焉而命之，動在其中矣。吉凶悔吝者，生夫動者也；剛柔者，立本者也；變通者，趣時者也；吉凶者，貞勝者也；天地之道，貞觀者也；日月之道，貞明者也；天下之動，貞夫一者也。」（繫辭下　第一章）「是故易者，象也；象，像也。象者，材也；爻也者，效天下之動者也；是故吉凶生而悔吝著也。」（繫辭下　第三章）

易經的卦變，代表天地之變，天地之變爲化生萬物；易傳乃說：「天地之大德曰生。」（繫辭下　第一章）天地之變以乾坤爲元素，乾爲生化的開端，易經乾卦彖曰：「大哉乾元，萬物資始，乃統天，雲行雨施，易物流形。……乾道變化，各正性命，保合太和，乃利貞，首出庶物，萬國咸寧。」坤卦彖曰：「至哉坤元，萬物資生，乃順承天。坤厚載物，德合無疆，含弘光大，昌物咸亨。」「夫乾，其靜也專，其動也直，是以大生焉。夫坤，其靜也翕，其動也闢，是以廣生焉。」（繫辭上，第六章）乾坤象徵天地、宇宙萬物的化生，全仗天地的合作，乾動坤合。易經泰卦象徵春天，萬物發生，易經泰卦象曰：「泰，小往大來，吉，亨，則是天地交而萬物通也。上下交而其志同也。」天地相合，風調雨順，農耕和時間空間關係非常大；易經的卦，乃講中正，陽爻陰爻各正其位，易經卦辭常說：「時之意義大矣」。農產物的化生和四季及地域必須配合了時間和空間的意義和生化相連；

易經的時間和空間所有的意義由生生去定，而不是由物質的變去定。易經的變易不是物質的變易，因爲變易是生生，卽是生命，易經乃稱變易爲神，爲神秘莫測。「生生之謂易，成象之謂乾，效法之謂坤，極數知來之謂占，通變之謂事，陰陽不測之謂神。」（繫辭上 第五章）「範圍天地之化而不過，曲成萬物而不遺，通乎晝夜之道而知，故神無方而易無體。」（繫辭上 第四章）「易，無思也，無爲也，寂然不動，感而遂通天下之故，非天下之至神，其孰能與於此？」（繫辭上 第十章）

孔子研究易經，給弟子們講授易經。易經原來爲占卦以卜吉凶，吉凶按陰陽之道去推算，順者爲吉，逆者爲凶，卜吉凶爲知道事情的禍福，有禍則不作事，有福才作事。孔子以禍福不在於事情的吉凶，而在於事情的善惡，善事必得福，惡事必得禍；福禍乃事情的賞報。賞報由上天所定，由鬼神去執行。

孔子既把吉凶和善惡相連，便把易經天地變化之道，延伸爲行爲倫理之道。人乃天地萬物整體的一部份，人生之道乃天地變化之道的一部份。易傳乃說：「易之爲書也，廣大悉備，有天道焉，有人道焉，有地道焉，兼三才而兩之故六；六者非它，三才之道也。」（繫辭下 第十章）。人道和天地之道相連，成爲三才之道。天地之道爲生，人道爲仁。「天地之大德曰生，聖人之大寶曰位，何以守位？曰：仁。」（繫辭下 第一章）仁和生相連。易經乾卦文言曰：「夫大人者，與天地合其德。」大人卽是聖人，也卽是聖王，聖人之德，在於和天地同具生生之德。

聖人之德既和天地相同，聖人之德的原則也和天地之德的原則相合；天地生生之德由陰陽相調協而成，適合時地而居中正，聖人之德也是陰陽相合，常有中庸。聖人的行動，常以天地爲法。易經的象辭、象辭和文言，把天地變化之道，常常配合人的行爲。所有的「象曰」，都講君子之道。易經將人的生命連接在宇宙萬物的生命以內，宇宙的生命，乃是一個生命，層次雖不同，但彼此相連；這種思想成爲中國哲學思想的特點，又是中國各家哲學的共同性。

3 中庸禮記的生命思想

孔子在論語裏，祇有一次講到了天的好生，他說：「予欲無言！子貢曰：子如不言，則小子何述焉？子曰：天何言哉？四時行焉，百物生焉，天何言哉？」（陽貨）孔子主張法天，天的好處，在於使四時按序而行，百物乃得生化。這種思想完全和易傳的思想相同。孟子也沒有明確地講生命哲學，但有兩處表明和易經的思想相類他說：「君子，親親而仁民，仁民而愛物。」（盡心上）「萬物皆備於我。」（同上）

中庸在這方面則較論語說得多。中庸第二十六章說：「天地之道，可一言而盡也：其爲物不貳，則其生物不測。」天地之道總括在一個生字，天地生生有次序，依照物性，而且功能神妙莫測，生生不息，聖人效法天道，易傳曾說聖人以仁配天地之生，聖人和天地合德。中庸乃說：「大哉聖人之道，洋洋乎發育萬物，峻極于天。」（第二十七章）中庸主張人應率性而行，率性爲誠，「唯天下至誠，……能盡物之性，則可以贊天地之化育：可以贊天地之化育，則可以與天地參矣。」（第二十二章）「唯天下至誠了……知天地之化育，夫焉有所倚？肫肫其仁，淵淵其淵，浩浩其天。」（第三十二章）與天地參，即是易傳的天地人三才；三才相連，化生萬物。

中庸稱讚孔子，效法天地，與天地合德，具有天地的偉大。「仲尼，祖述堯舜，憲章文武，上律天時，下襲水土；辟如天地之無不持載，無不覆幬；辟如四時之錯行，如日月之代明，萬物並育而不相害，道並行而不相悖，小德川流，大德敦化，此天地之所以爲大也。」(第三十章)這段話和易傳乾卦文言：「夫大人者與天地合其德，與日月合其明，與四時合其序。……」意義相同。孟子曾稱「孔子，聖之時者也。」(盡心下)中庸以孔子和易傳的大人，精神相同，都在於贊天地之化育，使萬物生生不息。

中庸的人生哲學，以率性爲基本原則，性爲人生的根基。人若能率性而行，則能盡性以發展，進而發展人性和物性，以達到贊天地的化育。萬物的性相連，因爲生命相連，發展了自己的生命，就該發展萬物的生命，「已欲達而達人」。

禮記爲戴聖收集的儒家關於禮的文字，月令一篇不足以代表孔孟時代的著作，樂記一篇也不是漢武帝時，河間獻王所收集；但兩篇中的思想則和周代的禮樂思想連繫。月令篇的思想，留在後面去講，在這裏只講樂記的思想。

「天高地卑，萬物散殊，而禮制行矣。流而不息，合同而化，而樂興焉。春作夏長，仁也；秋斂冬藏，義也；仁近於樂，義近於禮。」仁義樂禮相配，象徵天地萬物的生化，萬物有類，生命不同，禮制以別；萬物生命相連，合同而化，樂歌以和。「方以類聚，物以羣分，則性命不同矣。在天成象，在地成形；如此，則禮者，天地之別也。地氣上齊，天氣下降，陰陽相摩，天地相蕩，鼓之以雷霆，奮之以風雨，動之以四時，煖之以日月，而百化與焉；如此，則樂者，天地之合也。」天地相合則萬物化生，爲易傳的思想，樂記篇也表明這種思想。音樂，象徵萬物的生命，同化合流。

「是故先王本之情性，稽之度數，制之禮義，合生氣之和，道五常之行，使之陽而不散，陰而不密，剛氣不怒，柔氣不懾，四暢交於中而發作於外，皆安其位而不相奪也。」樂既是和，則須調協，音樂有節奏，有度數，一切合於中道。然後音樂對於人的情感，也能調協，「四暢交於中」。

「是故大人舉禮樂，則天地將爲昭焉。天地訢合，陰陽相得，煦嫗覆育萬物，然後草木茂，區萌達，羽翼奮，角觡生，蟄虫昭蘇，羽者嫗伏、毛者孕鬻，胎生者不殰，而卵生者不殈，則樂之道歸焉耳？」樂使天地昭明，屈生曰區的能夠萌達；有羽翼的能夠奮發，有角無觡的觡可以生，以及胎生或卵生者都能不夭傷。樂的意義和功能，便全在生命上。中國古代所以非常重樂，詩經中許多樂章，象徵古代樂曲的興盛，可惜古樂在後代都失了傳，祇留下了這些哲理的文章。

然而樂的直接影響在於人心，樂是因人的情動於中，乃發音於外。「夫樂者，樂也，人情之所不能免也。樂必發於聲音，形於動靜，人之道也。」因此，樂對於人心，非常重要。「君子曰：禮樂不可斯須去身，致樂以治心，則易直子諒之心油然生矣，易直子諒之心生，則樂，樂則安，安則久，久則天，天則神，天則不言而信神，不怒而威致，樂以治心者也」。注曰：「易謂和易，直謂正直，子謂子愛，諒謂誠信，言樂能感人使善心生也。」

4　老莊講生命的發揚

老子爲絕對的自然主義，他說：「天地不仁，以萬物爲芻狗。」(第五章)但是他的自然主義，不是一種呆木的唯物論，而是有情的生化。「致虛極，守靜篤，萬物並作，吾以觀其復；夫物芸芸，各歸其根。歸根曰靜，是謂復命；復命曰常，知常曰明，不知常，妄作凶。」(第十六章)「大道氾兮，其可左右，萬物恃之而生而不辭，功成不名有，衣養萬物而不爲主，常無欲可名於小，萬物歸焉而不爲主可名爲大，以其終不爲大，故能成其大。」(第三十四章)老子以道爲萬物的根源，道不是造物主也不是呆板元素，而是活動的主體，生化萬物，衣養萬物，自己不稱功道寡，自作主人，道的變化之原則，以退爲進，以弱爲強，以往爲復，無爲無欲，任憑自然；人生之道即在於遵守這種原則。「是以聖人欲上民，必以言下之；欲先民，必以身後之。是以聖人處上而民不重，處前而民不害；是以天下樂推而不厭。以其不爭，故天下莫能與之爭。」(第六十六章)「我有三寶，持而保之：一曰慈，二曰儉，三曰不敢爲天下先。慈故能勇，儉故能廣，不敢爲天下先，故能成器長。」(第六十七章)

老子的哲學看來很消極，實際上則是很積極追求生命的發揚，例如他說有三寶、慈、儉、不敢爲天下先，看來都是消極的品德；但是他說慈則勇，儉則廣，不敢爲天下先則能成器長，則效果都屬於積極的功效；而且若不守執三法，「今舍慈且勇，舍儉且廣，舍後且先，死矣！」可見老子不是求生命的死亡而無爲無欲，乃是以無爲無欲以高度發揚生命，如同他不求小智而求若愚的大智，不求小德而求無仁義的大德，不求小的生命而求發揚生命到極度，如同道之大。

莊子爲一位追求生命的超越境界之哲學家，他的哲學思想是生命流通的哲學。他繼承老子的道之無限觀念，然它著實在氣的實體上。「雜乎芒芴之間，變而有氣，氣變而有形，形變而有生。」(至樂篇)萬物由氣而生，氣通流於萬物，「通天下一氣耳！故聖人貴一。」(知北遊篇)「凡物無成與毀，復通爲一；唯達者，知道爲一。」(齊物論篇)天地一氣，通於萬物；人的生命，由氣而成；人能摒除外面一切形色，生活於氣，人的生命便和萬物相通，在宇宙內可以流通無阻，逍遙自在。「若夫乘天地之正，御六氣之辯，以遊無窮者，彼且惡乎待哉。」(逍遙遊篇)生命的發展，在於一切任其自然，保全天眞。「何謂天？何謂人？北海若曰：牛馬四足，是謂天；落馬首，穿牛鼻，是謂人；故曰，無以人滅天，無以故滅命，無以得殉名，謹守而勿失，是謂天眞。」(秋水篇)天是自然，人是人爲，天眞則是保守自然，莫被人爲所害。「老聃曰：意幾乎後言，夫兼愛不亦迂乎，無私焉乃私也，夫子若欲使天下無失其牧乎，則天地固有常矣，日月固有明矣，星辰固有列矣，禽獸固有羣矣，樹木固有立矣，又何偈偈乎揚仁義，若擊鼓而求亡子焉，意夫子亂人之性也。」（天道篇）這是老子教訓孔子的話，爲莊子所編造，意思是人性本來仁義，若是有人偏偏以仁義教人，則是自造的仁義，反而亂了人性。

宇宙的氣，運行不息，往返循環，「四時迭起，萬物循生，一盛一衰，文武倫經，一清一濁，陰陽調和。」（天運篇）「萬物一齊，孰短孰長？道無終始，物有死生。不恃其盛，一虛一滿，不位乎其形，年不可舉，時不可止，消息盈虛，終則有始，是所以語大義之方，論萬物之理也。物之生也若驟若馳，無動而不變，無時而不移，何爲乎何不爲乎，夫固將自化。」（秋水篇）易經也說萬物的變易是神妙莫測，無爲而無不爲。莊子解釋宇宙萬物的變化，以爲不可解釋，動而不動，變而不變，爲又不爲，乃稱爲自化。「性不可易，命不可變，時不可止，道不可壅，苟得於道，無自而不可，失焉者，無自而不可。孔子不出，三月復見曰：丘得之矣！烏鵲孺，魚傳沫，細要者化，有弟而兄啼，久矣夫！丘不與化爲人，不與化爲人，安能化人。老子曰：可！丘得之矣。」（天運篇）萬物化生，純乎自然，鳥類卵生，魚類浮生，細腰蜂化生，人類胎生。有了弟弟，兄長失愛乃哭，一切都純乎自然。因此，人應當知道生化之理，和「化」為友，才能化人。

人和化為友，及能大通，和天地為一。莊子說：「又況萬物之所係而一化之所待乎。」（大宗師篇）和天地相合乃為一，和人相和則不一。「性修反德，德至同於初。同乃虛，虛乃大，合喙鳴，喙鳴和，與天地為合，其合緡緡，若愚若昏，是謂玄德，同乎大順。」（天地篇）同乎大順的人便是眞人或至人。「何謂眞人？古之眞人，不逆寡，不雄成，不謨士；若然者，過而弗悔，當而不自得者也。若然者，登高不慄，入水不濡，入火不熱，是知之能登假於道也者此。」（大宗師篇）眞人如同儒家的聖人，代表生命發揚到最高境界，人和天地萬物的生命相通。

5 秦漢的生命哲學

春秋戰國時期的思想，到了秦朝，已經呈現衰頹的現象；同時戰國時的迷信，也混進了哲學，開始漢朝的陰陽五行思想。法家的學說，因著秦始皇的一統政治，獲得了政客的信任。秦漢的哲學思想，學術的價值很低，但對中華民族的生活，卻影響很大很深。當時的生命哲學思想，可以從呂氏春秋和董仲舒班固以及漢易學者去看，而秦漢的哲學，頗受管子的影響。

管子說：「地者，萬物之本原，諸生之根苑也；美惡賢不肖愚俊之所生也。水者，地之血氣，如筋脈之通流者也；故曰：水具材者也。……夫齊之水道躁而復，故其民貪麤而好勇；楚之水淖弱而清，故其民輕果而賊；越之水濁重而洎，故其民愚疾而垢；秦之水泔最而稽㳙，滯而襍，故其民貪戾罔而好事齊；晉之水枯旱而運，㳙滯而襍，故其民諂諛葆詐巧佞而好利；燕之水萃下而弱，沈滯而襍，故其民愚戇而好貞，難疾而易死；宋之水輕勁而清，故其民閒易而好正；是以聖人之化世也，其解在水。故水一，則人心正；水清，則人心易，一則欲不汙；民心易，則行無邪。是以聖人之治於世也，不人告也，不戶說也，其樞在水。」（水地篇）這種思想可以說是中國哲學思想中獨特的思想，至於看重水，則和老子的思想相近，老子以上善若水，水弱而強。水性不同，所生人物也不同，這種思想在周禮地官篇裏也有，中國歷代也常說山清水秀出美人。

但是管子對秦漢哲學思想影響最大的，是他的陰陽五行思想。他在四時篇說：「是故陰陽者，天地之大理也；四時者，陰陽之大經也；刑德者，四時之合也。」君王在四時所行政令，要與時季相合，不合必招禍。「是以聖王治天下，窮則反，終則始，德始於春，長於夏，刑於秋，流於冬。」這和儒家所說春生夏長秋收冬藏相應，「刑德不失，四時如一，刑德離鄉，時乃逆行，作事不成，必有大殃。」這種思想和明堂月令相同。在五行篇，管子沒有講金木水火土，但說五行之官和五聲之律，然後說：「六月日生，是故人有六多，六多所以銜天地也。天道以九制，地理以八制，人道以六制，以天爲父，以地爲母，以開乎萬物，以總一統。」六爲六爻，六陽爻爲天，六陰爻爲地，天之數爲九，地之數爲八，人之數爲六，六爲「重三才而兩之」，都是易經的思想。管子分一年的農事爲五段，每段七十二日，則是按五行而分。「五聲既調，然後作立五行以正天時，五官以正人位，人與天調，然後天地之美生。」五時是：木、火、土、金、水，每時七十二日，共三百六十日，後來漢朝易學便以木火金水配四季，土配年的中旬。人和天相合，萬物乃暢茂。

呂氏春秋爲秦朝宰相呂不韋集合賓客的著作所成，書中思想很雜，大都傾向道家。對於宇宙，以氣爲萬物的元素，氣自然而化，化生萬物。氣分陰陽，週遊於天地間，週而復始。在有始覽說：「天地有始，天微以成，地塞以形；天地合和，生之大經也。以寒著日月晝夜知之，以殊形殊能異宜說之。夫物合而成，離而(麗)生，知合知成，知離知生，則天地平矣。」陽清故天微，陰濁故地塞，天地相合，陰陽相麗，萬物化生。

呂氏春秋有十二紀篇，和禮記的月令相同。一年分四季，一季分三月，孟仲季。月的分別，在於陰陽的盛衰，例如：「孟春之月……是月也，天氣下降，地氣上騰，天地和，草木繁動。」「仲夏之月……是月也，長日至，陰陽生，死生分。」「仲秋之月，……是月也……殺氣浸盛，陽氣日衰。」「孟冬之月……是月也，天子始裘，命有司曰：天氣上騰，地氣下降，天地不通，閉而成冬。」「季冬之月，……是月也，日窮于次，月窮于紀，星迴于天，數將幾終，歲將更始，專於農民，無有所使。天子乃與卿大夫，飭國典，論時令，以待來歲之宜。……凡在天下九州之民者，無不咸獻其力，以供皇天上帝社稷寢廟山林名川之祀。……季冬行秋令，則白露早降，介虫爲妖，四隣入保。行春令，則胎夭多傷，國多固疾，命之曰逆。行夏令，則水潦敗國，時雪不降，冰凍消釋。」在十二紀中，把自然界的現象，人事的作爲，政治的設施，組成一個大系統，根本則是十二個月陰陽的變遷，由陰陽的變遷，引發萬物生命的化生和盛衰，一切都要連繫。

呂氏春秋有名類篇，通常稱爲感應篇。感應是人事的善惡，和天地間的同類之氣，互相感應，產生怪異的自然現象，好的現象爲祥瑞，惡的現象爲災異，預告上天的賞罰。在感應中滲入了五行的思想；五行的思想在戰國時漸漸興盛，鄒衍結集當時流行的迷信，造出五行的次序。把五行的次序和五德五色相配合，以述說朝代的興替，乃有五德終始說，黃帝屬土，色尚黃；禹屬木，色尚青；湯屬金，色尚白；周屬火，色尚赤，繼承周朝的朝代屬水，色尚黑。

五行的次序，在董仲舒的春秋繁露和班固的白虎通義，成了一定的相生相尅次序。「天有五行：一曰木，二曰火，三曰土，四曰生，五曰水。木，五行之始也，水，五行之終也，土，五行之中央，此其天次之序也。木生火，火生土，土生金，金生水，水生木，此其父子也。木居左，金屬石，火居前，水居後，土居中央，此其父子之席，相受而布。」（春秋繁露 卷十一 五行之義 第四十二）這是五行相生的次序，又是五行配四方和中央的佈置。

「五行所以更王何？以其轉相生，故有終始也。木生火，火生土，土生水，金生水，水生木。……五行所以相害者，大地之性，衆勝寡，故水勝火也；精勝堅，故火勝金；剛勝柔，故金勝木；專勝散，故木勝土，實勝虛，故土勝水也。」（白虎通德論 卷三，五行）五行相生相尅的次序，原來就是自然界的現象，五行爲五種自然物體，五種物體彼此有相互的關係。但是漢朝儒者將五行作爲陰陽的五種變化，因而成爲萬論物的構成元素。宇宙間無自然界物體或是人世間的事件，都由陰陽五行而成。五行的次序便成爲一切物體和事件的關係原則，五行也就進入了中國哲學和一切學術思想裏。

漢朝的易學，便是用陰陽五行去解釋易卦。漢易爲氣數易；氣週遊宇宙，化生萬物。氣在宇宙間的變化，有時間的變化，爲一年四季；有空間的變化，爲東西南北。漢易乃以四正卦配四季，以十二消息卦配十二月，以四正卦的二十四爻配一年的二十節氣，以十二消息卦的七十二爻，配一年的七十二候，再以六十卦的三百六十爻配一年的日數，每一卦得六日七分。所謂四正卦，爲坎震離兌，這四卦又配四方，再配五行；春爲東爲木爲震，夏爲南爲火爲離，秋爲西爲金爲兌，冬爲北爲水爲坎，中央爲土。四季代表時間，四方代表空間，陰陽五行代表氣，氣在時空中運行，成爲六十四卦所代表變化，變化的目的，則爲春生夏長秋收冬藏的生生，這是漢易的卦氣說。至於漢易的象和數，則祇用爲占卜；卦象雖也牽涉到六十四卦相生的次序，但過於偏於機械式的解釋，沒有思想的意義。道敎在漢末和六朝時，採納卦氣說，造成長生的外丹和內丹方法，按照月亮的盈虛時日，呼吸天地運行的生氣，或修鍊金丹，以求長生不死。

6 佛敎的生命哲學

佛敎以萬法爲因緣和合，實際都是空無，沒有眞正的生命；但是大家都以爲萬法是有，這倒若何解釋？佛敎各派有各派的解釋，在各種解釋中，有幾個共同點。

宇宙萬物爲一整體，都是人所幻想的，幻想的來由，是人誤信自己爲實有。

我在母胎受孕時，是我在前生所有信我自己爲有的堅強意識，即所謂我執，在前生臨終時不散，輪入母胎。這個信念具有我的生命，以及我以往生活中行爲所結集的果，這些果，成為我現在生活中的行為種子。因着這些種子我乃有感覺，乃有知識；但，感覺和知識的事物，全是這些種子所造的。因着這些事物，我乃起愛恨和貪欲，又造成種種惡行為，留下來生的惡種子。

萬物既是我心的種子所造的，或說萬法唯識，或說萬法唯心，萬物連成一體。而且在人死復輪廻時，可以投胎再生為人，也可以轉生為禽獸蟲魚菓木石頭。因此，不僅萬物相連，而且都有生命。

為免除輪廻再生，人要消除相信自我為有的信念，這個我執消除了，同時相信萬物為有的物執也就消除，人便進入涅槃，成佛而長生。消除的方法很多，佛教各派的共同點，則在於坐禪消除心中的念慮，在沉默清靜的心中，看到自己的眞我為眞如。眞如卽是佛，卽是絕對的實有，也就是我的實體。通常我只看到我的身體，看到外面的事物，沒有見到隱在我和萬物的深處之實體眞如。我若見到心中底處的眞如，便也見到我和萬物都祇是眞如向外表現的形色，猶如大海中的波浪。波浪為海水的活動，萬物也是眞如的活動，為眞如生命的一種表現。人若能看清了這一層大道理，人就成佛，歸到眞如本體，消除假我而獲得眞我，和眞如為一，進入涅槃，「長樂我淨」，永恒生存。

7　理學家的生命哲學

儒家思想，在孟子荀子以後，消沉了下來，經過漢朝、元朝和隋唐的道家，道教和佛教的刺激，到了宋朝，乃興起了新的儒學——理學。理學為研究萬物性理的學，上面溯到易經和中庸，旁面則採擷道、佛的觀念，結成儒家人文哲學的形上學。

第一位正式講理學的人，大家都承認是周敦頤。他的思想存在他所作的太極圖說和通書，太極圖說發揮易經的生生，通書則發揮中庸的誠和神。

「無極而太極，太極動而生陽，動極而靜，靜而生陰，靜極復動，一動一靜，互為其根。分陰分陽，兩儀立焉。陽變陰和，而生水火木金土。五氣順布，四時行焉。五行一陰陽也，陰陽一太極也，太極本無極也。五行之生也，各一其性，無極之真，二五之精，妙合而凝，乾道成男，坤道成女，二氣交感，化生萬物，萬物生生，而變化無窮焉。惟人也，得其秀而最靈。……大哉易也，斯其至矣。」(太極圖說　周濂溪集)

我們不談太極和無極的問題，祇看周敦頤的化生萬物的次序，是結集易經和漢易而成。太極而陰陽，陰陽而五行，五行而男女，男女而萬物。這種變化的過程，乃是一氣的變化過程，一氣而變化爲陰陽兩氣，陰陽兩氣變化而爲五氣，五氣再變化而爲男女二氣，男女二氣交感，乃化生萬物。這種變化次序後來爲理學家所接受，祇是對於太極和無極發生問題，大家不願接納。

通書講五行，「水陰根陽，火陽根陰。五行陰陽，陰陽太極，四時運行，萬物終始。」(通書 第十六）這種思想，和太極圖說相同。所以不能因爲通書不提太極圖，便懷疑太極圖不是周敦頤所作。通書所講，多爲人生之道，講中講誠：「聖人定之以中正仁義，而主靜，立人極焉。」這是太極圖說所說的，通書裏面說：「聖人之道，仁義中正而已矣。守之貴，行之利，廓之配天地。」(通書 第六）兩者的思想完全相合，通書講誠，「誠者，聖人之本。大哉乾元，萬物資始，誠之源也。」(通書 誠上 第一）這個誠，即是中庸的誠，誠爲盡性，也就是易傳所講的生生。

張載的哲學思想，以一氣爲根本，氣的本體爲太虛，「太虛無形，氣之本體。其聚其散，變化之客形耳。」(正蒙 太和）太虛聚而爲陰陽，陰陽再聚而爲五行，五行聚而生萬物。一切都是一氣的聚散。「太虛不能無氣，氣不能不聚而爲萬物，萬物不能不散而爲太虛。循是出入，是皆不得已而然也。」(正蒙 太和）氣自然變化，然氣並不是物質，「凡可狀，皆有也；凡有，皆象也；凡象，皆氣也。氣之性，本虛而神。」(正蒙 乾稱）「氣有陰陽，推行有漸爲化，合一不測爲神。」(正蒙 神化）易傳曾強調天地生生，神妙莫測，應稱爲神。

張載以氣的變化，神妙莫測，和易傳所說相同。「感者，性之神；性者，感之體。惟屈伸動靜終始之能一也，故所以妙萬物而謂之神，通萬物而謂之道，體萬物而謂之性。」（正蒙 乾稱）氣聚而成物性，物性具有感應之力，感應非常神妙，雖然有屈伸動靜終始的變化，然常是一氣的變化，故稱爲神，稱爲道。

萬物既由一氣所成，生命彼此相連，互有次序，「生有先後，所以爲天序。小大、高下相並而相形焉，是爲天秩。天之生物也有序，物之既非也有秩。」（正蒙 動物）然而天序天秩，不爲把物分開，而是爲把萬物的次序中合成一個整體，「乾稱父，坤稱母，予茲藐焉，乃渾然中處。故天地之塞，吾其體，天地之帥，吾其性；民吾同胞，物吾與也。」（正蒙 乾稱篇西銘）。這種萬物一體，由人心去體會，「大其心，則能體天下之物。……聖人盡性不以見聞梏其心，其視天下，無一物非我。孟子謂盡性則知性知天，以此。天人無外，故有外之心，不足以合天心。」（正蒙 大心）也就是孟子所說：「萬物皆備於我。」

程顥、程頤、朱熹，三人的生命哲學思想，可以連在一起，用朱熹的思想作代表；因爲朱熹繼承了二程的學說，加以擴充。

萬物由理氣二元而成；理，在天地間爲同一之理，氣則分清濁。同一之理，爲生命之理；氣之清濁程度不同，濁氣爲物質性，清氣爲精神性。理氣相合時，氣限制了理，故「理一而殊」。氣濁的物體，生命之理不能顯露，呆板不靈普通稱爲無生物，氣較清之物體，生命之理可以顯露一部份，成爲低級生物。按照氣的清濁程度，生命之理顯露爲各種生命。人的氣最清，人心最靈，生命之理可以完全顯露；所以說：「人得理之全，物得理之偏。」

生命之理，在人的心靈生命中完全顯出，朱熹說：「天地以生物爲心，天包着地，別無所作爲，只是生物而已。亘古亘今，生生不窮，人物得此生物之心以爲心。」（朱子語類　卷五十三）這個生物之心，在人稱爲仁。「仁者，天地生物之心。」（同上）朱熹以仁不是愛，而是愛之理；仁心，即是生生不息之心。「發明心字，曰：一言以蔽之曰生而已矣，天地之大德曰生，人受天地之氣以生，故此心必仁，仁則生矣。」（朱子語類　卷五）「心即仁也，不是心外別有仁。」（朱子語類　卷六十）

在本體論方面，整個宇宙祇有一個生命之理，有一個運行之氣。運行之氣有清濁，氣和理相結合而成物性，這種性爲氣質之性。氣質之性爲個體之性，個體之性既包含類性，又包含個性。按照中國哲學的傳統，氣的清濁不是對立的兩分法，清是清，濁是濁，而是程度的階梯法，由最濁以到最清。氣和理的結合，是物性的結合，合成本體的物性，不是合成本體的附體；附體則是本體的用，是本體存在後所變化的。因此，氣的清濁不是附加體的區分，乃是本體的區分。氣清氣濁的物體，不是在附加體上不同，而是在本體上不同。生命之理和氣相結合，因着氣的清濁，顯露的程度不同，不是附加體的程度不同，卻是生命本體不同，物體也就不相同。生物之同雖是一個，實際上的生命之理則因和不同清濁之氣相結合，也就彼此相異——「理一而殊」。

在人的生命方面，人得全部的生命之理，因爲人之氣最清，氣清則爲精神性，人的生命便是精神性的心靈生命。人心是仁，仁總攝一切善德，心靈的生命爲仁義禮智信的生命。仁義禮智信發於人心，現於人情，情乃心之動，動而中節卽爲善德。修德便在於管制情慾，以守敬爲方法，守敬有內外，敬以直內，義以方外。直內之敬在於守一，專心目前之事，使合於天理。合於天理則誠，誠爲聖人；聖人贊天地之化育，「贊天地之化育，人在天地中間，雖只是一理，然天人所爲各自有分，人做得底，卻有天做不得底。如天能生物，而耕種必用人；水能潤物，而灌溉必用人；火能燥物，而薪爨必用人；財成輔助，須是人做，非贊助而何？」（朱子語類　卷六十四）

朱熹哲學，形上學和人生哲學結成一系統，可以代表中國的儒家哲學思想。理氣連貫一切，理則生命之理，生命便是哲學思想的中心。

王陽明的哲學思想的中心，在於致良知，良知爲心；心不僅是天理，也是一切知識和生命的中心。王陽明以宇宙之物能夠存在，因爲有人心；若是人心不知，物就不存在。一個物體若從未爲人心所知，這個物體就不存在，不是它本體不存在，是在人的知識中不存在，它對於人就等於不存在。一切物體既因人心而存在，人心便連繫一切，成一整體。但這整體不僅是知識方面的整體，在本體生命方面，也是一整體。王陽明在大學問篇中說明「一體之仁」，即一體的生命，萬物的生命，互相連繫，互相依賴，互相靠助。人的生命，須靠動物植物和礦物相維持；人爲生活，須要飲食，須要藥物，就是須要動植礦各種物體。假使動植礦的物體，和人的生命不相連繫，則不但對人的生命沒有益處，更會生害。

清初王船山採取張載的「氣」；氣成萬物。然不以太虛之氣爲不分陰陽之氣，氣之本體就原已分爲陰陽，在太虛中，陰陽之氣處於太和狀態，不顯出陰陽。太和一起變化，陰陽乃顯；因此，王船山主張「乾坤並建」。陰陽變化有變化之理，變化之理爲物性或人性，來自天命。陰陽變化繼續不停，既成一物，在物體以內仍繼續變化，但物體的性由同一天命所降，性乃不變異，物體在體內繼續的變化，仍是同一物體。物性並不是一成就定，再不變化，「性日生而命日降」，說出「生命」的意義。

戴震講氣化，講生生。「凡有生卽不隔於天地之氣化。陰陽五行之運而不已，天地之氣化也；人物之生本乎是。」（孟子字義疏證 卷中）漢朝學者以人之生，禀有天地之元氣，又有由父母而來之本身之氣。戴震主張人有「本受之氣」，又有「資養之氣」。「而其本受之氣，與所資以養者之氣則不同。所資以養者之氣雖由外而入，大致以本受之氣召之。五行有生克，遇其克者則傷，甚則死，此可知性之各殊矣。本受之氣，及所以資以養者之氣，必相遇而不相逆，斯外內爲一。其分於天地之氣化以生，本相遇而不相逆也。」(同上)在生化的氣運中，有條理次序，物乃有上下，下種物以養上種物，天地萬物都爲養人。「易曰：『一陰一陽之謂道，繼之者，善也；成之者，性也。』一陰一陽，蓋言天地之化不已，道也。一陰一陽，其生生乎？其生生而條理乎？以是見天地之順，故曰：『一陰一陽之謂道。』生生，仁也；未有生而不條理者也。」(原善上)

民國初年，熊十力以佛教的思想，滲入儒家的理學，他說是由佛而回到儒家，然而他的生生思想祇有易經內一點外形，實則內容仍是佛教的思想。他講本體有四種意義：「一、本體是萬理之原，萬德之端，萬化之始。二、本體卽對卽有對，卽有對卽無對。三、本體是無始之終。四、本體顯爲無窮無盡之大用，應說是變易的，然大用流行，畢竟不曾改易本體固有生生，健動，乃生種種德性，應該說是不變易的，……須知，實體是完完全全的變有萬有不齊的大用，卽大用流行之外，無有實體，譬如大海水全成爲衆漚，卽衆漚外無大海水。體用不二亦猶是。」(體用篇 頁九)這個本體，實際就是佛教的眞如。本體的變化，是一翕一闢，兩者都是一種動勢，不是易經所說陽動陰合。翕和闢，沒有先後，都是才起卽滅，時時都是故滅新生的。翕動以聚成物，然不是形相的物，而是一個動圈，動圈又是虛又是實，非虛非實。動圈因虛而爲一，因凝而爲多；但一和多，刹那生滅相續，其體卽是眞如妙性。熊十力認爲這是「大哉易也！斯其至矣。」（體用篇 頁二三八）

近年方東美敎授盡力提倡中國哲學，他說：「中國哲學的中心是集中在生命，任何思想的系統，是生命精神的發洩。」（方東美演講集 頁七九）儒家哲學以易經爲基礎，易經講變易的生生，變易爲生命的創造力，整個宇宙爲一生命的洪流，長流不息，而又是中正和諧。人生之道繼承宇宙生生之道，趨向於超越宇宙的生活，使精神昇華。然而精神昇華乃是向人心內的昇華，爲內在的超越。人心乃能與賞宇宙之美，「原天地之美而達萬物之理，以藝術的情操發展哲學的智慧，成爲哲學思想體系。」（原始儒家道家哲學 頁一四）「蓋生命本身盡涵萬物一切存在，貫乎大道，一體相聯。於其化育成性之中，原其始，則根乎性體本初，……要其終，則達乎性體後得，經歷化育步驟，地地實現之。」（中國哲學之精神及其發展 上册，頁一四九）人得生命之全，人的創造潛能力乃能配天。

牟宗三教授在所着的中國哲學十九講第一講中國哲學之特殊性問題中說：「中國哲學從它那個通孔所發展出來的主要課題是生命，就是我們所說的生命的學問。它是以生命爲它的對象，主要的用心，在於如何來調節我們的生命，來運轉我們的生命，安頓我們的生命。」

（學生書局　民七十二年　頁十五）

8 結　論

簡單扼要地述說了中國生命哲學的發展，從尚書開始，易經予以成熟，整個中國儒家的哲學思想，以「仁者生也」，予以連貫，成一大系。

在目前講儒家思想，甚至中國哲學的現代化，由儒家生命哲學去發展，很能融會當代社會劇烈變化的時勢，又能適應新科學的意義。我現從這方面求儒家思想的現代化。但是中國生命哲學祇有思想的大綱，沒有深入的分析。生活本是活動的，不能加入分析，祇能予以體會。然而體會後，應加以解釋，西方哲學對於宇宙之變化所有的觀念和分析，很可以幫助我們解釋中國生命哲學的意義。

第二章　創　造

一、創　造

1　宇宙萬物常動

從上一章我們看到中國哲學由動的「存在」講萬有，以萬有都有內在的動，有生命，但是沒有深入研究生命的本體，在這一章，我則用士林哲學講論變易的方法，論生命本體的意義。

『我們常常對某些事物說它們是「靜止的」，嚴格說來，這『靜止』一詞並不存在。讀者必定會覺得這句話十分奇怪，是嗎？我們總是把物質區分成活的和死的，把物體區分爲動的和靜的，但是這是一個相當幼稚的觀點。看來好似死寂的石頭，或是不會動的門窗桌椅之類，實際上卻時時刻刻在運動著，但是我們怎會不覺出它們的動作呢？因爲我們慣於由物的

外觀去判斷，由我們感官所得來的印象去判斷，而事實上這些印象都是騙人的。』(一)

這是一位獲得諾貝爾物理學獎的物理學家所說的話，從物理學方面說，宇宙萬物都是常動的。宇宙可以說是無限的大，由多數銀河組成。銀河間的連繫，都是「光波」和「電波」。這兩種波則是「力」，力的量大得無限，力在銀河內和銀河間不停的動。

牛頓和後代接納牛頓思想的宇宙論，以宇宙整體是靜止的。宇宙有「宇宙引力定律」和「宇宙斥力定律」(cosmical repulsion)互不平衡，又有「重力掩幕」(gravity screening)以遮住吸力和斥力間的矛盾，『換句話說：假如這宇宙體系原本是穩定的，則最後不可能發生全面的膨脹或收縮，雖然可能仍有些很少的局部變化。對於這靜的宇宙形態，顯然尙有一項困難，則不能解說紅向移位的現象。』(二)

愛因斯坦的相對宇宙論，採用宇宙斥力，求出一個球形靜態宇宙，含著有限密度的物質，本身係屬密閉的，但這種宇宙論，「亦祇是以一種根據相對論觀點而非邏輯觀點所能接受的方式，介紹了宇宙斥力以後，纔達成這目的，因爲這是根據物理以外的考慮，證明其合理的。」(三)

有些天文學者，相信宇宙爲『自有的』，永遠存在，沒有開始，沒有終點。「以往和現在一樣，有着同樣而規模很大的平均密度，過去並無開始，將來也不會終止。整體看來，宇宙密度從不改變，新的物質繼續在出現，以便補償因全面膨脹而造成的密度降低，在這種情形下，物質自動創造量是極少的，約每百億年每立方公尺創造一個氫原子質量，然而已很足夠了。」㈣

哲學家研究宇宙，從古希臘開始，有人主張宇宙是靜，有人主張宇宙是動，泰勒士(Thales 624-545 B.C.)以流動的水，爲宇宙萬物的原素。亞諾西姆內(Anaximenes 585-528 B.C.)以宇宙萬物的原素爲氣。赫拉克利圖斯(Heracleitos 545-484 B.C.)更以變化最快的爲火，爲宇宙萬物的構成素，但是埃里亞(Elea)學派則反對動的原素，以宇宙爲一個不變的整體。柏拉圖和亞立斯多德則結合動和靜的思想，以宇宙間常有變動，然而在研究宇宙萬物的性體，應從靜的方面研究，赫拉克利圖斯曾經說過在宇宙的變化中，有一個不變的基礎，稱爲 Logos，(原意爲語言，爲動力)爲理，爲思維的不變主體。亞立斯多德由變動推求變

㈠ 不息宇宙 Max Born 原著，黃振麟、黃慰慈合譯、徐氏基金會出版 頁一。
㈡ 宇宙之構造 E.L. Schatzman 著，石衍長譯、廣文書局、下册，頁二八三。
㈢ 同上，頁二八五。
㈣ 同上，頁三〇七。

動的原因，講到宇宙變動的最高原因，也就是最初原因，應該是一個絕對自有的實體，即爲創造宇宙的尊神。新柏拉圖派的非洛（Philon Alexandria 25B.C.-40 A.D.）則以尊神之下的 Logos（智慧）爲宇宙的創造者。

天主教神哲學家聖奧斯定（Augustinus 354-430 A.D.）雖繼承柏拉圖的思想，但不主張「觀念世界」的存在，宇宙萬物的理，預先存在於造物主的智慧中，造物主按照自己的智慧創造了萬物，中世紀集西方神哲學大成的聖多瑪斯（S. Thomas Aquinas 1224-1274 A.D.）以宇宙萬有都是有限的。相對的實有體，既不能自有，又不能自動，必定是由於一純粹實有，而又必然實有所創造，純粹和必然實有乃是極全的尊神。

康德（Immanuel Kant 1724-1804）主張創造萬物的純粹實體——尊神，不能由純理性去證明，無法知道有或沒有，祇憑實踐理性的必然要求而作爲應當有的。黑格爾（George Wilhelm Friedrich Hegel 1770-1831）把一切的一切都放在精神中，這包括一切的精神爲世界精神，乃一絕對精神，絕對精神按邏輯辯證法而有「非我」的反，即是世界，再由精神活動——藝術、宗教、哲學由反而到合，回歸到絕對精神。

近世的柏格森（Henri Bergson 1859-1941）則以宇宙萬有，爲一不斷的「連綿」，「連綿」是動，是生命，不能分割，沒有先後，祇是一種生命力的蓬勃發展。懷德海（Alfred

North Whitehead 1864–1947）看着宇宙是一個大統一，由各單體連成一個總體，整個總體是動的，祇能由人心去體會，不能由理性去分析研究，這有些和中國的哲學接近。

中國哲學從易經開端，主張宇宙萬物常動，宇宙爲一生動的宇宙，乾卦的彖辭：「大哉乾元，萬物資始乃統天。雲行雨施，品物流行，……乾道變化，各正性命。……」象辭：「天行健，君子以自彊不息。」繫辭下第八章說：「易之爲書也不可遠，爲道也屢遷，變動不居，周流六虛，上下無常，剛柔相易，不可爲典要，唯變所適。」繫辭上第十一章說：「是故易有太極，是生兩儀，兩儀生四象，四象生八卦，八卦定吉凶。」繫辭上第五章則說：「一陰一陽之謂道，繼之者善也，成之者性也。……生生之謂易。」在這幾段文字裏，易經講明宇宙變化的原理和過程。太極爲一，爲宇宙變化的起點，由太極而生陰陽兩儀，陰陽繼續變化，變化所成爲物性，變化的目的和意義，爲化生生命。

道德經成書在易經之先，易經的變易思想則不在老子以後，老子在道德經說：「道生一，一生二，二生三，三生萬物。萬物負陰而抱陽，沖氣以爲和。」（第四十二章）莊子冥想「道」的變化，至大無限，至神而速。「泰初有無，無有無名，一之所起。有一而未形，物得以生，謂之德，未形者有分，且然無閒，謂之命。留轉而生物，物成生理，謂之形。形體保神，各有其儀則，謂之性，性修反德，德至同於初，同乃虛，虛乃大，合喙鳴，喙鳴合，於天地爲合。」（天地篇）察其始而本無生，非徒無生也，而本無形。非徒無形也，而本無氣。雜乎芒芴之間，變而有氣，氣變而有形，形變而有生，生又變而之死，是相與爲春夏秋多，四時行也。」（至樂篇）莊子以道生一之氣，氣變而生萬物。

氣成萬物的思想，在戰國時漸漸成爲普遍的思想，到了漢朝形成爲中國哲學的中心思想，一氣分陰陽，陰陽再變爲五行，五行化成宇宙間一切物和事，自然界的物，人世界的事，以及籠罩事物的時間和空間，都由五行所成。漢儒講易經，特別講卦氣和卦數，以六十四卦的變化，配合一年四季和四界八方的流動，整個宇宙爲一變動體。

宋朝理學家周敦頤乃根據漢易和道家的解釋作太極圖說：太極而無極，太極生陰陽，陰陽生五行，五行生男女，男女生萬物，這種化生的歷程成爲中國哲學的宇宙萬物的典型化生圖。

但是在宋朝也發生萬物本性爲靜的思想，周敦頤以『靜極而動，動極而靜，互爲其根。」（太極圖說）靜在先，動在後，在禮記的樂記中，有「性爲靜」的思想，人性爲靜，感於物而動，宋朝的呂大臨乃解釋中庸所說『未發之謂中』爲靜，未發爲人性之本，本爲未發，爲靜。這種思想可以追溯到老子所說的『歸根曰靜』（道德經第十六章）再加上漢末南北朝的玄學趨向於根，隋唐佛教的強調虛靜，宋儒乃有「性本靜」的主張。朱熹很反對這種主張。老子的靜是自然，自然則無爲而無不爲，並不是靜止，玄學和佛教的靜，則是倫理方面修身的方法，不是本體方面的靜止，中國哲學常主張宇宙爲動的宇宙，研究宇宙祇好用體驗，而不宜擬用分析法。

2 創造力

宇宙萬物常動，爲我們日常的經驗，爲自然科學家的實驗，爲哲學家所承認的客觀事實。宇宙萬物既然常動，而且常變化，宇宙萬物便是有限的實體，是相對的實體。有限的實體既常變化，便有變化的起點，而且也有終點，生和滅乃是宇宙中普遍的現象。有始的變化實體，不能自有自變，必定須有一絕對純粹的實體爲第一根源，爲第一動力因，宇宙萬物所以不能是自有的，必定是受造的。

科學家和哲學家中，有人主張宇宙爲自有體，唯物論者有這種主張，非唯物論的泛神論者也有同樣的主張。有始的實體，在自己不存在以前，怎麼能夠使自己存在？自己既不存在，不可能是自己開始存在的動力因。再者，物質物不能自己是自己的動力因，也是邏輯的結論。但若以宇宙爲神，宇宙既是有限的變化體，宇宙神也便成爲有限的變化體了，不符合創造宇宙的尊神的絕對性體。

宇宙萬物有創造主，創造主爲純粹性，絕對性的精神實體。

創造主爲一純粹實體(Pure Act)，自體是純粹的實有，是純粹之成，不含潛能。又是一絕對實體，(Absolute Substance)是完全之有，是全部之有，不含變化，本性完全確定。純粹性，絕對性的實體，創造宇宙萬物，不能因自身的變化而化生宇宙萬物，不能如同老子所說道生萬物。道的本體渺茫不定，自動自化，化生萬物，道便在萬物內，萬物的本體是道，莊子乃講齊物論。儒家講太極生陰陽兩儀，兩儀陰陽化生萬物，然而儒家沒有講太極爲自有實體，雖然張載講太虛之氣，和老子的道相似，但也沒有講太虛之氣爲自有實體。

創造宇宙萬物的純粹性和絕對性的實體，必定要超越宇宙之上，不和宇宙萬物同性同體，他的本性本體也不能在宇宙萬物以內。爲創造宇宙萬物，創造主不用自己的本性本體，而是用自己的力；這種力，稱爲創造力。

創造力，是絕對實體向外的力，因爲所創造的宇宙萬物是在創造主絕對實體之外。創造力便不是絕對實體的本體，而是本體的向外動力，爲宇宙萬物的最初動力因。若從萬物向上溯，則是最終的動力因。

最初或最終的動力因，爲一全能的因，含有質因和理因，宇宙萬物的理，爲創造主的智慧。創造主爲造每件物體，按自己的智慧而造；如同我們人造物作事，按自己的理想或觀念去做。所以天主教的神學說，宇宙萬物分享造物主的美善。

創造主創造宇宙萬物，是因爲願意以自己的美善分給世人世物，創造力由創造主的意志而發。創造主的意志是全能的意志，由無中創造萬物的質，由無中使萬物存有。在天主教的聖經創世紀第一章說天主造宇宙萬物，每次祇用一個「說」字，天主說「有光」，便有光；說在水中有魚，便有魚；在地上有生物，便有各種生物。這種記述，爲象徵式的記述「說」字就象徵創造主祇要一願意，發出命令，就由無中生有。所生的有，該當是美善的，因爲是分享創造主的美善，天主教聖經創世紀第一章說：「天主看了所造的一切，認爲樣樣都很好。」（第三十一節）

創造主爲純粹之成，沒有變化，但不是死呆不活的，而且是最靈活的實體，是最神妙的無爲而無不爲的實體。創造主所發出的創造力，便不能是呆板的，是靜止的，而是極強的動力，是繼續的動力；因此，創造的行動不是一次就完成，而是繼續的進行，繼續的成。但是創造主是絕對體，超越時間空間，在創造主方面，創造行動無時間和空間的意義，祇是一個現在。在宇宙萬物方面，則是繼續在時間空間以內完成。在聖經創世紀中用象徵式的六天，記述萬物的陸續被造，科學家用進化論來解釋宇宙萬物發生的歷程。聖經該篇又象徵地說天主造宇宙萬物工作六天，第七天休息，這表示創造不是自化，乃是工作，用力創造，耶穌在福音上又說：「我的天父現在還在工作，所以我也工作。」（若望福音　第五章　第十七節）這又代表創造主的創造工作是繼續不停止的工作，現在仍在創造。

3　創生力

創造主以創造力，創造了「創生力」，「創生力」化生宇宙萬物。

創造主以創造力創造了創生力，創生力和創造力相連，不能分割，若一旦分割，創生力立刻消失，整個宇宙萬物也就消失，歸於虛無。兩者相連，不僅是工作的動力相連，而是在「存有」上相連，創生力的一切來自創造力。

創生力是力，但具有本質和理，又具有各種能。既是力，所以是動，而且本體就是動。本體既動，所有的質，便不能是固定的。創生力的質，就全體來說是一定的，因爲它不是純粹的絕對體，乃是有限的相對體，有限的體無論多大，也有一定的限度。整體的限度在變化中，不增不減。

創生力的本體，就是整個宇宙，宇宙的本體有限，限度不增不減。但是本體的質，則不是固定的，在最初時，是非常不固定，如同老子所說的「道」，「道之爲物，惟恍惟惚，惚兮恍兮，其中有象，恍兮惚兮，其中有物，窈兮冥兮，其中有精。其精甚眞，其中有信。」(道德經　第二十一章) 又如同張載所說的太和和太虛。「太虛無形，氣之本體，其聚其散，變化之無形爾」(正蒙太和) 「太和所謂道，中涵浮沉升降，動靜相感之性，是生絪蘊相盪，勝負屈伸之始。」(同上) 「氣怏然太虛，升降飛揚，未嘗止息，易所謂『絪蘊』，莊生所謂『生物以息相吹』『野馬』者歟，此虛實動靜之機，陰陽剛柔之始。」(同上) 創生力的質，是可由變化而定之質。在觀念方面，萬有之有，是一個最簡單的觀念，內容空洞，隨後加以確定，乃有無生物和有生物，有生物又有植物和動物，動物最後有一個一個的人。這是觀念的變化，由單純而致複雜，由空洞而到確實。在天文學方面，宇宙起源時是星雲，星雲演變爲銀河，銀河演變爲一個一個的星球，地球是個星球，地球演變而有各種的礦物植物動物，最後而有人。這是天文和生物的演變，由混沌的變成淸楚的，由低級的變化到高級的物。創生力的質，是最單純而又最豐富的質，從本體方面說，是最單純，從變化方面說，是最豐富，因爲含有宇宙萬物的質。

創生力的質內有理，爲宇宙萬物之理。創生力的理來自創造力，創造力所授給的理，爲創造主的智慧中之理。創造主爲創造宇宙萬物。自己有創造的計劃，決定創造的目標，創生力推動變化的原則和歷程，這是我們所說的宇宙自然法，易經所說的天道地道。創造主創造萬物，不在一時一刻裡造成，而是由繼續變化所化生，化生有化生之理，每一物有一物之理。易經繫辭說：『一陰一陽之謂道，繼之者善也，成之者性也。』（繫辭上 第五章）物性由陰陽之變化所成，但是中庸又說：『天命之謂性。』（第一章）陰陽之變，有天所定之理，所以物之理來自創造主的規定。創造主在自己的智慧中，選定一個理念，作爲每種物的性，又規定每個單體的具體之性。例如朱熹說人由理和氣合成，人的氣受人之理所限定，氣成爲人之氣。每一個人的具體性，稱爲氣質之性，由氣的清濁而限定這個人之理，理乃成爲這個人的氣質之理。門生們問朱熹，氣質之性的清濁由何而來？這個人的氣和那個人的氣，清濁不同，爲什麼緣故？不是來自理，因爲人和人的理都同是人性；不是來自氣，因爲氣不能自己決定自己的清濁，中國人便說這是「命」，是天生的，你聰明，我愚蠢，你的氣清，我的氣濁，我倆的命不同，實際上這是來自創造主的意旨，也就是天命。這種每件單體物或每個單體人的理，也是創造力所授給創生力的理。這些理在創生力中是各種「能」。

創生力的理不是一個最高的理，萬物不是分享這個最高之理。最高之理，乃是創造主的智慧，萬物是分享創造主的智慧。創生力的理也不是宇宙萬物之理的總合，因爲在創造力創造創生力時，即是宇宙開始時，萬物之理尙不實際是存有。好比中國哲學爭論的太極或太虛內是否有陰陽之理，在太極內不分陰陽，陰陽之理就不實際存有，否則理氣不能分，有陰陽之理，就有陰陽之氣。若是在創造力創造創生力時，萬物之理已就存有，那就是一時創造了萬物，萬物同時出生。

創生力之理祇是「能」。西洋士林哲學講潛能，潛能爲潛在之能，還沒有成爲現實，但可以成爲現實，潛能不是消極的空虛，也不是消極的幻想，而是積極的可能，這種可能，潛藏在實際的「存有」內，在適當的條件下，由動力因的發動，乃成爲現實。萬物之理潛藏在創生力的質中，創生力不停的行動，使創生力之質變化，變化而繼續化生物體。每種變化，有變化之理，理與質合，乃成物。這種潛能性之理，有點像孟子所說的善端和才，孟子所說的善端和才，祇是人性所有的潛能；創生力的理，則是萬物的性理，在每一物未成「現實」時，每一物之理都是創生力的潛能。

朱熹曾說「理一而殊」，從生命方面說，生命祇是一個，萬物的生命不相同，那是因爲氣不相同，氣限制了理。創生力之理，各類的物理不相同，各個單體物之理也不相同。理和質相合而成物，是理限制質，不是質限制理。創生力之理來自創造主的智慧，創造主的智慧是絕對無窮的智慧，便授給創生力無數之理。

創生力最重要的，是「力」，創生力的力，是宇宙一切變易的發動力，而且又是創化生命的力，創生力由創造力得到「力」，創造力爲力源，不單在被創造時是力源，在整個繼續變化的時間中，從開始到現在，一直到宇宙終窮時，創生力不能脫離創造力，好比電流不能脫離電源。

創生力在開始時，即推動變化，變化的次序和過程，按照創造主智慧所定的自然法進行。變化的進程是漸進的，是前進的，由低級物體到高級物體。由變化而化生「物」，創生力的質所有這種物的理就成爲現實。物的化生祇是化生，不是創造，因爲不是從無中生有，物之理已是創生力的質中的潛能，質是由創生力的質中之原素而合成。原素按性理而結合，結合的原因是創生力，創生力使原素結合，也繼續保持原素的結合，「物」乃能存在。創生力便在每一物體中，是每一物體的具體存在。這種存在是動的，因爲是創生力。易經主張陰陽在物體內繼續變化，王夫之就有「命日降而性日生」的學說，物理學家也說明物體內的原素常是動的。這種動，爲本體內的動，便稱爲生命；易經所以說：『生生之謂易。』（繫辭上 第五章）一個人，他身體的各部份，因着生命而相結合，若失了生命，身體便分化破裂。一株樹，一朵花，也都因着生命而結合，若是死了，樹枝，花朵就分裂了。一塊石頭，一塊木板，所以成爲一塊，是因爲一種中心力使分子結合而成爲一，失去了中心結合力，石頭或木板也就分化了。這種中心結合力，就是創生力，樹、花、人的結合力是生命，生命就是創生力。

創生力在整個宇宙裏，是宇宙存在和變化的力，也就是宇宙的存在和變化。在每一物內，是每一物存在和變化的力，也就是每一物的存在和變化。

創生力使每一物成爲一，成爲一個單體的存在。一的基礎爲理，理限定創生力的變化，使成爲這個一。

整個宇宙是一個活的宇宙，是一個創生力，是一個創生力的變化。創生力變化使質內的原素按着理而結合成一物，物不是由一物而變出，而是由創生力使它化生。變化是進化的，依照自然法而前進；但不是物種進化論。一物的理，不由另一物而生，而是已在創生力的質中之潛能，因着創生力的變化乃成爲現實。

整個宇宙是一個創生力，整個宇宙的變化是一個變化。一個整體變化含有或分有無數的部份變化，部份變化彼此互相連繫，互相溝通。所以宇宙的物，互相關連。王陽明曾說「一體之仁」，中國哲學無論道家和儒家，都以萬物的生命互相連接，互相流通，自然界和人事界不能分離。創生力是宇宙存在的生命力，又是每一物存在的生命力。

爲解釋創生力，可以用中國哲學的氣，初始時的創生力有些相似太虛之氣，質爲太和，太虛之氣具變化之力和理，逐漸變化，化成陰陽五行，化生萬物，萬物由氣所成。但不相同的地方很多，創生力不像氣爲質，成物之形，而是創生之力，又不分陰陽五行。然而在氣之變化，化成萬物，又在萬物以內，則有些相似。為解釋創生力也可以用柏格森的「蓬勃生命力」，生命力不停止活動，使宇宙成為不可分割的「綿延」，可是柏格森的生命力沒有內容。創生力則是生命力，有質，有理，為生活的宇宙。

宇宙萬物所有的「力」，也都有質、有理、有力，例如電力，有自己的理，自己的質，自己的力，電力的質由物質分子結合而成，分子的結合，按電力的理而結合，所以能結合是由動力因而結合。

創生力本體是質，又是力，理在質內，又在力內，理和質和力，也是合一，不能分離。

創生力有本體、有力、有理。本體就是宇宙整體，所以宇宙就是創生力，創生力的本體有質，質能變。質的變由創生力的力而發動，創生力發動質的變，按創造力在創生力內所給與的理而發動，以成物性，創生力就是宇宙，好似老子的道和張載的太和；但是創生力不像道和太和，祇是宇宙的開始，而是在時間在空間的整個宇宙，以往的宇宙，現在的宇宙，將來的宇宙，都是一個創生力，常繼續在變化。不是說道在萬物或氣在萬物，而是萬物是創生力的萬物，即是宇宙的萬物。萬物是宇宙的分子，也就是創生力的分子。

二、宇宙萬物

中國歷代以時間和空間代表宇宙，四面八方爲宇，古往今來爲宙，宇宙又稱爲世界，易經則以世界爲天地。天地有萬物，上面有日月星辰風霜雨露，下面有山水草木和人，人爲萬物之靈，人便代表天下地上的萬物；易經乃以天地人代表天地萬物。

1 創造主

中西哲學討論宇宙，則簡單稱爲萬物。

就萬物來說，萬物的存在，萬物的變易，萬物的關係，是不是有整體性。

亞立斯多德曾講過萬物的存在不是自有的，不是自有的便是從他物而有，他物又不是自有的，又須從他物自有。這樣推論上去，必定要推到最後一個自有實體，這個自有實體稱爲萬物的最後原因，或最高原因。聖多瑪斯也採納這項形上的理論，作爲造物主天主的存在證明。

中國哲學的易經，以萬物的來源爲太極，太極生兩儀，兩儀生四象，四象生八卦。（繫辭上第十一章）宋朝理學家周敦頤作太極圖，認爲太極生陰陽，陰陽生五行，五行生男女，男女生萬物。（太極圖說）道家老子則說道生一，一生二，二生三，三生萬物。（道德經 第四十二章）莊子在齊物論和列子在天瑞篇又說：『有始也者，有未始有始也者，有未始有夫未始有始也者。』天瑞篇又說：『夫有形者生於無形者，則天地安生？故曰：有太易，有太初，有太始，有太素。太易者，未見氣也；太初者，氣之始也；太始者，形之始也；太素者，質之始也，氣形質具而未離，故曰渾沌，言萬物相渾淪而未相離也。』

中西哲學家都以宇宙的來源，有人說是自有的，老子以「道」自生自變。莊子卻承認有造物者。但是大多數的哲學家都承認宇宙由最高神靈——絕對自有實體所創造。我也接納這種主張，並說明由創造主以創造力而創造創生力，創生力即是宇宙。

創造的全部意義，是從無中生有。所造之實有，不僅原先不存在，而且它的質和理也不存在，整個的實有，原先爲無，由創造者創造整個實體。通常說人的天才有所創造，人的創造必要使用原有的質料，再用自己的智慧給原有質料一個新的形式，是創造「式」，不是創造「物」。

創造主創造宇宙，不用自己本體的體質，不由自己本體變易，是用自己的神力，即是創造力。創造力爲創造主的神力，具有創造主的神能，從無中創造宇宙。所創造的宇宙，在自己本體以外，和自己的體質無關。祇是用自己的智慧，按照智慧所定的理而造。理在創造主的智慧中，在創造宇宙時，創造主的智慧並不走出天主的本體；而是按照創造主智慧中所規定的理，創造理。創造主創造宇宙，創造了宇宙的理，宇宙的質，宇宙的力。所造的力由創造力而生；所創造的理，按照創造主的智慧所定而造；所造的質，由無中而造。由理和質和力而構成宇宙。但以力爲主，因爲創造由創造力而造，從創造力發生了力，稱爲創生力，創生力和質和理，合成宇宙。宇宙乃是一個活力的宇宙。

創生力的理，在創造以前，已經存在創造主的智慧中。創造主的智慧超出時間，在智慧中的理也超出時間。不能夠問什麼時候創造主計劃創造宇宙而規定了宇宙的理呢？祇能說在「無始之始」，創生力的理，則是有始的，就是從創造的一刻才開始。創生力的力也是有始的，因爲是創造力所造。創生力的質更是有始的，因爲是創造力由無中所造。所以宇宙是有始的。因爲是受造的。

2 宇宙

創造力所造的宇宙是一個創生力，這個創生力是一個活動的宇宙。

創造力所造的是一個創生力，不是一個萬般都已確定的宇宙，不是在創造的一刻，就創造了現在宇宙所有山水草木禽獸和人，而是一個活動的力。這個受造的力，有理有質，繼續變易。宇宙的存在，是力，是變易，就是創生力。

現在物理科學講論宇宙萬物，常從「力」去講，力的計算稱爲『能量』，「能量」就代表種種物體。

宇宙是一個整體，整體中有各種物體，物體都是自立的實體。在士林哲學裏，實體的意義，是各自獨立的單體，單體不能相合再結合一整體。若是互相結合，所結合的整體，不是本體互相結合，是外在因素的結合，或者是同一空間，或者是同一時間，或者是同一關係。許多單體只能是多，不能是一。宇宙是一整體，便需要明白的解釋。先從反面說：假使宇宙不是一個整體，只是多數單體物的團結，單體沒有時，團結就不存在。因此當萬物還沒有在宇宙內出現時，宇宙就不存在。實際上，宇宙在開始時就已存在，後來也不因萬物的出現而增大，或因物種的消失而減少。宇宙在實際上應該是一個整體，具有整體的質、理和存在。這個整體是一，而且常是這個實際的一；所有的變易，是內部的變易。

然而宇宙的整體怎麼講呢？整體的基礎是「在」。附加體的「在」，是主體的「在」，附加體和主體祇有一個「在」，每個實體是單體，有自己的「單獨在」。許多實體，便乃許多「在」。

但若「在」是變易，是生命，兩個單體的生命則可以連成一個生命。例如，女子懷孕，胎中的胎兒是個單體，有自己的生命。胎兒的生命和母親的生命連接在一起，合成一個整體的生命，母親的生命爲主，胎兒的生命爲副。斷了母親的生命，胎兒的生命就一起被斷了。斷了胎兒的生命，母親的生命可以存在。母親和胎兒的生命，就是他們的「在」。他們有生命就在，斷了生命就不在。因此多數的單體，若都是變易，變易是他們的存在，變易在動因上相連，它們的「在」便也相連。

宇宙萬物由創生力變易而成，成了實體以後又因創生力（生命力）繼續變易；因爲創生力使每個實體的理和質相結合，又由自己的力繼續維持這個結合，這種維持結合的力稱爲生命力。生命力使實體繼續「在」，而且是一個繼續變易的在，卽是生命，每個實體的「存」，都是生命。宇宙萬物都是實體，宇宙是創生力，萬物是創生力所造的實體，又是創生力所維持存在的實體；創生力是宇宙的生命，又是萬物的生命。宇宙萬物在生命上，結成一個整體。朱熹曾經說宇宙有一太極，萬物又各有一太極。他以太極爲理，所以說『理一而殊，』理則爲「生命之理」。宇宙萬物在「生命之理」上相連爲一，在「氣」上，則不相同。我認爲「生命之理」不是抽象之理，而是具體的「生命力」，「生命力」使實體之物存在，是生命，宇宙萬物在生命上結成一整體。沒有宇宙整體的生命，萬物都不存在；消滅了一部份物體的生命，宇宙整體仍然存在。

在生命上，即在「存在」上相結合，是在「存在」上相結合，不在『性』上相結合，也不在「質」上相結合，即是不在本體上相結合，本體的「在」，在理論上是單獨的，每個單體有自己的「在」，在實際具體上，「在」是繼續的變易，是生命，則彼此相連，因爲生命的動力是相連的。

士林哲學以實體爲元形元質合成的「性」和「在」相結合而成；但是什麼使它們結合呢？朱熹以實體爲理和氣結合而成；但是什麼使理和氣相結合呢？結合還不夠，還要維持這個結合；又是什麼來維持呢？所以該當說是種「力」爲結合的原因，即是動力因。這種動力就是創生力。在創生力上，宇宙萬物結成一整體。

3 化 生

甲、化生的意義

創生力由創造力得有繼續創造的力；創生力的創造，和創造力的創造不同。創造力是創造主的神力，由「無」中創造「有」，即創造了創生力，也就是宇宙。創生力繼續創造宇宙的萬物；創生力創造萬物，用創造力所創造的理和質，理和質在創生力以內；所以創生力的創造，祇是「造」，「造」是造了又繼續維持，便稱爲化生。

創生力由創造力所造，活動不停。本體中具有無數的元素，又具有無數的理；元素和理都是創造力所創造。元素中有物質性和精神性，理則是萬物的理。創生力不停變易活動，變易使萬物的理，按照創造力所定的次序，和相合的元素結合而成物；這種結合，就是化生，意思是說由變化而使物體成爲「有」，原先沒有物體，由變化而產生了。物體產生了，存在在宇宙的整體內，怎麼樣存在？不能存在宇宙的質以內，是在宇宙的質以外，但是是在同一的「在」內。

乙、化生的次序

創生力的變易，按照創造主所定的次序進行。這個變易次序，由創造力賦予創生力，成爲創生力之理的一部份，稱爲自然法。創生力的化生萬物，每一物的繼續活動，即是創生力本體的生命，萬物的每一物之生命，都按照自然法進行。

萬物的理，如能和質相結合，當然由創生力的變易使能結合。但創生力的變易有自然法的次序，自然法規定每一物體要在適當的具體環境下才能存在。依照自然法，一種物體的適合生存環境出現時，創生力變易之力便使這種物的理和質相結合而化生。新生物的質，即是元素可能由原有另一物體的質而結成，例如胎兒由父母的質而連成；但是新生物之理則不在原有結成質的物內，而是在創生力內，原先由創造力所造。所謂物種進化，祇是體質的進化，理則是新造。這種進化，爲萬物化生的時間先後次序。

另一種次序，爲生命高下的次序。化生萬物的「創生力」，是按照造物主的「創造觀念」。「創造觀念」乃是造物主的最高理念，最高觀念的行爲一定符合最完全的理，最完全的理一定使「創造神力」發動萬物的「創生力」，依照一定的次序，不亂又不缺。從最底「創生力」，漸次升高，達到最高的「創生力」。因此，萬物的創生力有高低的次序，萬物的生命就有高低的次序。

朱熹曾講人得生命理之全，物得生命理之偏，因爲「物之生，必因氣之象而後有形，得其清者爲人，得其濁者爲物。」（朱子語類 卷十七）因着氣之淸濁，理的顯露便有偏和全的分別。氣清，則理全都顯露；氣濁，則理顯露的部份或多或少。朱熹以萬物都同有一理，只是與氣相結合時，理的成份可多可少。

我們應該說，生命之理是造物主的生命之理。造物主創造萬物時，將自己生命之理分享給萬物，分享有次序，按照次序，萬物對生命之理分享（Participatio）便有分別，因此

「創生力」也就有分別。萬物的生命是分享造物主的生命，分享有次序，萬物的生命乃有高低的次序，因此，萬物生命之理有次序的分別，不是理本身是同一，理的顯露因着氣而有偏全的不同，而是萬物所分享的生命之理，本身高低之次序，因而性質不相同，生命便有高低。

萬物的實體，既是生命。生命祇爲「一」，不可分割。眞實完全的生命，爲一「純粹的行」(actus purus)，不由能而到成，而是絕對的並完全的「行」，即是造物主天主，爲宇宙萬物最高並最後的原因或動力。眞正完全的生命創造了宇宙萬物，以「創造神力」按照「創造觀念所定物體的理」，把自己的生命，分享給萬物。所分享給萬物的生命，不是造物主的本體本質，而是一種生命力，卽「創生力」。每一物體的存在，都是分享造物主的生命，在自己內具有「創生力」。萬物所分享的生命，都是造物主的生命，雖然在本質上不是造物主生命的本質，但也都是造物主生命的力。萬物所分享的生命，層次不同，結成一有次序的系統，由沒有生命表現(卽生命顯露)的礦物，層層升到一級一級的植物，又層層升到一級一級的動物，最高層乃是人。中國哲學不用西洋哲學的對分法：例如物質和精神，無生物和有生物。尤其在宇宙萬物裏，不用對分法，劃成有生命的世界和無生命的世界，卻願世界合成一個，使萬物列成有次序的一個系統，互相連結。今天，在實際生活上，環境保護的政策，所有的學理根據，就在於宇宙萬物的生命是互相連繫，損害一方面，就害到其他方面。萬物生命之理，雖有分享的次序而不相同，然而成一系統，即是生命的系統。朱熹先曾說「理如一把線相似，有條理。」（朱子語類　卷六）清朝戴震也曾強調生生必定有條理，「是故生生者，化之原；生生而條理者，化之流。」（原善上　戴震集　頁一五七）條理就是系統。

造物主的「創造神力」，既然由「創造觀念」而發動萬物的「創生力」，「創生力」即是造物主生命的分享，分享有次序，次序便成一系統，萬物的生命乃成一系統，整個系統結成一整體性。

但宇宙萬物自己所有的「創生力」，爲能活動，必須互相連接。王陽明曾經解釋他自己所主張的「一體之仁」，即一體的生命，或一體的生命，他擧例人爲生存，須要飯食和藥物，飲食藥物則是利用動物植物和礦物，人吃肉吃蔬菜菓子，人飲水吃藥，所以人的生命和動植礦的生命相連，而且相通，因爲若不相通，便不相適合，人若吃不適合的食物，尤其是適合的藥石，生命就受損害。我因此說萬物的「創生力」的活動，即是由「能」到「成」，仍舊常需要別的物體的「創生力」，彼此相連，彼此互助。最後，宇宙萬物的「創生力」，來自造物主的創造力。同時，需要造物主的創造力的支助，因爲萬物本來沒有，因着創造力分給萬物一種「創生力」而能成「有」。這種創生力時刻都仗賴着創造力而能「有」，好比手捧一個杯子，杯子懸在空中，無論在那一刻捧着杯子的手收回去，杯子便落下去，掉在地上被打破，杯子就不有了。宇宙萬物都由同一的創造力而來，同一創力所支持，支持也就是創造。因此，在創造力方面，宇宙萬物有整體性。

從存在方面說，萬物彼此相連，由同一「創造神力」而成為「有」或「在」，又取得「創生力」；「創生力」發動萬物的變易。從變易方面說，萬物的變易彼此又相連，造成整體性的關係。整個宇宙萬物就像一座活的機器，這座活的機器的動作，不是機械性的呆定動作，而是富有神秘性的動作，易經曾說易是神妙莫測，因為宇宙萬物的動作是生生的變易，是生命的活動。

三、時間與空間

1 空間

我有一個身體，身體常有它的位置。身體在自己的位置上和外面物體相接觸，用手足可以達到的物體，能夠接觸到；用手足達不到的物體，中間有個空缺。我知道這個空缺叫做空間。我抬起頭來看，上面的空間眞大。但當我乘坐飛機時，外面的空間渺渺茫茫，無邊無垠。又當我研究天文時，看著星辰棋佈，地球渺小不堪，太空中的距離用光的速度，也還不能計算。世界眞是多麼大！所謂世界就是空間。

面對這渺茫的世界，我們都要問：空間究竟是什麼？天文學所答的空間只是距離，地理學所答的空間只是面積，哲學上有什麼答覆呢？

假使哲學家以宇宙爲一個極大的實體，空間便是這個實體的本體，宇宙間的萬物只是這個大實體的份子。因此，常聽見有人說：宇宙是一個大宇宙，人是一個小宇宙。這樣說明，空間便是一個實體，而且就是宇宙本身。

假使哲就家以宇宙爲神靈，主張泛神論，空間就成爲神的本體。空間也是一個實體，但不是物質的實體，而是精神的實體。

假使哲學家是唯心論者，既不承認物質世界的存在，也就不承認空間的存在。空間照他們來說，只是一個空名詞。唯心論的康德雖不完全否認物質，然也只承認空間爲天生的一個範疇。

章太炎曾經說：「色塵妄法，對空故有。若無空者，則無色塵之相。假令空是絕無，則物質於何安置？假令時是絕無，則事業於何推行？故若言無空間者，亦必無物而後可。……然則破空而存物，破時而存事者，終不能使邊盡諸見，一時鉗口結舌明矣。果欲其鉗口結舌耶，則取物質事業二者與時間空間同日而撥遮之可也。」(五)但是章太炎自己卻是否定時空的：「破我執易，破法執難。如時間有無終始，空間有無方所，皆法執所見。此土陸子靜輩，思之終不了然，實未達唯識之旨，時間者起於心法生滅，相續無已；心不生滅，則時間無自建立矣。空間者，起於我慢，例如同時同地，不能並容二物，何以不容？則因我慢而有界閡，因界閡而有方法；滌除我慢，則空間亦無自建立矣。」(六)

但是，空間不能被排除，因爲我是活在空間裏；除非排除了我的身體，才可以排除空間，然而又不能肯定空間是實體，否則，我的身體就不能在空間以內；因爲「同時同地，不能兼容二物。」

空間是什麼呢？

空間是物質「量」的屬性。而且是一種基本的屬性。物質的量使一分子在另一分子以外，不能兩個分子同時在一地，物質便有延伸。有延伸便有面積，有面積便佔空間，這是所

(五) 太炎文錄 初編 別錄 卷三 頁十三—十四。
(六) 同上，頁二。

謂內在的空間。兩個物體既有面積，兩個物體之間便有距離。距離可大可小，這是所謂外在空間。所以空間乃是距離，有內在的距離，有外在的距離。

空間究竟是不是實在的？

西洋的哲學家，有許多人主張空間是實有的，跟物體不連繫在一起。他們主張有一絕對的空間，中間是眞空。就理論上說，眞空在萬物以前先已存在，在萬物消滅以後也可以存在。宇宙就是這個眞空，萬物就在這個眞空以內。普通的人也常是這麼想，眼睛所看見的也常是這樣。但是我認爲實際上不能是這樣，因爲眞空不能存在。空間由距離而成，距離由界限而成，界限是物體的延伸。沒有物體就沒有延伸，沒有延伸就沒有界限，沒有界限就沒有距離，沒有距離也就不能有空間。

可是有人說：我們可以想像宇宙間只有一個物體，這個物體可以運動，有運動就要變換位置；位置的變換乃是地方的變換，前一位置和後一位置便有距離；因此便有空間，但是照我看來，這個唯一的物體在運動時，只是它自身的空間在動，沒有造成距離。它移動自身的空間，並沒有所謂位置的變換。位置本身是相對的，即是自身的空間和週圍物體的空間所有的關係。若是宇宙間只有一個物體，便只有它自身的空間，而沒有它的位置。不過，人家還可以說，唯一的物體在運動時，自身的空間在變移，變移是要物體以外有空間，物體自身的內在空間才可以移動；那麼，外在的空間並不是兩物體間的距離，實際上可以是眞空；而且內在的空間也可以是眞空，例如一間空房子，可以用泥土塞滿，一點空隙都不留，這個房子在沒有塞土以前，應該是眞空。當然普通說房子裏有空氣，但在科學上現在可以把一個瓶子裏的空氣抽出來，把瓶子弄成眞空。因此，眞空的觀念和事實都可以成立。

我卻要說這是把眞空和空間的觀念弄亂了。所謂空間，並不說裏面有沒有東西，也不是說可不可以容納東西。「內空間」是一件物體的各方面界限彼此中間所有的距離，一件實體的東西所有「內空間」是它的面積，一所空房子的「內空間」是上下左右牆壁和天花板地板中間的距離。這「內空間」是眞空或不是眞空，它的意義不變，例如一個瓶子，在沒有抽出空氣以前和抽出空氣以後，它的「內空間」並不變。假使消除一個物體上下左右所有的界限，眞空的「內空間」也不能成立。「外空間」也應該有距離。整個宇宙按理說就是圓的，不是無限的延伸。在圓的宇宙內，空間無論多麼大，都是星球的距離。至於宇宙唯有一孤獨物體的假設，姑不論這個假設可不可以成立，對於眞空的觀念並沒有證明。因爲唯獨的一個物體，只有它自己的「內空間」，並沒有「外空間」。在它以外既然是絕對的「無」，便一切都沒有，有什麼空間可學呢？

我認爲空間所以然有，乃是多物體所造成。假使宇宙間只有我一個人，其他一切都沒有，那便沒有宇宙，沒有空間。既然有多數物體，自然而然地必定有空間的觀念和事實，不是我們人用想像加上去的。物體越多，空間的觀念越緊要。例如人口問題，常是和空間的問題相連。在澳洲和巴西人口稀少的地方，空間很寬，便不感覺到人口問題。在臺灣地方狹小的島嶼上，人口問題就非常緊張了。

空間可不可以是無限的？

哲學上有所謂絕對的空間，絕對的空間卽是上面所說的眞空，不是物質的距離，而是自己單獨地存在。這種絕對的空間，我不承認。空間可以不可以是無限的，和空間可以不可以是絕對的，互相連貫，無限的空間應該是絕對的空間，否則不能存在。這個問題和宇宙是不是無限的，爲同一個問題。古來許多哲人講宇宙無限，現在還有許多人相信宇宙是無限的。但是按哲學的理論說，宇宙既爲萬物的總合，又不是絕對的空間，則宇宙爲一物質性的總合，物質不能是無限的。雖然在數學上，一根直線可以引伸到無限；然這只是數學上的假設。把直線和量的觀念相分離，以直線不是量，而是物質。直線既是物質性物體的平面線，在本體上不能不是物質性的。物質有量有分子，量和分子無論怎樣增多，也都是有限的。因此宇宙不能是無限的。同樣，空間既是物質體的距離，物質體不能是無限的，空間也便不能是無限的。整個宇宙應該是圓形的，而不是一個無限的平面。

空間和我的生命很有關係；我的生命既是心靈和身體相合爲一的生命，便是生活在空間裏的生命。空間爲物質間的距離，我生命的空間就是和周圍物體的關係。這些物體可以限制我的生活，因爲我的衣食住行都受這些物體的影響。這些影響造成我生活的環境，結成我生活的文化，給我生活一種造型㈦。

2 時間

對於時間，問題就更難了。

聖奧斯定曾說：「時間是什麼？若沒有人問我，我知道；若有人要我解釋，我就不知道了。」㈧

聖多瑪斯也說：「凡有稀微本質的，很難被認識。因此我們不認識它們，不僅是從我們一方面有缺欠，從它們一方面也有缺欠。這一類的事物是……那一切不同時整體存在，卻繼續按著一不可分的標準而存在。在這種事件中「時間」一事。從此，便明白「時間」是很難

㈦ 對於空間的哲學問題，可以參考。
D. Nys. La notion a' Espace. Louvin. Emile Warmy. editear. 1930. II ed.

㈧ S. Augustin us. Confesriones. Lib. XI c. 14.

知道的。」(九)

歷代的哲學家對於時間的意見，較比對空間的意見更多更複雜。但是以時間爲不實在的意見，常較爲引人注意。章太炎曾表示這種意見說：「時若實有，卽非唯識。……卽自位心證自位心，覺有現在；以自位心望前位心，覺有過去；以自位心望後位心，比知未來。是故心起卽有時分，心寂卽無時分。若睡眠無夢位，雖更五夜，不異刹那。然則時非實有，宛爾可知。」(十)

有的哲人說，時間只有現在，沒有過去和將來；因爲過去的已經沒有了，將來的還沒有來。有的哲人說，時間只有過去，沒有現在和將來；因爲才說現在，現在就已經過去，好比腳踩河中的水，腳下的水常在流，不能說這一刻的水就是這刻的水，因爲這一刻的水早流走了。可是柏格森則說時間就是 Dure'e「存留」，「持續」，「常住」。「存在」是人的生命，是生命力的長流。長流不能分割，沒有過去現在和將來，結成一個活的「存有」。

士林哲學的學者，把時間分爲「內在時間」和「外在時間」。「內在時間」和實體的「存在」相同，「外在時間」爲變動的次序(土)。

在我看來，「內在時間」爲「存留」或「延續」實際上已超出時間，而是形上本體的時間。時間在通常的意義，是「存留」的計算，卽是駐留多久，或存在多久，這種時間是世界物體的時間，稱爲外在的時間。聖多瑪斯曾說：「爲保存物體的存在，天主並不用和創造物體的行動不同的另一種行動，而是用創造行動的延續（continuatio），這種行動沒有變動，沒有時間。」㈫因爲天主也有存在，便也有「存留」；所以說天主有時間，天主的時間爲本體的時間，即是存在的延續，精神體的「存在」也是本體的時間，只有宇宙或世界才有外在的時間。

本體的存在，不包括「變」，也不包括久暫，存在就是存在，就是在，就是存留。所以本體的時間沒有久暫的意義，也沒有先後的意義。世界的物體，都是物質性的物體，物質性物體的存在則常變，物質體的變必定有先後，即一變在一變之外，就同物質的一份子在一份子以外同樣，因此物體的存在，在延續上，即是在時間上乃有先後，有久暫，這就是普通所說的時間。

時間的基礎和空間的基礎不相同；空間的基礎在於物質的量，時間的基礎則在於實體的存在。空間因量的延伸而成距離，沒有距離即沒有空間；時間因實體的存在，才有計算，時

㈨ S. Thomas TOp. De émpore, C. I.
㈩ 章太炎文錄初編　別錄　卷三　頁九。
㈪ D Nys, La notion de Temps. Louvain. Imtitut de Thilorop ihe. 1925.
㈫ S. Thomas. Summa Theologica. I. P. 9. 104. a. I. ad 4um.

間的基礎便是存在。存在爲能夠計算，必定要「存留」，沒有「存留」，怎麼可以計算？「存留」從本身上說，是「存在」的延續，即是繼續存在。時間從本身上，也就是存在的繼續。一小時，一天，一年，一世紀，都是代表「存在」的繼續。「存在」的繼續即是「存在」的本身，並不是「繼續」給「存在」加上了一種特性。例如：我繼續生活，就是我生活，我繼續生活和我生活同是一事。這樣說來，「存在」就是「存留」或就是「持續」，「持續」就是時間；也就是說「存在」即是「時間」。然而這種「時間」稱爲「內在時間」，不是普通所說的時間。普通所說的時間，爲計算的次序，爲「外在時間」；「內在時間」只是時間的基礎，也就是本體的時間。

凡是「存有」，本性上就「存留」(或持續存在)。既是「在」，就不是「不在」；所以「在」就應該是「存留」是延續不能分割的，是「在」的內在特性。若以時間爲「存留」「存在」(即在)便是時間了。但是宇宙間的一切「存在」，所以能夠「存在」，都靠著造物者天主去保全，所以說保全「存在」就是繼續創造「存在」。聖多瑪斯說天主爲保全萬物的行動，和創造萬物的行動是同一行動，創造行動沒有「時間」，和受造物體的「存在」一齊「存留」；「存留」就沒有「時間」，這所謂時間，是有先後的「外在時間」。但是這種講法，不是從觀念去講，而是就實體去講。在實際上實體的「存在」就是「在」，「時間」本身就是「在」，所以在實際上「存在」和「時間」相同。

若是實體的「存在」和「時間」相同，精神實體的「時間」和物質實體的時間就不相同了。因爲宇宙內的實體都是物質的，不是同時而有，而且物體的存在是變，變有先後，物體的存在有先後。怎麼可以分先後呢？這只能從因果關係去說。然而這種先後只存於因果之間，和因果關係以外的「存在」，不能相分別。因此，便有一問題：是否有一個唯一的「時間」以作標準？換句話說是否有一個唯一的「存在」，以作其餘的「存在」的先後標準？相對的「存有」由絕對的「存有」而來，「絕對存有」的「存在」，便是一切「存在」的標準。這樣說來，天主乃是絕對的時間了。然而，天主卻又是「永久的」（永遠的），永久的意義，則是一切所能有的一同都有，沒有先後。

因此，時間的本身意義是久，是持續，是存留。爲能久，須要存在，「存在」是時間的基礎，「存在」的本身又是持續，因爲「在」，就是在，「在」的本來意義就是持續存留。時間的本身意義便不是先後的計算，而是「在」，即是持續存在。持續存在本來是「存在」的特性，「存在」的本體是自立的實體（substantia），實體的「存在」便都是持續存在，也就都是「時間」。「時間」便是和實體相同了。

從「存在」的動態去看，乃能得到時間的通常意義。「時間」是什麼呢？是「持續存在的動態」。「存在」的意義也就是在「時間」裏顯明出來。

「存在」的動，乃是「成」，「成」爲「行」，「行」沒有動態。「絕對存在」的「行」爲永久的「成」，所有的「成」一同實現，沒有先後。宇宙萬物則是物質的物體，人雖然有精神性的心靈，卻也有物質性的身體。物質爲量，量有空間，在空間的動有先後，而又有形態。物質體的存在既然常動，動又形成先後，物質體的時間乃有先後的意義。整個宇宙常在動，我們人生活在整個動的宇宙中，人的生命和宇宙萬物的關係，便是動的關係。動的關係在我的意識中，由先後而顯；因爲我爲知道動，是由先後而知道。宇宙萬物的「存在」，便是先後的動，「存在」的時間，也就是動的先後。「內在時間」便形成了「外在時間」，「外在時間」爲動的先後。宇宙萬物的「時間」和「空間」相連；因爲萬物的動，是在空間裏的動。「外在時間」既是空間的時間，時間先後的標準便不能以超於空間的「存在」作爲標準，而要以空間的一種普遍的動作爲標準。我們人類計時的標準，以地球的運動（以往認為太陽的運動）作標準。「在外時間」爲物質物體的特性，然而又不是和別的特性一樣，附在物體的本體上，而是物體的動的一種形態。可是這種形態和物體的兩種基本特性不可分：一種是動，一種是空間。物體的空間又因動而顯，於是物體的「存在」，就由動的先後久暫而顯；因此「時間」便代表物體的存在了。例如我們人的生命，就由多少年來代表。

整個宇宙，因此是空間和時間，因爲宇宙卽是物體的總合，物體由空間和時間而顯；空間和時間就代表宇宙。莊子德充符篇曾說：「今子與我遊於形骸之內，而子索我於形骸之外，不亦過乎。」萬物都在空間以內，不能要求萬物超於時間以外。莊子的寓言則常以萬物超出空間和時間以外。莊子齊物論又說：「天地與我並生，而萬物與我爲一。」莊子是從「道」去說，但也可以從空間時間去說：天地爲萬物的總合；郭象的註釋，天地萬物和我同在一個空間以內，又同在一個時間之中，所以是同一又同一。莊子說：「既已爲一矣，且得有言乎？既已謂之一矣，且得無言乎？」既同在一個空間和時間裏，怎麼還能有分別呢？但若沒有分別，怎麼能是萬物呢？因此，空間和時間都要有「內在」和「外在」的分別。

我生命一開始就要有「空間」。身體無論怎麼小，必定佔住自己的空間，一開始走路，外面的空間就越大越好。生命和時間則連在一起，結束了時間，便結束了生命。可是我心靈的生命，變成了「連續永留」了。這是靠造物主的恩賜。受造的宇宙萬物按本性說是有始有終，沒有無限的空間，也沒有無始無終的時間。

方東美教授曾解釋易經的話「窮則變，變則通，通則久。」蓋時間之眞性寓諸變，時間之條理會於通，時間之效能存乎久。……凡此一切，「皆時間變易之理論條件。」(十二)

(十二) 方東美　中國哲學之精神及發展　卷二　頁一四八　孫智品譯　成均出版社　民七三年。

從認識方面說，人的理性活動，天生就受空間和時間的限制，而且天生就有空間和時間的認識基礎，因爲人是心物合一體，物質的身體天生有量，既有量在活動時，便必定有空間性和時間性。人在認識物體時，天生就從空間和時間去認識。因此一切觀念都含有空間和時間性，人沒有一個純精神性的觀念，這樣空間和時間可以說是天生的認識範疇，也可以說是天生的認知條件。

第三章　生　命

士林哲學繼續了亞里斯多德的思想，以萬物最後的本體爲有，這個「有」是「有者」，海德格更進而稱爲「此有者」。士林哲學認定「有」爲最後的又最始的觀念，不能加以分析，也不能予以解釋。然而我們總免不了要問「有」究竟是什麼？「有者」究竟怎麼能「有」呢？答說「有」是「在」。「在」又是什麼呢？

中國哲學就解釋了「在」，說「在」是生生，生生是變易，變易爲生生，生生爲生命。「在」就是生命。但是生命不可以說是「有者」，「生命」是「在」，「有者」乃是「生命者」。這個問題留在後面第三章去講。現在我要講的，則是生命。生命爲生生，生生爲變易，變易是「在」，變易又是什麼呢？

中國哲學說變易是陰陽的變動，陰陽的變動由於太極或太虛具有激蕩之力。然而陰陽究竟是什麼？若說陰陽是氣。氣又是什麼？我不能接納氣是宇宙間的氣，因爲這是物理學，不是哲學。

一、論變易

宇宙間沒有不變易的實體，整個宇宙在變易，每件實體都在變易。宇宙的變易是各種實體變易的總合，在時空內表現，變易的結果，使萬物化生，每個實體的變易，在於發展自己的本性本體，使自己能更成全。普通所稱生物，即是具有內在活動以完成自己本體的物體，所稱無生物，則是沒有內在流動的物體，例如礦物。但是所有物體除絕對實體爲不變者外，一切相對實體都變。相對實體的變不僅在外面受外面動因而有變，體內也由自體動因而變。內有自動因在中國哲學稱爲陰陽兩氣。在物理學上物體的原子因兩種相反之力而常動。從本體論上看，相對實體既有變，變在體內，使本體或發展或銷毀，礦石也有成和壞。因此，宇宙內萬有都內在之動，內在之動和本體有關，便可以稱之爲「生命」，生命就是變易。

甲、變易的意義

1　西方哲學

爲正確地解釋生命哲學的意義，必須明瞭變易的意義，而整個宇宙卻都是變易，變易便不能完全是一種，對於研究變易的工作，形成了很多的困難。我現在就變易的基本理論方面，加以研究。

變易的普遍意義，是一個實體在存在上或存在的形態上有所不同，發生了變化。再進一步說，變易就是變化，是從一個形態到另一形態的過程。在普遍意義上，變易指著變易的結果；在進一步的意義上，變易指著一個動作。

我們研究變易，是研究變易的動作，就動作說，變易必須有三點不可缺的要件：一、起點；二、終點，三、動因。變易的起點，是「能」，或說「潛能」，普通一般人都知道沒有「能」，決不能行動。狗沒有說話的「能」，就不能說話。終點是「成」，或說「實現」，即是一項「能」，成了事蹟。動因，則是推動「能」以達到「成」，「能」自己不能發動，必定要有另外一種力去發動。這三個要件有一個共同點，即是都必須在已經存在的實體上，否則變易就不能有。

變易的種類很多，就基本理論說：可以分成「本體變易」和「附體變易」；本體變易又分爲「生」和「滅」；附體變易又分爲「量變」和「質變」。「生變」的起點，在另一實體上；「滅變」的終點，在另一或另多的物體上。

乙、能和成的關係

「能」是變易的起點，是變易的根本，沒有「能」，不會有變。「能」可以看爲一種缺點，又可以看爲一種優點；絕對之成，沒有絲毫的「能」，「能」是缺乏，絕對之成沒有變，因爲他是絕對完成，絲毫不缺。相對之成，具有或多或少，或高或低之「能」，「能」是才能，是能力，乃是優點，因爲有「能」，才可以有「成」。

「成」是完成，是實現，是「行」，常是善，常是美，因爲「能」而成爲現實，常是一件好事；在存在上說，「成」比「能」要高貴。

但是在性質上，「能」和「成」是相同的，「成」不能較比「能」更高。讀書的成績和讀書的能力，性質是相同的；至於成績的多少，則看讀書者費力多少，不會和讀書之「能」成正比。「人一能之，己百之，人十能之，己千之。果能此道矣，雖愚必明，雖柔必強。」(中庸 第二十章) 又「或生而知之，或學而知之，或困而知之，及其知之，一也。或安而行之，或利而行之，或勉強而行之，及其成功，一也。」(同上)

因此，哲學上說「能」限制「行」(成)；因爲「行」(成)，在本性上說，是無限制的，是完全的，完成了就不再變，實際上，「行」和「能」相合，「行」常是有限制的，常是相對的，常是這種完成那種完成，這種限制來自「能」；有怎樣的「能」，就有怎樣的「行」（成）。這個受限制的行，本身仍是完全的，按照這個「能」所有的成，完成了；好比朱熹的太極，每一物有一太極，每物之理，是完全的，若不完全，就沒有這物。「能」，本性上是有限的，因爲「能」不是消極的，而是積極的，才能若是消極的就沒有用了，不會有成。積極的「能」若是無限的，那便不是「潛能」，而是「全能」了；「全能」則是代表絕對的實體，摒除一切的「潛能」。至於說老子的「道」，完全不定，可以受任何的決定或限制，而成宇宙的萬物。同樣，張載的太虛之氣，在太和的狀態下，完全不定。按照哲理說，完全不定就不是一實體，更不能有自動之力，自動自化。必須從另一方面去解釋，好似亞里斯多德和聖多瑪斯的「純淨元質」（Materia Pura），可以接受任何元型（Forma）；但動力因來自另一實體。

「能」和「行」相平行，本質變化的生或滅，有「本質能」，附體變化「附體能」，量變有「量能」，質變有「質能」。量變不能變爲質變，質變不能變量變，更不能有所謂「類變」，由一類變成他類。

但是唯物辯證論和生物進化論，則否定這種規律。唯物辯證論主張宇宙一切都是物質，量和質的分別，不是本性有不同，祇是型式不同。人的心靈爲一種輕微的物質，人的身體則爲重濁的物質，心靈的動作也是物質動作，雖常稱爲質性動作，然本性上和量性動作並不是完全不相同。因此，唯物辯證論認爲從量變而進入質變，沒有本性方面的阻礙，也就可以實現。一旦實現了，出現一種新的「特質」，若「特質」程度高，就可以成一新的種類，物種可以進化。生物進化論所走的路，和唯物辯證論所走的路有些類似，進化論並不一定要是唯物論，然而主張生物肢體的量變達到相當程度，就進爲質變，產生新的特質肢體，特質肢體的特性若是高或是廣，則造成一種新的生物。

就這一個難題，我說出士林哲學的意見。

量，是物質物體的各分子之延伸，一分子在一分子以外，造成物體的空間。量變，則是空間的變易。

質，是實體的特性，常是一項價值觀：實體的本體如何？實體對外的表型如何？實體的功效如何？物質實體有物質的特性，例如堅硬、鬆弛、光澤、粗糙、鋒利。非物質體有非物質性的特性，例如生活力強弱、視力強弱、聽力敏鈍。純淨精神體有純精神特性：如理智、意志。

宇宙間的萬物，通常分爲無生物和有生物。生命本身爲自動自成，係非物質性的。生物卻常有物質的形體，就是高生物—人，也是心物合一體。無生物當然純是物質，一切變動都是物質性的，而且沒有自動自化的「能」。

無生物既是純物質，所有變完全是物質性之變，都是空間之變，由外力所發而成；但不完全是量變，也有質變。物質體，可以變動位置，可以減少結構的分子，發生量變；也可以變成更光澤或更粗糙，也可以變成更美或更醜，發生質變。這種質變可不可以由量變而成？在本質上說，是可以的。例如減少或增加結構的份子，使物體更美或更醜，因爲兩種變都是純物質性的，應該說都是量。

有生物具有自己生命的中心，稱爲魂，又有自己的形體。一個生物之變，都是由魂和形體共同發作，不完全是物質性，也不完全是非物質性；例如一株小草的成長，由枝莖和葉，表現出來，枝莖和葉的長大，是物質性的，枝莖和葉中的生命，則是非物質性的。人的魂爲心靈，乃是精神；人的生命，則由心物相合而成；人的變化，也就是心物合成的。有生物的變化，便不能說是量的變化，因爲有生物的一切變化都是生命的變化，生命不是純物質性的。因此，有生物的變化便應該是質的變化；然而質中含有量。植物和動物的魂，稱爲非物質性的。因爲雖不是物質性的，然不能離開物質而存在，人的魂，則是精神體，離開身體，可以獨自存在。

純淨的精神體，例如天使，是純精神性，所有變化，不能是量的變化，應該都是質的變化，不含有量。

有生物的變，既都是質變，則沒有量變成為質變的問題；但是不能有類變。類變，是本性的變，一種本性變為另一本性。因為在變易中，「能」限制「成」；「能」是性，「成」(行)由性而限制，不是「成」限制性。類變，須要性變，「成」不能使本性變。類，在生物學上和哲學上的區分不相同，生物學的分類，按生命表現的程度而分，區分生物為高級低級；哲學的分類，按生命的本性而區分，分為植物，動物，人三大類。因此，從哲學的觀點說：植物不能變為動物，動物不能變為人；人當然不能變為天使。

進化論則主張，生命由無生物而來，生命由最低級到最高級，一直進化到人。為適應進化論，可以說，造物主在無生物中置有「生命能」，「生命能」含有各級的生命力。人的靈魂則直接由造物主所造。

不過，照普通人的看法，生物進化論的類變並還沒有證明，不用說各種類變的化石，沒有發現，就是所謂人猿頭顱化石，也沒有確實證據。照常情說，既然猿猴變化成人，為什麼現在還有這麼多的猿猴，怎麼一部份猿猴成了人，一部份卻仍舊千萬年是猿猴呢？

所謂弱滅強存的原則，也不見得有證據，現在所發現的動物化石，都是強而大的動物，較現有的動物更大更強。祇有另一項原則，所謂適者生存，則合於實情；然而這項原則並不證明進化論！

丙、動力因

變易由「能」而到「成」(行)，須要有動力因去發動，「能」本身是不會動的。發動「能」的動力因，對於純物質性的量變，必定在「能」的主體以外。純物質物的變動由外力而發動。桌子不能自動，要由外力去推動。但是山崩，是外力發動，還是山自己崩呢？山，當然可以受外力打擊而崩，然而有時山突然崩下來，並沒有受外力打擊，這時的山崩不是山自動而崩，乃是山本身維持個體的維持力鬆散了，山的一部份就散開了，這不能說是自動。

有生物的變動，發動力在「能」的本身；因爲有生物的變動，即使是量變，也都不是純物質性的量變，都含有生命，例如身體的胖瘦變動的動力因必應在「能」的本體內，不能是外力，因爲外力只能達到物體的外型，不能達到物體的本體。別人一計巴掌可以使臉變紅浮腫，然巴掌的力，祇及到臉的外層，臉的量變祇是偶然的暫變，不久，即恢復原型。

有生物的動和變都發自生命，是生命力使動，沒有生命，即停止一切動作。無生物沒有生命，便不能有動作。這一點表示動乃是生命的表現。生命來自另一有生命能的實體，兒子的生命來自父母，父母又來自父母，追到根底必來自絕對自有生命的實體，卽來自造物主天主。無生物被外力推動然後才動，發動的力可以來自生物，也可以來自另一無生物，例如機器，又如大風大雨地震。無生物不是自有的，它的動力也不能自有的，必來自另一物，推源也要到最後的絕對自有生命的實體，卽來自造物主天主。這是亞里斯多德講論變動的原因，所提出的結論。所以宇宙間的一切動因，都要來自一個絕對的生命。

丁、個　體

動力因所在的主體，必是一個實有的個體，動力因所發動的變易，也必終止於一個實有的個體。個體是主體，變易是附體，主體卽是體，附體卽是用，兩者是分開的，不是同一的。體用合一，祇能在存在方面說，卽體和用同在一個體中；但在本性方面，則兩者不同。因此，變易必有自己的主體，是一個主體的變易，變易自己不能是主體。易經的易，中庸的中和誠，都不能是主體。

個體有數目，爲多數，例如多數的人。個體的成因是元質（Materia），不是元型（Forma）。元型是類型，每一個種類爲一元型；一種元型有多數同類的單體，是因著元質而成。凡是人，不僅有同一人性（元型），也有同一人性的各項特性，卽身體的特性和心靈的特性，每個人都具有這些特性之能。人性成為個體時，元型和元質相結合，元質便使這些特性有多有少，有高有低。每個人的本體都可以有高低，有美貌，元質使每個人的身體有一定的高度，有一定的美好，即是這麼高，這麼美：這都是數量的計算。就連心靈的特性，也是每個人有幾分聰明，有幾分記憶，有幾分意志力：這也都是數量的計算。沒有元質就沒有單體。元質的限制，並不是消極的排除特性的一些部份，而是積極地使人性可以表現多少，或是可以分享多少。每個人所有的特性，在性質上相同，在量上不相同。不相等的特性，就合成個體的個性。

變易以個性為根據，根之於實體之「能」，能夠發動多少，能夠接受多少，都以個性為標準。

變易的起點和終點，可以同在一個主體內：例如我讀書，讀書的動，由我的理智力出發，又終止在我的理智內，出發和終止都以我的理智力為標準，我可以讀什麼書，我可以得什麼知識，都看我的理智力如何。變易的終點，也可以在另一個主體內，例如我教書，教書的動作，由我出發，終止於聽講的學生，教書的出發以我的理智為力為根據，教書的終點，則看聽講的學生每個人的理智力若何。個體所以是變易的根據，個性是變易的根據。

生滅的變易：生，由具有生育能的主體出發，終於新生的個體，生滅的過程常要依附在實體上，例如生子女，父母的精子和卵變而爲胚胎。所以不是從無中生有，不是創造，祇是變易。滅，由主體出發，毀滅了主體，終止於主體毀滅後的實體：例如人死亡的變易，終止於屍體，火燒木材，終止於灰燼：所以不是從有到無，不是滅絕，祇是變易。因爲宇宙內的力，不能達到「有」，祇能達到「在」；不能使無而有，也不能使有而無；祇能使「在」變易型式。

2 中國哲學

甲、氣・陰陽

中國哲學講變易，係由易經講宇宙變易，漢朝易學者進而講人事變易，與宇宙變易相合，最後宋朝理學家從形而上理論方面予以研究。

張載講變易，「一故神，兩故化，此天之所以參也。」（正蒙 參兩）宇宙爲能變易，要有一個實體：這個實體，爲變易的根基，本體神妙能化稱爲氣，又稱爲太極。「一物兩體，氣也。」（同上）「一物而兩體，其太極之謂歟。陰陽天道，象之成也。」（正蒙 大易）太極爲起變化，有陰陽兩體，兩體表示陰陽爲實有，爲兩種力，剛與柔。易傳說：「剛柔相推而生變化。」（繫辭上 第二章）「剛柔相推，變在其中矣。繫辭焉而命之，動在其中矣。」（繫辭下

第一章）「剛柔者，立本者也；變通者，趣時者也。」（同上）陽爲剛，陰爲柔，有陰陽乃有變。張載說：「兩不立，則不可見；一不可見，則兩之用息。。兩體者，虛實也，動靜性，聚散也，清濁也，其實一也。」（正蒙 太和篇）張載以太極爲太虛之氣，具有中和的神化，一氣而分陰陽，所謂虛實，動靜，聚散，清濁都指著一氣的陰陽：陽爲虛，爲動，爲散，爲清；陰爲實，爲靜，爲聚，爲濁。這些特性，代表陰陽兩種力的特性。

氣之本體爲太極，具有生命力，能夠自化。張載說：「氣怏然太虛，升降飛揚，未嘗止息。易所謂『絪縕』，莊生所謂『生物以息相吹』，『野馬』者歟！此虛實動靜之機，陰陽剛柔之始。」（正蒙 太和）王船山則主張太虛中已經有陰陽，這陰陽之力升降飛揚，但陰陽尚未顯明。因此，太極爲未顯陰陽之氣，氣中已有陰陽兩種力，因著這種力的絪縕，乃有神化，顯出陰陽。氣便是一種實體，爲宇宙變易的起點，且爲變易的本體。「若謂虛能生氣，則虛無窮，氣有限，體用殊絕，入老氏『有生於無』自然之論，不識所謂有無混一之常。若謂萬象爲太虛中所見之物，則物與虛不相資，形自形，性自性，形性，天人不相待而有，陷於浮屠以山河大地爲見病之說。」（正蒙 太和）氣所以不是虛無，不是幻見，而爲實有。氣既能自化，則具有生命，因爲自化是生命的表現。

氣爲一具有生命之活體，活體以陰陽兩力而變易，變易而成物。易傳說：「一陰一陽之謂道，繼之者善也，成之者性也。」（繫辭上 第五章）周易本義注說：「陰陽迭運者，氣也，其理則所謂道。道具於陰而行乎陽。繼，言其發也。善，謂化育之功，陽之事也。成，言其具也。性，謂物之所受，言物生則有性，而各具是道也，陰之事也。周子程子之書，言之備矣。」陰陽兩力相交而成物，物必生物，因為氣是具有生命自化之體，易傳乃說：「生生之謂易。」（繫辭上 第五章）

問題在於氣為具有生命自化之實體，這實體是絕對自有之實體呢？或僅是宇宙萬有之成素呢？若是氣為絕對實體，則為至上之神，整個宇宙便是泛神論。儒家沒有這種思想，而且書經、詩經和易經都承認有上天之尊神，太虛或太極之氣不是上天尊神，那麼氣便是萬物的元素，儒家學者也常說萬物由氣而成。然而氣為萬物的元素，這元素不能是祇是質料或材料，質料或材料為純物質物，不能自化，更不能如張載所說：「感者，性之神；性者，感之體。惟屈伸動靜終始之能一也，故所以妙萬物而謂之神，通萬物而謂之道，體萬物而謂之性。」（正蒙 乾稱）又說：「凡可狀，皆有也；凡有，皆象也；凡象，皆氣也。氣之性，本性而神。」（同上）氣具有能相感而神化之性，「以其能合異，故謂之感。若非有異，則無合。」（同上）氣有陰陽，陰陽合異相感而成物。因此，氣不是普通所謂質料，只是萬物的成素，萬物由氣而成。氣既不是萬物之原，即上天尊神，又不是萬物構成之質料，氣為萬物之成素，該若何解釋呢？宇宙爲一整體，整體是一氣的變化，氣是變化也是變化的主體。

乙、理和氣

氣的變化，按著理而變化，理也稱爲道。漢儒和宋儒張載、周敦頤，以及清初王船山，都以理在氣中。張載說：「大地之氣，雖聚散，攻取百塗，然其不理也順而不妄」（正蒙，太和）氣按理而變，陰陽便有變化之理，易傳說：「一陰一陽之謂道」（繫辭上，第五章）。道卽陰陽變化之理。朱熹主張理在氣外，理是理，氣是氣，然實則不能分離，有理必有氣，有氣必有理；天下所以沒有無理之氣，也沒有無氣之理。二程和朱熹都以理成物性，氣成物形。宇宙整體祇有一氣，也就祇有一理。二程和朱熹乃主張「理一而殊」和「氣有清濁」。

在變化時，理爲「能」，氣爲變化，物爲「成」。「成」（行）受「理」的限制。但是理既是「一」，「成」便也該是「一」，宇宙間的物體就祇有一種物體。然而「理一而殊」，殊是來自「氣」，氣有清濁，清濁爲氣的性質；氣按理而變化，變化的性質也照清濁而異，氣的清濁限制了理；因此「成」，卽所成之物，既受理之限制，又受氣的限制；這個實質的性，稱爲「氣質之性」，卽個體物之個性。

氣，從變化的本體去看，不變，卽是「不易」；由變化去看，是變化的過程，卽是「變易」；從所成方面去看，是生物，即生生之易。因此說易有三易：不易，變易，生易。

丙、變　易

氣的變化，爲氣內在的變化，由氣自力而化；自力而化，乃是生命的變化，變化即是生命。

氣的變化，繼續不停，整個宇宙繼續變化，每個物體也變化不停。整體宇宙爲一生命，每個物體又是一生命，每個物體的生命相連，連成宇宙的生命，每個物體卻都是自立的生命，然彼此相貫通，因著貫通而連成一整體生命。即是說整個宇宙是一個不停的變化。每個物體又是一個獨立的不停變化，

這些獨立的變化彼此相通，乃結成一整體變化。這個變化的「能」是理，變化是氣，「成」是生物。理限制氣的變化，氣限制理的性質，「成」受理又受氣的限制。一個人因著理而成人，因著氣而成這個人。

氣因陰陽變化而成了這個人，陽爲清，陰爲濁，濁限制清，濁重則清少，濁輕則清多。清濁得平衡，則爲「中正」。清濁之氣的結合，因清濁而不同，世上乃沒有兩件完全相同之物。氣的清濁既構成物性，便不是附加體的同異，乃是物性的同異，即是氣質之性的同異。

成物性的陰陽，在物體內，仍繼續變化，如植物動物，成長衰弱，繼續不停，而物性也繼續發揚於外，成爲生活的活動。這種活動就是生命；生命的活動，常是由「能」到「成」在本體的存在上，是本體由「能」到「成」，在本體的發展上，是附體常由「能」到「成」

宇宙萬物的變易，都含有物質性，不能是純精神性的，所以便是在時間和空間內進行，漢易乃以易經的卦配四季和四方。但是四季和四方的意義，則是陰陽變易的性質，例如春季和東方，由木作象徵，意義是三陽開泰、五穀和草木初生。易經的卦爻，各有位置，位置代表時空，爻代表變，爻的位置代表變的意義。中國哲學的時空，由變化的意義而取得意義，也就是生命變易的過程。宇宙萬物的生命，含有物質性，在發展和表現上，即是在活動上，必定有過程，生活的過程，便是時間和空間的意義。

既然是生命的變易，便不能是純粹的量變，也不能是純粹的質變，是量變中含有質變，質變中含有量變。便不會有量變轉成質變的問題。

3　創生力的變易

甲、創生力的變

由創生力來講宇宙萬物的一切變化，都是創生力的行動，無論所謂無生物或有生物，所有的所謂量變或質變，都是創生力在變化，創生力的變化應該有的理和質，原本已經從創造力取得，由質和理結成一個物體，這個物體的質因著創生力，仍舊繼續在動，但是它的理不變，而是理所有的能，在變成「成」，能若是物質的能，變就是量變，能若是質的能，變就是質變，並不是由量變變成質變，同樣一個創生力質中的一個理，第一次與質素相合，成為一種新種物，不是由原有舊物變化而來，而是新理由能變為「成」。沒有所謂種的進化，只有種的變化。物體的變有內在的變和外在的變，每個物體內部原素因著創生力常動，這種變動可以不表現於外，也可以表現於外，不表現的卽所謂無生物，有表現的卽生物，物體的化生，都來自創生力，父母生兒女，他們的生育力是創生力的動，父母的生命是宇宙的創生力，兒子的生命也是宇宙的創生力，礦物的原素合成一種礦物，是宇宙的創生力，礦物的存在，也是宇宙的創生力。物體外在的變化，量的變化是空間的變化，質的變化，表現於外也是量的變化，外在變化的動因，或來自外力，或來自自力，又都是創生力的動。因此一切動力因，都是創生力，好比電流動的形式和成果可以是光、是熱、是力，動力則都是電流，創生力為發動變化，常由一實有的個體，所發動的變易，也必終止於一個實有的個體。個體是主體，變易必有自己的主體，是一個主體的變易，變易自己不能是主體。創生力在個體內是力，個體的理和質合成主體，但是主體的有，因著存在而有，存在則是變易，是生命，因此有就是生命、生命和生命者實際同一，在理論上才可以分開。

宇宙萬物的變易，從整體說，是整體的創生力，從創造力創造的一刻，就開始變易，從不停止。這種變易在宇宙以內，爲宇宙的內在變易，所以稱爲生命。這種變易的生命，由創造力而來，即是來自創造主。創造力爲創造主的神力，爲創造主的行動。創造主把自己的力分給宇宙，宇宙分有創造主的力。創造主的力是生活的力，是祂的生命，宇宙便分有創造主的生命。這種力或生命，稱爲創生力。創生力爲創造力所造，有理有質，稱爲宇宙。宇宙的變易爲自己內在的變易。

乙，創生力的造

創生力開始有，由創造力的「能」而到「成」。既成了有，還繼續變易，在自己內變易，使自己本體所有的「能」變到「成」。通常這個內在的變易，有兩種的變易：一種爲本體的繼續變易，即是生命；一種爲附加體的變易，即是本體的質變或量變。但是宇宙整體的創生力的繼續變易，則創生新的本體物，即宇宙間的物體，它們不是宇宙的附加體，而是宇宙內的實體。這種變，稱爲造，是創生力造萬物。但是不是創造，因爲不是從無中生有，是從已有的理和質，使一理和相稱的質而成物，所以更好稱爲化生，好似在母胎裏，由母胎的卵和精子結成胎兒的質，質和胎兒的理相合，結成一個胎兒，胎兒在母親以內，同在一個「在」，不能分離。

另一個問題：宇宙的整體創生力（宇宙本體），具有萬物的質和理，是不是萬物的質和理，由宇宙整體的質和理變化而生，萬物的質和理由宇宙本體分出呢？就如老子的「道」和張載的太虛之氣？不是這樣！創生力本體所有萬物的理和質，由創造力所造，賦予創生力（宇宙）都是「能」，質的能，理的能。創生力因着變易，使「能」逐漸成爲「行」。

二、生 命

1 生命的意義

在聖多瑪斯的哲學思想裏，生命是物體的一種特性，物體因此能夠自動自成。自動，是一物體已經存在了，他自己由內部發動自己的活動，自己是自己活動的動力因。自成，是物體的活動常爲發育自己，發育自己在於按照物體的本性去發育，不一定常是加多或加強自己生命的活力，也可能減少或減弱生命的活力。按照這種思想，西洋哲學和自然科學區分宇宙萬物爲有生物和無生物，無生物卽是不能自動自成的物體，礦物是無生物，機械也是無生物，現在所有的電腦和機械人，也都是無生物。

中國哲學主張宇宙爲一變易的整體，宇宙整體的變易爲氣的變易，氣的變易爲自動的變易，而且也是自成，因此中國哲學主張宇宙爲一整體的生命。整體的生命由陰陽兩力的變化而成，陰陽變化乃產生新物體，陰陽在新物體中繼續變化，這種變化爲物體內在的變化，以求物體的發育，這新物體便是一新生命，易傳乃說：「生生之謂易。」（繫辭上 第五章）

在中國的傳統哲學思想裏，便沒有有生物和無生物之分，一切物體都是生物；因爲在一切物體裏，陰陽常繼續變化。但是在礦物上，生命的活動不能表現，因爲所有的氣太濁，在實際上，礦物等於無物。

我在中華哲學會年刊第五期上有一篇，題爲「生命哲學」，對於中國傳統哲學的生命加以解釋，構成我講生命給予生命的意義，我把我的解釋的重要點，寫在後面。

通常對於生命的意義，乃是自己發動，而使自己得以完成的行動。按照這種意義，通常分爲有生物和無生物。無生物爲礦物，本身沒有活動，爲靜止體，自己不能完成自己。有生物則分爲植物和動物，兩者都有自己發動的生命，使自身成長而完成。這種分法，是就「能」的發動力而分，有生物是自己發動自己的能，以完成自己；無生物是由外力發動自己的「能」，而且沒有完成自己的行動，自己一成不變。

中國哲學不用對立的兩分法，而用拾級升登的階梯制；不從發動力去區分，而由本體存在去區分，程頤和朱熹都主張宇宙祇有一個生命理，朱熹特別標出「理一而殊」。宇宙萬物同有一生命理。這生命理爲同一之理，然因和氣相結合，氣有清濁，生命理的表現便有不同。宇宙萬物的存在，卽是生命；存在的實現因氣的清濁不同，實際存在便各不相同，實際的生命也就各不相同。這就是「理一而殊」。生命的理祇是一個，萬物所稟受者都是這一個生命理，理由氣而受限制，而有分別。

生命之理祇是一個，但和氣相結合的生命之理各自相殊，生命也就各不相同。朱熹曾說：人得理之全，物得理之偏。他認爲生命之理，在人是全的，在別的物則祇多少有一部份。人的生命代表整個生命之理，別的萬物則祇有部份的生命。這種種部份生命，由氣的清濁而分；氣的清濁按清濁的程度而作區別，不是清濁的對立，而是較濁較清拾級而登的階梯，因此，萬物的生命，也是高低的程度而列成一階梯。普通生物學以及哲學所講的有生物，也是由最低級生命漸次上升，到最高級的生命。不過祇把礦物除外，稱爲無生物。

中國哲學認爲礦物也有自己的生命，因爲陰陽兩氣在礦物和山陵內，也繼續變易，和在植物動物以內一樣。中國古人常以山陵有靈氣，巨石可以結成神靈的石精，如同千年樹的樹精和名花的花精一樣。中國古人又以山陵有脈，稱爲山脈，石頭內也有脈。山脈不僅是山峯構成的系統，且是山峯內部的關節，山峯和山石相連接，若是山脈被破壞或被斬斷，峯石便會崩頹。現在開路建屋，破壞了山脈，所以常有山崩的現象。自然科學說這是自然界的現象，和生物界的現象不一樣。中國古人則看著宇宙萬物在生命上互相關連，動一髮則牽全身。王陽明曾倡「一體之仁」，仁爲生命，宇宙萬物有一體的生命。

單體爲一個獨立的實體，單體的各份子結成爲一體，互相連繫，不相分離。單體自體所有的連繫力，即是生命，生命有生命的中心，普通稱爲魂。魂爲生命力的中心，也是連繫力的中心。生命若停止了，個體的活動便停止，個體的連繫力也停止。人一死了，屍體便分化。一個單體，若是礦物，例如一塊石頭，或一座山，也有自己的連繫力，否則石頭不能成一塊石頭，一座山也不能成一座山。單體的連繫力不能來自物質體的量，量自己就是一個分子在另一個分子以外，量自己沒有連繫力使各分子結合成一個單體。通常說物質物是可以分的，生物不能分；然而物質物的分，是本性可以分。物質物單體則不可分，一分，就不是這個單體。西洋哲學說連繫力以實體爲根據，每個實體卽不可分，但是在實際上，實體所以不能分，實體是有連繫力，連繫力不是量，而是質，而且又該是內在的，不能是外在的，在中國哲學看來，連繫力卽是生命力，單體的結成一個實體，是生命力的功效。我認爲生命力就是創生力。

我所講的生命，首先是中國哲學所講的內在的變易；其次變易則是由「能到成」的行，生命所以是「行」。「行」的動因則是創生力。

生命的意義，生命是「存在」，「存在」是不停止的變易，不停止的變易是生命，生命是創生力。一個實體的存在，是創生力的質中所有的原素（質）和理，由創生力的變易，使它們相結合而成一單體，單體的存在，不僅是由創生力發動，而也是由創生力維持。我存在，由創生力使我有生命，生命常變易，又須創生力繼續維持。我的存在是生命，生命是變易，變易是創生力。

2 生命的成因

生命的成因，在於變易，變化的成因，有起點，有終點，有動的過程，起點爲「能」，終點爲「成」，動的過程爲「行」，「行」和「成」不可分。宇宙萬有的存在，是由「能」到「成」的繼續的「行」。每一物體的存在不是固定的存在，因爲並不是一次由「能」到「成」這個「成」就固定存在了，它的存在延續下去，是一次一次地由「能到成」，繼續的「行」。因此，這個「成」不是靜止的，而是健動的，所以稱爲「行」。

「行」是「能」到「成」，實際即是「成」，爲實際的有（即實有體），繼續不停的由能到成，是繼續的成，是不停的創造。在理論上「行」是由「能」到「成」的過程，普通稱爲動，「行」和「成」有分別。在實際上「能」一動就是「成」，例如我讀書，是我讀書之能一動，就是讀書，至於讀書多少，那是另一問題。凡是宇宙的實有，都包涵這種神秘。在這種神秘之中，有體，有能，有發動力，有自行，有成。體，是這個實際的有，即「有者」或「在者」；能，是體由創生力所得的理所得來的能。體原先不存在，由另一體因創生力發動「存在之能」而成爲實有，實有繼續由創生力自行由內有存在之能而到成，乃有繼續的實際存在。

這種變易，是「存在」的變易，即本體的變易，即「有者」或「在者」的繼續由能到成的「行」，另外則尚有附體的變易，爲「有者」或「在者」的量或質的變易。例如我存在，我出生只一次，我活著則須我的「存在能」要繼續自行由能到成。而我讀書，則須要我發動我讀書之能，而且要繼續發動，否則，我就不讀了，同時，我讀書之能不停地到成，否則我白費力，我沒有讀到書。

「成」，爲「能」的實現；「能」的實現，是「能」由創生力發動後自行到「成」。在我們的想像中，由「能」到「成」，中間有一段行動；但在形上本質方面說，「能」被發動就是「成」，「行」和「成」實際上是同一的。「能」被發動不是一種行動，不經過一段歷程，而是「能」的實現。例如我站在鏡子前面，鏡子就有我的像。鏡子有照出人像的本能，我站在鏡子前，是鏡子本能的實現須有的條件，也是發動鏡子本能的動力。當我已站在鏡子面前，鏡子立刻映出我的像，鏡子映像的「能」就自行實現了，並不經過歷程。所以被發動稱爲「行」，「行」就是「成」，「成」就是「行」。

「成」就是「行」，兩者實際是同一的，但在意義上有些差別。「成」是成功，是完成，是「能」的實現，意義上有止點的成份，有靜的氣氛。「行」則含有前進的成份，有動的氣氛。「成」也本來就是存在，也是實有；然而實際上實體的存在，不是固定的靜體，而是由能到成的繼續自行；因此，實體的存在，更好，而且更恰當地稱爲「行」。

「成」和「能」的關係，有本質的關係，有存在的關係。在本質的關係上，「成」和「能」應該是同類的。在存在的關係上，「能」先於「成」，和「成」不相連；在「成」已實現後，「能」已成爲「成」，兩者就不能相離。「能」分爲本體的能，和附體的能。本體的能可以稱爲「存在能」，卽能存在，這是整個本體的，存在是整個本體的存在，附加體的能，雖也是本體的，但按照「能」的性質，或者屬於心靈，或者屬於肉體，可以變易或者是有在變易，或者是量或質的變。「成」不是一成就固定了，延續存在，如同普通所說小孩子生下來了，小孩子就存在了。實際上，小孩子一生下來，小孩子由本體存在之能成爲了現實，小孩子是存在了；但是小孩子的存在，卻是他的本體存在之能，繼續不停地有達到「成」之「行」；否則，他就不繼續存在了。因爲小孩子存在，是他活著，他爲活著，要有生活的「能」，又要生活之能或存在之能繼續由能到成，否則立刻就死，便不存在。因此他的存在，是靠本體的存在能，卽生活之「能」，繼續不停地行到現實的成。因此，「成」和「能」不可以分離，一次成了，並不能使「成」固定，常常存在，必須已成的本體具有存在的能，存在能且要繼續由能而行到「成」，「成」的存在才能保持。

中國易經哲學肯定「一陰一陽之謂道，繼之者善也，成之者性也。」（繫辭上 第五章）一陰一陽具有由能到成之力，因而互相結合，結合而成物，陰陽的結合，繼續不停，物的存在也繼續不停。王船山乃說：『性日生，命日降。』整個宇宙萬物的存在，是要亞里斯多德所說的最後或最高的「動力因」繼續不停地由無中造有。這最高的動因爲不含著能而純淨是成的絕對實體，他用自己的力，從無中創造了宇宙。他的創造力必要貫通宇宙萬物，不僅爲使宇宙萬物彼此間具有發動力，互相連貫，且爲使萬有存在，繼續存在。天主教的信仰說，創造力乃是天主聖神。『上主，一切萬物理當讚美祢，因爲祢藉著我們的主—耶穌基督，以聖神的德能，養育聖化萬有。』（天主敎行彌撒第三式感恩經）因爲凡是「能」，都需要動因才會由能而到成。本體的「存在能」初以爲由能到成，是由另一實體發動，例如小孩的存在，開始由父母而生，本體既存在了，繼續由能到成之行，則由本體自己發動，自己是動因，這就是這種變易稱爲「生命」的理由，附加體的能，可以由本體發動，也可以由外力發動；例如位置的移動，我可以自己移動，別人也可以使我移動，這種變易是生命的表現，不是生命所以成爲生命的理由。實體的開始存在和繼續存在，都由「存在能」而到「成」，開始存在的動力，來自另一實體；繼續存在的動力，來自實體的自體；然而兩種動力都是來自創生力，都由創生力發動，發動的起點則不同，開始存在的動力起點，是另一實體，繼續存在的動力起點，是實體自己，宇宙間的一切動力，都來自創生力，創生力通過一個實體，就成爲這一實體的力，或發動自己，或發動他一實體。

行是自行，卽是「能」被發動而自到「成」，所謂自到，是「能」受到發動，「能」卽實現。

生命的意義，和「在」的意義相合。「有」是什麼?「有」是「有者」爲「有者」的理由，「有」的意義就是「在」，「在」的意義則是繼續由能到成的變易，繼續由能到成的變易，稱爲生命，「在」便是生命。

普通說生命，都以生命爲動，宇宙萬物都不是「純淨之行」，一切的動都是由能到成，因此生命便是繼續由能到成之行。

3　生命的特性

中國哲學主張生命由氣因陰陽之變化而成，然生命並不是純物質性的，易經和宋明理學都稱宇宙陰陽之化爲生生，生生則神妙莫測，稱爲神，或稱爲神化。

「易與天地準，故能彌綸天地之道，……範圍天地之化而不過，曲成萬物而不遺，通乎晝夜之道而知，故神無方而易無體。」（繫辭上　第四章）

「一陰一陽之謂道，……陰陽不測之謂神。」（繫辭上　第五章）

「夫易，聖人之所以極深而研幾也；唯深也，故能通天下之志　唯幾也，故能成天下之務；唯神也，故不疾而速，不行而至。」（繫辭上　第十章）

張載的正蒙書中，屢次講到氣化爲神。

「太虛為清，清則無礙，無礙故神；反清為濁，濁則礙，礙則形。」（正蒙　太和）

「凡氣清則通，昏則壅，清極則神。」（同上）

「一物兩體，氣也；一故神，兩故化。」（正蒙，參兩）

「天之不測謂之神，神而有常謂之天。」（正蒙，天道）

「神，天德；化，天道。德其體，道其用，一於氣而已。」（正蒙，神化）

「虛明照鑒，神之明也；無遠近幽遠，利用出入，神之充塞無間也。」（同上）

「氣有陰陽，推行有漸為化，合一不測為神。」（同上）

「神化者，天之良能，非人也。故大而位天德，然後能窮神知化。」（同上）

「易謂窮神知化，乃德盛仁熟之致。」（同上）

易傳曾說：「天地之大德曰生，聖人之大寶曰位；何以守位？曰仁。」（繫辭下 第一章）化生生命，乃是天的大德，聖人與天地合其德，乃充滿仁德，張載說是「德盛仁熟」。因此，生命不能是物質物，不能是純物質性的，應該是精神性，在物體中，不能和物體相離，故為非物質性的。這一點和唯物辯證論講宇宙為唯一物質之變，彼此不相同。**生命既是創生力，便不是物質。**

生命的另一項特性，為「通」。中國的氣在宇宙內流行不止，因陰陽而變化不停。萬物因氣而成，陰陽則在萬物中，陰陽在萬物中且變化不息，萬物乃有生命，生命在萬物中互相貫通。王陽明在「大學問」一篇中講「一體之仁」，仁是生命，即一體的生命。

「易，無思也，無爲也，寂然不動，感而遂通天下之故，非天下之致神，其孰能與於此？」（繫辭上 第十章）

「是故，闔戶謂之坤，闢戶謂之乾，一闔一闢謂之變，往來不窮謂之通。」（繫辭上第十一章）

創生力通於一切實體，爲一切實體的動力。實體內動爲生命，實體外動爲生命的表現，動力都是創生力。同一創生力在一切實體內，動的理則各不相同，普通哲學說，物體的動是按類性和個性，物的物性（類性）和個性，爲自創生力的質內所得之理，創生力在實體內的動，按照「理」而動。

生命既爲非物質性，能相通。生命在實體內，通於實體的全部和各份子。宇宙爲一整體生命，生命便通於萬物。宇宙的生命，又是集萬物的生命而成，每一物的生命確爲一獨立的生命，但並不是孤立的生命。整個宇宙的萬物因着創生力互相連繫，摧殘一物，將傷及全體。

宇宙物體或大或小，小型的摧殘，效果不立刻表現；大而持久的摧殘，壞的效果就出現，目前，自然環境被破壞，自然物被摧殘，物的生命受傷，人的生命也受傷。

儒家所以講宇宙大同，孟子以「萬物皆備於我。」（盡心上）張載主張「乾稱父，坤稱母。……民吾同胞，然吾與也。」（正蒙 乾坤）這種思想和天主教的仁愛思想相近，天主教教義以萬物爲天主所造，人因愛天主而愛萬物；而且天主造萬物是爲維持人的生命。

生命的第三項特性，爲「理」的生命。中國哲學以生命爲陰陽的變化，陰陽變化有變化之道，理學家稱這種變化之道爲理，朱熹且稱爲生命之理。生命的活動按照理而行，人的生命爲生命理的全部。人生命之理，中庸稱爲性。「天命之謂性，率性之謂道，修道之謂教。」（第一章）人的生命，率性而行，中庸稱爲誠：「誠者，天之道也；誠之者，人之道也。」（第二十二章）大學說：「大學之道，在明明德。」（第一章）明德爲善性，人生之道在於顯明人之善性，也就是中庸所說的「率性」。

孟子以人性爲善，性善由心而顯，人的生活爲心靈的生活。心靈的生活則爲發揮性之善，性之善卽是人所有的仁義禮智四端。人的生活便是培養這四種善端，使成爲仁義禮智四德，孟子乃說養性養氣，尤其說善養浩然之氣。

理學家以理、天、性、命、心，都指同一對象，按理而行，卽率性而行，卽正心，卽遵行天命。王陽明更以心外無理，心爲良心，致良心，乃人的倫理道德生活。

創生力按理而動，即是生命由理而決定性質，不由質而決定。創生力的理，爲創造力所賦與各實體的理，這些理都由創造力賦與創生力的質，爲創生力質中的「能」。在適當的條件下。「能」可以成爲「行」時，由創生力使之成爲「行」，而成爲實體。

生命的全部，生命的頂點，爲心靈生活，心靈生活爲倫理道德生活。倫理道德生活的意義，即中庸所說至誠的人所有的盡性生活，盡性生活則是贊天地的化育。贊天地的化育，爲和天地合其德。易經乾卦文言說：「夫大人者，與天地合其德。」易傳又說：「天地之大德曰生，聖人之大寶曰位；何以守位？曰仁。」（繫辭下 第一章）聖人與天地合德，乃是仁。

與天地合德，人的精神超越萬物，和孟子所說浩然之氣，充塞天地。但，人的精神生活乃心靈的生活，精神超越萬物，便是人心超越萬物，方東美教授說儒家的精神生活爲超越的生活，然而精神的超越卻返回人心以內，又成爲內在的生活。宋朝張載已經說過：「大其心則能體天下之物，物有未體，則心爲有外。世人之心，止於見聞之狹。聖人盡心，不以見聞梏其心，其視天下無一物非我，孟子謂盡心則知性知天以此。天大無外，故有外之心不足以合天心。」（正蒙．大心）

朱熹曾說：「天地以生物爲心者也，而人物之生，又各得夫天地之心以爲心者也。故言心之德，雖其總攝貫通，無所不備，然一言以蔽之，則曰仁而已矣。」（朱文公文集 卷六十七，仁說）

理卽性，性卽心，心卽仁。

生命的頂點和完全點是仁，仁卽生。生爲創生力，創生力、來自創造力，創造力來自創造主，創造主創造一切是爲「愛」，卽是「仁」。宇宙的生命，爲生生，生生達到完全點，乃是仁。孔子以仁，貫通他的全部思想。仁，成爲德綱。

由我們天主教的眼光去看，天主從無中造了萬物，又保全萬物。在天主一面沒有時間空間，創造萬物和保全萬物是同一神力，乃聖神的神力，貫通宇宙萬物，使萬物生生不息。聖若望宗徒說：「天主是愛。」（若望一書，第四章第八節）人按天主的肖像而受造，人心也是愛：仁愛貫通天主和人，使人和天主相結合。

三、生命的本體

實際的存在爲變易，變易爲由能到成，陸續由能到成爲生命。生命究竟是體或是用呢？

西方哲學講論「有」，「有」由「性」和「在」相結成，「在」的本體應該是「有」；然而這個「有」乃是「有者」，是主體，例如我是有，「在」是「我在」。中國哲學講生生，每一「在」都是生生，生生是變易，生生的本體，應該是由「能」到「成」的變體，就是「生者」。這樣「有者」，「在者」，「生者」，都是指着同一實體，然而在實際上「有者」就是「有」，或「在者」就是「在」，「生者」就是生命。兩者有分別，在實際上則是同一；中國哲學所以常講「體用合一」。

1 本 體（體）

普通我說：我「在」，我是本體，「在」屬於我。普通我說：我是「存有」，我是主詞，「存有」是賓詞；然而這種主詞和賓詞同是一個；我是「存有」，「存有」是我。但是在內涵上，「我」較比「存有」多；存有只是單純的實有，「我」則是一個具有特性的「存有」，不過，在實際上「我存有」，「我」和「存有」同是一個，這個「存有」就是「我」。

「我」是主體，凡一切屬於我的，都歸於我這個主體，我的身體，我的心靈，我的智慧，我的性格，我的動作，……等等，都以我爲主體，不是理則學上的主體，更不是語文上的主詞，而是在本體論上的主體。理則學和語文學的主體就是主詞，主詞不只是一個名詞，而且形容詞和動詞都可以用作主詞，例如名詞當主詞：狗是白的。例如形容詞當主詞：白代表純潔。動詞當主詞：演講是有趣的。從本體論去看，形容詞和動詞都是附加詞，要附加在一主體上，不能自立，例如白，要附在一物體上，白不能單獨存在；演講也要以一個人作主體，演講不能獨立存在。因此可見在本體論上，所謂主體，必定要是能夠自立的「存有」。這種主體便是本體（Substantia）。

「我」是主體，「我」便是本體，我是本體，是因爲我的「存有」是一個自立體。我是「自立的存有」。「存有」要是自立體才能夠是本體，因爲一切屬於本體的都附在本體上，這個本體若不是自立體，而是附在另一本體上，則一切屬於這個本體的去屬於另一本體了，這個本體便變成附加體而不是本體。

上面所說的是士林哲學的主張，我則必須有另一種解釋，因爲我主張「有者」就是「有」，或「在者」就是「在」，「生者」就是「生命」。「有者」「在者」「生者」，應該說是主體，「有」，「在」「生」應該說是「用」，卽是附加體。「在者」就是「在」，就是生命；生命是由繼續由能到成，由能到成是變易，因此「在者」就是變易，不就是沒有靜定的本體，只有變易的動嗎？在本體論上這是講不通的，但是這種變易，是由能到成，成就是「在者」或「生者」，成又繼續由能到成，成便是「能」的主體，這個主體不是一成不變的靜止體，而是繼續變易的動體。

但是西洋近代和中國哲學，有許多學者會否認「本體」，這些學者所持的理論雖不相同，然而大概都以爲「本體」的觀念是個空洞的觀念，沒有實際的意義，一個人，若祇是繼續變易的生命，除生命以外，還有什麼？生命不是身體，不是心靈，他們不承認在身體和心靈以外再有人的本體，如同不承認除木頭或石頭以外，還有桌子的本體。但是，我們普通說「我」這個人，既不是指着身體，也不是指着心靈和身體。但是，我們普通說「我」也不是指着心靈和身體。普通說一張桌子，不是指着桌子的木頭或石桌。因爲，普通說「我」，是指着我這個生活主體，我這個主體當然有身體和心靈；但是「我」，不是我的身體，也不是我的心靈。「我」和身體和心靈，意義不相同。「我」是身體和心靈所合成的主體，主體是活的，是生命。這個主體雖常變易，是常一致的。然而主體是什麼呢？主體不是身體和心靈，是身體和心靈所合成的生命體或生者，這個「生者」常在變易，繼續由能到成，是一連串的「成」，這一連串的「成」就是主體，這個主體，是在我的理智裏，所認識的我。從感覺方面說，我的本體就是我的身體；不過，感覺是不認識本體的，感覺的對象乃是常常變換的形色本體；理智則認識一個常變而又常一致的我，是我一切變換的主體，這個主體就是本體，本體所以是理智所認識的對象。這個身體和心靈合成的「生者」或「在者」，在理智方面說，就是我的本體。這個本體不是理智所虛構的，而是實實在在有的，感覺認爲是身體和感情，理智卻認爲是本體。又如我看見一張桌子，我眼睛看到咖啡色的四方形木板，我理智則認爲是桌子，桌子是一個本體。假如你不承認本體，那就是你不承認理智的認識和感覺的認識有分別，你只肯定有感覺的認識，而否定有理智的知識。然而，哲學的主張應該和普通一般人的思想相符合。普通一般人都說有一張桌子，而不說有一張木頭或石頭；普通一般人也都說我有身體和靈魂，而不說我是身體或靈魂。在普通一般人的心目中，我是一個生活的本體。

或者可以說，普通人心目中有本體，乃是由人們講話的習慣所造成的。講話的文法，常有主詞，其餘的賓詞、動詞、狀詞、形容詞，都屬於主詞；因此，在思想上，也就想有一主體作本體，其餘都是附體。但，文法也就代表思想方式，思想方式是我們理智的行動的方式。我們人的理智就是要認識一個本體作爲「自立的存有」。「自立的存有」爲一獨立存有，不能和另一個「自立存有」合成一本體，當我認識一物體時，眼睛看見形相，理智認識本體。祇是本體不是一成的靜止體，而是繼續的一連串的「成」。本體是一，一個人，一張桌子。感覺感覺到形色，理智認識形色所合成的一，我是一，我是主體，你是一，你是主體。一的成因，則是存在，存在常變易，是生命，是創生力。主體是生命，因爲主體是自立的存在，存在是常常的變易，是生命，生命則是創生力。我的主體，是生命者，是我有生命，這一層是認識的過程，是理論的邏輯。在實際上，我是生命，若沒有生命，我就沒有了。但是在實際上，我是生命，這個生命，不是理論上所說單純生命，而是具有質的生命，具有身體，身體常在變。因此主體是具有質的存在，一個具體的存在，一個具體的生命；就是具有一定的質之創生力。

2　附　體（用）

我這個生命主體，非常複雜，包涵的成份非常多，我有身體，身體有各種器官，有顏色，有高度，有重量。我又有心靈，心靈有理智，有意志，有感情，有天生才質，有天生脾氣。同時，我又有許多關係。這一切都是我所有的都屬於我，身體和心靈爲我本體的兩部份，其他一切，都歸屬於身體或心靈，稱爲附體。在西洋哲學裏，附體區分爲九種：數量、關係、品質、地區、時間、狀態、動、被動、習慣。狀態、數量、地區、時間，屬於身體，關係、品質、動、被動、習慣屬於身體和心靈。都是屬於我的本體，附加在本體上，因爲都不能自立，都是我生命的成份。我生命變易時，在實際上常包括這些成份，而且由這些成份表現出來，例如我的生命，有生理、心理、理智、感情各方面的生活。這各方面的生活，都屬於我生命主體，都是我的生活，這些生活表現我的生命，我生命主體爲繼續由能到成的一連串的成，這一連串組成，又陸續發動我各方面的生活，這各方面的生活和我的生命結成一體，成爲我生命主體在各方面的表現。所以我是「有」，因爲我在；我在，因爲我生活，我生活，因爲我表現生理、心理、理智、感情各方面的活動。這些活動構成又表現我的生活，我的生活表現我的生命，我的生命則表現生命主體。

中國哲學的主體爲體，以附體爲用，體和用的意義則常不一定，如朱熹曾說：

「體是造個道理，用是他用處。如耳聽目視，自然如此？是理也。開眼看物，着耳聽聲，便是用。江西人說個虛空底體，涉事物便喚做用。」（朱子語類 卷六）

朱熹以理爲體，以活動爲用，但他的主張卻沒有一定，大都以主詞爲體，動詞爲用。

「前夜說體用無定所，是隨處說如此，若合萬事為一大體用，則如何？曰；體用也定，見在底便是體，後來生底便是用。此身是體，動作處便是用。天是體，萬始資始處便是用。地是體，萬物資生處便是用。就陽言，則陽是體，陰是用。就陰言，

則陰是體，陽是用。」（朱子語類　卷六）

就體用言，體是基礎，用是從體上發出，所以沒有定所，沒有一種「有」專門是體。例如就目的動作說，目是體，看是用。就目所在說，身體是體，目是用。朱熹常這樣解釋體用。他說：

「人只是合當做底便是體，人做處便是用。譬是此扇子，有骨有柄用紙糊，此則體也。人搖之則用也。如尺與秤相似，上有分寸星銖，則體也。將去秤量物事，則用也。」（朱子語類　卷六）

王陽明以心的本體爲天理（陽明全書　卷一，傳習錄　頁二八）但又以心的本體，爲對天地萬物感應是非（陽明全書　卷三　頁一四）。

清朝李塨不贊成道分體用，認爲古來聖賢不分體用，宋儒才分，是一錯誤。他說：

「伏羲以至孔孟，言道已盡，後學宜世世守之，不可別立名目，一立輒誤，如宋人道分體用，其一也。以內為體，外為用。……老氏以無為體，以有為用。宋人分體用，蓋亦為其所熒也。然朱子太極圖說以中與仁與感為太極之用，正與義與寂為太極之體，則朱子註中庸：中，體也；和，用也。此又何以中仁配感而為用，正義配寂為體耶？朱陸皆染二氏之學，而陸子直走一誤，朱子則兩顧依違，不能自定其說，此二家之異也。」（李塨，論宋人分體用之訛　恕谷後集　卷十三）

體用的思想，老子雖開了端，佛教則廣爲發揮，宋明理學家乃採用。佛教以「萬法皆虛，唯有眞如。」宇宙萬物皆是用，唯有眞如是體。即是以眞如爲實有，萬物爲眞如的現象，譬如波浪和海水，波浪乃海水的現象：波浪卽是海水；佛教因此倡體用爲一。朱熹曾批評這種思想，他主張體用一源，但體用相分。

「理用一源者，自理而觀，則理為體，象為用，而理中有象，是一源也。顯微無間者，自象而觀，則象為顯，理為微，而象中有理，是無間也。先生後答語意甚明，仔細消詳便見歸著。且既曰：有理而後有象，則理象便非一物，故伊川但言其一源而無間耳，其實體用顯微之分，則不能無也。今曰：理象一物，不必分別，恐陷於近日含胡之弊，不可不察。」（朱文公文集 卷四十 答何叔京三十二書之第三十書）

我們當代有熊十力先生極力主張體用不二㈠。熊十力以自己的主張來自易經，實則易經

㈠ 熊十力 體用篇 學生書局 民六五年版。『平生遊乎佛家兩大之間（兩大者，大空大有也。）卒歸乎自由參究。遠取諸物，近取諸身，積測日久，忽然悟得體用不二。自於觸發大易之蘊，乃知先聖早發之於古代也。從之研易，以及春秋、禮、樂諸經，遺義偶存者，沛然有六通四闢，小大精粗，其運無乎不在之樂，余之學自此有主，而不可移矣。（於宇宙論中，悟得體用不二，而推之人生論，則天人合一。……推之治化論，則道器為一。（頁二一四、二一五）

易大傳曰：顯諸仁，藏諸用，一言而發體用不二之蘊，深遠極矣。顯仁者何？生生不息，謂之仁，此太極之功用也。藏用者何？用，卽上文所言生生不息的仁。藏者，明太極非離其功用而獨在。此義直是難說，祇好舉喻以明之，在宇宙論中談體用，體，卽實體之省詞。用者，功用，卽心物萬象之目。體用二名，相待而立。假如說，有體而無用，則體便是空洞，無所有。若爾，體之名何從立？假如說，有用而無體，則用乃無源，而憑空突現，如本無根而生，如水無源而流。高空無可立基，而樓閣千萬重，居然建築，宇宙間那有此等怪事！應知，無體則用之名亦無由立。余嘗言，體用可分，而實不二。此近取諸身，遠取諸物，積測積驗，而後得之，非逞臆妄說也。余在本論與原儒中，談體用，常舉大海水與衆漚喻，實體變成生生不息的無量功用。譬如大海水變成騰躍不住的衆漚，無量功用，皆以實體為其自身。故體用不二義，惟大海與衆漚之喻，較為切近，可以引人悟入正理。』（頁二〇五、二二〇）

『本論上宗易，以體用不二為主指，以為實體變成功用。（譬如大海水、完完全全的變作起滅無常，騰躍不住的衆漚。此以大海水比喻實體；以衆漚比喻功用。功用亦稱力用，物質與精神，皆實體之功用也。』（頁二八〇）

並沒有講體用，他自己加以解釋。熊十力的主張，來自他的宇宙論，他以宇宙由質力而成，質力結成輕微動躍的細分，細分結成小集體，小集體再結成全體。細分爲輕微動躍之物，全體爲流行，流行爲翕闢，翕闢使全體變成大用，物質和精神乃大用之兩面。因此，精神和物質不是實體，而是用。他所講的體爲質力，所講的用爲流行；這樣，質力和流行爲一，體和用也爲一。

我從生命去看，生命是我的「在」，生命是變易，「在」或「生命」是本體的「在」或「生命」。「生命」則是繼續由能到成，「生命」的主體是一連串的「成」，在實際上「生命」和「成」同一，不可分離；在理論上「生命」是變易，「成」是變易的終點，又是下一變易的起點，兩者的意義不完全相同，我認爲生命是用，「成」或「生者」爲體。兩者在理論上有分別，在實際上是同一，生命是用，生命的表現，是生命的各方面生活，如生理、心理、理智、感情的生活。這些生活都是附體，都是用，所以附加體或「用」的意義，在於表現主體，主體由附加體而表現，

例如我是生命主體，我是「在」，我生命或「在」的表現，由各方面的生活而表現。又如一張桌子，由木頭或石頭或金屬的顏色和形式而表現。附體的「在」，是附在主體的「在」；附體的「在」也是變易，附體的變易便附在主體的變易，由主體而發動，而且表現

主體的變易。

主體的存在，是創生力，附加體和主體的結合，也是創生力。例如我的存在是生命，我身體的肢體相結合，肢體的顏色和形狀相結合，也是由生命而結合。我若沒有生命，我的存在消失了，肢體的結合，顏色和形狀的結合，也要消失。附加體是存在的外形，是生命的表現也就是創生力的外面表現。

3 生命與在

「生命」，從本身的意義說，應是實有，實有卽是「在」。我說「有」，是和「沒有」相對。「沒有」是不存在，「有」則是存在，存在卽是生命，你問我有不有父母，我答說有，就是說我的父母都在，都活着，我若答應沒有了，就是說我的父母都去世了，都不在了，都不活了。我若答說有父親沒有母親，就是說父親尚在，尚活着，母親則不在了，不活着了。

我問你有沒有一套廿四史，你答說沒有。這是說廿四史在你所有的書裏不存在。然而在書局裏、在圖書館裏一定有。

我再問你今晚有沒有月亮，你答說有，這是說你看見了月亮。你若答說沒有，那就是說你沒有看見月亮。

我又問你關了門沒有，你答說有，就是說你做了關門這件事，關門這件事存在。你若說沒有，就是說關門這件事沒有做，所以不存在。

上面各種「有」和「在」的關係，普遍地說，就是實際存在的關係，一個「有」是「存有」。但是這種實際存有的關係又各不完全相同。我有不有父母，這個有和在的關係，是絕對的，我的父母，或者存在，或者不存在，因爲我只能有一個生我的父親，只有一個生我的母親。至於我有不有廿四史，有和在的關係則是相對的，只是對我來說，廿四史本身則在許多地方都有。若說今晚天上有不有月亮，有和在的關係也是相對的，是對眼睛的視覺而言，至於月亮本身則是在，人看見時是有，人不看見時也有。因此，「有」和「在」的關係，雖說常連在一起，一「有」就「在」。然而「有」和「在」的關係，還是要看「有」的本身怎樣，由「有」的本性去決定和「存在」的關係。因爲「在」是「有」的實現之行。「存在」是不是生命，問題便更複雜了。

西洋哲學講有由「性」去講，中國哲學由「在」去講，士林哲學以「性」由「元型」和「元質」而成，「性」和「在」相結合，成爲一實有。但是士林哲學沒有講明「在」，中國哲學講物由理和氣而成，理是性，氣是在。氣有清濁，理受氣的限定。氣又常變，「在」所

以是繼續變易，是生命；有便是變易之有，是生命，我講生命哲學也是由「在」去講有，「在」是創生力在物體內的生命力。創生力使質和理相結合而成實體，創生力皆在實體內，實體繼續存在，繼續變易，存在與變易都是實體內的創生力，實體內的創生力可以稱爲實體的生命力。

存在或實際的「在」，和生命的關係，凡是主體的「在」，就是生命，每一主體的在，都是繼續由能到成，都是生命。附體的「在」，則不必定是繼續的能到成，便不是生命。主體的實際存在爲「在」，附體的存在，不是在，而是附在主體上。

「有」的意義更形廣泛，凡爲事物都可說是有，如上面所舉的例「。在」則是「實有」，卽實際的有，而屬於一個主體「在者」。「有」卻不一定屬於「有者」，祇是實體的「有」，才屬於個一主體「有者」，這個「有者」，更好說是海德格所說「此有者」。「此有者」必是「在者」，「在者」乃是「生者」，實際之有，卽是「在」，「在」卽是「生命」。「生命」和「在」的關係，是同一的關係，是「在」便是「生命」，「生命」和「有」的關係，祇和實際之有爲同一關係，實際之有是「在」，也是「生命」，單單「有」的觀念，和「生命」沒有關係，不是「有」和「生命」相同，祇是「實際之有」和「生命」相同。**生命則是實體內的創生力。**

「在」必有「性」。我是一個實有，是在，我的在由我的性而限定，兩者不能分離。我一在母胎受孕，我就在，在母胎未受孕以前，我不在，世界沒有我的「存有」，我的「在」，便是有限的在，是相對的在。我一在時，我是我的「實有」，「實有」便有我的「在」。我在，我是這個「實有」，我是我。我的「性」和我的「在」，同時俱有。按理說，我的「性」限定我的「在」，性應該先有。實際上我的「性」和我的「在」是沒有先後的。朱熹曾說理和氣不能分，沒有先後。

創造主的創造力，創造了創生力，創生力具有質和理，譬如電力，有質有理，中國普通以質爲氣，便稱電力爲電氣。譬如光、熱、火，都是力，也都有質有理。創生力有質有理。質不定型，理具有各種能。能有本體之能，附體之能。理由創造力所來，由創造主所定。創生力繼續變易，變易使質（原素）和理相合而成物（實體），物的存在來自創生力，而且就是創生力在實體內。「在」所以是創生力。

東西的哲學都說「在」限制類性而成個性，士林哲學的元質爲物質性，有量，「在」使量成爲實際的量，便有限定，限定了類性。朱熹則以氣有清濁，氣的清濁便限制了理。我認爲這兩種說法，都不能解決問題，因爲最終要問爲什麼量是這麼多少，氣是這樣清濁。所以，具體的理，由創造主所定，由創造力賦與創生力。聖奧斯定曾以柏拉圖所講的觀念，不構成一觀念世界，而是存在於天主的智慧中，宇宙的物體分享觀念的含義。天主造人，人的觀念在天主的智慧中，每個人就分有天主智慧，即創造觀念中所有的人觀念；但是每個人的個性也是來自天主。我的個性，不是一個單純的觀念，而是一個複雜的實體，即是我。然而我必定也有一個代表我的觀念，就是我的個性。在認識論上，先有我，然後有「我觀念」；在本體上，個性和我同時存在，我就是我的個性，個性就是我；個性和「在」乃相合。但我追求根源，則「我觀念」先已在天主的智慧中，我一存在，天主就按祂智慧中「我觀念」而使我在。「我觀念」就是創造力所賦予創生力的質中之理(能)。

「性」和「在」的關係，「性」不是「在」，「性」則限定「在」。例如我的「在」由我的「性」而定。性爲實體的理，實體還有質，質是創生力的質中所有的質(原素)。創生力使理和相當的質(原素)相合而成實體。性和在的關係，還有和質的關係。例如我的「性」和我的「在」一相結合，要有我的質，即是心靈和身體，才有我。質由理而定。理和質又限定創生力，使成爲這一實體的生命力，這樣是理和質限定在，不是性限定在，也不是在限定性。

「在」是什麼？「在」是「有」的「成」。「成」和「能」相對，「能」的實現或成功便是「成」。當我講「有」時，我以「有」爲一個觀念，不問它是「實際之有」，或「理想之有」，或「可能之有」。當然我不能以「有」爲「不可能之有」，否則，我自相矛盾，

「有」就沒有意義。「有」的完滿意義，是「有」的意義完滿地實現，即是「有」已「在」，「有」爲實際之有。「有」從「能」成爲「在」。這個「在」和「性」的結合，有成爲實有，在成爲實在，實在則是變易，變易繼續由能到成，便是「生命」，**生命是創生力。**

「在」既是「成」，是「行」，是活動，不是呆板的靜；因爲「行」自己完成自己，是**創生力，自己完成自己就是「生命」**。「在」可以說是「行」，又是「生命」。因此，實際的「有」，稱爲「存有」，「存有」便是「行」，也是生命。這種「行」，也就是中庸的「誠」，所以說：「誠者，自成者也。」「存有」的行，繼續不停，一停止，就沒有「在」。我有我自己，是我的「在」繼續自成，常有生命，一不「自成」，就停止生命，我就不在了，便沒有我了。**所以繼續不停的自成，因爲是創生力。**

「在」爲「行」，爲「自成」；然而「自成」的動力並不完全在於自己。我的「存有」的開始，即是「在」的開始，也是「行」的開始，也是「生命」的開始。開始的動力不來自我自己，必來自一個大於我的生命的「存有」。父母生我，父母的生命在本質上並不大於我的生命，父母發動我的生命之動力，也不來自他們本人的生命。列子曾經說「有生不生，有化不化；不生者能生生，不化者能化化。生者不能不生，化者不能不化，故常生常化。……不生者疑獨，不化者往復。」（列子　天瑞）父母本人是從他們的父母所生，「生者不能生生」，他們不能由自己有生另一生命的動力，生命的來源，要來自不是由另一生命出生者，「不生者能生生」，即是由自者而來。「不生者疑獨」，自有者祇有一個。祂給予所創造的創生力一種生化，代代往下傳，父母的生命乃能生子女的生命。所以「在」生化別的「在」，是由「絕對的在」而起源，由創生力而傳遞。

一個「存有」已經「在」了，爲能繼續「在」，即是說「在」的能繼續「在」，例如我的生命可能繼續存在，需要一種支持的力。一個不是自有的「在」，它的本性不是「在」，而是由「自有的在」所施與，這個被施予的「在」，爲能繼續存在，需要「自有的在」繼續施予，施予一停止，這個被施予的在就不在了。我的生命是絕對自有者「上主」的恩賜，不是一次恩賜了，我的生命就能獨立存在，而是繼續需要「上主」的恩賜。就像王船山所說「性日生而命日降」。繼續的施予，就是創生力，創生力和創造力不分離，創造力帶給創造主的恩賜。

4 生命與性

「性」是「存有」之所以爲「存有」之理，也就是限定「在」的理。理是什麼呢？亞里斯多德和聖多瑪斯稱理爲「元形（Forma）」。在這一點上，士林哲學所用的名詞和宋明理學所用的名詞就互相衝突了。朱熹以理成性，氣成形。形爲可見的，理則爲無形無像；因此，理屬於形而上，氣屬於形而下。亞里斯多德和聖多瑪斯則以元形爲理，爲形而上。元質(Materia)爲形而下。但是，問題祇在「形」字。「形」爲模型，模型給每一物體應有的限定。朱熹說「氣成形」，祇是說「形由氣而成」，氣是形的質料。形是怎麼來的呢？爲什麼緣故氣成這個形呢？那是因爲「理」，卽是「理」限定氣，如在上節所說「性限定在」。形的理由是性，形的質料是氣；因此，理便可以說是「元形」，卽是「本體之形」(Forma substantialis)；物體的外面，當然還有可見的形，這種形乃是外形，係「附加體之形」。

「性」是理，理是每一「存有」的元形，使每一「存有」成爲「存有」。在柏拉圖的哲學裏，性是「觀念」，存在觀念世界裏。宇宙內同一類的物體，分享代表這類物體的「觀念」。聖奧斯定以各類的「元形觀念」，是在造物主天主的智慧中，宇宙間同類的物體，分享造物主所有的「元形觀念」。依據聖多瑪斯的學說，從認識論方面看，「性」是理智從具體的物體中所抽取的共同性，在理智中爲一觀念，在物體中則和物體不分；從本體論方面去看，先有物性，後有物體。在理論方面，「有」，「性」，「在」，是三個不同的觀念；講「有」時，不講「性」和「在」；講「性」時，不講「有」和「在」；講「在」時，不講「有」和「性」。但是在實際上，三者不能相分，「性」和「在」相合而成「有」，這種有，稱爲「存有」，「存有」或「實有」是「生命」。亞里斯多德和聖多瑪斯以性有兩元素，元形元質。朱熹以性只有理，氣在性以外另以氣質之性，即具體之性，則有氣。

我現在是一個「存有」，我的「存有」就是「我」。我之所以爲我，首先我是人，然後我是男人，我是研究哲學的人，我是天主敎敎士。「我是人」乃是「我」的基礎，「我」的中心，其餘的「我」，都和「我是人」相連繫，都因爲「我是人」才能夠有，我和別人相比較，我是人，別人也是人，在「人」上，我們沒有可比較的，我們都一樣。我和別人可以比較的，是在「人」以外的「我」，我是我，你是你，他是他，我們彼此就不相同了。「人」稱爲「性」，「人性」是我你他的「存有」基礎，又是我你他的「存有」共同基礎。

人性爲一切人的共同基礎，是一個觀念，爲理智對人的認識，這個觀念在客體上有實在的基礎。但是一切的人，都是單體的人，是一個一個的我，彼此又不相同，不相同的理由，稱爲個性。個性是在人性之上，再加上別的特性 (quality)。但是實際上，則是對於人性的限制。柏拉圖以人的觀念只有一個，實際存在觀念世界，實際上世界的人，都是分有這個觀念，分有的程度不同。不同的程度就是個性。朱熹說明人的理是一，人的氣有清濁的不同，氣的清濁使人的理在每個人的表現不相同，表現的程度就是氣質之性，即是個性。然而柏拉圖和朱熹都沒有說出來程度不同的來由。我認爲人性（理）是創造主創造人的觀念。每個人的個性，是創造主願意每個人分享人性觀念的程度所有規定，就是實際的理。宇宙萬物的實際的理由創造力賦予創生力，在創生力的質中。創生力的質中，又具有創造力所賦予的萬物的質（元素）。質和理，由創生力之變易，使結合成實體之有。

在士林哲學的人性裏有元質，是實體的質，在朱熹的性裏只有理，氣則是物的質。例如，我是人，我應該有心靈和身體，士林哲學以心靈爲元形，以身體爲元質，兩者都包含在人性內，朱熹以理爲抽象的人性，心靈和身體都是氣，爲人的質，在性以外，兩者相合則爲氣質之性，氣乃在性以內，我認爲質在理以外，即在性以外，質由理而限定，某種理，應有某種質（元素）。我稱質爲元素，元素是具體的質，例如人的身體，是由元素合成。

因此，性，是理，具體的性，即個性，爲有限定的理，限定由創造主所定。

生命和性的關係，是生命由性而限定，我的生命由具體的性，即個性而定。我的生命是我的生命，我的生命是因個性而有的生命。我的「存在」和「個性」的關係，即是我的「存在」因個性而定。我的生命是我的生命，這是我生命的限定，在這個限定裏，有人性作基本限定，有了人性，我的「存在」還不實際在，還要加上我之所以爲我的限定，才有「我」，我才是「存在」，我才生活，但「我」的限定，是加在「人性」上的限定，實際上合成爲一，不能分開。「人性」的限定和「我」的限定對於我的「存在」或「生命」，是同一個限定，即是具體的性。

四、生命的整體性

1 實體的整體性

甲、實體因着生命而成爲「一」

宇宙間形形色色，有各種各類的物體，有的今天有，明天就沒有了，有的則長久存在。長久存在的物體，也時時在變。哲學上便分別「本體」和「附加體」，或分爲「體」和「用」。常說本體或體不變，附加體或用則變。但是我們知道，無論本體或體，爲能繼續存在，必定繼續由能而到成，必定常有「行」，「成」才是存在，存在也就是「行」。而且這種「行」，應是內在的，所以稱爲「生命」。

「生命」常是「整體」，不能分割。物質則能分割，物質的本性，就是一份子在另一份子以外，因而構成空間。然而凡是實體，必是一個單體，單體的本體是「一」，因此單體的存在也是「一」；爲什麼是「一」的理由，則來自「生命」，在上面第一章裏，我說過『單體的各份子結成爲一體，互相連繫，不相分離。單體自力所有的連繫力，卽是生命。』所以「一」的理由是生命，有「生命」才有「一」。

一和多，在哲學上久已成爲很難的問題。最簡單的解釋法，在西方士林哲學，以一爲「元形」(Forma)，以多來自「元質」(Materia)，在中國朱熹的理學，以一爲理，以多來自氣。這都是以一和多爲數目，數目來自量，量則是物質。但是在精神體中，也有一和多；例如我們相信有天使，天使爲沒有物質的精神體，由士林哲學說來天使每一位爲一類，沒有同類的多數天使。然而一類一類也是多，因爲不能說所有天使祗是一，那麼便只有一位天使了，可是耶穌在福音上說『你想我不能要求我父，卽刻調動十二軍以上的天使嗎？』(馬竇福音 第二十六章 第五十三節)還有我們人去世以後，靈魂和肉身分離，我們相信靈魂永久生活，每個人的靈魂也是「一」，許多人的靈魂也是「多」，種這「一」和「多」，不能由元形和元質，或由理和氣，去解釋了，祇能由「存有」去解釋，卽是由「在」去解釋。

精神體的「一」，不能僅由元形或理去解釋，因爲元形和理，普通是抽象的觀念；再者人的靈魂，普通認爲人的元形，人死後，靈魂多了，則不能說因爲曾經受過元質——肉體的限制，成爲單一。

天使之精神體，雖說是元形(Forma)，然並不是自有的實體。天使之元形爲能成一實體，仍須和「在」相結合而成爲「存有」。精神體的「在」，不是元質（Materia），究竟是什麼？又不是由父母或另一實體所生，如同人一樣；因此，應說是直接由造物主所造。

造物主創造天使，如同創造宇宙一樣，是用自己的神能。天使的元形來自造物主的「觀念」，造物主的觀念祇能是「一」，即是天主聖言（Verbum）——聖言包含一切可能有的觀念，天使爲聖言所含的可能觀念中之一個，天主創造天使，使用自己的神能，使聖言所含的一個觀念外出而成一實體，這個觀念的「在」，便是天主的創造神能所發，天使的元形因着造物主的神能而存在。

造物主的創造神能，爲活的神能，係天主自己的生命。創造神能使天使存在，天使也是活的實體，爲一精神生命的活體。天使的實體之一，由造物主創造神力所成，因爲天使完全因着創造神力而存在，不用任何質料，天使的存在，便是天主的創造神力。天使的存在是「一」，「一」是因着存在，存在是創造神力，創造神力是生命，天使的「一」，便來自生命。

人的「在」，根本上不是來自物體，物體祇是供給質料，造物主創造力所造的創生力使人的形和質相合，而有實體的存在；人的實體存在，又是生命。因此人的「在」來自創生力，人的「一」也是來自創生力，祇不過創生力使用了肉體質料。

人的靈魂爲人的理 ，哲學家都稱靈魂爲人生命的中心。人既有靈魂和肉體，便是心物合一的生命，靈魂爲生命的中心，靈魂爲發展生命，要使用身體的各樣官能機體，肉體一旦不合於使用了，心物合一的生命便要停止，人就死亡。靈魂既是精神體，保全自己的活動，因着生命的活動乃繼續存在。所以靈魂的「在」和「一」，都來自生命。

沒有人類生命的實體，或是普通稱爲無生物的實體，它們既沒有精神性的生命，它們的存在由何而來？普通都認爲動物由同類的動物所生，植物由同類的種子所生，在動物的精子和卵中，在植物的種子裏，含有生命的能力，這種生命能力化生另一個生命，成一個實體，馬生一匹馬，桃種生一株桃樹。我們現在不問這種生命力由何而來，但祇就動物植物的存在，則也是由生命而來；若是一個動物，或是一株植物不活了，它就不存在了。動物和植物所以成爲一個實體，是由生命而成。它們的「一」，就是「在」，就是「生命」。至於普通所說的無生物，卽是礦物，例如一塊石頭，它的存在由何而來？礦物的存在，基礎在於是一個單體，每一單體的礦物，是一個存在。單體的成因，是連繫力，連繫力使各元素分子結合爲一，連繫力是創生力，礦物的存在也是繼續變易的存在，變易在內部，不表現於外。

乙、實體因着生命而成爲眞、美、善

一個實體的「在」，不僅是「一」，而且也是「眞」。普通所說的眞，是人的觀念和它的對象相符合。這種「眞」是認識論方面的眞，認識論的眞，要先假定本體方面的「眞」，卽是觀念的對象應該是「眞」。對像的「眞」，是對象眞在，不僅不是虛的，也不是假的。旣實實地「在」，而且是這個「在」，卽是這個「實體」。實體則是造物主以創造力使創造的觀念，由創生力使和質相結合一成爲實在。「眞」則是這個實在，這個實在常變易，創造力是常活的生命，物體的實在所以常是由「能」到「成」，「眞」也就該符合這個常在變易的「實在」。符合每一刻的生命。但，這並不是說「眞」是相對的，因爲實體雖常變易，但常是同一的「成」，卽同一實體，「眞」便常符合同一實體。

美，按聖多瑪斯的主張，爲有次序的結合；按孟子的主張，則是「充實之謂美。」（盡心上），但，若有次序結合而成的充實實體，死呆不變，則不足稱爲美。據說在義大利北方山上一小村的敎堂，當本區的主敎來視察時，第一天淸晨，敎堂的主任司鐸陪着主敎在涼臺觀看山景，主敎讚嘆說美極了，也恭喜那位主任能每天欣賞這樣好的美景。第二天早晨又同樣地讚賞。第三天早晨，主任司鐸邀請主敎再到涼臺欣賞美景，主敎答說已看過兩次，常是一樣，不必再看。那位本堂乃說自己已經看了十年，不再留戀那種美景，請調往城市裏去。普通一樣美物，呆板不變，看過幾次，就不覺是美了。因此，中國的畫，常要有生氣，生氣越高，才可以稱爲神品。因爲每一實體都有內在的變易，都有生命的意氣，美則應表現這種生意。西洋現代畫家乃主張動態的畫，在形式上表現動，結果畫已不成爲畫；中國傳統的畫則是在精神上，在意態上表現生意。畫上所畫的是現在這一刻生命的狀態，然而這一刻的狀態，在意境上則隱隱含着和前後的生命相連，所以美，乃是生命的美。

善，是變易合理合情，恰到好處，就是儒家所講的「中正」。每個實體，從「能」到「成」，符合應守的理則，每個實體便是善。善，也就是生命的善，中庸所講的「動而皆中節」，則是講倫理的善；倫理的善以本體的善爲基本。

實體因着創生力而得存在，因着「在」而成一實體，實體的「在」是眞，是美，是善。造物主的創造力，以創生力造生實體，實體的「在」領受了創生力的力，本體乃有創生力，稱爲生命力，自體常由「能」而到「成」，常有「行」，又能作爲另一實體的動因。宇宙的物體便能繼續化生。實體爲「一」，不能分裂；所以能夠不分裂，是因爲實際的「在」，「在」是一種力，使實體結成「一」；「在」是生命。

2 自我的整體性

甲、我因着生命而有「自我」

人類的實體，爲一個一個的人，每一個人成一個「自我」；「自我」即是我自己，而不是別人。

士林哲學以「自我」的形成，來自元質 (Materia) 因爲按照元形 (Forma)，凡是人都是一樣。人人都有人的元形，人的元形是「一」，沒有分別。每個人的分別來自元質，因爲元質是量，量有多少的差別，人的元形和元質相結合，元形所有的「能」，按着每人的元質的量，有多有少，結成每個人的個性，彼此不同，個性就成爲「自我」。

朱熹的理學主張「自我」爲氣所成，凡是人，所有的理是同一的理，理成人性，人性祇有一個或一種。但每個人的氣，則有清濁的不同，理和氣相結合，結成氣質之性。氣質之性則每個人所有的不相同，每個人的氣質之性就成爲每個人的「自我」。

從我上面所講實體構成的因素，有質有理，理和質由創生力結合而成實體。實體的實際「存在」，是實體的「在」。人的「在」，是創造主以自己的創造力，創造創生力，創生力使實體存在。創造主對人的創造觀念是人的理，是人的靈魂。創生力使對人的創造觀念得以實際存在時，是用男女的精卵相結爲質料，精卵相結成的胚胎爲人的質，即人的肉體或身體。靈魂和身體因創生力而結成一個人。身體是物質，靈魂是精神，靈魂爲人的理，理實際存在時，也該有質，靈魂的質是精神質。我們常說人是心物合一，即是精神和物質。由創生力相結合。一個人是單獨的實體，是一個「自我」。靈魂由創生力直接而成，肉體由父母血肉的創生力而形成。靈魂爲人的生命中心，生命進入肉體內，靈魂和肉體結成一個實體，人的實體因生命而存在，人的「在」，即是生命。

乙、整體的自我

人的實體爲一「自我」，「自我」的形成，因素在於元質，即是肉體。肉體是物質，物質的結構屬於量，量有大小，按照創生力中的理，使肉體的量大小不同，造成每個人的個性。然而個性祇是「自我」的因素，並不是「自我」。我們中誰也不會以自己的身體爲「自我」，祇能說身體是「自我」的身體；何況個性中不僅是肉體的量，也有靈魂的各種「能」，即是才質，我們稱自己爲「自我」，「自我」乃我的整體，整個的實體才是「自我」，整個的實體，不僅只是理和質的結成構，而是一個生活的實體，我的眞正「自我」，是我整個活着的實體，因此「自我」，是我這個實體的實際的「在」，是我的生命。我的生命，即是「自我」。這個我的實體若是不活，沒有生命，便沒有「自我」了。

人去世後，整體實體不存在了，「自我」也就消失了；但精神體的靈魂卻仍存在，而且生活，士林哲學稱爲不完整的實體，因爲缺少肉體，缺少肉體的靈魂既然生活，便也是一個

「自我」。這個缺少肉體的「自我」，祇是因着靈魂的精神質和生命而成。

因此，「自我」爲整個的我，包涵靈魂和肉體，靈魂和肉體所以能結成一個整個的我，是因着實際的「在」，實際的「在」乃是生命，「自我」所以由生命而成。生命使靈魂和肉體成一不可分的整體，不可分的整體便是「自我」。每個整體的人，他們生命各不相同，生命不相同，是因爲實際的理，限制了質，使理的「能」，成爲不同的才質，乃有「自我」。

人去世後，缺少肉體的靈魂，仍爲一實體，仍有「自我」。這個「自我」的因素，則是在世時所積的功德。功德多少決定靈魂認識天主，卽欣賞絕對眞美善的能，功德不同，欣賞的能力也不同，便造成不同的「自我」，聖保祿曾比喻這種能力，好比星辰的光，每個星辰各不相同，每個永生的靈魂所以不相同而有「自我」，便是各自的生命。

一個活着的自我，卽我這個實體的人，是個整體，包括靈魂和肉體，卽普通所說的心物，人是心物的合成體。這個合成體，所以合成的基礎，是存在，是生命。生命在人的心靈和身體內，又在每一肢體內。若一肢體，就是小小的一根頭髮或小小的一塊皮膚，沒有生命，就不成爲整體的一部份了。理學家以仁爲生命，若手足痲木不仁，沒有生命，就不成爲身體的手足了。所以我的整體因着生命而有整體，又因着生命而保全整體。

我的生命，又是整體的生命，爲心物合一的生命。雖然普通分別人的生命，爲生理的生命，爲心理的生命，爲理智意識的生命。然而實際上這三類生命，每類生命都是我的整體生命，而且每類生命的每項活動，也是我的整體生命。在倫理方面，在法律方面，沒有意識的生命，可以認爲不是我的生命，但是在本體方面說，生命是整體不能分。人的生命既是整體的，則常是心物合一的生命，每一活動也常是心物合一的生命，沒有一項單獨心靈的活動，也沒有一項單獨物體的活動。沒有心靈卽沒有生命。沒有肉體，生命不能活動。

丙、一致的自我

我的一生，常是一個自我，「自我」在這一刻的生命中是一個整體，在流動的以往和將來的時間裏，也常是一個整體，哲學上所討論的「一致性」(Identity)，哲學家的意見頗多。有的說是因爲身體常是同一的，其實身體從少到老，全部都變換了。有的說是因爲人常記憶自己的以往，然而記憶是不穩的，況且神經受傷的人，很可能失去記憶力。有的說是意識常認定我是同一的，但是記憶和意識同是心理方面的活動，意識同樣可以因神經受傷而被阻礙。所以「一致的」我，應該有本體方面的根基。在本體方面我的「一致性」，應以實體(Substantia)爲根基，實體在身體的附加體時時變換中，常是不變，常是同一的。實體在實際上就是實際的存在，我的實際存在，是我的生命，我生活所以我在。

生命使我的實體結成爲一，不能分。這種結合可以視爲平面的結合，也可以說在空間的結合，使在衆多的實體中，我是「我自己」，而不是別人。別人的「自我」，每個都也由於自己的生命，結成自我，每個人的「自我」，即每個人的實體，因着各自的生命而顯露出來，我是我，你是你。這也顯示空間的意義，普通以空間爲物質物的特性，是一份子在另一份子外；我則認爲空間，「是每個實體的顯露」，就好比在一個水塘裏，滿塘的水面，浮出個個魚頭，魚頭靠着水面，能夠顯露出一個一個地不相混亂，若是沒有水，魚都堆在一起，就沒有辦法分辨一尾一尾的魚。空間就是好比水面，使每個實體都顯露出來。就是精神性的實體，也是每個實體互有分別；每個天使都有自我的實體，每個天使也都有自我，也都互不相混。精神體自我的顯露，也在空間平面顯露，這所謂空間就不能是通常所講的物質性空間，也不是物體間的距離，而是個體的顯露。個體所顯露的，是個體的生命。

丁、空間與時間

生命既是一，在平面不能分，在縱面也不能分；因此，時間上所說的自我一致性，就是自我的生命，即是自我的實體存在。在平面上生命的整體性，在於不能分割，即使是物體性的實體，它的各分子也不能分割。在縱面上生命的整體性，在於實體雖常繼續在變易，仍舊不能分割，常是同一的實體。普通常說時間是變易的經歷，是變易的次序，我則認爲時間，「是變易的顯露」。凡是變易就有變易點，這個變易要在前後的次序中才顯露出來。這種次序在一個實體中，由實體的實際存在連結起來，變易雖有次序，變易的實體則常是一，因爲它的實際存在是一，實際存在乃是生命，生命使實體的自我常是一致，自我常是一。

生命是活的，必定有變易，變易的顯露要在時間內才可以顯出。這種時間便不是物質性的時間，不是物質性變動的前後，而祇是變易的次序，也就是生命的顯露。譬如心臟的跳動，顯露身體的生命，心臟跳動快或慢，就顯出身體生命的不同。整個實體的生命，在時間內顯露出來。普通說天使的生命超出時間以外，造物主天主的生命爲永恒的生命更超乎時間；然而天使的生命是活的，天主的生命更是活的，活的便有變易，但這種變易不是本體或附體的變易，而是精神生活的心靈活動。純精神體的心靈活動，我們沒有觀念可以說明，我們祇能說有變易的次序，次序又不能是前後，乃是沒有前後的時間。

總結起來，簡單地說：生命使實體的自我成「一」，在平面常是整體性的一，在縱面上也常是整體性的一。這個自我的整體，要在空間內顯露出來，也要在時間內顯露出來；所謂一，是生命之一；所謂空間，是生命的空間；所謂時間，是生命的時間。

第四章　生命的發展——生活

一、自　我

1　自我是我的生命

宇宙間的萬物常在變易，繼續由「能」而到「成」：萬物的存在，乃是繼續的變易，各有各自的生命。宇宙萬物的生命，有次序地結成一個系統，由最低級的礦物漸升到植物，然後到動物，最後到人，人的生命爲宇宙萬物中最高的生命，人的生命的實現成爲一個一個的人，每一個人成爲一個「我」。「我」對於每一個人，乃是「自我」，就是他自己。

「自我」在理論方面說，是一個「實體」，在實際上說，是一個「實際的存在」，就是「生命」。從理論方面說，這個「實際的存在」——自我，由具體個性，和質，和生命力相合而成。個性，在士林哲學是由元質而定，在宋朝朱熹的理學是由氣而成。但是無論元質或氣，都不是在抽象理論的境界，而是在實際存在境界，才能構成個性。「實際存在」在實際上乃是繼續變易，乃是生命。所以，我是自我，自我是我的「實際存在」，是我的生命。反過來說，我的生命構成我的「自我」，我的生命就是「自我」。

我是人，人是個活人，死人已經不是人，祇是一個屍體。我是個活人，活人是因生命而活；我所以是由生命而成。我的生命是人的生命，而且是我自己的生命。每個人的生命同是人的生命，但同時又是不相同的「自我」生命。

在前面已經提到個性問題，士林哲學主張元形限定元質，宋代理學家朱熹主張氣限制理。士林哲學雖主張元形限制元質，然而元質則也限制元形，以成個性。朱熹也是主張氣限制理以成氣質之性。但是根本上尙有一個問題，爲什麼有這元質而限定人性而成這個個性？或是說爲什麼有這氣而限制理而成這個氣質之性？同是人，爲什麼我有這個個性？個性來自元質，或來自氣，但是我的元質或氣爲什麼是這樣？不是來自人性（元形）（理），也不來自元質或氣的本身。生物學家說來自遺傳，但遺傳不足以解釋整個的個性。朱熹的學生們曾問朱熹：老師說理限制定，氣成爲人的氣，氣又限制理，使成這個人的氣，但這個人的氣爲什麼是這樣而不同別人一樣？朱熹答說自己也不知道怎樣答，要學生們自己去想。士林哲學也是一樣，元形限定元質，元質又限定元形，究竟這個人的元質爲什麼是樣？哲學上沒有答覆。這就該上溯到造物主的「創造力」。實體的實際存在，是由「創生力」使「能」到「成」。一物體開始由「能」到「成」，是由另一實體的「創生力」所發動，開始的「創生力」來自造物主的「創造力」。然而實體的繼續存在，雖是以自身的「創生力」而發動，仍舊由造物主的「創造力」來支持，來維持。聖多瑪斯稱這種「維持」，爲「繼續的創造」。因此，造物主的「創造力」創造宇宙——即創生力，就創造了每個物體的理，這個理是「個性」、「我」有我的理，是由造物主的「創造力」所定。中國人所常說「命也」。

我是我自己，我活着才是我自己，自我由我的生命而成，我的生命包含人性和個性。人性是抽象的理，個性因生命而在，而發展。我的生命乃是分享造物主的生命，分享多少，當然由創造主決定。

萬物的實際存在，和自我的存在一樣，實際都由創造主決定。科學可以解釋萬物的個體，但不能說明爲什麼個體是這樣，這條狗和另一條狗不同，這塊石頭和另一塊石頭也有不同，科學不能解釋，哲學也不能解釋。

我的自我因我的生命而成。然而我所以說我是自我，必定要我知道有自我。若是我是一個白痴，我就不知道有自我了。雖然自我的存在，並不是由「知道」而造成，然而祇有靠「知道」自我才能表現，所以我的「在」，要靠「知道」來表現。同樣，萬物的存在，在本體方面說，是以自己的「在」而在，但是若不被人類所知，則等之於不在。宇宙內有多少星辰，到現在還不被人類所知，所以就等之於沒有。因此，萬物的在，也要靠人類的「知道」才能表現。我們所講的宇宙，是人類所知道的宇宙，是透過人類的「知道」。但我不是講唯心論，主張宇宙萬物是人的心靈所造的，而是說宇宙萬物的存在，是表現在人心靈的存在，這種表現有客觀的實體，客觀的實體表現在人心靈上，成爲人所知道的宇宙。

我的自我，是表現在我心靈的自我，宇宙萬物是表現在我心靈的萬物。在本體方面，萬物的存在，是萬物的生命：在表現方面，是表現在我的生命裏的萬物，卽是在我的理智生活中的萬物。

2 自我意識

甲、直見之知

從母胎受孕的一刻，我卽存在，開始了我的「存有」：但是我一點也沒有意識到。就是從母胎出生了，家中人都認識了我的「存有」，我自己仍舊對自己的「存有」沒有意識，後來我漸漸長大，漸漸分辨外面的物體，也漸漸知道有我自己。對我自己的「存有」，由生命的各種需要，經過我的心靈，提醒我自己，漸漸地形成了自我意識。

生命的發展，先有生理的生活。生理生活的進行和發展，不經過心靈的意識，醒時和睡時一樣地進行，若要經過心靈的意識，心靈將不勝煩擾：然人也就成爲自己生理生活的主人，免除一切的病症，還可以免除死亡。假使這樣，人不是人而是神明了。

出生幾個月以後，開始感覺的生活，小孩會看，會聽，臉上有反應，感覺生活需要經過心靈的意識，最初的感覺意識，祇是理會到感覺客體的「存有」，還不是心靈生活的表現。動物有感覺，還能分辨感覺的客體，例如狗認識自己的主人，也能分辨主人的愛撫或責罵。出生幾個月的小孩，就有這種感覺，這種感覺還不是心靈的意識。

小孩開始講話，開始發問題，心靈的生活便開始了。心靈的生活由自己出發，自己便成爲生活的中心。小孩事事以自己爲主，祇是追求自己所想要的，需要大人時刻提醒教導，纔能克制自己的需要而能忍讓。然而這種以自我爲中心，不是自我意識，而是一種天生的傾向，每一種物體，都有天生保護和發展自己「存有」的傾向。尤其是動物，更強烈地表現這種傾向。

這種傾向，隨著心靈生活的發展，塑成自我的意識。自己認識自己，自己懂得自己生命的要求，自己的生理生命和感覺生命通過理智的認識，和心靈生命，結成一體，這個一體就是「自我」。

人對於自我的意識，是理會到自己的存在，是我的活動的主人。這些各方面生活的活動，都由「自我」而發，而又都歸於自我。更又理會到生命的變化歷程，雖然千變萬化，生命則同是一個，是「自我」的生命。「自我」是生命的主體，生命流動不息，「自我」主體則常不變。自己對於不變的主體，常有理會的意識，這就是自我意識。

自我意識所體會的，是我的「存有」。我體會自己存在，而是一個主體。我的生命是屬於我的，生命的活動是我的活動。孔子曾說：

「子曰：譬如為山，未成一簣，止，吾止也。譬如平地，雖覆一簣，進，吾往也。」（論語 子罕）

或進，或止，是我自己作主，由我自己負責。孔子所說，是指修身，要靠自己，不能靠旁人。但對一般的事來說，我的行動，由我自己作主，我自己是主人。

自我意識又體會到，我的生命是一個，不能分割。身體的生命，是我的生命：感情的生命，是我的生命：理智的生命，是我的生命。雖然，我有身體，有心靈，身體和心靈不能分割。我的生命是身體和心靈相合而為一體的生命，即是我一個主體的生命。

這個自我主體常不變，我常是我。小時候的我，就是今天老年的我，但是同時卻又理會到我常在變，我的身體，我的感情，我的學識，我的才能，常在繼續變換，不進就退，自我意識則分辨得清楚不變和變換的我，作爲主體的我是不變，作爲屬體的我則變。自我意識理會到「我」是一個生活體，我之所以爲我，就是我的生命，這個自我生命由心靈和肉體的種種變易而顯，自我本體的繼續由能到成，不能直接理會到，所理會的乃是附體的變易。

自我意識對於自我「生命」的體會，是天生直接的意識，不經過理智的反省。笛卡爾說：「我思則我在」是一種不正確的命題，我的「存在」不必有證明，而且不能用證明。孟子曾說人有良知良能，對自己「實在」的知，乃是一種良知，即是天生不學的知，這種良知爲「直見」之知，不是反省之知，更且不是感覺，而是理性之知。這種直見之知，爲理性生活的基礎，即心靈生活的基礎，也是自我生命的基礎，在本體方面，自我生命的基礎，當然不是自我的直接意識，但是人的自我，是以自己認識，自我爲基礎，自我的生命也就以這種意識爲基礎，因爲人的生命，以心靈理性生命爲主，理性生命或是理智或是感情，都以自我意識作爲基礎。「直見」的自我，是自己的存在，是一種直接單純的知識，後來經過反省，才成爲複雜的知識。

乙、反省之知

自我意識又是一種反省之知。人的知識，先對自己以外的客體，小孩向父母詢問：這是什麼？那是什麼？常是指著外面的事物：因爲人的知識由感覺而起，感覺的對象乃是外面的客體。由感覺而成觀念，由具體觀念而有抽象觀念，有了抽象觀念，人總會反省。反省，乃理智生活的成熟階段。理智生活愈成熟，愈能做反省工作。小時在開始運用理智時，就能有直見的單純自我意識，知道自己在後來理智的運用逐漸發達，便能逐漸有反省的自我意識。

反省的自我意識，第一認識自己是人，和禽獸有別。聽見別人罵自己不是人，是畜牲，馬上反抗這種極大的侮辱。普通人說不出人是什麼，不知道人之所以爲人之理，但是心目中有個人之所以爲人的形相。有時看到對於這種形相有缺的人，就說是他一個殘障不全的人。讀過書而有思想的人，可以知道人之所以爲人之理，可以說出人的特性，

反省的自我意識，第二認識自己的特性，即認識「自我」，人的特性人人都有，自我則在人的特性外還有我的特性，我有我身體的相貌，有我的才能，有我的情感，有我的性情。自我是一個主體，一個中心：這些特性爲構成「自我」的成素。「自我」的成素或是天生，或人爲。我藉著天生的才能和情感，加以修養，塑成我的性格。天生的「自我」是一塊出土

的天然寶石，需要經過人工的琢磨，寶石纔純淨有光彩。孟子曾說存心養性，中庸講論至誠的人能夠盡性，都是教人琢磨性格，自己認識自己，乃是修養的基礎。認識自己現在的自我，就是「知己」。孔子很看重「知己」的知識：

「子曰：已矣乎！吾未見能見其過，而內自訟者也。」(論語　公冶長)

自己有認識自我的意識，對於行事和人際關係，可以有正確的看法。行事和人際關係的看法，儒家稱爲知人知天。中庸說：

「故君子不可以不脩身。思脩身，不可以不事親。思事親，不可以不知人。思知人，不可以不知天。」(中庸　第二十章)

「故君子之道，本諸身，徵諸庶民，考諸三王而不繆，建諸天下而不悖，質諸鬼神而不疑，百世以俟聖人而不惑。質諸鬼神而無疑，知天也：百世以俟聖人而不惑，知人也。」(中庸　第二十九章)

知己而後知人，知人而後知天，自我的意識，爲人際關係的起點。

在人際關係中，自我意識建立自己的人格，知道自己應有的位置。人的位置有內在和外在的因素，內在的因素，因爲我是一個獨立的人稱，因爲我有道德方面的品格，人稱不可侮，品格受尊敬。外在的因素，因爲我有社會的名分，名分帶有權利和職責。孟子說：

「天下有達尊三：爵一、齒一、德一：朝廷莫如爵，鄉黨莫如齒，輔世長民莫如德，惡得有其一，以慢其二哉。」(孟子 公孫丑 下)

孟子很看重自己的人格，要求各國君主予以尊敬，因爲他有「自知之明」，而又能養育自己的人格。

「公孫丑問曰：夫子加齊之卿相，得行道焉，雖由此而霸王不異矣，如此則動心否乎？孟子曰：否！我四十不動心。……敢問夫子惡乎長？曰：我知言，我善養吾浩然之氣。」(孟子 公孫丑 上)

人格的自尊，不是驕傲的自尊，而是自己精神的表現。立定自己生活的高尚目標，穩定生活的正確價值，不爲物欲所動，不爲人和物所屈。孟子說：

「居天下之廣居，立天下之正位，行天下之大道。得志，與民由之；不得志，獨行其道。富貴不能淫，貧賤不能移，威武不能屈，此之謂大丈夫。」（孟子 滕文公下）

有自我人格的意識，必定有大丈夫的氣概。這種氣概由仁義而養成，即是以做人之道而養成。孔子說：「君子憂道不憂貧。」（論語 衛靈公）聖保祿宗徒則教訓人要認識是罪人，祇因基督而得罪赦，成爲天主子女的新人，一切善處來自天主。

「你有什麼不是（從天主）領受的呢？既然是領的，為什麼還誇耀，好像不是領受的呢？」（格林多前書 第四章 第七節）

認識基督是救主，認識天主是天父，基督信徒的生命，建設在這種基礎上。

丙、永恒之知

大丈夫的意識，不是自我滿足的意識，而是時刻求進的意識。世界上沒有尼采所講的「超人」，每個有自我意識的人，都認識自己的欠缺：生理方面的欠缺，心理方面的欠缺，道德方面的欠缺，知識方面的欠缺。

在中世紀時，聖多瑪斯早已說出向永恒開放的形上哲理。人的「存有」，是一個有限的存有，有限的存在，是由「能」而到「行」(成)。「自我」這個存有成了實際的具體存有，所有的「能」，不是一時都成了「行」。我有許多「能」，自少到老，漸漸發展。例如我求學的「能」，不是一下把所能知道的都知道了，而是要漸漸去學習，得了一種知識，就是一分的「求知能」成了行。在道德方面也是一樣。我的個性有人性帶著許多特性的能，一分能成了行，我的個性就多得一分的成就。因此，自我的意識既然認識自我特性的能，便常追求「特性的能」可以實現，而得完成自我。沒有自我意識的人，不會有這種追求：有了自我意識而不追求自我的完成，等於自暴自棄：唯獨有完成自我追求的人，纔算是有正確的自我意識。再者，有沒有自我意識，都體會「自我存有」的限制，衝破這些限制，以求開放自由，是每個人夢寐所求的。但是正確的自我意識則啓示衝破「存在」的限制，乃是追求自我的完成，自我的完成在於發展人性和個性。

整部的儒家生命哲學，都在於發展人性和個性，中庸以誠爲人生之道，誠是發展人性和個性。

「唯天下之至誠，為能盡其性。能盡其性，則能盡人之性；能盡人之性，則能盡物性：能盡物之性，則能贊天地之化育。可以贊天地之化育，則可以與天地參矣。」(中庸 第二十二章)

「自我的生命」，不是一個孤獨的「存在」，而是和萬有相聯繫的「存在」。我發展自我特性所有的能，以完成我的自我，不是自私地去傷害或剝削別的「存在」。乃是在自然規律和社會規律內以求發展，因而我的自我發展，也可以有益於別的「存在」。自我的意識使得到合理的開放。孟子說：

「萬物皆備於我矣。反身而誠，樂莫大焉。」(孟子 盡心 上)

我自己意識到「自我生命」是和萬有相連的生命。我的生命的活動，貫通到人的生命，也貫通到物的生命。「自我生命」的發展，和萬有的生命相連，我的生命的活動，不能夠是即是一椿祇關係到我的行動，而是和萬有相關的行動。儒家的聖人，就有種這種自我意識，即是「萬物皆備於我」的意識。

而且這種意識還不能封閉在宇宙以內，直接升到生命的根源，由自我的有限生命升到造物主的絕對生命。自我意識雖認識「自我生命」的限制，但也體會「自我生命」懷著無限的能。人生的痛苦就在於帶著無限的能卻不能實現以得到滿足。人的身體有限，心靈的追求卻無限，有限和無限合成一個自我，自我的生命不能不發生衝突。

衝突的平衡，在於發展「永恒的自我意識」。「站在上帝面前的人」，當然體會到自己的渺小：然而人的渺小不是絕望的不能前進的渺小，人的心靈懷著無限的希望，表現心靈生命傾向於無限，於是便有一種「永恒的自我意識」，在永恒的生命裏，人的自我繼續完成。人的「自我生命」爲有限的在，不能夠在一時具有無限的在，但可以在無限的繼續裏，無限地繼續完成自我。宇宙既是有限，人又不能使自己的「能」，無限地成爲「行」，便要有超於宇宙的無限實體，無限實體繼續使人的自我繼續完成。自我的有限生命便貫通到天主造物主的無限生命裏。

二、美

1 求滿足

每個實體的存在，爲一個變易常動的存在，即是生命力的進展。在生命力不表現於外的實體內，生命力的進展，只求保全自己的存在，所要求的，在各分子的結合，可以時常保全。在生命力可以表現於外的實體內，生命力的進展，則求生命的發展。所有的要求，則在取得發展資料，人的生命爲宇宙萬物中最高的生命，包括萬物生命的特點，代表萬物的生命。

人的生命爲心物合一的生命，心爲大體，物爲小體，兩體合成一體的人。生命力一動，人乃活，生命演爲生活，心的生活，爲知、爲情、爲主宰。物的生活，爲物質、爲感覺、爲慾。物的生活發展在先，心的生活發展在後；物的生活，最先是生理生活，爲身體的發育；其次是感覺的生活，爲低級的心理生活；最後爲情慾的生活，爲高級的心理生活，已經和心靈的生活相合。心的生活，爲理智生活、意志生活、情感生活。心物的生活爲能發育，都各有所要求。生理生活要求有飲食滋養，有衣服禦寒冷，有房屋避風雨。感覺生活，五官要求達到客觀對象，情慾生活，要求取得所要的物質。理智生活，要求認識對象。意志生活，要求取得所需的對象。情感生活，要求生命的連結。這一切的需要，在可以得到時，生命便得到滿足，生命追求滿足，乃是實體的天性。

『孟子曰：口之於味也，目之於色也，耳之於聲也，鼻之於臭也，四肢之於安逸也，性也，有命焉，君子不謂性也。仁之於父子也，義之於君臣也，禮之於賓主也，智之於賢者也，聖人之於天道也，命也，有性焉，君子不謂命也。』（盡心下）

命和性都是天生的，命是小體的天生的生活，性是大體的天生的生活。孟子所以反對告子籠統地說『生之謂性』，（告子上）『食色性也』（告子上）。

每個實體爲自己的存在，都有所要求。存在是繼續的變易，爲生命；宇宙萬物都是有限的實體，都是有始的實體，在開始存在時，在理論抽象方面，具有該有的一切；例如人，在母胎時就有人在理論抽象方面的一切，不然不是人；但在實際具體方面，人該有的一切都是由簡單而複雜，由基本點向上發展以到成全。每個求存在的實體，都有自己的要求。一塊石頭爲自己的存在，有自己的需要，若得不到，則就分化。植物、動物和人，爲發展自己生命，更各有所需要，若能得到，生命可以繼續發展。在有感覺生活的物體，生命的需要能得到時，感到一種滿足的感覺，體驗到一種舒服快感。

2 美感

人有理智，又心物合一，感覺的滿足舒服感，和理智相融，產生美感，人得到欣賞美的快樂。

黑格爾說：『美就是理念的感性顯現。感性的客觀因素在美裏並不保留它的獨立自在性，而是要把它的存在直接性取消掉（或否定掉），因爲在美裏這種感性存在只是看作概念的客觀存在與客觀性相，看作這樣一種實在……這種實在把這種客觀存在裏的概念顯現爲它與它的客體性相處於統一體，所以在它的這種客觀存在裏只有那個理念本身達到表現的方面才是概念的顯現。』(一)義大利唯心主義哲學家克樂車（Berandetto Croce 1866-1952）則說美是直覺的普遍表現(二)。我還是讚成孟子所說：『充實之謂美。』（盡心下）和聖多瑪斯所說美是圓滿而有和諧的次序。黑格爾和克樂車所說的美是美的表現，是藝術，孟子和聖多瑪斯所說是美的本身。黑格爾又說美和眞是同一的，這一點是正確的，因爲美要實體所要有的都有，而且很充實，並且實體的具體存在的所有分子，在互相結合，有圓滿而和諧的次序。例

(一) 黑格爾 美學 朱孟實譯 里仁書局 第一冊 頁一五二。

(二) 尤煌傑 克羅采美學研究 輔仁大學哲學博士論文。

如面貌的美，必定要耳目口鼻俱全，而且結合的次序，非常和諧，非常圓滿，這種結合自然表現出來，就如一朵花，一幅山水的景緻。每個實體都有這種表現而成爲美。但在具體存在上，有些實體缺乏之一或多的具體分子，或者一些分子結合不得次序，就表現這種缺憾而成爲醜。

人的生命在發展的生活中，心物兩方面都有許多要求。生理生活得到所需要的物質，感覺生活得到所需要的對象，在感官上產生滿足的感受，這種感受通到心靈，心靈產生快樂的情感。心靈生活得到所需要的對象，產生滿足的情緒，情緒反應到感官。滿足的感受爲一種安定的感受。在滿足以前，生理方面，感覺方面，心靈方面，都有一種希望、追求、等待的境界；得到了所需要的對象時，便產生安定的境界，有舒服的感受。生理方面的感受，只是生理的自然現象，感覺方面和心靈方面的感受，則有舒服愉快的意識。這種愉快，就是美感。這種美感，直接產生感受，不經過反省，例如如惡惡臭，如好好色。

但是不是這種直接愉快感受都稱爲美感。生理方面和感覺方面的滿足感，只能稱爲「快感」，卽愉快的感受，如吃好菜、喝好酒，雖然普通也稱美酒、美宴，然不是美；美則是心靈的感受。但是因爲人是心物合一的實體，心靈的感受也常經過感官，所以稱爲美感。

3　美的欣賞

人的生命不是孤獨的，也不能孤立，和宇宙萬物的生命相連繫，彼此互助，彼此相通。莊子講養生，以人的生命爲氣的生命，和宇宙萬物的氣相通爲一。宇宙萬物爲同一的創生力，創生力在各種實體中爲生命力，生命力使生命發展成爲活潑的生活，人在生活中，和宇宙萬物的生命相連繫，有所需要。幾時和另一實體相遇，這個實體表現了自己的充實和次序，人的心靈，藉着感官和它直接接觸，心靈產生滿足的愉快。有時心靈在心內接觸到一些觀念的結合，結合得非常充實而有美滿的次序，心靈便也產生滿足的愉快。這都是對於美的欣賞，心靈產生愉快的情感。

美自身的表現是直接的，美的接受而欣賞也是直接的。這種直接的連繫，雖可以經過感官，然而不是純感覺的，然而也不是純理性的，而是心物合一的感受，美的欣賞，爲整個的一個人，和另一實體的相通，相通爲人；這種相通，雙方應該是整體的，才是圓滿的欣賞。

心靈的生命，在發展的歷程中，常一面表達自己的美，一面接收其他物體的美。接收美爲欣賞美，欣賞美爲美和美相應，生命和生命相融洽，表達美爲心靈生命的發揚。愛美，因此是人的天性。人因愛美而有創新。

美在心靈生命中所引起的，不是思慮的知識，而是感情的滿足。思慮爲認識事物，常藉器官而須推論研究，理智不能直接見到事物的性體。美的欣賞不是知識，卻是接受，接受則是直接的。五官對著形色的美，相對無言，盡量收取，直接有所感受，大學說「如好好色，如惡惡臭。」（第六章）接受是直接的，是立時而發，不用思慮。好和惡爲感情，美的接受由感情經過理智去接受。精神界的美，由心靈感情而接納，例如一篇美妙的講詞，一首美妙的詩歌，人唸了以後，心中得到無限的喜悅。

感情，爲心靈生命予取的關係。我的生命能夠給予別一生命一項滿足時，我心靈自然有種感受；我的生命接受別的生命給予一項滿足時，又自然有種感受。這些感受都是生命的表達，也是生命的發展。

滿足的反面爲不滿足，在生命的予受關係中，不能常有滿足，缺少滿足乃引起痛苦，產生憤恨。這些感情都由予受關係所造成；得到生命所要的，便生滿足而喜悅，因喜悅而愛；沒有得到生命所要的，便生痛苦而恨。感情雖多，可以由愛和恨去總括。愛和恨所有的對象必是美。

生命的予受關係——在一切生命中都有。人的感覺生活有感情，人的心靈生活有感情。人的本體既是心物合一體，感官感情和心靈感情常互相融會，感官感情有心靈的感受，心靈感情有感官的感受。

易經常說天地萬物之情，詩人們常歌詠山水日月之情，兩者都用人格化的象徵表達式，以人的感情注入萬物。然而每一種生命，都有予受的關係，有關係便有反應，反應就是生命的感情。所以萬物都也有感情，只是沒有感情的意識。

對於美的欣賞，在感情中乃是最純淨的，不包含利益，不運用思慮，只是美的予受。當我接受一種美而欣賞時，我用感官和心靈去接受，然而不加思索，而是我的生命直接和美相遇，我的生命接受了對美的追求所得的滿足，自然而滿足喜悅，不是要用另一種非理智非感官的美覺感官。美感不是感官的活動，而是整個生命的接受。

美的表達要用形式，形色的美用顏色線紋，精神的美用觀念。表達的程度應該是顯明直接的，不能隱晦屈折，須用思慮去探索。例如，講笑話，應該一聽就令人笑，若是聽後再加思索才笑，已經不是笑話。傳統的藝術，都能直接表達美，只是當代的新藝術，抽象派或未來派，卻使人盲然對著一幅畫或一件彫刻，不知道表達的是什麼。若是眞理的表達，須要明顯，笛卡爾曾以明顯爲眞理的標準，藝術美的表達，更要明顯，使生命可以直接接觸。

藝術美雖用形式表達，所表達的美，屬於精神，不屬於物質。眞理超於物質，朱熹以『道爲形而上』，美更屬於形而上。因爲美是『絕對存在』的特性，是「絕對存在」的光輝與和諧。美由形式，如顏色線條而表達，表達的美超出顏色的線條。一朵花的顏色很美，美不是顏色，而是顏色的光輝與和諧，可以說光輝與和諧是顏色的，然而顏色本身並不含有光輝和諧。接受光輝和諧美感的生命，一定也不能是物質，必定是心靈的精神生命。

美的創作當然是精神生命的創新，精神生命將自己的美表達出來，給予人高深的美感。藝術作家的創作，表達自己美，美或是自己本體的，或是自己所想像的。造物主所表達的，爲自己本性的美，自然界的美非常明顯，有心人都能欣賞。藝術作家表達的美，大都是自己所想像的美，爲能夠用想像去創造美，須有創作的天才。天才爲天生的「能」，藝術的創作能，和人心靈的感情相關。感情強的人，更具有藝術創作能。愛情深的人，他表達愛情必定美；痛苦深沉的人，他表達痛苦也必定美。因爲他表達時會不加思索，不用掩飾，而是眞誠坦率，直接表達。藝術創作能的天才表現，特別是在表達形式的新穎。杜甫、李白的詩，眞情流露，譬喻象徵恰到好處。彌格安琪洛的彫刻，辣法凡爾的畫，活潑生動，顏色鮮明。他們的天才超人一等，作品千古絕倫。

天才的創作和學術的發明都是創新，也都是以原有資料予以新的意義。藝術的創新是美的形式。

美的形式爲生命的直接接觸，生命與生命的接觸爲生命發展的要求，欣賞美乃是人人所容易感到。許多的人不研究學術以求眞理，但每個人若沒有美的欣賞，生命便枯澀。心靈生命在發展的歷程中，需要美感的陶冶，使心靈不爲物質所拘。

每物都有自己的美，每人心靈常須接受美感。在自然界裏每人接受宇宙萬物所顯造物者的美。藝術天才作者以新的形式和意義創造藝術美。人生命的歷程常在美的予受中，繼續發揚。

三、善

1 求利

實體爲發展生命，常有所需要。人爲發展生命，所需要的很多：有生理方面的需要，有感官方面的需要，有心靈方面的需要。可以滿足人的需要的，稱爲善，稱爲好，稱爲利。孟子說：『可欲之謂善。』使人可以想有的，稱爲善。朱熹注解說：『天下之理，其善者必可欲，其惡者必可惡。其爲人也，可欲而不可惡，則可謂善人矣。』孟子所說不是講抽象之理，是講具體的事物，事物可以使人想有的，稱爲善。生命的發展既需要別的事物的共融或協助，則可以助生命發展的，當然是善的。花草爲發展生命所需要的事物，爲花草當然是好、是利、是善，貓狗爲發展生命所需要的事物，爲貓狗當然是好、是利、是善。人爲發展生命所需要的事物，爲人當然也是好、是利、是善。

但是人有心靈，爲人的大體，爲人和別的物所有的分別，是人的特點。心靈能知能主宰，人爲發展生命的需要，通過心靈時，才是人的需要。人要知道自己的需要，人還要自己願意要這種需要。人的生命不是孤獨的，與別的人的生命，也和萬物的生命相連。相連便發生關係，關係的維持和成長，須要有次序，有規矩，人的生活乃有倫理，有道德，即是生命彼此關係的規矩。因此，人對於生命的需要，在追求時，不僅看自己一方面的利，還要看不妨礙他方面關係，還要不傷害別的生命，能夠顧全這一點的，才稱爲善；否則，只可稱爲利。孔子所以把利與義分得很清楚，而以『君子好義，小人好利』，在另一方面，人性是有許多的能，能稱才，「能」要逐漸實現，性便繼續發展。發展自性之「能」，以達到成全的境界，完成自己乃是善，凡是「存在」都追求這種善。唯有絕對存在，已是絕對的完成，祂的生命表現，則是施善於別的「存在」。

中國哲學特別注意這種發展，有「盡性」的學說（中庸 第二十二章），使人性繼續發揚。西洋哲學雖主張「性體」不能變，人性一成就是全；然而聖多瑪斯的哲學思想裏，「能」與「行」爲重要的觀念，人性具有許多的「能」，要求漸漸實現。當代歐洲的存在主義，也常以人的「存在」，爲向一個理想的我而努力。

普通一般人都說要有理想，不能安於現實，沒有理想，便沒有創新，就會退化，青年人尤其要有志向，追求高尙的理想，使自己的人格能夠完滿，也能創造事業。

凡是人都有人性之「能」，人性之「能」爲才。朱熹以才和情都由氣而定，才和情的基本，當然是人性，然而有具體上每一個人所具的情和才，要由氣之淸濁而定㈢。按照現代實驗心理學的主張，情才則和腦神經相關。

每個人的才不相同，然所有基本的才則相同，人都有人的才，思慮、記憶、想像、感情，每個人都有，只是所有的多少不同。還有許多的特長，爲種種天才，例如音樂天才、繪畫天才、數學天才、辦事管理天才。這些天才，屬於天生，爲造物者所予。

才是能，能夠成事業，須要人去發揮，發揮便是生活，也是生命的表現，我的心靈生命帶著這些才，天然就有發展的傾向。我應當去培養，去發揮。在肉體生命上，我的肉體從嬰孩期開始逐漸發育，身體各方面的器官，漸漸強壯健全。老年來到了，身體逐漸衰弱，衰弱也是變動，爲物質本然的現象。我的心靈生命，也從幼年時期就開始發育，雖不能像肉體生

㈢ 朱熹 朱子語類 卷五。

命的發育顯而易見，然而發育是繼續不斷的。因爲每種生命，都追求發展，就連石頭的生命，也在漫長的歲月裏變化不止。生命的才愈多，發育愈高，生命就越圓滿，越有價值。

2 求善

才的發展，常帶着價值。在本體方面說，凡是才的發展，都是生命的發展，也就都是好，都有善的價值。才爲「能」，發展爲「行」，「行」較比「能」必常是善，常更有價值。例如桃樹能結菓，結了菓較比能夠結菓當然更好。

但是我的生命不是單獨的生命，和宇宙萬物的生命都有連繫。一有連繫，便有彼此生命的要求，彼此須要和諧，互相協助。假使我的才在發展時，傷害了另一生命的要求，使他受害，則我的才的發育便成爲一樁惡。

再者，我發育我的才，必定要注意我的生命的要求，而且要使我的生命能夠得到更好的發育，否則若傷害我的生命，才的發展也成爲惡。

發展，在本體上說，是由「能」而到「行」，爲一種善；但因生命間的關係，這種本體方面的善卻成了倫理方面的惡，使生命受到傷害。例如搶刼的人，發揮他的本領，奪人的物件和生命，他的搶刼技巧，在本體上是種好，但是整個事件是壞；而且搶刼的技巧越高，壞處越大。

因爲，才的發展，第一是要成全自己的人格。才既是人性的特點，發展才要是發展人性。中國古人的盡性和修養都注意在這一點上。孔子曾經把人的人格列爲小人、士、君子、聖人四級。小人絕對不能做，求學的人，按朱熹所說：「始而求爲士，終而求爲聖人。」㈣我心靈生命追求成全，心靈生命的成全，表現於具體的生活，則是道德完備的人格。中國古人以人性的發展，完全集中在這一點上，其他方面的發展沒有重大的價值。

人格的發展，不僅是我對我的生命的關係達到成全的境地，還要對其他生命的關係也要達到成全的境地。孔子用一個「仁」字代表這種境地，要能「己立立人，己達達人。」（論語 雍也）朱熹以仁爲愛之理，人心得天地之心爲心，天地之心在於生生，人心便愛惜生命而予以贊助。人的生命和別的生命的關係在於協助一切的生命以得發展。儒家的聖人，便是贊助天地「化育萬物」的人。

因此，才的發展，應能成全自己的人格，發揚自己心靈的生命，也化育萬物的生命。聖若望宗徒以天主爲愛㈤，天主造生萬物，表現對萬物之愛，即易經所謂「天地之大德

㈣ 朱熹 朱文公文集 卷七十四策問首條。
㈤ 聖若望 第一書 第四章 第八節。

曰生。」（繫辭下 第一章）仁愛爲發展「才」的原則。

仁愛爲一種感情，感情有它的理由，仁爲愛之理，合起來就是愛的感情，聖若望說天主是愛，是從人一方面去看天主，人所看見天主的，只見到天主對人所施的恩惠，造生了人，爲人造了世界，還遣聖子降生救贖世人。天主的本性，人不能認識，天主自己內性的活動，人也不能認識。人所認識天主的，是天主對外的工作，對外的工作即是對世界的工作，這些工作乃是愛。

朱熹以人得天心爲心，人心爲仁，人生命的發展應是仁。聖若望以天主爲愛，人得天主之愛以生，人生命的發展應是仁愛。仁愛便成爲才的發展所應循的途徑。遵循這途徑者爲善，不遵循者爲惡。

中國理學家講論惡的問題，意見多有分歧。朱熹以惡出於情，情又出於氣，惡歸根在於氣。可是情，本是生命相接觸的反應，不應該是惡，祇是在具體的表現上，卻或傷害自己心靈生命，或傷害了其他生命，違背了仁愛。因此在才的發展歷程所有的價值評估，便常以感情的善惡爲中心。而在培養人格的歷程上，也常以克慾爲要件。

感情不是惡。仁愛是感情，仁愛怎能是惡。感情是惡，因發而不中節。感情和才怎麼連在一起呢？因爲才是「能」，「能」爲成「行」，要心靈去發動。心靈發動一行爲必然要有目的，卽是亞里斯多德所講的目的因，目的應該是仁愛以利衆生，然而很可能因自己的好惡而違背仁愛，目的便受感情的牽制了。感情牽制目的，目的有善惡，才的發展行爲便有善惡。

目的有善惡，行爲的形式態度也有善惡，目的能夠傷害人，形式態度也能傷害人。生命的關係在於互助；若不互助而反傷害人。愛是互助，恨則是否定互助。人的生命在求發展的歷程中，目的是在於成全自己的人性，使人達到圓滿的境地。儒家是如此，道家也是如此，佛敎也不例外。儒家主張內聖外王，以成聖人。道家憑昇太虛，以求氣化而入於道，以成眞人。佛敎雖主張萬法皆虛空，然仍以智慧敎人而得禪理，以進入涅槃。都是追求生命的發展，以創新自己的人格。

3 罪惡

人的生命和萬物的生命相連繫，彼此互相受予，人的生命受萬物的滋養，人對於萬物便該當有所授予，不該單是接受或取得。儒家所以講人應有仁心，贊天地之化育。孟子講親親、仁民、愛物。天主敎講以天父之愛心愛一切人物。

只圖自己一人的利益，傷害他人的生命，造成罪惡。罪的起源在東西哲學界都是紛爭的問題。孟子主張性善，荀子主張性惡，朱熹主張氣質之性有善惡，善惡來自氣之清濁。但爲什麼一個人的氣清，一個人的氣濁呢？這是人的命，然而氣的清濁並不能解決惡的來源問題。

罪，則是人類所作的，這種惡是精神生命的惡，由人的心靈所造成，打擊生命的旋律，摧殘生命的發育。

我的精神生命，在發育的歷程中，常和其他生命接觸，接觸的意義和實效，在於彼此生命互相授受以增加生命的內涵，加強生命的發育。但是我的精神生命由我心靈作主，我有自由支配生命的活動，我的自由由理智去指導，由意志去決定。我的理智和意志都可以因內外的原因，而溢出生命的規律以外，使我生命的活動，傷害我所接觸的生命，也傷害我自己的生命，因此造成罪惡。

罪惡常阻礙生命的旋律，使我精神生命的旋律達不到家庭社會國家和宇宙，而且在達到時，不帶予協助而帶予傷害。

當我精神生命活動時，我追求我精神生命的成全，追求眞美善。眞美善的追求，有一定的次序和規律，否則，我的追求，破壞了次序和規律，直接間接傷害其他生命，則已經不是眞美善，而是過或不及，乃是罪惡。

我當然不是追求罪惡，罪惡本身不能存在，不是實體，而是實體或活動的缺點。我的自由傾向罪惡，是因爲我的理智和意志受到了阻礙，將缺點當成了善，將有害看成了有益。理智是我生命活動的指導者，理智天然認識自己的對象，然而在產生罪行時，理智卻看錯了，那或者因爲我的理智力短弱，對於高深或複雜的事理，不能看清；或者因爲受了私慾的蒙蔽，沒有把事情看清。若因理智力薄弱而未能認識對象以造成錯誤，錯誤不能歸罪於我，因爲錯誤是無心的。若因慾情而看事不清以造成錯誤，則是有心的錯誤，而有罪責了。但許多時候，理智看清楚了，意志卻不隨從理智的指導，選擇了惡，則是明知故犯，罪惡加深。

我的本性本來是善，理智意志也天然傾向於眞美善，情慾係天生而有，本來不是惡，然則我的情慾爲什麼蔽塞理智或意志，使自願選擇惡呢？雖說在我使用自由時，我不是選擇惡，而是選擇善；然而這種主觀的善並不能掩蓋客觀的惡；而且我明明知道所選的事能有害於其他生命，而我卻因爲我一人的益而自願去做，這究竟是什麼緣故？中國哲學講性善性惡，講惡習所染；西洋哲學也講惡的起源，但都不能答覆這個疑問。從哲學方面，沒有答覆可以解釋這個問題。朱熹說是因爲氣濁則氣質之性乃惡；然而爲什麼我的氣濁，他的氣清呢？西洋哲學明明說人性是善，則爲什麼人又天然傾於惡呢？

祇有從宗敎信仰去解釋。佛敎唯識論以人的無明愚昧，來自阿賴耶識的種子，種子有先天的和後天的，先天爲一個人第一次生時，天生有種子，種子有有漏和無漏，有漏種子薰起惡的現行，惡行生有漏種子，人乃輪廻。天主敎相信人類初生的原祖，在造物主的考驗時，違背了造物主的命令而犯了罪，罪留了餘毒遺傳後代。罪的餘毒是人的情慾傾向感覺的享受，因而可以蔽塞理智和意志。因此中外的哲學都肯定罪惡來自情慾的衝動。

祇顧眼前的利益，不想來日的災害。這是原罪的餘毒。常想食色的感官快樂，忘記精神的快樂，這是原罪的餘毒。人人都有這種餘毒，然可多可少。中國古人常以聖人爲天生不受情慾牽累的人，然而天生的聖人可以說從未見過。所以人人都受情慾之累。

罪惡歸之人，不因原罪餘毒而卸去責任，原罪餘毒不損害人性。中國學者常譏笑天主敎人信原罪而以人性爲惡，這一點是大錯。人性是善的，理智和意志和情慾也是善的，祇是情慾傾向於惡，然人自己能作主，惡便歸之於人㈥。西洋哲學以惡自身不能存在祇是善的缺欠，藉善而存在。中國哲學講動，惡是動而不中節，不中節之動也是動，按中國哲學說惡可以存在，而歸之於人之動。

罪惡的效力，常阻礙生命的旋律。就使一個人在自己的內心想要行惡而在外面不做，這內心之惡也阻礙生命的旋律。中國古人常講「愼獨」，雖以爲是修養的方法，然也有形上的理由。西洋天主敎神學家常講善和惡不能是孤獨的，一人之善必使衆人受益，一人之惡必使衆人受害。我的生命和宇宙萬物的生命相連，我的精神生命的活動必定和其他的生命相接觸，接觸是給予好或給予傷害，直接和間接地傳達到一切的生命；這也是生命的旋律。

人世的超人或英雄，常提昇自己到宇宙主宰的位置，一切由自己主宰，一切歸屬自己。生命的意義祇在他的生命，生命的利益祇是自己生命的利益。他蔑視一切的人，更輕看一切的物，例中國古代的專制暴君，現代中外的獨裁魔王，殺人盈城，死屍遍野。這種人絕對不是超人，絕對不是英雄，而是千古的罪人。他們把生命的旋律都斷了，拆散家庭，分化社會，滅亡國家，污染宇宙；他們已沒有人的生命，已經禽獸之不如！

現在社會對於罪惡的觀念，被生活享受主義或消費主義沖淡了，許多人已經想不起還有罪惡。彼等祇想以自己的人格爲主，在一切活動上可以表現自己，可以滿足自己的慾望，便都是善，惡祇是傳統的老觀念。可是就在目前經濟飛騰的時期，大家體驗到社會生活和每人的自我存在已經受到罪惡的嚴重威迫。就在大家不願想罪惡時，罪惡的凶暴威迫各自的生命。這一點很顯明地表示生命的旋律在仁道的愛被破壞，不能週流時，罪惡就傷害大家的生命。罪惡不是傳統製造的觀念，而是人們傷害生命的事實。罪惡傷害生命不祇是殺人害人，

㈥ 關於論罪惡，參考 S. Thomas Summa Contra Gentiles IV 52。S. Thomas Summa,Theologica I-II, 21, I.

而是傷害人的精神生命，使精神生命不能因著仁道之愛而旋律於宇宙之間，處處被阻礙，雖然科技和經濟的發達，可以助長身體的生命，然而因人是心靈和身體相合而爲一的人，精神生命受摧殘，身體的生命也同樣受害。

在人類陷於罪惡的淵藪，日久不能自拔的時候，我舉目向天，想起中國傳統文化的儒釋道都主張生命的超越，人不僅遠離罪惡，而且超越宇宙以上，生命飛翔在精神的最高領域，與天地合爲一，我的心雀躍而起。

我可以勝過罪惡，力量不是我的，而是提攝我和我結合一體的基督。因著基督的善，整個宇宙受祂的善；因著基督的力，整個人類有力以拔於罪惡。聖保祿宗徒說：

『如果你們真聽從基督，就該脱去你們照從前生活的舊人，就是因順從享樂的慾念而敗壞的舊人，應在心思念慮上改換一新，穿上新人，就是按照天主肖像所造，具有真實的正義和聖善的新人。』（致厄弗所書　第四章　第二十一節）

『除了彼此相愛以外，你們不可再欠人什麼。因為誰愛別人，就滿全了誡律。其實「不可奸淫，不可殺人，不可偷盜，不可貪戀」，以及其他任何誡命，都包括在這句話裏！就是「愛人如己」。愛不加害於人，所以愛就是誡律的滿全。』（致羅馬人

四、眞

1 求知

甲、理智

求美求善，是人的良知良能，『惡惡臭，好好色』爲天生來的，『孩提之童，無不知愛父母』，也是天生來的。求美爲天生良能，求善爲天生良知。人有心靈，心靈能知，「認識事物」也是人天生的良能。知的發育，則在求美求善以後。嬰孩出生以後，就有生理生活的需要和滿足。稍大，感官開始工作，眼能看，耳能聽，也有感覺生活的需要和滿足。再長大，理智開始運作，小孩開始懂事，求知慾很強，遇事就問，見物也問；心靈有需要和滿足了。人有心靈，心靈能知，凡是通過心靈的活動，都要先有所知；有知，才有接觸。

西洋由希臘傳統的哲學，主張理智的認識對象，爲物體的本性。柏拉圖以物性爲先天獨立存在的觀念，亞里斯多德則以物性在物體以內，聖多瑪斯繼承亞氏的學說，主張理智以感覺認識爲基礎，認識物的本性和本體。

中國儒家哲學在宋明時，有格物致知的爭論。朱熹主張就外面的事物，研究事物的理。他在大學章句補格物格物致知一章說：「所謂致知在格物者，言欲致吾之知，在卽物而窮其理也。蓋人心之靈，莫不有知，而天下之物，莫不有理。惟於理有未窮，故其知有不盡也。」朱熹很明白地主張人心有認識事理的「能」，事理卽是物性。陸象山以「理」在人心，人返觀自己的心，就認識事物之理。他曾說：「蓋心一心也，理一理也，至當歸一，精義無二。此心此理，實不容有二。」（陸象山與曾宅之書，象山先生全集 卷一）

心能知理，理爲道，或爲性，乃是超乎感覺的形而上者。這種思想爲儒家的傳統思想，沒有人致疑。孔子曾說：「思修身，不可以不事親；思事親，不可以不知人；思知人，不可以不知天。」（中庸 第二十章）知人知天，不是形相的感覺認識；而是知形上之道。孟子很清楚地分別感覺之官和心思之官，「心之官則思，思則得之。」（告子 上）孔子也曾看重思，「子曰：學而不思則罔，思而不學則殆。」（論語 為政）荀子以心「虛壹而靜」（解蔽），乃能「徵知」（正名），「心知道。……人何以知道？曰：心。心何以知？曰：虛壹而靜。」（解蔽）他稱感官爲「天官」，稱心爲「天君」（天論）。

心思之官——理智，爲我所有天生的認識官能。心靈和感官不同，感官爲物質，心靈則是「虛壹而靜」的精神。精神超乎物質，心思之官的認識對象便是超乎物質的形而上之道。

理智對於形而上的對象可以認識，乃是天生的官能，凡是天生的官能，對於官能的作用，具有天生的良能，生理官能都具有生理的功能；感覺的官能，對於形相對象有天生的認識功能；心思之官——理智，對於形而上的對象也具有天生的認識功能。

理智對於形而上的對象所有天生的認識功能，不能用理由去證明，因爲所用的證明，就是理智的知識。用理智的知識去證明理智的認識，自己證明自己，等之於沒有證明。究其實，不需要用證明，因爲是天然明白的事，用不着證明。例如眼睛看見了東西，不需要證明眼睛能夠看，因爲眼睛就在看，既然在看，當然能夠看。你不要說眼睛病了不能看，醫生要檢驗眼睛能否可以看見，醫生檢驗眼睛，是因爲眼睛有病，而且檢驗眼睛，仍舊要用眼睛去檢驗。理智能夠認識自己的對象，乃是對一切知識一項預先假定的眞理，假使這項眞理被人懷疑了，一切知識都失去了價值。

理智的認識對象，爲超乎形而上之道；理智對於自己的對象，具有天生的認識良能。

乙、理的世界

理智的認識對象爲形而上之道，形而上之道在認識方面，第一對象是客體的「存在」。我對於一個客體的認識，在感覺方面，是客體的外面形色；但是我的理智對於感覺所認識的形色客體，一開始思索，第一就知道這個客體存在；卽實際的客觀之「有」，也就是生命，我知道有一個客體在我眼前，這個客體是個「存在」。這個「存在」的認識是直接的，是不必思索的；這個「存在」，不是形相的綜合感覺，而是理智的超乎物質的認識。動物沒有心思之官，但是有一種內在的感覺，也直接感覺到所見到的客體是一個物體，我的心思之官，則直接認識客體的「存在」。

我一直接認識客體的「存在」，立刻就會想認識這個「存在」是什麼？卽是要知道這個「存在」所以爲這個存在之理，卽是物性，物性便是形而上之道在認識方面的第二對象。

理智直接認識「存在」時，「存在」是最簡純的對象，不包含任何的內容，就像在黑夜裏或是早晨在濃霧裏，只看到有一個東西，卻分不出東西是什麼。理智一認識有一個「存在」，就開始思索反省這「存在」的理卽這個存在是什麼。

「存在」，卽實際之有或生命，爲理智認識的基本，一切知識都建立在「存在」之上。歷代許多哲學的認識論，或是把認識建立在形相上，形相是外在的，是常變的；他們的知識便也都是外在的，都是常變的。或是把認識建立在事物的關係上，關係祇是用，不是體；他們的知識便把體用合一，用變成了體。或是把認識建立在自心的想像上，想像是內在的，是沒有客觀客體的；他們的知識便成了自心的幻想。「存在」則是客觀的，是實有的。以「存在」作基本的知識，乃是客觀的知識，是實有的知識。孔子曾責罵子路說：「野哉由也！君子於其所不知，蓋闕如也。」（論語 子路）孔子所指的知識，一定不是人心所幻想的知識，而是實在的知識。

理智所造的世界是「理」的世界。人是講理的動物，對於事物都要追究所以然的理，一個實際存在，或實際之有或生命，爲什麼能是實際存在？實際存在爲生命，每一生命之理又何在？所以生命便是理智追求的對象，認識生命之理，爲理智認識的對象。

理的世界雖然爲形而上，超乎形相；然而要以形相爲根據。因爲理智的知識，是根據形相以抽象而構成。西洋哲學有句格言 "nihil in intellectu nisi prius non fuerit in sensu" 理智沒有任何知識，不是事先已經在感覺內的。理智由感覺印象予以抽象作用，構成觀念，觀念代表理。理便在外面的客體裏有自己的根據，而不是隨便幻想。中外許多哲學家所講的理，沒有實際的根據，各人所講的不同，使大家懷疑所有的形上哲學，就是這些哲學家所講的不以感覺爲根據，祇是自心憑空的構想。因爲生命的顯露，無論低級或上級的生命都要用附加體的變動而顯露理智，爲認識生命，也要先認識附加體之變動，然後認識變動之理。這種認識也還只是認識，還不是思索，思索乃是進一步的工作。

理智的知識以感覺爲根據，便常帶有感覺的限制，理智所有的觀念，常是有限的觀念，常帶着時空的性質。佛教禪宗主張不立文字，就是因爲文字不能表達絕對的經驗。我的自我是身體和心靈相合而成的一個主體，主體不能分割，我的生命便是身體和心靈結合的生命，生命的活動也是身體和心靈相結合的活動。感覺在認識時，不能離開心靈，心不在，便沒有感覺；理智在認識時，也不能離開感覺，沒有感覺的根據，便成空想。

理的世界不是空想的世界，空想不是理；理的世界也不是感覺的世界，感覺祇是形相。易經有卦象，象徵天地的變化；然而易經的世界，乃是變化的理世界：「易，無思也，無爲也，寂然不動，感而遂通天下之故，非天下之至神，其孰能與於此！夫易，聖人之所以極深而研幾也；唯深也，故能通天下之志；唯幾也，故能成天下之務；唯神也，故不疾而速，不行而至。子曰：易有聖人之道四焉者，此之謂也。」（繫辭上 第十章）

理的世界卽是存在的世界，也卽是生命的世界，我們人所謂的世界萬物，就是理的世界，也就是心靈的世界或我生命的世界，這個世界萬物是由我的認識所造成，我們講世界萬物，就是講人的理智所認識的世界，若一物或一物理還沒有被人所認識，就等之於不存在，要等到有人的理智發現或發明時，才進入世界萬物內，所以我的生命包括世界萬物的生命，就因爲這種事實。

丙、主體客體相結合

儒家講致知格物，在於知理。儒家講知理，以理在人心，又在萬物。陸象山和王陽明主張心外無理，人的致知，是人知自心之理；然而心外之物，並不是沒有理，但所有之理卽是心內之理。人知心內之理，就是知外物之理；這樣，人在致知時，外物之理和人心之理，相合爲一；因爲內外之理，在本體上就是合而爲一。朱熹繼承二程的思想，主張「理一而殊」。天地間衹有一理，在人心又在萬物；然而各物又有各物之理。各物之理因所稟受之氣不同，乃各不相同；這種各物之理不在人心內。朱熹講致知格物，「在卽物而窮其理也。……必使學者卽凡天下之物，莫不因其已知之理而益窮之，以求至乎其極。至於用力之久，而一旦豁然貫通焉；則衆物之表裏精粗無不到，而吾心之全體大用無不明矣。此謂物格，此謂知之至也。」（大學　第五章　釋格物致知之義）人在致知時，人心要到物的「表裏精粗」，卽人心要進入物內，然後物的理要呈現在人心裏，使整個人心明明看到這個理，「而吾心之全體大用無不明矣。」朱熹說：

「格物二字最好。物謂事物也，須窮極事物之理到盡處，便有一個是，一個非。是

底便行，非底便不行。凡自家心上，皆須體驗得一個是非。」（朱子語類 卷十五）

儒家的理乃是非之理，是非之理爲行爲的規律，理學家以理爲性，性卽是非之理，爲倫理的人生之道，所以中庸說「率性之謂道。」對於這種理的認識，一定要內外合一，外物之理，一定要進入人心，與人心合而爲一。

但是就普通一般的認識來說，儒家則沒有明明討論。我則認爲凡是理智的認識，客體一定要進入主體，與主體相合爲一。聖多瑪斯很堅決地肯定這一點。我認識物體時，是認識物的生命，生命之理雖是，但每物所得生命之理則多少不同，物的本性和個性就是每一物的生命之理，我爲認識應該是我的生命和物的生命相通，互相融洽。

理智在認識時，理智是被動，又是自動，對象藉着想像呈現於理智，理智是被動。理智被想像激動後，乃自動從想像抽取對象之理，使成爲理智的認識對象，認識對象卽是觀念，在觀念中客體主體相合爲一。

認識對象爲抽象的理，在主體的心中和外物內同時存在，在主體的心中不祇是客體的代表，乃就是客體，祇是在主體心中和在客體物中的存在，性質不同，在客體物內爲本體性的存在，卽是他的生命，在主體心中爲認識的精神性存在，因爲人心的生命是精神性的生命。

「理智認識祇有在一個條件下，才能夠成立，能夠講論，就是被認識的對象，因着認識的活動，成爲認識的主體。這種同一，在實際上是存在於物質以內，在認識主體以內則是理想性和理智性的存在，如同理智的存在。」㈦

我贊成這種主張，客體對象要進入認識主體以內，和主體合而爲一。我所認識的對象是在我心以內，和我的心相合爲一；但是對象不是我心所造成的，而是客觀對象本來存在於我心以外，在認識時進入了我的心。

聖多瑪斯曾說：

「在認識中，認識者就是被認識者，被認識者也就是認識者。」

「在認識的動作中，認識者和被認識者，是同一物。」或「是唯一的同一物。」㈧

㈦ Luigi Boglioio　Antropologia. Filosofica p.71 Roma. Universita Latetanese. 1977.

㈧ S. Thomus. De Anima. II. lect. 12. n. 377.
Summa theologica. I. 9. 55. a.I. ed. 2.
I.9. 14. a. 2.
Summa contragentiles. II. 59. n. 1365.
De veritate. VIII. a.6· et9.

聖多瑪斯表示得很清楚；第一，不能把認識主體和被認識的客體，劃爲兩邊，中間有一道鴻溝，沒有辦法可以越過。第二，被認識者要進入認識者的心內。第三，認識者和被認識者合而爲一。

良心的知，人心和事物的是非之理合而爲一，乃是大家所明瞭和所承認的事。

在普通一般的認識上，人心知道事物的物理，或者知道獨立存在的精神體之理。這些理不可能天生在人心裏，而是在外面的事物理。我認識這些理時，理要進入我的心內，變成我的生命，我才眞眞認識這些理。這不是唯心論，因爲我所認識之理是外面事物之理，不僅僅是我心所造的觀念。義大利哲學家克洛車（Benedetto Croce）講歷史哲學時，認爲歷史不是過去的事跡，而是眼前的事，因爲人研究一樁歷史事跡時，這樁事要呈現在人心中，人所研究的是心中所呈現的事，不是已往的事。但是我認爲現在呈現在我心中的歷史事跡，就是已往所有的一樁實在事跡，已往的事跡和我的心相合而爲一時，我就認識這樁事跡。

爲構成觀念，一方面有感官的印象，一方面有理智的認識力。外面對象給感官一種形色的印象，這種形色的印象就包括形色的意義，理智的認識力從感官的印象中，抽取物之理。理智的認識力，和人的本性相符。人的本性爲心靈和身體相合的本體，爲有限的相對「存有」，人的理智認識力便是心靈的精神體，和感官相連繫，而是相對的認識力。

我認識了對象之理，理和心靈相合爲一，成爲我生命的一部份。就像在生理方面，我所吸收的食物，消化了以後，和我身體結合爲一變成我生理生命的一部份。這所吸收的食物要和我所有的生理因素相符合，否則，不會被吸收，或者，會傷害我的生理生命。同樣，理智所認識的理，應和我理智的因素相符。我是人，人是萬物中最秀的，人的生命包含有天地萬物的因素，生理生命中包含有動物植物礦物的因素，理智生命包含有天地萬物之理的因素。並不是說人心包含有天地萬物之理，但是包含有天地萬物之理的因素。例如萬物有「存在」，我也有「存在」；萬物有本體，我也有本體；萬物有附加特性，我也有附加特性；這些都是每一存在之理的因素。這些因素在我以內和在物以內，是相類似的。我認識一理時，這「理」要尋得在我以內的類似之理，然後纔可和我心靈相合爲一，成爲我理智生命的一部份，否則便不能相結合，便不爲我所認識。普通常說對象若超過人的認識力，就不能爲人所認識，就是這種道理。

我認爲我的「存在」，具有萬物的存在理由，礦物之理，植物之理，動物之理。萬物存在之理不是整個地存在我心內，而只是萬物存在的基本理由，而且存在我心內的理只是類似萬物存在之理。這類似之理是我認識力的範圍，若是一種理完全不存在我心內，我的理智便不能認識。例如絕對存在的天主，因着啓示而知是三位一體。但是三位一體的理在我的心中完全沒有相類似之理，我們便不能認識。我相信身後在天堂可以認識，那是靠天主給我靈魂另一種超於本性的認識力。

2 求真

思慮求知，發展人心靈的生命，增進人的幸福。同時，也增高宇宙萬物的價值，宇宙萬物的「存在」，雖然是動的，是生活的；然而沒有心靈，不能自有意識。一切物體的存在，塊然無靈，存在等之於不存在。即是他們的生命，只是低級的活動，然而在各種物質的「存在」，都披戴著創造者的美善，萬物卻不能自知。王陽明曾說山中一株茶花，要被人看見才稱得起是存在(九)。這不是簡單的唯心論，而是深入萬物的生命關係，體驗到的眞理。聖保祿宗徒曾說萬物都在等待救拔，從物質界提昇到神性界。萬物受天主所造，具有造物主的美善，顯露出來這種美善以光榮造物主的美善。但是沒有心靈可以認識，可以接受，人的心靈有罪，已經傾於現世物質，不知舉心向天主。等到耶穌降生，使人心靈清潔，和天生的神性相接，人的心靈乃能在萬物身上看到造物主的美善，將自己本體和宇宙萬物的一切都歸向天主(十)。萬物被人所認識，受人所欣賞，而被提昇到天主的神性界。人心靈的思慮，給予宇宙萬物的「存在」意識，「存在」美麗，「存在」價值。

人心靈求知，體驗「存在」的關係。「存在」的關係爲眞的關係，因爲「存在」的本性是眞的。人心靈求知，便在求眞。

眞是什麼？在哲學上爲往古來今的一個難題。但是簡單地說，所認識而得的知識，和事實相符。從名和實的一方面說，名和實相符。從事實一方面說，所說的事是實在的。從事理一方面說，所講的理，是當然的。生命的眞，是由能到成，成和能相符，本體的繼續由能到成，這個一連串的成即生命，和出發點的能，常相符合，所以本體是眞，附加體變動時，和出發點之能，也相符合。例如，我讀書，讀書行動和讀書之能相符合，這種相符合是天生的。本體的成不能有假，附加體的成，和能的關係，可以受人的意志和外在的阻力所阻，可以有假。

假使在認識時，主體和客體對立，不能相溝通，不相融會，認識便不能成立。在認識一客體時，客體進入主體中，和主體合而爲一，認識才完成。因此，所謂名實，不是把名和實

(九) 王陽明 傳習錄下。

(十) 聖保祿 羅馬人書 第八章。

相分，名指主體，實指客體，實際上名實兩者都是指著主客相合而成的認識，主客相合爲一則爲眞。

莊子齊物論否認是非眞假，在認識論上他以名爲小智的成就，不能表達事物的全貌。但是莊子對於「道」還講是非眞假，不以「道」爲虛僞，不以「道」爲烏有，他和老子都堅決肯定「道」是無限的無，爲萬物的本源。莊子的眞，在於體認「道」。他講大智，講眞知，講氣知。人心靈的虛靈之氣，和宇宙元氣相接，直接體認元氣的本源之「道」。從本源之「道」的大智，回頭來看萬物，萬物失去了價値。於是有逃避世物，輕視紅塵，樸素無爲的人生觀。然而「道」的眞，引發生命回歸本源之「道」，以「道」的無止境境界擴充人的生命。

佛教小乘以萬法爲有，有則由緣而生，既由緣生便沒有性體。大乘般若不談有，不談空，卻談亦有亦空，亦空亦有，兩邊不著邊。著邊便不是智，智則卽有觀無，卽無觀有。這樣，名固然都是假名，實則非有非無，不能談眞假。華嚴宗和天臺宗講「觀法」，以萬法圓融觀萬物。實空不是相對，而是相融。眞如爲萬物的實性，萬物彼此平等相齊。這種圓融觀，和老莊的「道」在萬物，萬物平等，理論相同。

從這種思想中去分析眞假，那就等於緣木而求魚。佛教便不談眞假而談智慧和愚昧。現在歐美的哲學，對於眞假羣起爭論；然而爭的，都在於方法問題，所謂唯心、唯物、實徵各派思想，以及數理邏輯和語意邏輯，都在討論認識的方式和方法，不像中國佛道的學派，深入事物的「存在」。

眞，就本體上說常是眞，因爲乃是「存在」的關係。「存在」超越形色的時空，本體的關係當然不變。物的性體是怎樣就是怎樣。雖然常在發展，然並不改變。本體的表現，天然是「誠」，所以是眞。人的知識爲何不能常是眞，又不能常不變，那是因爲物體表露自性時不明顯，人心靈一時認不清楚。又因人的理智力常藉器官而行動，因此常不能達到物的本性。因此，所知道的常缺而不全，而且還能錯誤而有假認識。

假認識只是人的錯誤，不是心靈本然狀態。人的思慮追求知識，而且追求眞的知識，探索眞理。眞理的來源來自「存在」，「存在」來自造物主。每一「存在」的事理本性已在造物主神性中存在，萬物分享造物主的事理。事理在造物主內是眞，萬物「存在」的分享也不能是假，眞理就建在這種堅強的基礎上。

許多人常說，實際上眞理很少見，只是一些暫以爲眞的知識。就是這樣，人都勉力求眞，誰也不願意把認爲眞的事理拋開，而去接受自認爲假的事理。人人都願自己的知識是眞的，求眞所以是一種天性，乃是心靈生命發展的天然途徑。

因著求眞的天性，人心靈生命的範圍擴廣，和宇宙萬物生命的關係也很密切。學術爲「求眞」的遺產。人間一切須要建立在眞理上，凡是一種學術，一項發明，一樁政策，一件計劃，都要建在「眞」上，若是發現所有的基礎是假的，則從新再造，否則必失敗。「眞」是「存在」，假不是「存在」，不能存在。建設不在「存在」上，乃是落空。

五、愛

1 求取

宇宙萬物的存在，各爲生命，彼此相通，彼此也相依。人的生命同樣與人的生命，和萬物的生命，互相連繫。生命的相連，關係密切，最相近的，關係更緊；普通表示母子兩人，或祖孫兩人，「相依爲命」，兩人的生命結成一個生命，缺了一個，另一個就不能活。這種密切的關係，產生一種密切的感情，稱爲愛。

宋朝理學家，二程和朱熹以仁爲愛之理，仁則爲生命，愛來自生命，爲生命的要求。每一個人，同別的物體一樣，愛自己的生命，即是愛自己的存在，而且天地代表上天，以生物爲心，有好生之德，人得天地之心爲心，故仁而愛生命，愛自己的生命，也愛別人和其他物體的生命。孟子乃說：『仁，人也。』(告子上) 中庸第二十章也這樣說。孟子又說小孩生來就愛父母。

愛，發自生命，因生命連繫密切而生愛。父母愛兒女，兒女愛父母。愛，又因生命的需要而發，即是兩個生命連繫在一起，兩個人有愛，兩個人就求常在一起，對於別的物，若產生愛，就想取爲自己所有。在佛教的十二因緣裏，因着感官的感受就發生「愛」，因「愛」就有「取」。取是想佔有。因此愛常有佔有的趨向。

人在自己的生活中，所接觸的人物必多，在所接觸的人物中，自認對於自己生命發生密切關係，需要連繫一起，便發生愛情，這種自認常是一種自覺，雖然也經過反省思索而發覺，然而愛情的產生，常是直覺的。

人生命最需要連繫，是爲產生新的生命，因此男女兩性的追求爲天然的需要，男女兩性的相愛，也特別濃厚。

中國儒家以愛爲給予，對於人不用愛，而用仁，孟子說：『親親，仁民，愛物。』仁是天地生物之心，天地有好生之德，因愛物而使生物化生，不是取，而是予，仁是予。

2 求予

因愛而給予，凡是仁愛，爲愛情的高度表現，父母愛兒女，給了他們生命，又爲兒女生命的發展，繼續給與他們一切所需要的，寧願犧牲自己的需要，夫婦的相愛，丈夫將自己獻給妻子，妻子將自己獻給丈夫，夫婦高度的愛，是互相授予，不是互相佔有。

在生活中，我需要人的幫助，人也需要我的幫助，我有取於人，我也要所授於人，取與予同時並有，予比取更高尙。

愛是天生的，因爲生命天然有所需要，生命在發展的途中，常在取予的關係裏渡過，常在愛的感受中生活，一個人在生活中最感受痛苦的境遇，是孤獨而無愛。愛，勝過千萬財富。千萬富翁若孤獨，或被人怨恨，不感受任何人的愛，他的生命不能得到正常的發展，一個小孩或青年，若沒有父母祖父母的愛，不能得到正常的發育。求美、求善、求眞，爲生命發展的正常途徑，求學也是生命的正常途徑。

一個社會，爲生命的結集體，若能在取與予的關係中，得到均衡，社會便能平安、祥和。否則，便是爭奪、欺騙、殺戮，生命失去平衡，不能發育。

六、自由創新

求美、求善、求眞的生活，以求生命的發展。生命的發展以個性爲基礎，人都是人，可是每個人所有的「能」或「才」不同。求美、求善、求眞，都在發展每個人所有的「能」，發展的活動，由「生命力」發動，每個人由「創生力」得有「生命力」，「生命力」就是「創生力」在每個人本體內的活力，這種活力使自我常由「能」到「成」，這種繼續由「能」到「成」的變易，卽是人的生活，在人的生活中，有生理生活，有感覺生活，有心靈生活。心靈生活爲精神生活，有理智生活，有感情生活，乃是人所特有的生活，但是人的本體爲心物合一體，人的心靈生活便和肉體不相分離。肉體方面的感覺生活，固然不能離開心，心若不在，眼睛也是看不見；心靈方面的理智和感情也離不了感覺神經。所以自我生命是一整體的生命。

但在人的整體生活中，心靈生活或理性生活是人的最重要的生活，我的自我表現，首先是在理性生活中，理性生活，構成自我的最重要也最大的部份。自我生命便首先在理智生活中顯露出來，而且也是在理性生活中，顯露人的生命所有特性。我的生命，以我的個性爲基礎，受個性的限定；但是個性的成素，是以理性的能爲重要成素，因此我的生命也如心靈生活或理性生活而顯露，雖然這方面的生活脫離不了感覺，然而心靈生活的本質則是精神性的。

1 心靈

孟子說人有小體，有大體，小體爲耳目之官，大體爲心思之官（告子）。耳目之官，卽具有耳目感官的身體；心思之官，卽具有思慮的心靈，小體大體合而成一人，卽身體和心靈合成一人。

身體，我們看得見，我們知道是物質體，常在變易，從少到老，變易不停，在人死後，消失成灰。當人活時，身體營生理生活，營感覺生活；然而身體在營這兩種生活時，必定是和心靈相連，以有生命。否則，身體就遭死亡，喪失生命，生理生活和感覺生活已不能進行。

人生命的根源和中心，乃是心靈，死亡則是心靈和身體的分離。中國古人稱生命中心爲魂魄，魄爲身體生命的根源，魂爲心靈生命的根源。西洋哲學傳統地稱人生命的中心爲靈魂(Anima)。

心靈究竟是什麼呢？中國哲學稱爲「心」。心當然不是內臟的心，而是人精神生命的主體。理學家大都以爲心是性的具體化，心能知，能主宰。朱熹以心統性情(十)。人的精神生命，卽是心的生命。荀子曾以心爲『虛壹而靜』(解蔽)，心爲精神體。在中國哲學裏，常有體用的問題，學者多是體用不分，以用代體。所以講心，祇講心的作用，不講心的本體。

西洋哲學從柏拉圖已經討論心的本體。心的本體爲靈魂。柏拉圖以靈魂存在於一觀念世界，先身體而有。當胎兒受孕時，靈魂和身體相結合，形同在牢獄裏，人死後，靈魂回到觀念世界。亞里斯多德則以靈魂爲人本體的元形（Forma），以身體爲元質（Materia），兩者合成一人。近代和當代的西洋哲學卻放棄了這種靈魂的觀念，以理智（Mind）代表心靈。理智爲思慮官能，爲精神工作，也就是以作用代替本體。

我接受西洋士林哲學的思想，也接受天主教的信仰。士林哲學對於心靈的思想，是以天主教信仰爲基礎。心靈是靈魂，靈魂爲精神體，與身體相合而成一個人。一個人活時，靈魂爲生命根源和中心，充滿身體各部，因此身體各部都有生命。生理生活和感覺生活由靈魂發動並支持，因此人的全部生活以靈魂爲中心，不是分別有生理魂和感覺魂，我的生命，使我心靈的生活。

(十) 朱熹 朱子語類 卷九十八。

我有心靈生命，生命常在發展，有思慮，有感情，常求眞求美，求發展自己的本能，使我的人性更爲成全，成爲一個「成人」。這些生命的活動，明明是超於物質的活動，既有活動，便應該有活動的本體，哲學家卻竟以本體不可知而忽略本體僅講作用，很不合哲理。我心靈生命爲精神的動作，心靈生命就該有精神的本體，精神本體就是靈魂。哲學人說思慮是腦神經思慮，腦死，思慮就消失了。可是問題就在於爲何腦活腦死呢？醫師們說腦活腦死是腦能否有血液的循環，以維持活動。然而，血液爲何能循環，又要看內臟其他部門能否正常作業，最終還是要到人是否有生命。有生命，則活，無生命，則死。因此，一定要有生命的根源或中心。這種根源或中心，就是靈魂。

但是，大家要說，靈魂在那裏？靈魂是什麼？作心理測驗時，誰也不會測驗到靈魂。感情的動作，可以測驗，但是我愛誰，我恨誰，心理測驗也不能測出，因爲我藏在心裏，不顯露出來。測驗不出，就說沒有，不大合理。天下有許多測驗不出來的事物，思慮活動，更不容易測出。我在冥想，心理測驗可以測出我在思慮什麼嗎？簡直不可能。

靈魂的活動既然不能測驗，靈魂的本體，更不能測驗了。靈魂乃精神體，精神體超出物質。

若問靈魂在那裏，靈魂在身體內。士林哲學說 Totum in tot, totum in partibus。

「整體在整體，整體在每一部份」。整個靈魂在整個身體內，整個靈魂在身體每一部份內。就如整個生命在整個身體內，整個生命在身體每一部份內，生命的表現，則按身體各部份所具的功能。

我的心靈爲靈魂，爲生命的中心，一切生命的追求都是靈魂的追求。有了靈魂，人心有主。因着靈魂，我能思慮，我能定奪。我的自由，就是靈魂的自由。我的創新，就是靈魂的創新。

但是，哲學人要說，這祇是宗教的信仰。宗教信仰是這種思想的基礎，當然是事實；可是柏拉圖和亞里斯多德並不是天主敎徒，他們也主張有靈魂。

中國哲學雖不主張有靈魂，然而主張心由陽氣所成，軀體由陰氣所成。軀體是生理和感官動作的本體，陽氣所成的心，爲什麼不能是精神的主體？

至於說本體祇是一個名詞，主體也祇是一個名詞，那就問題拉長了，拉到認識論，再拉到形上本體論。那些問題在前面我已經討論過。

最難的問題，可能還是死後靈魂存在的問題。

我相信心靈的生命，不會因着死亡而消滅。而且大家也都是這樣希望。

我的生命來自父母的「創生力」，父母的「創生力」經由精子和卵，結成一個胚胎，胚胎是活的是生命，便有生命中心，即是靈魂，精子和卵爲物質性，物質性的能不能產生精神體的「成」，所以能產力，是因造物主的「創造神力」的支持。

每一個「存有」，旣已存在，便不願自己消滅自己。因爲存在是造物主所賜給的最大恩惠。中國易經以「天地之大德曰生」，旣生，便保存。物質體因自己本體有分子，常遭遇外物的磨難，乃不能永存。然也必有外力的折磨，否則自己不會摧毁自己。一塊石頭因着風霜雨露的侵蝕，份子漸漸散開，所以稱爲「風化」。精神體不受物質物的侵犯，不受外物的折磨，本體更不會自化；因此靈魂應該是常存。哲學祇按理去推論，不能用實驗去測驗，便不容易使人信服。

靈魂是精神體，可以自立。在和身體合成一個人時，靈魂不單獨自立，以這個人的主體的存在（Existence）爲存在。可以說是不成全的自立體；但在人死時，靈魂和身體分立，這個人的「存在」已經沒有了，靈魂乃有自己的「存在」而單獨自立。

靈魂旣然不能被外物所侵蝕，也不會自己消失，靈魂便可常在。因而，我相信我的心靈生命，永久不滅。在我去世以後，我的靈魂存在，我便有身後的生命。

孔子曾說：「未知生，焉知死。」（先進）儒家不講身後問題，卻自古祭祖。民間信仰都相信鬼神，人死後爲神爲鬼。漢朝王充大舉攻擊這種信仰，主張無神。無神，是不信人死後，尚生活，不是不信皇天上帝。王充以爲魂魄都由氣所成，人死，氣散，魂魄消滅，一切都完了(十一)。朱熹主張人死，魄隨軀體埋在地裏而消失，魂則上升於天，久而散歸天地大氣(十二)。這都不能破除中國人敬祖的信仰。

我心靈的生命，在今生繼續發展，常有創新。在脫離軀體以後，應更能自由發揚，追求成全，回到造物主面前，欣賞絕對的眞美善，我心靈才能眞正得到滿足。滿足的生命，即是眞福的永生。

2 自由

心靈的生命，無拘無束，常常追求超越時間和空間，心靈旣是精神，應該超越物質，然而在實際的生命中，乃一整體的生命，心靈便受物質的限制，也理會這種限制的痛苦。中西哲學家和藝術家常表現自我的這種追求，道家的老莊，曾以人的生命，週遊太虛，「其精神，遺世獨立，飄然遠引，絕雲氣，負蒼天，翱翔太虛，獨與天地精神往來，御氣培風而行，與

(十一) 王充 論衡 論死篇

(十二) 朱熹 朱子語類 卷三。

造物者遊。」㈣這種生命當然是種冥想，為莊子的寓言，然也代表對人生命的自由願望。

我心靈的生命，既是精神生命，在發展的歷程中，常能向前創新，就是因為具有自由，不成機械式的反覆進退。但也並不是沒有途徑，隨意亂行。造物主天主乃絕對精神體，具有絕對的自由？然而天主不會反對自己的本性，因自由而傷害自己；又不會因自由而入於惡，惡在天主內不存在；再又不能因自由而違背祂的性理，不合理的事，對於天主乃不可思議。天主以自己的性理為途徑，自由無束。

我心靈生活的發展途徑，首在充實自己，成全自己。在這一點我不會不循這個途徑走，我決不能自己傷害自己。無論什麼物體，都追求自身的利益，逃避自己的禍害。墨子曾主張以利為行動目標，墨子的利應當解釋自己生命的發展㈤，而不是孔子所說違反正義的私利。生命的發展和充實，我也必定要追求，不能自由放棄。當我的生命和別的生命發生關係，我必要遵循關係的規律，否則我會傷害別的生命而作惡。對於善惡，我沒有自由，我必要選擇善。

因此，我心靈生命的自由，是在善事上，兩善或多善中間可選其一。至於孔子和孟子所說『殺身成仁，捨生取義。』㈥當然是自由的至高表現。但在那種環境中，我不能有所選擇，祇能選擇仁義。若說因選擇仁義而傷害了我的生命，實際上所傷害的為肉體的生命，心靈的生命反因而得發揚。這就是耶穌所說：『愛惜自己生命的，喪失自己的生命；爲我喪失自己的生命的，取得自己的生命。』（馬竇福音 第廿章 第廿九節）選擇仁義雖是我必定要選的，然而仍是我的自由，因爲是我自己願意，而且要用非常堅強的意志。

自由的行爲，是我自己的行爲，由我自己負責。西洋哲學區分心靈的官能爲理智和意志，理智爲知，意志爲抉擇。中國哲學則把兩者都歸於心，以心能知能主宰。意志和意不大相符，朱熹以意爲心動時心之所之，即普通所說意向，意向當然屬於意志，然而意志大於意向，意志是人心靈爲選擇作決定，作了決定而去實踐。我心靈有自由，是因我自己能作主，能決定。自由代表人心靈的中心，象徵我之所以爲我。我是主體，我的行動由我作主，我既作主，對行爲我就負責。自由的選擇，表現自我的生命，選擇的決定，來自我自己，當然代表自我；所選擇的事，和所選擇作事的方式，代表自己的才，自己的傾向，自己的學識，所以就是代表自我的生命。自我的生命在自由選擇上，顯靈出來。

自由不僅代表我是主體，而且代表我的生命，就是在外力不能抵抗的時候，我被迫作成外面的行動，我的心靈仍舊不願意，即使不能表現這種不願意，我自己心靈的生命可以作

㈹ 方東美 中國哲學之精神及其發展 頁一八六 成均出版社 民七十三年。

㈺ 墨子 兼愛下 經上。

㈻ 論語 衛靈公「殺身成仁」，孟子 告子上「舍身而取義者也」。

證。

我生命所以有這種內外的衝突，是因爲我的現世生命爲心物合一的生命，我是一個心物合一的主體。在通常的情形下，肉體的行爲由心靈作主；但當外面有一種強而不能抵抗的力量，強迫我作一種行爲時，我已不能選擇，祇能發動所強迫的行爲。

心物合一的主體，增加自由的運用，也減少自由的運用。在知識上，我因肉體而受到限制，對於外面事物，不能明白認出何種有利於我的生命或別人的生命，便按意志去決定。若是事件看得非常明白，自然選擇善。自由運用的範圍，在於因知識所造成的不定，意志而加以決定。沒有知識，就不能有選擇；知識不足，要意志作主。意志作主有時選錯了，自由便運用錯了，原因在於看事看錯了，知識錯在先。但有時知識沒有錯，意志自己錯了，即所謂「明知故犯」，那是因爲慾情牽制了意志。

知識高的人，情慾輕的人，心地潔白，他的自由必定很高。聖人的自由，像孔子自己說：『七十而從心所欲，不踰矩。』（爲政）才是眞正的自由。

自由乃是我心靈生命自然的發展，心靈爲精神，不受拘束。祇有精神纔有自由，物體是沒有自由的。從「存有」的本體上看，精神體的存在常動而不靜，精神的動爲自由的動。自由乃是精神「存有」的本質。精神「存有」的動，即生命的發展，由自己而動，自己有自己動的意識。精神的動當然有自己的原則，自由並不是在沒有原則。

普通一般人，認爲自由在於自己任意選擇，不受規律的拘束，不受外力的干涉。然而在善與惡之中，不能有任意的選擇，必要擇善而固執。在現世生活的社會裏不能沒有生活的規律，破廢一切規律以行自由，必成爲濫用自由。若說規律有不合理者，當然可以予以修改。然人不能自作超人，自作一切規律的主人，自己所願就是規律。古代的暴君這樣做，眞正自由的人，必不這樣做。

自由不傷害自己，也不傷害人；人心生來有行善避惡的原則。破壞這些原則，已經不是自由。

有自由，心靈的生命才能成全，才能有創新。宇宙萬物的生生，雖然神妙莫測，然常有迹可尋。物體的生命發展，一切都順乎自然，自然則是必然，必然就沒有自由。一朵玫瑰花，結構和顏色神妙美麗；然而所有玫瑰花按着種類區分，每種都是一樣。玫瑰花的成長，有一定的歷程，不會變遷。一頭獅子可以說是活潑極了，誰不怕牠。可是獅子的生活，千篇一律，常是一樣的事在循環。這種順乎自然的生命，不能有自由，便也不能有創新。

我的心靈生命，因着自由乃能自己決定，決定的能爲發展生命必是新事。我心靈生命因着自由，乃追求脫離物質，趨向絕對的眞美善。

3 無止境

宇宙的年數，科學家尚沒有結論，大約總在一百億年以上。從開始的一團熾熱的星雲，變成了現在的奇妙光耀星際天空。一團小小的星雲凝成了地球，由水中冒出火山而成的陸地，產生綠苔，漸生草木，水中生魚鱉，林中生鳥獸，荒地變成了美麗的自然。最後出現了人類，地球逐漸改變了形態，所有隱藏的資源漸爲人所利用，生命的層面提高了，生命的形態表現了，地球上有了文明。

文明是人類生命的創造，也是宇宙生命力的共同成績。人類的生命要在宇宙的生命合成的環境裏求發展。這種環境稱爲自然界的環境，自然環境裏各種物體的創生力，具有各自的路線，各自的目標，這一切不常和人類生命的發展相合，例如氣候的寒暑，土壤的肥瘠，樹木禽獸的豐乏，對於人類生命發展具有資源的價值，人類便要追求運用的方法。適應自然環境，接受自然環境物體的創生力，乃是各種物體的天性，不僅是生物植物，就是礦物的土壤和石頭，都是遵循「適者生存」的定律。但是遵守這種定律，祇常是被動的接受，沒有主動的改進；被動的接受式生活，生命永不會發揚，常久滯留在同一形態裏。若是自然環境物體的創生力改變了，被動的接受就會隨着改變，有時便產生「不適者不生存」，或者產生自然進化的路系。這種生命形態，是自然物體的生命形態。自然生命形態因此不是永久不會變的，例如自然界的森林，丘陵河流，甚至植物的顏色和花葉，禽獸的形色和體態，都能漸漸有所變遷，這些變遷是自然物體的創生力，彼此長相接觸，自然發生的現象，自然界進化的現象乃一種必然的現象，然而就人類的價值觀點評估是不是進化或是不是退化，則不能單純地作一答覆，從動植物範圍內去看，古代許多動物較比現存的動物，在體態和動力上，都較現代的動物更大更強，所以說『弱肉強食，適者生存。』(七)不是自然界生命接觸關係的定律。祇能以『適者生存』的定律去解釋。至於物種進化的事實，在自然界物體創生力相觸時，為一種可以發生的現象。創生力周流在物體內，即是物體的「存在」；創生力來自造物主天主，造物主天主的「創造神力」，常是創造力，宇宙物體所得於造物主的力也分享幾分創造力。這種創造力互相接觸，便會產生「創新」，使接受這種「創新」的物體，漸起改變，超向一種新的形態和生命，這種「創新」為自然的，為無聲的，為緩慢的。這種「創新」不能夠是否定不否定的鬪爭，而是創生力的超越，「超越」為相接觸的創生力互相溶結，互相奉獻。

(七) 參閱達爾文物種原始第四章自然選擇（存在）

人類的生命，卻不能僅在被動的接受方式生存，更不能發揚。人類的自然生理力，本然地薄弱，不能和自然界物體的創生力相比較。論體力，人的體力不如野獸；論耐風霜寒暑，人的體力不如樹木；而且人所需要的食物，都要從自然界物體中去取。人類的生命，必定要採取主動的方形，然後才能夠生存，能夠發揚。

人的生命也就是人的「存在」，我的存在有我的「性」；人性為天主所造，而且天主仿照自己的天主性而造了人性，人性是相似天主性。相似天主性和「存在」相結合成為宇宙間的最優秀「存有」，具有宇宙間最高的創生力。朱熹曾說物得有生命理的一部份，所以偏，人得了生命理的全部，所以全。全部的生命理便成為生命的全部力，人類的創造力是宇宙全部生命力的創生力。人類生命的發揚便運用生命力去「創新」。宇宙間的創新和進化，由人類的生命而表現，而完成。這種現象就是人類的文明。

湯恩比曾說文明是一種民族為求生存，乃反抗自然環境而有所建設，反抗力愈大，所造文明也愈高；若是這種反抗力衰弱了，或是消失了，這種民族的文化，也就是衰弱，甚至滅亡(六)。

但是，所謂反抗環境的力乃是人類生命力的自然傾向，決不會消滅，祇是表現時或強或弱。至於民族的文明，隨着民族的創生力或保守留滯，或前進發揚，自身決不會滅亡，民族文化的滅亡常因別的民族的侵害，或因他種高程度文化而同化。文化爲人類創生力的表現，決不自傾於滅亡的境地。

造物主創造了人類，仿傚祂的神性，由人類統治宇宙，作宇宙萬物的主人。造物主造了萬物，萬物返本歸原應歸於造物主，造物主由人類作代表，萬物便歸於人類。因此，在宇宙萬物的生命（存在）中，含有一項次序的系統，由下而上，人類的生命在這系統的頂點，人類可以運用萬物，而且應當運用宇宙的資源，以發揚生命。荀子曾主張「畜天而用之」(九)，話是說得對，「天」字則用得不好，他先說「敬天而奉」的天，指主宰者天，「畜天而用」的天，指自然世宇宙，使後人相信他以自然者天代主宰者天；或更說他以古代相信主宰者天爲不對。主宰者天是天，自然界宇宙是天，乃中國古代的用詞，實際兩者所指不相同，互有從屬關係，荀子自己也相信主宰者天。

人類運用宇宙自然資源，爲人類創生力創新的基礎。人類創新，所以能發動和成就，根本是人的心靈。心靈是仿傚造物主神性而成的，是精神性的本體，具有向前伸展的無限「能」。「能」產生追求的慾望，慾望追求生活的滿足，我的生命對於生活的滿足，所追求的乃

(八) 參閱湯恩比　歷史的研究（文明是如何創造的）。

(九) 荀子　天論　大天而思之孰與物畜而制之，從天而頌之孰與制天命而用之。

傾向於無止境。我的身體生活的追求卽物質生活的追求，本來應當是有限的，就和植物動物一樣，祇求能有適足的飲食，禽獸祇求飽求暖。我的物質慾望卻常不能滿足，愈多愈好，愈有愈想要，這是因爲人的身體和心靈相連，構成一個整體，物質的追求也經過心靈，分有了心靈的慾望，因而成爲無止境的慾望。老子所說「反樸歸眞」（道德經 第廿八章）「絕聖棄智」（道德經 第十九章）使人返歸原始人的原始飽溫生活，不能使一般人接受，就是因爲反對人類生活求創新的天性。祇有極少數的人士，以精神方面的追求，超昇物質的追求，成爲避世的隱士，渡安貧淸靜的生活。因爲心靈雖然能夠擴充物質慾望的範圍，然不能改變物質感官的性質，物質感官爲物質性的，「能」有限，繼漸消耗，常遭遇損傷，運用愈久，「能」和器官都要衰頹。避俗隱士便提倡而實踐愛惜物質器官的「能」，導引昇入心靈追求的生活裏，得到更適當的享受。

心靈方面的追求則眞是無有止境，因着心靈的「能」乃是無止境的。心靈的思想不能有止境，心靈的愛不能有止境。人類的造物主是無限的絕對眞善美，人類的心靈是仿傚造物主的神性，人類的生命「返本歸原」要歸到絕對的無限眞善美。我心靈的追求，怎麼可以是有止境的呢？在現世的生活裏，我的生命是心靈和身體的整體生命，生命的表現必具有物質的外形。一樁一樁的社會建設，無論藝術的、科技的、思想的，都有物質的結構。每一件雖都可以是創新，可以是偉大的發明，然而都是有限的。只是他們互相連結，互相堆疊起來，便代表人類追求的無止境。

4 創新

人類生命常向無止境的追求，這種追求不是一個圓周式的進行，也不是一個直線式的進行，更不是一個唯物辯證式的進行。創生力不是互相否定而創新，不是一直向前而不停滯，不是迂迴保守而不進展，而是在一個屈折不直，進而忽停，停而忽進的道上前進。因爲人類活在宇宙以內，生命的追求常和宇宙物體相接觸，物體不會一切都受人的運用；人類的理智思想，更不能常能看到物體的性質，認識自然資源的「能」。事事都要經過試探、經驗、改良，才能成就，小事要苦思去想，大事更須苦心去研究。

所謂創新，應當是成就一樁「新事」，新事是在以前沒有過的。在人類的生命歷程裏，件件事都是新事，就是日常所作的，也沒有兩件事完全相同的。研究歷史哲學的人都知道這項定律，但是這每天的新事在每個人的生命中來說常是新的，可是在社會羣衆的生活裏，則不能常是新的。我的每一樁行爲，在本體上說當然是新的，因爲以前沒有；在形式表現上也是新的，因爲行動的意向和所用的資料是新用的。所作成的事，在社會羣衆的生活裏，所表現的形式相同。例如社會羣衆每天的起居飮食，都是一樣；因爲大家都用相同的資料，相同的方法。因此「創新」的新不能是普通所說的新，而應當是「發明」。

現在普通所說的發明，常指科學上的一種原理的發現。然而實際上凡是對於宇宙萬物，就連人本身所有新的認識，都是「發明」，藝術家的創作，社會家的改革，政治家的建設，思想家的學理，科學家的定律，都是新的發明。

新的發明，所謂「發明」，乃是對於事物，得到一種新的認識；新的認識或是對於事物的本性，或是對於事物的「能」，或是對於「能」的運行規則。進而研究這物和宇宙物體的關係，再研究這物對於人的生命可有的協助。

新的發明並不是創造新的物體，建設新的物理。物體已經存在，物理也已經成立；這都創於造物主，人的能力辦不到。人類祇能就已經存在的事物和物理予以認識，加以說明，想出運用的方法。

發明是人心靈的「能」的表現，使人的生命向上發展。每項發明都和人的生命接上關係，造出新的生活方式，或創制新的生產工具。馬克思主張生產工具改變生產方法，生產方法加增生產，引起社會下階層的革命，然後發動社會上階層的坍塌，社會的改變完全以物質經濟爲主。然而生產工具的發明，生產工具的運用，都由人的心靈去發動，去創造，假使人的社會祇是物質的社會，人類生活和禽獸不能有所分別，還有什麼改革和革命可講呢？

中庸講「盡性」(第二十二章)，人的生命一成立了，人就有自己的人性。這個人性是一個完全的人性，涵有人所該有的一切，應該是眞的、美的、善的。然而這種完全人性，乃是一團無止境的「能」，因着「在」而「存在了」，這一團無止境的「能」，要繼續發揚。孔子曾稱贊「成人」，成人便是人性發揚到普遍完善的階段的人，眞正發揚了人性的人，中庸稱爲「至誠」，易經稱爲「大人」，孔子稱爲「仁人」或「聖人」。

人的「存在」既然不是靜止固定地一成不動，而是積極的不息之動；這種人性之動不是人性的改變，人性常是一樣，祇是他的「能」，繼續發揚，人性便更成全，更美至善。

在繼續不停的變易中，人性不變，因爲我的「存在」，繼續由能到成，是以成爲基礎成所有的能，因着「天命」常是一樣，能既然同是一樣。新的成也常是一樣，王船山說「性日生而命日降」，性由命限制，命是天命，常是同一的天命。

在發揚人性上，西洋哲學家所注意的，在於理智，追求無限的知識；中國哲學則注意發揚「人生之道」，使人的生命和宇宙物體的生命相和諧。因此，西洋哲學求眞，中國哲學求善，兩者並不互相衝突，而且應相輔相成。

創新究竟是否使人的生命常得到發揚呢？從哲學理論上去看，應當是常得到發揚，然而從歷史的事實去看卻不能有這種樂觀的結論。

從哲學的理論上說，創新是使人生命的「能」得到新的一種發展，使人的生命多有一分的成就。因爲「能」成爲「行」而得實現，必是一種本體方面的「善」。

在實際的生活裏，因爲人的理智力在縱面上有無止境的能，在平面上則常有限。因此，當一項創新出現時，人不能面面都看到這種創新和其他事物的關係，創新在實行時便可能和其他事物發生衝突，不能使生命受益，反使生命受害。這種現象不僅是在科學與科技方面可以出現，例如目前自然環境的汚染、自生生態的傷害、核子武器的威迫，就是在社會組織、行政設施、倫理規律、價值觀念，都常發生這種事實。所以文化哲學要解釋文化常是進化或是退化；另外歷史哲學解釋人類歷史是進化或是退化，都不能簡單地予以答覆。但無論從理論或從歷史去看，人類生活都向前進，因爲人類心靈活動的成就，在歷史上是前後相累積的，哲學的思考，科學的發明，歷代累成學術遺產，前一代積累，後一代人在遺產上再加多，學術的成就當然是前進，生活的方式因着創新而革新，二十世紀的生活較比前兩世紀的生活已經進步多了。祇有在感情活動的成就不能積累的方面，則不能形成繼續的前進。這一方面，乃是感情方面的活動，感情流動不居，變化萬千，爲每一個人心靈深處的活動，爲每一個人本人的成就，不能遺留給後人。這方面的成就爲人的人格、社會的道德、藝術家天才的創作。這些創新所留給後代人的，為模樣，為思想，但不是後人創新的資料，沒有一個兒子能夠用父親的道德人格去建立自立的人格道德，他自己必定要從頭做起，自己親身一樁一樁去建造自己的人格或自己的道德。也沒有一個藝術作者能夠用米格安琪爾的作品做自己的藝術資料，去創造藝術品，米格安琪爾所能留給他的祇是藝術的思想和模樣。人類的歷史是進化或退化呢？藝術品沒有進化或退化的評價，藝術作品都是代表藝術家一時的感觸，祇要率眞地表達了這種感觸，就是至高的作品。一時代的道德不能累積給後代，一時代的藝術不能積蓄作後代人的資料。但是他們的創新一成就了，對於人生命的發展，具有極大的助力。藝術品的欣賞，道德人格的薰陶，使人生命得到所追求的美和善。

創新常是天才的創作，大的創新須要大的天才，小的創新須要小的天才。假使凡人都可以發覺的事理或能成就的工作，那還是什麼創新發明呢？要別人不能發覺，一旦發覺了，才可以是發明。

天才也是人性的一種「能」，不和一般人所有的「能」一樣，而是特出的「能」。這些特出的「能」，帶着人類在生命的路上，彎曲地向前進，奔向無止境的大道。人類的社會便起造了輝煌的文明，使荒涼的地球，成了各種建設的奇跡。

七、發展歷程—歷史

一個人生命的發展，在宇宙以內，有時間和空間的限制；在宇宙以外的精神生命，則進展無窮，稱爲永生。永生既超越宇宙，無形無像，不留人生的痕跡。宇宙以內的人生，則留下發展歷程的痕跡，稱爲歷史，一個一個的生命歷程，一代一代的生命歷程，結成一串的歷史，歷史就是人生。

歷史是活的人生，記述人生的發展；自然界雖有變遷，變遷非常慢，所以沒有自然界的歷史。歷史由人所造，人用理智去創新，改進人的生活，人的歷史是生活的歷史，是文明的歷史。

一個人的事業，從他本身去看，在他死了以後，是沒有繼續的。就是有另一個人繼承他的事業，那是另一個人的事業，而不是已經死了的人的事業，因此，一個一個的單人，不能成爲歷史。不用說一個平庸的人，他的事蹟，和後代人沒有關係，如漂母飯韓信，和我們今天的中國人有什麼關係？即是古代的偉人，如文王、武王、漢高祖、唐太宗、亞歷山大、拿破崙，他們私人的事，又和我們今天的中國人有什麼關係？他們這批偉人的事，和我們今天的中國人還有關係的，是他們對於中華民族生活，作了有影響的事。中華民族現在還活着，我們今天的中國人，是中華民族的份子，古代對於中華民族生活有影響的偉人，他們的事業今天仍舊繼續着，這些事業統可以成爲歷史。

因此歷代的歷史家，都不寫私人的歷史，而是寫一國一民族的歷史。現代的歷史家則更以民族的文化爲歷史，而不以戰爭和政治作爲整個歷史的範圍。

然而一個民族也是有限的，一個民族的存在也是可以消滅的。一個民族的生命，雖然因着長久繼續而能構成歷史，到底仍舊不能貫徹歷史的意義。歷史是人生，人生乃是整個人類的生命；於是眞正的歷史家，乃講世界史。

世界史的意義，並不在於把全世界各民族的歷史，順次地敍述起來，而是在於從全世界各民族的史事中，看到人類生活是怎樣的在繼續着向前進。

人類的生活是怎樣地向前進呢？孔德以爲是按着神權、君權、民權的階段向前進。黑格爾以爲是按着正、反、合的精神的自覺向前進。馬克思又以爲是按着辯證法向社會共產而前進。這些說法，都只看到以往，或者甚而對於以往都沒有看清，怎樣能夠說到將來呢？人類的生命不知道還可以有多少萬萬年的存在，難道就可以用民權或社會共產包括一切嗎？

人類的生命，在表現人的生命。從以往的事蹟去看。在初民時代，人的生活和獸的生活差不多。後來漸漸進化，漸漸文明，人的生活，顯然是人特有的生活。人類的歷史，便是人類怎樣發揮自己的理智，發揮自己的意志，發揮自己的情感的總和。人類的慾望是向上的，是無限止的；人乃運用自己的理智，使人的生活，日新月異。這些日新月異的生活，無非是人追求自己的滿足。這種現象必是繼續前去，必定不向後退。這就是人類的歷史。

人漸漸明瞭自己是人，漸漸認識自己的需要，漸漸使自己的生活更適於人的生活。世界上的人便漸漸趨於合一，趨於一致，趨於大同。從以往的事蹟去看，由家而到部落，由部落而到民族，由民族而到小國，由小國而到民族國家，將來由民族國家人種或洲的團結，最後必到全人類的團結。這也是人類的歷史。

中國古人常講天地人三才，以人和宇宙合而爲一。實際上人和宇宙不能分離，宇宙不能沒有人。王陽明曾說山中一株茶花在沒有人看見以前，茶花並不存在。我雖不贊成這種主張，但是我也認爲山中的茶花在沒有人看見以前，這株茶花便沒有意義，等於不存在。同樣宇宙間若是沒有人，宇宙便沒有意義。宇宙的意義在和人相結合。我們人的生命也是在宇宙裏發展，逐漸滲入宇宙的物質之中。在開始時，初民只知道攫取自然界的禽獸，後來知道利用田地，耕耘五穀；再後，知道利用宇宙的熱力水力；現在已經知道利用宇宙的原子力了。至今人是生存在地球上，今後，人將升入太空，飛登到別的星球。人和宇宙的結合，越來越密。人自稱這種結合，爲駕馭自然。實際乃是人發現宇宙和人生的意義。這也是人類的歷史。

人類是一體，人和宇宙也是結成一體。人類的生命是在這條路上向前進，人類的歷史也是向這條路前進。

我們看人的歷史，要從這條路去看，可是懂得歷史的以往、現在和將來。這便是歷史的哲理，或稱爲歷史哲學。

一個人的歷史價值，要看他在這條路上的貢獻。對於民族生命有貢獻的人稱爲偉人，對於整個人類生命有貢獻的人更稱爲偉人。漢武帝、唐太宗、凱撒、拿破崙，是各民族的偉人；孔子、釋迦，則是人類的偉人。科學發明家，如牛頓、馬可尼等也都是民族偉人。

能集人類的生命於一身，從宇宙和人類的開始，到宇宙和人類的終窮，貫透了整套的歷史，以一身而說明人生的意義和歷史的演進，這是一位絕對的偉大者。天主教信這位絕對的偉大者爲耶穌基督。

第五章　生命的旋律

一、生命的世界

宇宙爲一「創生力」，「創生力」不停地活動變易，宇宙乃有活動變易的存在，成爲一個生命整體。「創生力」不停創生萬物，萬物內各有「創化力」所成的「生命力」。宇宙萬物的存在，常活動變易，各成一生命，各物的生命又互相連繫，一同在宇宙「創生力」內活動。「創生力」從宇宙開始，即開始活動，在宇宙內成爲一道生命的洪流，長流不息。「創生力」又在各物體內流通，和物體內的「生命力」相連，「創生力」由開始流到現在，再流到未來，從一物體流到另一物體，旋流不息，造成生命的旋律。

1　自然世界

宇宙的生命，開始組成自然的世界，生命的旋律，在天地萬物裏繼續週流，自然界的萬物，不僅生命相連，而且和人的生命緊相連繫，成爲人的生命之最大旋律。

自然界萬物的美好，結成自然的美景，蘇軾曾說：『惟江上之淸風，與山間之明月；耳得之而爲聲，目遇之而成色。取之無禁，用之不竭。是造物者之無盡藏也，而吾與子之所共適。』㈠

我對著自然界的美景：一朶花，美麗照眼；一片葉，結構神奇；百丈瀑布，懸崖直下，鼓舞精神；千丈山峯，蜿蜒相接，屛障天邊；一碧淸流，透明見底；浩浩大海，驚濤絕浪，水天相接。我的心神歡欣地和紅花綠葉，高山湖水，冥冥相接。古代騷客詩人，留下來多少對景感懷的詩：

『寒山轉蒼翠，秋水日潺湲。倚杖柴門外，臨風聽暮蟬，渡頭餘落日，墟里上孤煙。
復値接輿醉，狂歌五柳前。』㈡

『淸晨入古寺，初日照高林，曲徑通幽處，禪房花木深。山光悅鳥性，潭影空人心。
萬籟此俱寂，惟聞鐘磬聲。』㈢

『山暝聽猿愁，滄江急夜流。風鳴兩岸葉，月照一孤舟。建德非吾土，維揚憶舊遊。
還將兩行淚，遙寄海西頭。』㈣

『國破山河在，城春草木深。感時花濺淚，恨別鳥驚心。烽火連三月，家書抵萬金。白頭搔更短，渾欲不勝簪。』(五)

『春花秋月何時了，往事知多少？小樓昨夜又東風，故國不堪回首月明中。雕闌玉砌應猶在，只是朱顏改。問君能有幾多愁？恰似一江春水向東流。』(六)

『林斷，山明，竹隱牆；亂蟬，衰草，小池塘；翻空白鳥時時見，照水紅蕖細細香。村舍外，古城傍，杖藜徐步轉斜陽；殷勤昨夜三更雨，又得浮生一日涼。』(七)

藝術哲學以這種詩詞為詩人，將自己的感情灌注在自然界的物體中，使物而人格化。實則，是物和人的合一，物的顏色聲音進入人的感官，感官印象一入人的心靈，引起人的情

(一) 蘇軾　前赤壁賦
(二) 王維　輞川閒居贈裴秀才迪
(三) 常建　題破山寺後禪院
(四) 孟浩然　宿桐廬江寄廣陵舊遊
(五) 杜甫　春望
(六) 南唐後主李煜　虞美人（詞）
(七) 蘇軾　鷓鴣天（詞）

感。詩人的情感敏而深，想像活潑，使人心感情和外物印象相合而爲一，眞正成爲生命的旋律。人心在宇宙美景中，拓廣到天之高、地之深，生命旋律的範圍，拓充到無限。

我的心靈則再因萬物的美好，上升到造物主天主，在造物的美好中，欣享咏讚天主的美善。

『讚主於天中，讚主於蒼穹。讚主爾衆神，讚主爾萬軍。讚主爾日月，讚主爾明星。讚主爾九天，讚主爾靈淵。讚主為何因？莫非主所成。讚主為何故？恃主很安固。各各有定分，祇守莫逾矩。讚主於大地，讚主於海底。溟海與源泉，冰雹與氛氣。雷霆與白雪。飄風布聖旨，小丘與高嶽。果樹與喬木，爬蟲與飛禽。野獸與家畜。王侯與衆庶，權位與貴爵。壯男與閨女，白髮與總角。皆應誦主名，主名獨卓卓。峻德超天地，子民承優渥。衆聖所瞻仰，義塞所依托。天下諸虔信，莫非主之族。』(八)

我由父母出生，天然和父母有愛的旋律，父母愛我，我愛父母。生命漸長，弟妹出生，我愛的旋律伸到弟妹，而又愛及祖母，伯叔父母，堂兄弟姐妹，天倫之樂，家人共享。由家庭後來到社會，到羅瑪，生命的旋律展伸越廣。回到臺灣，生命的旋律，拓到教會和國家。且常由自然美景，懷念大陸鄉親，追念中華文化。再由自然美景升到造物主天主。我生命的旋律，充滿宇宙，超越天地，而又下到人間，深入自己心靈。精神生命時刻充實，時刻進前，我覺自己生命的獨立，又覺我生命的廣大。體認到自己生命的根源，直見生命的目標。心地安定，無驚無懼；一步一趨，無憂無慮。自作計畫，卻靠天主；在現世盤桓，卻在永生駐足。我覺到生命的充滿，我感到生命的樂趣。心飛越宇宙，卻在自己內面深處，體認『萬物皆備於我。』（孟子　盡心下）

『子曰：吾十五而志於學，三十而立，四十而不惑，五十而知天命，六十而耳順，七十而從心所欲，不踰矩。』（論語　為政）

孔子的生命歷程，乃精神生命向心靈深處步步深入的歷程。進入自己心靈一步，精神生命在外面也拓伸一步。由學而到人，由人而到天，事事處處，看到天命，乃能『隨心所欲，

(八)　吳經熊　聖詠譯義，第百四十八首

不踰矩。』

2 人文世界

人生活在世界裏，人的世界爲人文世界，自然界供人世界的使用，這是創造主的意旨。『天主說：讓我們照我們的肖像，按我們的模樣造人，叫他管理海中的魚，天空的飛鳥，牲畜，各種野獸，在地上爬行的各種爬蟲。天主於是照自己的肖像造了人，就是照自己的肖像造了人，造了一男一女。天主祝福他們說：你們要生育繁殖，充滿大地，治理大地，管理海的魚，天空的飛鳥，各種在地上爬行的生物。』(創世紀 第一章 第廿六～第二八節) 人管理自然界，使用自己的理智，外界的世界經過人的理智而造成，人的世界則都是人，每人都有心靈，有理智有感情。人和人的關係，不能任憑我的理智去造，我便要把我心靈的思考，傳達給別人的心靈，別人的心靈便可以按照我心靈的思考去思考，彼此在心靈上乃能溝通，彼此的生命乃能發生關係。

人的生命，從母胎出生以後，時刻在發育。在生理方面的發育，需要滋養的資料，爲找資料，人得運用理智。在心靈方面的發育，需要各種知識，爲得知識，人更要運用理智。因此，人的生命的發育，最需要的因素，乃是理智的運用。所以，孟子說心思之官代表人的大體。

人一出生，生命不是一個孤獨的生命，而是和別人的生命同在，互相連繫的生命。我一出生，我生命的發育，就要依賴別人，即是依賴父母，便馬上發生關係。這種關係隨著生命的發育，逐漸加多，逐漸擴大。關係的建立，常由兩個據點而發，由兩個據點互通訊息。人既是以心思之官爲主，人彼此間互通的訊息必是心思的訊息，我將我心思所想的，傳達給別人；別人把心思所想的，傳達給我。心思訊息的傳達，便是人文世界建立的要素。在聖經舊約裏有一段事就證明這一點。

舊約述說最初人類發展到相當多的時候，他們便要分居到各地。在分居以前，他們想建造一座高聳天際的塔，以作紀念。『上主說：看，他們都是一個民族，都說一樣的語言。他們如今就開始做這事，以後，他們所想做的，就沒有不成功的了。來，我們下去，混亂他們的語言，使他們彼此語言不通。』(創世紀　第十一章　第六～第七節) 他們突然彼此聽不懂大家的話，塔便不能造了，彼此就分散了。

3 信仰世界

我心的天生之理，和天地萬物的存有之基本原理相類似，範圍我理智的認識力，只能達天地萬物之理，超越天地萬物之理我的理智便不能認識。我理智生命的世界，便是天地萬物之理的世界。但是在實際生活上，我卻尚有另一世界。這一世界既不屬於感覺，也不屬於理智，而是超越感覺和理智的世界。這個世界是我的信仰生活之世界。

我信創造天地萬物的天主，天主的本性是三位一體。我信救世的耶穌基督，祂是天主聖三的第二位，降生成人，被釘在十字架上，死後第三天復活。我信基督創立了教會，以洗禮赦人的罪，使人分享耶穌的天主性生命，我信天主聖三的第三位聖神，引導人愛天主又愛人，以天主爲父，以世人爲兄弟，結成一奧妙的團體，我信人死後，靈魂常生，或受永賞，或受永罰。這個信仰的世界，是一個無限無量的精神世界。

我的理智不能想到這個世界，我的理智也不能認識這個世界。對這個信仰世界所有知識的來源，是來自天主的啓示，啓示的表現，是一部聖經。

但是天主啓示超越理智世界之理，還是使用理智世界的觀念；因爲人除這些觀念以外，不能有知識。有些神秘學家以人和信仰世界的接觸，是用心靈的「直見」，不用理智，所以信仰的生活，常是神秘的生活。我雖不否認人心可以有對於超越理智世界的理之直見，例如直見絕對存有的天主，然而，直見乃是一種非常的心靈經驗，不是我們的日常宗教信仰生活。天主啓示超越人本性的理，是用理智生活的觀念；我們對所受啓示的理，也是以理智觀念去認識。因此，我知道講述啓示的理所有的觀念，但是觀念的對象我則不懂。例如天主三位一體，我知道天主、三位、一體，這幾個觀念，但是這幾個觀念所指的對象，卽天主三位一體，我則不懂。又例如耶穌是天主又是人，我知道耶穌、天主、人，這幾個觀念，但是這幾個觀念的對象，卽耶穌是天主又是人，我則不能明瞭。

對於信仰的對象，我不是用理智去認識，而是用意志去相信。我雖然不懂，我仍舊相信。這並不是不合理，科學上有許多理論我不懂，我也相信。

但是有些學者認爲，宗敎信仰的對象，旣然超越理智的認識力；而且天主根本就超越人性以上，理智的認識力雖懂得認識的觀念，這種觀念又能使對象和我的理智相合，認識主體和被認識客體，兩者互相隔離，理智的認識力便等之於沒有。人和宗敎信仰對象的結合便不能使用理智，而是用直見，或是用感情。直見當然超乎理智，感情也外乎理智，宗敎信仰的生活，便常是神秘性的生活。我以爲人的特點乃是理智，宗敎信仰生活不用理智，不是失去人性嗎？我雖肯定宗敎信仰來自天主的啓示，啓示的了解超乎理性，然而我講解信仰去傳道，還是要用理智。聖多瑪斯以哲學理論講解神學，使理智的智慧達到最高峯。

問題當然還在，啓示所用的觀念，不能使啓示的對象和人的理智相合，便是認識者和被認識者不能合而爲一，人對於啓示的對象便沒有認識。沒有認識，宗敎信仰的對象和信仰者能相結合，則是意志的信服。意志是人心的官能，使被信服者和信服者相連。宗教信仰的對象能在我的心中，成爲我生命的一部份。信仰的結合和認識的結合，性質不同。在信仰生活中，感情也可以使信仰者和被信仰者相結合，我雖然不能明明認識天主，然我能全心愛天主，愛使愛者和被愛者相結合。認識的結合，是被認識的對象在我的理智中是明顯的，我的理智明白看見被認識的對象是什麼。信仰和感情的結合，理智只知道所結合的對象是存有，卽是在我心中有一個對象，但不認識這對象的內容。

我的信仰世界，實際存在，爲實在的「存有」，不是虛構。我的理智不能明白認識這種存有，因爲這種存有的理，在我心裏沒有相類似，超越我的理智認識力。但是「存有」，在我心中是有的，我是「存有」，「存有」涵蓋一切。我所信仰的對象，既不反對理智，在我的理智力便是一種「存有」。信仰的世界擴大了我精神生命的世界，在形色和理的世界以上，有永恆絕對的信仰對象，使我的精神生命，由時空中升到無限的絕對永恆中。

二、人文世界的建立

人文世界爲人的社會，人的社會爲理性的社會，人和人相接觸以理性爲基礎，即是以心靈爲基礎，心靈的接觸，必要有傳達的工具。

1 傳達

聖多瑪斯曾說：『善是散播自己的。』(Bonum est diffusivum suiiprsius) ㈨生命爲最高的善，生命常散播自己，使生命延續不絕。儒家的傳統思想，以宇宙爲生命的洪流，永久不息。易經說：「一陰一陽之謂道，繼之者善也，成之者性也。」(繫辭上 第五章)陰陽運行，結合成物，物生生不息，爲宇宙之善。生命中最高貴的爲心靈生命，心靈生命必常散播。我散播心靈生命，別人一接受這種散播；別人散播心靈生命，我予以接受。一散一接，乃成心靈的傳達。

西洋哲學家中，有人贊成印度哲學的神秘主義，以生命的傳統，不經過理智而由生命直接相連。柏格森就是主張生命的內在動力，有如強健的洪流，決不能由理智的溝渠而傳達，

㈨ S. Thomas Summa Theologica. 1. 9. 5. 4ad 2.

生命的傳達，要靠超乎理智的直見。有些講美術和詩歌的學人，也認爲人的生命，以感情爲最眞切，感情在詩歌和美術品的傳達，以直接體驗爲途徑。但是我們知道人是身體和心靈合一的主體，心靈的傳達是要經過身體的。身體的傳達途徑，則由符號、語言、文字，以傳達到心靈。人和人之間，生命不能直接接觸，生命的接觸必要藉著身體。只有絕對的存有實體——天主，爲一切生命的根源，能夠和人的生命直接接觸，可以使人有超乎理智的直見。直見所以只能是絕對實體和人的傳達途徑，但也是非常而不常有的經驗。人和人的心思傳達，必要經過傳達的溝渠，而要使用理智。

人對自己生命的認識，只有對生命的存在是一種直見的體驗；對於生命的內容，則需經過反省，反省所得又要形成爲觀念，才能夠認識。

詩歌和美術品所傳達的爲作者的感情，感情的傳達是藉著文字和符號，讀者和欣賞者透過文字和符號以接受感情，則必須經過理智。

我們人都有許多次的經驗，經驗到心內所感受的或所想的，沒有辦法可以表現出來。禪宗乃主張不立文字，因爲得道的禪觀者所有對眞如的體驗，不能用文字去表達。聖保祿宗徒則親身直見絕對實有者天主，事後沒有言語可以傳述。『我知道有一個在基督內的人，十四年前，被提到三層天上去——或在身內，我不知道，或在身外，我也不知道，天主知道——

他被提到，惟天主知道——我知道這個人——或在身內，我不知道，只有天堂去，聽到了不可言傳的話，是人不能說出的。』（致格林多後書　第十二章　第二～第四節）對於超乎理智的經驗，不能傳達，因為傳達須經過理智。對於人生命的感受，也常不能傳達；因為生命的感受是活的，是整體的，符號和言語文字則是靜止的，又是局部相對的。但是生命自性要求傳達，不能傳達時，我們心內感到非常痛苦。同時，當我們面對著一個不能表達自心經驗的人時，對著他的痛苦，我們也感到非常的同情。這已經是在不能傳達時，得到了一點傳達。

人的世界是人類的社會，社會的成立，靠各份子的互相溝通。彼此的互相溝通，就是心思的傳達。人類的生活若沒有理智的研究，便不能產生新方式的進步。新方式的形成，不僅靠理智的研究，還要靠理智的傳達。沒有傳達，便不能有人文世界。

學術的研究，以往是一個學者的工作，所有發明，也是一個學者的發明。現在卻進行到少數人共同的研究，共同的發明。將來，很可能會出現集體的研究和集體的發明。這種研究工作，乃是彼此傳達的成果。

現在的人類生活，已經進入傳達的生活裏。大眾傳播工具，將人類的生活混合成一個，一切的人類遭遇，成了全體人類的遭遇。連一個人的私生活和一個家庭的私生活，都因著傳播工具而失去了「私」性，變成了「公」性。

傳達是人類心靈生命的良能，心靈生命自然流傳到自體以外，又自然接受自體以外所來的生命流傳，因而能構成生命間的傳達。

心靈生命的傳達，和生命的本性相符合。人的生命本性是心物合一的生命，心靈生命的傳達便須經過感覺和理智，感覺和理智的傳達，都要藉著觀念，觀念常是靜態的和局部的，常不能傳達整體的活生命。但是人類的日常生活則都是局部的，由一種一種的動作結合的，靜態和局部的觀念結合起來，便能傳達日常的生活。因此，人文的世界，因著觀念的傳達而成立。觀念的傳達，最重要的是理智的傳達，感情的傳達卻也不能例外，因爲感情的傳達須要在適當的觀念裏，才能爲人所懂，才能成爲傳達，否則，自作自懂，別人不懂，不能成爲傳達以使人心溝通。

2 符號

嬰孩一生下來就會哭，哭是一種生理動作，也是一種傳達的符號。生理的符號，在禽獸身上也有，禽獸的鳴叫，就是他們的生理符號。生理的符號，是最簡單最基本的傳達，是生命的良能。生理的符號，表現生命在生理上的一種感受，不要經過學習，也不要經過反省，自然流露，爲生命的良能。

符號，普通說來是一種動作或一種圖象，傳達生命的一種感受。感受可以是簡單的感受而成一個觀念，例如痛苦、愛、恨；可以是複雜而成一種思想，例如國旗代表國家。因此，符號有簡單的符號，有複雜的符號。簡單的符號，可以是天然的，可以是人造的；複雜的符號，則常是人造的。

天然的符號，爲生理的良能。人的心靈生命有生理方面的感受，例如痛苦喜樂；人心靈生命的天性是向外傳達，一遇生理方面的感受，便有生理方面的傳達良能，例如哭、笑、怒。生理的傳達良能，就是天然的傳達符號。嬰兒哭叫，母親就懂得嬰兒的感受。

生理的感受，是生理方面的遭遇，嬰孩和小孩連禽獸都可以有，有了生理感受，生理上就有表現。待小孩長大，運用理智懂得事，心理方面的感受引起生理方面的感受，同時發動生理方面的傳達符號，例如，因受委屈而哭，因受讚美而笑。這些遭遇已經不是生理方面的簡單遭遇，而是心理方面的複雜遭遇。

心理方面的遭遇，爲心理生命的感受。詩人們心有所感，咏句爲詩；詩便是詩人們傳達心理生命所有感受的符號。但是詩的傳達，已經屬於語言的結構，不是純粹的符號。

純粹的符號，只是一種動作或一種圖樣。動作或圖樣有的天然就代表心靈方面的感受，但是大多數的動作和圖樣，則是由人給牠一種代表對象，具有所指的意義。符號和對象的關係，具有象徵的意義。符號都是有感覺性的，可以象徵一件感覺性的對象，可以象徵一種思想，而且可以象徵超乎理智的事體。在原始的民族裏，符號用得很廣，另外在宗教方面，圖騰的崇拜，巫術的執行，件件都用著符號。在文明進化的社會裏，國旗、會旗、會徽、暗號，也都是用著符號。

中華傳統文化的古老符號，是易經的卦象，卦象象徵一種事物，也象徵宇宙的一種變化。

「聖人有以見天下之賾，而擬諸其形容，象其物言，是故謂之象，聖人有以見天下之動，而觀其會通以行其典禮，繫辭焉以斷其吉凶，是故謂之爻。」（繫辭上 第八章）

「聖人設卦，觀象繫辭焉而明吉凶。剛柔相推而生變化。是故吉凶者，失得之象也；悔吝者，憂慮之象也；變化者，進退之象也；剛柔者，晝夜之象也。六爻之動，三極之道也。」（繫辭上 第二章）

易經卦象的符號，由感覺的事物而到宇宙變化之理，又由人事的吉凶遭遇而進到鬼神之道，且有系統地實行推論，從已知到未知，有哲學的領域，又有宗教的領域，再擴充到日常人事的領域。在各民族的符號中，易經卦象可以算是最完滿的符號系統。王弼曾說：

「夫象者，出意者也；言者，明象者也。盡意莫若象，盡象莫若言。言生於象，故可尋言以觀象；象生於意，故可尋象以觀意。意以象盡，象以言盡。故言者所以名象，得象而忘言。象者，所以存意，得意而忘象。……是故存言者，非得象者也；存象者，非得意者也。象生於意而存象焉，則所存者，乃非其象也。言生於象而存言焉，則所存者，乃非其言也。然則忘象者，乃得意者也。忘言者，乃得象者也。得意在忘象，得象在忘言。故立象以盡意，而象可忘也。重畫以盡情，而畫可忘也。」（王弼　周易略例　明象篇）

王弼以卦圖爲象，象是象徵一種意義，乾卦象徵「大哉乾元，萬物資始，乃統天。」（乾卦　象曰）坤卦象徵「至哉坤元，萬物資生，乃順承天。」（坤卦　象曰）卦象的意義，由象辭加以說明。每一卦，有意、有象、有言，象以象徵意，言以說明象。象生於意，言生於象。卦象爲符號，符號和象徵的對象，和說明的文言，三者所有的關係，說的很淸楚。但是他說：「得意而忘象，得象而忘言」，則是爲推翻漢朝象數之易。象數之易，專門在象和言去發揮，卻把卦象的意義忘了。普通來說，符號和所象徵的意義相連；沒有意義，符號不能成立；沒有符號，意義不能傳達，兩者同時存在。言和符號也互相連繫，沒有符號，便不要言去說明，沒有言去說明，符號不能爲人所明瞭。在研究易經方面，當然可以，而且應該研究易經的思想，不要拘泥於卦象和卦辭；但若完全捨棄卦象和卦辭而講易經思想，則將失去根據。

在宗教方面，現代西洋學者，主張以符號象徵宗教事理；因爲宗教事理超越理智，語言和文字不能講述，只有使用符號，或是手勢，或是單獨聲音，或是圖案，一切籠罩在神秘的氣氛中。符號較比語言，更能造成神秘氣氛，乃是心理方面的現象，因爲符號直接引起感情以趨向神靈。但是以符號象徵超越理智的事理，並不能較語言爲更好，符號的象徵性豈不也是有限的嗎？而且還是籠統模糊，容易被人誤解。

人文世界的建立，靠心靈的傳達，傳達的途徑是經由符號。簡單的符號有些自身天然有意義，有些由人賦予意義，有人稱前者爲「徵候」，後者爲符號。複雜的符號，則是語言和文字㈩。

3　語言文字

心靈生命的通常傳達的途徑，是用語言，正式傳達的途徑，則是文字。

語言是人類超越禽獸的特徵，又是人類的特徵。人由身體和心靈而結成一主體，語言卽是由身體和心靈結成的傳達工具。沒有聲帶和口腔，不能有語言，沒有心靈的思想，也不能有語言。語言是帶意義的聲音，聲音若沒有意義，則不能傳達心靈，就不成爲語言。

語言有聲音，聲音有所指，所指爲意義。意義爲語言對象，對象是說話者心靈生命的活動，心靈生命的活動可以是內心的體驗，可以是外面的事理。由體驗和事理達到語言以求表達，要經過理智，因爲語言是理智的產物。

聲音本身可以是符號，表達心靈的感受，沒有意義。只是生理方面的遭遇，例如悲嘆聲、歡笑聲。語言則由人的理智加給聲音一種意義，這種意義就是心靈生命的一種活動。說話的人用和自己心靈感受同意義的聲音說出，聽的人從聲音懂得所指的意義，兩者間乃有傳達的功用。荀子曾說：

(十)　何秀煌　記號學導論　頁三－四　文星書局　一九六八年。

「名無固宜，約之以命，約定俗成謂之宜，異於約則謂之不宜。名無固實，約之以命實，約定俗成謂之實名。」（荀子 正名篇）

一個聲音若不是生理感受的單純符號，本來沒有意義。例如牛，這個聲音本身並不指著任何一物。在開始造成一種語言時，人把這種聲音指著牛這種動物。大家習慣都用，這個聲音就成一個名字，就是一句話。既然成了話以後，就不能變更，一變更，便是錯說了話。

從哲學方面去看，造成語言是人的良能。原始的民族爲表達心靈的感受，天生地有使用自己聲音去表達的能力。每個原始的民族乃是一個家庭，在家庭內使用聲音傳達心裏的感受，在最初聲音很簡單，後來漸變複雜。家族的人增多，長成了一個部落，原先所使用傳達的聲音便成了部落的語言。

原始的語言，只有簡單的名，名和名的連繫也很簡單。說起來，加以手勢的幫助，聽的人可以懂。後來理智漸開，便有傑出的人，創造語言的文法。文法的製造，不能完全由人任意製造，因爲語言具有天然的基本文法。例如我打你，我是主動，你是被動，我打的動作要達到你，這是基本的文法。至於怎樣表示主動，怎樣表示被動，怎樣表示動作，每種語言都不相同。中國話最簡單地用這三個詞的位置來表達。

有了語言，然後有文字；文字是由傑出的人所造的。中國古代傳說倉頡造字，造字的原則有六書。中國的文字以字形爲主，字聲爲輔。西洋的文字則只有字聲，沒有字形。文字所表達的爲語言，由語言而有意義。在實用上，文字可以脫離語言，例如中國的古文，和日用語言有相當距離。但是，從哲學的觀察去看，古文的每個字還是言，文字仍舊不能脫離語言。

我的生命在人文世界裏，和別人的生命相接觸發生關係，這種關係由符號語言和文字去表達，我的生命乃能在正常的狀態下生活。若沒有這種傳達的方法，我的生命就得不到正常的發展，自己覺到孤獨；這種孤獨，使自己失去自己是人的意識，例如一個人走到另一語言的社會裏，自己不過那種語言，頓然覺到自己是一個怪物，同時，沒有語言，我對自我的意識也不能解釋。

三、人文世界的規律

我的生命活在人文世界，不能孤立，在人文世界中，我的生命和別人的生命互相連繫，組成家庭、社會和國家，在人文世界裏，我的生命發揚，如同中庸所說的盡性。生命的發揚，必有發揚之道，彼此不相衝突，不互傷害，便應有生命的規律和生命的修養。

1 原 則

甲、天 道

我的生活在別人看來非常規律化，每天從早晨起牀到晚間就寢，一切工作都有一定的時間，祈禱、辦公、餐飯、寫作、休息，每天的時間都不大變動。我自己覺得很舒服，並不以有一定時間而覺得不自由，反而感到更順意。別人也以爲這種有規律的生活方式，能夠保持身心的平衡，精力的調協，壽命的延長。

有一部份的生活，不受我的管制，即是生理生活，血脈系統、消化系統、排泄系統的工作，我不知道，我也不能管。然而生活天然有很嚴密的規律，一切活動都照規律而行。若有一系統忽然走出規律以外，馬上造成病症，須由醫師加以矯正。

生命爲繼續由能而到成，由能而到成的變易，天然有自己的規律，這種變易受能的限定，是什麼樣的能，就有什麼樣的變易，這是天然的規律。有些由能到成的行，在身體外面或在語言文字上表達出來，必定影響別人的生命，爲維持生命間的良好關係，人們自己定出規律，這是人爲的規律。

生活所以必定要有規律，生活爲生命的表現，生活有規律，生命便有規律。

易經講述宇宙的變易，變易有原則，稱爲天地之道。宇宙變易由陰陽兩動力而成，陰陽兩動力常繼續變易，宇宙的變易便是常久的變易，不會停止。兩動力相接觸不是互相排擠，互相否認，而是互相結合，互相調劑。陰陽兩動力互相結合，常隨時地而不同，但常是適合時與位，所以易經的卦爻求居中正，以得時中。因得時中，宇宙變易顯得非常和諧，整個宇宙的現象都互相調協。中國農夫常說風調雨順，寒暑得宜，五穀纔能豐登。宇宙變易的和諧，目的在於「生生」，使萬物化生。

宇宙變易有規律，有變，變而相融洽，相調協，各得其宜，生命乃得發揚。

這些原則稱爲天地之道，實卽天理，卽是自然規律或自然法。中國古人專事農業，常從五穀生育觀察宇宙的變化，分一年爲四季，分四季爲十二月，分十二月爲二十四節氣，一切都和農事有關。易經所列的變易原則，也都和萬物化生有關。這些原則，我們現在還可以在自然界發覺。四季寒暑互相調劑。我們也體驗到宇宙自然界的一切，互相關連，不容破壞次序，目前環境汚染，便是觸犯這項原則。我們研究生物學和物理學，就知道植物、動物以及礦物，都愛惜自己的生命。在一種生命和自然環境不適宜而被淘汰時，便有新生命出現，生命常繼續不斷。

中國古人常有人法天的思想，以天所定的規律爲規律。易經所擬宇宙變易的原則，爲天地之道，在天地之道中，含有人生之道，所以稱爲天道地道人道，宇宙變易的原則就應該是人生命的原則(十一)。

在尚書裏有「天命」的觀念「天命」乃上天之命，尚書的天命，常對皇帝而言。皇帝因上天之命而登位，應常按上天的意旨去治理人民(十二)。

易經以宇宙變易的原則稱爲天地之道，宋明理學家以天地之道和人性之道稱爲天理。儒家傳統地承認人生命的原則，以自然界天所定的原則爲基礎。人在宇宙萬物中最靈最優秀，代表一切物體，和天地稱爲三才，人的優點在於心靈，心靈生活乃人的特有生活，宇宙萬物變易的原則——天理，天然地在物的本性中，萬物常順性而動，人的心靈生來也有生命的天理，天理卽是孟子所說的仁義禮智四端，人的心靈生命，便在發揚仁義禮智的四端，人乃是一個「倫理人」。

乙、我發展自己精神生命

我的生理生活有自然的規律，我的精神生命不能不有自己的原則。這些原則導引我的生命得有正常的發展，使我的生命和其他的生命的關係常能合理地進行。通常稱這些我精神生命的原則爲倫理規律。

我精神生命的規律，首先在於發展我的精神生命，可以說是求利，利是生命的成全，所以第一項倫理原則是「求生命的成全」。

求精神生命的成全，以精神生命的利爲目標。求生命便不能自害生命，自殺乃是直接違反這項原則。求精神生命之利，不能以物質生命而害精神生命，所以乃有殺身成仁，捨生取義的豪舉。天主敎歷代爲信仰殉道的人，被尊爲聖人。

在倫理律規而有求利的規律，利的意義是生命的合理發展。藝術家爲美而求美，倫理家爲善而爲善，按照亞立斯多德所說有理智的人，沒有目標決不行動，目標常爲自己之利，藝術家爲美求美，倫理家爲善求善，也是爲求自心的滿足，假如他們心中是無所謂的心境，他們也不會求美求善了。人必定求自己生命的成全，成全乃生命的利；祇是須要認識並分別清楚在生命中有物質和精神的層次，精神生命爲上爲重，物質生命爲下爲輕。我不能求物質生

(十) 易經　說卦　第二章

(十一) 書經　湯誓　牧誓

命之利，追求飲食和眼目的娛樂，而使精神生命受害。勿以下害上，勿以輕失重。

精神生命的利，使精神生命得有成全。精神生命所追求的成全，「在於追求眞善美」，因爲精神所求的，是精神生命的本性發展，精神生命本性的發展，是理智和意志即心靈的追求；心靈追求和別的生命的接觸時所產生的予受關係：認識、欣賞、受益。認識爲知，欣賞爲美，受益爲善。在現世生活中這些追求要藉感覺器官而進行，乃不免常有錯誤。但是就在錯誤中，也常是在眞美善的名稱下去追求。精神生命的發展追求眞美善，宇宙間一切都是相對的，則應向絕對眞美善而進。故意斷絕傾向絕對眞美善的途徑，則自己違背生命的規律，也相反人的本性。這項原則是「追求眞美善」。

我的精神生命，天性趨向眞美善，又天性趨向絕對的眞美善，因此倫理規律乃有普遍的原則：「行善避惡」。善是生命的成全，惡是破壞生命的成全。人的天性既求生命的成全，故天性趨於「行善避惡」。這種天性，在人的心靈自然顯露，稱爲良知或良心。不僅在行事時，良知告訴人：這件事是善是惡，同時也使人體認到惡不能做。若是做，良知必加譴責，心靈因此不安。王陽明曾說良知不會走失，做賊做了幾十年，似乎失去了惡的感覺，但若聽見人叫他是賊，他仍是忸怩不安㈢。這項原則普遍地存在人心，也普遍地顯露出來，成爲倫理上的基本規律。

生命的發展，爲我自己生命的發展。我的精神生命，爲我自己的精神生命。爲我的精神生命，我當然要避惡，然而避惡並不足以使生命發展，而是要行善才可以發展我的精神生命。因此倫理上的一項原則是「自強不息」。易經乾卦說：「君子自強不息」（乾卦象曰）理由在於宇宙的變易常繼續不停，乾陽健行，坤陰順動，陰陽乃「繼之者善也。」我追求精神生命的發展，生命常動，發展便應常繼續進行。我就要常求前進，常求成全。進德修業，人格日益成全，乃每個人分內的事。若懶惰成習，萎靡不振，便是相反自強的原則，終歸於失去人生的目的。

前面的這項倫理原則，是我對我自己應守的原則，以求我精神生命的發揚。

丙、我贊造物者的化育

整個宇宙顯露造物者天主對宇宙萬物的愛，中國古人說這是天地好生之德，也是天地愛物之心，古人所謂的天地，在這裏象徵上天，即造物主天主。造物主愛萬物，使萬物化生。人爲萬物中最優秀的，懷有整個生生之理，且承造物生命爲萬物之主宰，治理宇宙。人和宇宙萬物的關係，仿效造物主和萬物的關係，造物主和萬物的關係是「好生之德」，使萬物化

(士三) 王陽明 王文成公年書 卷三 語錄三

生，人代表造物主主宰萬物，也要使萬物化生，而不能使萬物毀滅。第一項人和萬物關係的原則，是「贊造物主的化育」，也就是孟子所說「仁民而愛物」。「贊造物主的化育」的原則，用一個名詞來代，就是「仁」。

孔子以仁貫通自己的思想，仁代表全德，我現在以仁爲發展我精神生命的原則，是以仁指示一種規律，對於自然界的生態，力加保護，人爲衣食住行，需要取用自然界的物體，自然界的物體供人使用，因爲自然界的生命，具有上下的次序，互相從服，互相協助。但這種使用，祇限於正當的需要，不可流於濫用。除了正當的使用外，對自然界物體須加以愛護。尤其對於因着環境的不順適，形將絕種的動植物，更要加以保護。我的生命不僅和別人的生命相連繫，和自然生態的環境也相連繫。自然生態環境的破壞，就會影響我的生命，自然生態環境中的萬物，也互相連繫。一種小而不爲人所知的小蟲，和土壤草木相關；一種低級的綠苔，和樹木鳥獸的生命也可以相關。草木和土壤相連，鳥獸又和樹林相連，破壞這種自然環境的力量，可以是天災，大部份則是人的愚昧，人祇圖眼前的享受，不計後果，造成自然生態影響的損害。例如，臺灣本來產許多種的美麗蝴蝶，三十年來都被人的愚昧使蝴蝶在臺灣已成瀕臨絕種的動物之一。

人生命發展的歷程中，有「贊造物主化育」的規律，人要愛護自然生態環境，不加以毀壞。在因生活需要對自然生態環境的一部份予以破壞時，必要力求補救之道。這是仁道的第一項規律。

仁道的第二項規律，在於「愛人」。我生命所接觸的以人的生命爲最多，而且人的生命又最高，我生命所有的關係，以人類關係爲第一。自然生態環境和我生命的關係最廣，也很重要，否則，我的生命就不能維持。然而我的生命和別人的生命，關係非常密切；而且「四海之內皆兄弟也。」（論語　顏淵）皆是造物主天主的子女。「愛人」的規律，便成爲「愛人如已」的規律，「已所不欲，勿施於人」（論語　顏淵）。

人和人雖都是兄弟，然而其中還有親疏關係。關係最親的，當然是和我的生命緊相連接的，即是我生命所從出的父母，對父母的愛稱爲孝，孝爲「德之本，敎之所由生」（開宗明義章）孝親出自人的天性，孟子以爲小孩天生就知道愛父母，「孩提之童，無不知愛其親也。」（孟子　盡心上）「孝親」爲仁道的另一項規律。

仁道的愛，推近及遠，「老吾老以及人之老，幼吾幼以及人之幼」（孟子　梁惠王上），推到整個的人類，再推到宇宙的萬物，實現宇宙萬物全體相關連的關係，表現天地之道即自然法中宇宙萬物互相關照的原則。我要在宇宙萬物中看到造物主工作的痕跡，造物主的工作是愛，祂在萬物中所留的痕跡便是愛。造物主的愛所留痕跡，便是萬物的奇妙美麗，可驚可愛。人的生命爲造物主之愛的造化，萬物也是造物主之愛的造化，在同一造物主的愛中，我愛宇宙萬物。宇宙萬物和人的生命，息息相通，由人的生命通到造物主。人便不可以妨礙這種關係，不可以障斷這種相通，宇宙萬物合成一個整體，整體是生命，生命好似一大海的水，東西南北盪漾不息，在海水中的物體，因水而互相通貫。仁是生命，仁道是生命的相通，是生命的愛。仁道的一項規律是「仁民而愛物。」（孟子 盡心上）

仁道使宇宙萬物，互相連繫，互相協助，以求生命的發展。這種互助的愛，應該適合每個人，每件物，而且還要適合時地。在宇宙變易中有中正的原則，陰陽兩動力的結合，常適合時空，人生之道便有中庸。中正的原則，卽是孔子所講的中庸。中庸不是一種善德，而是一項生命的原則。生命的動，應不偏也不要不及，居於中道。然而所謂中，不是機械式的中，乃是當前的動，洽得其當，所以稱謂庸，庸是庸常，是日常的事。每天所有的事，各有各的中道。中字在中國古代哲學裏，乃一大問題，理學家解釋中庸書裏的中，有說是心的本體，有說是心的境況，有的更說爲宇宙的本體，中庸以喜怒哀樂之未發爲之中，中乃是靜。中若是心的本體或宇宙本體，人心爲求根本，便該常是靜。中庸的中道變成了靜坐，靜坐變成了禪靜。然而易經主張宇宙變易不停，生生不息，「天行健，君子以自強不息。」（乾卦象曰）萬物的本體爲「生生的存有」，怎麼能够是靜？中道的解釋，應該是「適當」的原則，事事得其當。孔子說：「不在其位，不謀其政；」（論語 泰伯）孟子說孔子爲聖之時者（孟子萬章下）常得時中。位和時，乃是「中庸」原則的標準，事事要適合時與位。這也就是易經的「中正」原則。

中庸是一項原則，適用於一切善德，也適用於一切的修養。在尚書洪範篇有大中的思想：

『無偏無陂，遵王之義；
無有作好，遵王之道；
無有作惡，遵王之路。
無偏無黨，王道蕩蕩；
無黨無偏，王道平平。
無反無側，王道正直。
會有其極，歸有其極。』

洪範建立皇極，皇極爲大中，方東美教授說：『肯定當建大中爲存在及價値之無上極則，且為人人之所當共尊——自天子以至庶民，一是皆以「大中」為本。蓋「大中」者，乃是「本初」，代表近代比較宗教史家所謂之「天上原型」㈤。

有中庸，和平乃生。在宇宙變易中，宇宙整體有一種和諧，萬物各得其所。「狂風暴雨不終朝」，在和諧中的不和諧的現象，不能持久。人的生命和萬物的生命，為求發展，不在鬪爭的暴力中得進步，而是在和平相處者求進取。仁道的另一規律為「和平」。宇宙萬物既是造物主愛的表現，都帶着造物主愛的痕跡。愛，則同樂相處。達爾文的「物競天擇，弱肉強食」原則，不僅不能適用於人的生命，也不適用於自然界的生命。鳥獸互相攫食，那是生命的次序，人也殺猪殺牛，以充食物。然而在自然界裏，無所謂鬪爭，一片平靜。人的社會也應當是一片平靜，享有和平。和平為人生存的要素，鬪戰帶來死亡的陰影。禮記禮運篇講大同世界，描述一種理想的社會，大同乃成為儒家的理想。理想如不可能達到，希望可以達到小康。「和平」所以是仁道的另一項規律。

和平，為實踐仁道的結果，給人類社會帶來幸福的快樂。在實踐仁道時，便常以和平為目標，常懸在心目中。我的精神生命在發展的歷程中，和宇宙萬物的生命相接觸，另外常和別人的生命相接觸，接觸的關係，為互助互濟，互助互濟即是和平。和平的根基建立在生命的本體上，和平的實現在生命的發展歷程中完成。有和平，生命有發展；沒有和平，生命沒有發展。

以上仁道的各項規律，天然由生命的本性而發，不是人造的規律，因爲是生命本性的要求，否則生命不能發展，這些規律便是人類倫理的基本規律。

丁、人造規律

人生命本性的要求，形成規律，這種規律爲人的「性律」，出自人的天性，凡是人都天生地帶有這種規律，天然地傾向這種規律，不受時間和空間的影響。性律爲易經所講的「人道」，「人道」來自「天道、地道」，「天道、地道」爲自然法。性律以自然法爲根基。近代許多學者，否認性律，以性律爲原始人類的共同規範，人類生活變易，性律也隨著變易。然而我們看上面所列舉的規範，是否隨時代而變呢？是不是一變，人的生命便受害呢？

倫理的規律當然也有變易的部份。性律的本質不變，性律的解釋則可以加多加新。性律以外，還有人造的規律，這部份規律，隨時地而異，人的生命不是孤單的，是結羣而居，建立社會。社會既爲羣衆的團體，應有次序，乃創立人造的生活規律；中國古代有禮法，禮係

(十四) 方東美　中國哲學之精神及其發展　上冊　頁六一　成均出版社　民七三年

倫理親律，法係政府法律。禮的創造者必是聖王，中庸曾說明沒有德沒有位，卽不能造禮。(中庸 第二十八章) 因爲禮要以天理爲根本，唯有聖人可以洞悉天理，也唯有皇上才能使人服從禮規，除禮規以外，社會傳統結成一些生活習慣，習慣成爲規範，作爲社會的倫理規律。例如中國孝道的實踐，有許多禮規，又有許多習慣規範，在古代人人都要遵守。但是到了現今的時代，社會生活的環境和方式都變了，傳統的禮規和習慣都不適合現在的中國人生活，這些禮規和習慣就要改變了：或者取消，或者改革，或者創造新的禮規和習慣。可是，孝道並沒有改，誰也不能說現在的子女不要孝敬父母！祇是孝敬的方式改了。目前，我們體驗到臺灣社會生活的混亂，生活品質的降低，就是新的人造倫理規律還沒有建立起來。

2 善德

精神生命發展，在發展的歷程中，所得到的成就，便是善德，中國古代哲學常以「德爲得」，修身有所得。西洋哲學又以「德爲力」，由善習慣而養成的精神力。這兩種意義可以結合起來。我精神生命發展，在精神上有所得，所得爲給我精神生活加增一種力，可以更向前發展精神生命。

善德爲精神生命發展所得，精神生命發展按照生命規律而發展，發展所得必是精神生命所得。善德便應在精神生命性理上有根據，而且既是精神生命發展的成就或成果，對於精神生命有所助益，使精神生命更成全。孟子曾經說仁義禮智「人之有是四端者，猶其有四體也」（孟子 公孫丑上）爲人性所故有。人生來便有惻隱之心、辭讓之心、羞惡之心、是非之心，沒有這四種心就不是人，這四種心即是仁義禮智。

易經說：「乾，元亨利貞」（乾卦 卦辭）乾爲生命創造力，生命力的運行有元亨利貞四種成效。元配春，亨配夏，利配秋，貞配冬，春夏秋冬在生命的發展歷程中，春生，夏長，秋收，冬藏。元便是生，亨便是長，利便是收，貞便是藏。易經又以元亨利貞配仁義禮智，漢儒和宋明理學家都接受這種思想。元亨利貞既是宇宙生生的成效，仁義禮智也就是人精神生命發展歷程中的成就，是精神生命本體的發展，不是人加上的善習慣。

甲、仁

仁義禮智常以仁爲首，爲總攝，猶如元亨利貞，元爲首。仁本爲愛之理，在善德中，仁是愛。

愛是授與不是佔有，造物主愛萬物，授予萬物存在的生命。萬物的「存有」，爲造物主的愛之賜予。父母愛兒子，授予兒子生命而予以生育。父母之愛爲宇宙萬物的愛中最大的愛，所授予兒女的，也是最大。父母所以配天，爲兒子生命的根本，男女夫婦之愛，彼此以身體互相授受，結成一體，不分彼此。這種夫妻之愛，在人世中祇低於父母之愛，超出其他的愛。夫妻互相授受，甘願犧牲一己，不願佔有他方，愛情才算眞誠，有如父母愛兒女，爲兒女而犧牲，不計代價，父母之愛所以是最純摯之愛。

在我精神生命發展的歷程中，我生命接觸另一生命時，常有授予的意願。士林哲學有一句諺語：「Bonum est diffusuvum sui 善是播散自己的。」聖保祿宗徒說：「Melius est dare quam accipece 給人家東西比拿人家東西更好，卽施予比接受更好」㈤。我的生命乃一大善，生命使常願播散生命，播散生命所有。我和人和物相接觸時，我願以我所有播散給別的人和別的物，同時我也接受別的人和別的物給予我的善，我願還報以善，這種善的往反，就是愛的旋律。我的精神生命，在愛的旋律中進行。首先造物主天主的愛，我對造物主感恩的愛，織成一種超宇宙的愛之旋律，使我的精神生命充滿永恒的意義，表現超越的形態，給予非事物物正確的價值。我生命的來源爲父母，父母的慈愛，我對父母的孝愛，織成家庭天倫之愛的旋律，擴張到和我生命同源的兄弟姊妹；天倫之愛，乃精神生命安祥發展的樂園。男女兩性靑年，相識相述，進而以自己的心相授受，以期能結婚而成一體，再以身體相授受，男女相愛的旋律，織成一個新家庭；夫妻之愛久而彌堅，濃而如酒醴。由家庭走到社會，我精神生命所接觸的，有各種各類的人物，遇到一顆另外的心，思想和感情可以互相交流，建立可貴的友誼；朋友之愛的旋律互相織成工作的助力。社會有種種的團體，我因工作參加一種或多種，我精神生命和團體中的人之精神生命相接觸，必然發生授受的關係；團體中感情的旋律，織成工作網，增加工作的愉快。在社會的生活中，我的精神生命還要接觸各種各樣的人，有老年人，我要給他們以安慰；有小孩，我要給他們以笑容；有青年人，我要給他們以鼓勵；有貧而無可告的人，我要給他們希望；有病痛而殘廢的人，我要給他們以生活情趣。聖方濟曾作「和平歌」：

『在有仇恨的地方，讓我播種仁愛；
在有殘害的地方，讓我播種寬恕；
在有猜疑的地方，讓我播種信任；
在有絕望的地方，讓我播種希望；

(十五) 宗徒大事錄　第二十章　第十節

在有黑暗的地方，讓我播種光明；
在有憂苦的地方，讓我播種喜樂。
我不企求他人的安慰，只求安慰他人；
我不企求他人的諒解，只求諒解他人；
我不企求他人的撫愛，只求撫愛他人；
因為在施捨他人時，我們接受施予；
因為在寬恕他人時，我們獲得寬恕；
因為在喪失生命時，我們生於永恒。』

愛的播散，由遠而近，精神生活在愛的旋律中，表現惻隱、同情、關懷、寬恕，生命互相授受，人格愈趨完滿。

中國古人講博愛，講大同，以人得天地之心爲心，天心好生，人心好仁。中庸和孟子都說『仁，人也。』㈥天主教聖若望宗徒說：『天主是愛』㈦愛爲天主的特性，人相似天主，人也當是愛。聖保祿宗徒描述愛的特點：

『愛是含忍的；愛是慈祥的，愛不嫉妒，不誇張，不自大，不作無禮之事，不求己益，不動怒，不圖謀惡事，不以不義爲樂，却與眞理同樂，凡事包容，凡事相信，凡事盼望，凡事忍耐，愛永存不朽。』（致格林多前書 第十三章 第四節，第八節）

乙、義

義，爲養我，爲生命之長，如五穀在夏天成長，卽我精神生命的發揚。義的意義爲正義，一切按規律，可以做才做，不可以做就不做。孔子最重義利之分，以重利者爲小人，重義者爲君子。孟子更勸人「捨生取義」，以義高於生命。所謂生命乃身體的生命，義則屬於精神生命，捨身體生命以求精神生命。利爲私利，不合正義。

規律爲生命的規範，指導生命發展的途徑，守規律以求生命的發揚。生命的規律既是規範便劃出範圍，範圍是加限制，守規律便接受限制。義，第一，指示生命的規律，詳加認識，有天生的規律，例如『行善避惡』；有人造的規律，大學講格物致知。第二，接受限制，爲勇氣的表現，在『捨生取義』時，勇氣爲超凡的勇氣；在平凡的事上，就義捨利，也

(六) 中庸 第二十章，孟子 告子上
(七) 聖若望 第一書 第四章 第八節

要勇氣。例如別人來賄賂，送錢上門，「神不知，鬼不曉」地秘密進行，爲不接受，須要勇氣。

義常包含著勇；柔弱的人，很難守著正義。勇，不是匹夫之勇，而要是大丈夫之勇。孟子說：『居天下之廣居，立天下之正位，行天下之大道，得志，與民由之；不得志，獨行其道。富貴不能淫，貧賤不能移，威武不能屈，此之謂大丈夫。』（滕文公 下）孟子又說：『人有不爲也，而後可以有爲。』（萬章下）

義，指導人在一切事上要有原則，事情的形態可以變，原則不可以變。我的精神生命在發展的歷程中，必要有原則，精神生命在各方面的表現，都根據原則。孔子和孟子都是有原則的人，他們以原則爲「道」。孔子曾說：『朝聞道，夕死可矣。』（論語 里仁）又說『君子憂道不憂貧。』（論語 衛靈公）大丈夫得志，『行天下之大道』；不得志，『獨行其道』。孔子曾爲自己立下原則：『飯疏食，飲水，曲肱而枕之，樂亦在其中矣。不義而富且貴，於我如浮雲。』（論語 述而）有原則的人，必有志氣，有志氣，乃有人格。古代有氣節的人，都是有原則的義士。

孔子曾主張正名，正名就是義，君君，臣臣，父父，子子，各有各的名，各人因名有應盡的職責。善盡自己的職責便是義。西洋哲學以義由權利而生；我有各種權利，別人不能侵犯，有尊重我的權利的義務；若加侵犯，便有義務予以補償。補償不能折中，而要盡數償報。西洋哲學講中道不適用於義，我們古傳的中道，爲適宜，「義者，宜也。」償還債務，補償權利應盡數償還才能適宜；或因負債者力有不及，則適力所能便是適宜。中道當然也用於義。

守義的人，必是有責任感而盡職的人。守義的人，必是廉節的人，『臨財勿苟取』，非分之才必不貪。守義的人，必是有志氣的人，保持原則，不屈於環境。守義的人，必是有廉恥的人，對得起自己的良心，也對得起旁人。守義的人，必是知恩報德的人，知道所得的屬於別人的施恩。守義的人，必是有正確價值觀的人，知道精神重於物質。守義的人，必是有勇氣的人，堅持自己的志向。孔子曾說：『三軍可奪帥也，匹夫不可奪志也。』（論語　子罕）守義，所以能長進精神生命，使精神生命在自己的規律上前進。規律不是爲桎梏精神生命，不是爲殘害精神生命，而是使精神生命得到正當的發揚。

丙、禮

在發展精神生活的歷程中，有應遵守的規律，規律予人生命活動一些限制，人接受限制，實行生命的節制，便是禮。

禮配秋，秋爲收，爲生命的斂收；因著規律的限制，我在精神生命的發展途中，給生命以斂縮。我精神生命的發展，常和身體生命結合一起；身體生命在感覺的活動中，常能使生命趨向物質，物質既得偏重，精神便受傷害。感覺生活的活動，常藉情慾而動，情慾和外物相接，常容易受外物的吸引，忘記生活的規律，動而不中節，乃趨於惡。

凡是生命的活動，不論是精神生活或是物質生活，都應有所節制。例如吃飯、飲酒、睡眠，都該合於中道；若是吃多了，喝多了，睡多了，對於身體都有害，都不能發展精神生活。男女的情慾，出自人的天性，若不愼加節制而流於濫，於身體有損傷，於精神更有傷害。飲食男女之慾，都屬於感情，而且屬於物質的感情，應常加節制以守禮。

不僅飲食男女之情，應加節制，凡是喜怒哀樂愛恨等等感情，莫不需要節制，以得合於中道；否則常有出軌的行動。儒家所以主張節慾，佛敎則主張絕慾，天主敎主張節慾使趨於善，予以積極意義。

情慾本身不是壞，更不是惡；而都是生命的種種「能」，應該是積極的善。情慾的「能」藉得感覺而動，表現於外。可以因著心不正，整個情慾的動，不論內外，都趨於惡。心不正就是意向或目的不正，情慾向不正的方向走，當然走出倫理的規律。許多次，心正，有好目的，但是在表現於外時，或是方法不合於中道，或是形態不合於中道，便也就流於惡。例如搶竊金錢以孝敬父母，孝是對，搶竊的方法不對。又例如貧家子葬親，大講舖張，破費家產，葬親是孝，貧而舖張則不合中道。

禮，便是節制，和西洋倫理哲學善德中之節制相合。中國通常以禮爲生活規律，包括生活的各種禮儀，孔子曾說：『非禮勿視，非禮勿聽，非禮勿言，非禮勿動。』（論語 顏淵）既然說：『勿』，便是節制自己。節制乃是禮的精神和意義。

『曾子言曰：君子所貴乎道者三：動容貌，斯遠暴慢矣；正顏色，斯近信矣；出辭氣，斯遠鄙信矣。』（論語 泰伯）

『子曰：躬自厚而薄責於人，則遠怨矣。』（論語 衞靈公）

『子絕四：毋意，毋必，毋固，毋我。』（論語 子罕）

張載曾說：『無我而後大，大成性而後聖。』(六)

節制自己，不以自己爲作事的直接目的，直接目的在於爲人爲國，間接目的仍是爲自

(六) 張載 正蒙 神化

己，使自己的人格更完全，更高尚，因而成聖。

禮，又是禮儀，行動在外面的次序。民國以來，大家都反對禮，把傳統禮儀廢除了，新的禮儀沒有制定，社會成了沒有禮儀的社會。廢除傳統禮儀乃社會變遷的自然結論，沒有禮儀則喪失社會生活的意義；因爲社會生活沒有節制，沒有適合的儀式，社會由文明而返回野蠻。

耶穌曾經說：『我是道路、眞理、生命。』（聖若望福音 第十四章 第六節）我的精神生命應該有途徑，途徑要是眞理之道，然後我的精神生命纔正確地發展。耶穌是我精神生命的道路，道路是祂爲愛世人而犧牲自己的性命，犧牲乃是我精神生命的途徑。耶穌也曾經向門徒說：『誰若願意跟隨我該棄自己，背著自己的十字架來跟隨我。』（瑪竇福音 第十六章 第二十四節）十字架爲耶穌的犧牲之象徵。只有在犧牲中有眞理，生命才可發揚。犧牲，乃是自我節制。

有節制的人，是有規矩的人，是有禮貌的人，是謙讓的人，是能合作的人。論語講述孔子說：

『子溫而厲，威而不猛，恭而安。』（論語 述而）

禮的精神和意義爲節制，『齊明盛服，非禮不動，所以修身也。』（中庸 第二十章）

丁、智

智爲明智，配冬，冬爲水、爲冷、爲藏。秋收冬藏，生命的發展的第四階段，把所接受的收藏起來，以供需求，就如五穀在秋天收穫以後，藏在倉庫裏，供日常需要。明智有如冬水，冷靜明淨，不受情慾利害的紛擾。

智的第一步，便是收藏知識。大學講致知在格物，歷代解釋紛紛，陸王且分成學派。朱熹的主張乃爲正確，人心固然有天生的良知，知道臨事辨別善惡。但良知所指示的根據爲天生的性律，性律爲基本的倫理規律，對於人事複雜的境遇，對於後天人造的規律，都須加以研究。但不像朱熹所說久則貫通，而是知識多，良知判斷可以不錯。

求學，在中國古代在於求知天理，天理爲人生活之道，因求知天理進而實踐，中國古人求學爲修身，爲成君子，爲成聖人。孔子所以非常看重求學。但是現代的求學爲得知識，現代的知識包括各項學術的學理，也包含人事的歷史和制度，現代的求學和歐洲的求學，意義相同，求知識而不求做人之道，有學問的人不一定是君子。在中國古代，不是君子，不是賢人，不足稱爲學者。因此，在現代的求知識中，爲能有明智，則須研究人生之道。

在求明智的知識裏，中國古人特別舉出知己知人知天。現代人常以自己爲重，以己爲中心，認識自己成了一門學問。心理輔導中列有自我認識一門，認識自己的嗜好，認識自己的專才，認識自己的性格，都包括在這門學問裏。這乃是學術進步的現象，人類的知識，先認識外在事物，然後才進入內心。現在學術進步了，乃有自我認識的學問。然而這些知識，可作爲求學就業的根據，但爲修身進德還不够。我爲求精神生命的發展，我須認識我的性格、脾氣、感情、傾向，以及修養上的得失，然後才可以「對症下藥」，有惡則改，有善則加強。

我所接觸的都是人，普通都說對於人『知面不知心。』心藏在裏面，我不能透視直接，然而心在外面的表現，則可以知道；由外面的表現，推知裏面心所有的，不能說常是準確，但可以有把握。孔子曾說：

『始吾於人也，聽其言而信其人；今吾於人也，聽其言而觀其人，於予與改矣。』

（論語　公冶長）

怎樣『觀其人』呢？

『子曰：視其所以，觀其所由，察其所安，人焉廋哉！人焉廋哉！』（論語　爲政）

孔子很懂心理學，觀察人，從人做事的目的、做人的方法和形態，和心安自足的事；便使人無法逃避，可以認識他。好心人以爲大家都是好人，不足以應變，常受欺騙。明智的人，必要知人。『樊遲問知。子曰：知人。』（論語　顏淵）孔子又說：『不患人之不己知，患不知人也。』（論語　學而）在目前工商業發達的時候，人和人接觸的機會多，而且工作常由許多人合作；知人的智，更形重要。在這種社會裏，我發展精神生命，必須認識共事和發生接觸關係的人，使我對人的關係，不陷於錯誤。

中庸說：『思知人，不可以不知天。』（中庸　第二十章）中國古人以天爲上天，上天亭毒人的生命，給人定有規律，賦以使命。人對於上天，應該認識。人所以應該認識的是天命。

『子曰：不知命，無以爲君子；不知禮，無以立；不知言，無以知人也。』（論語　堯曰）

『子曰：五十而知天命。』（論語　學而）

知天命而畏天命，爲孔子作人修身的原則。我的精神生命來自造物主天主，宇宙萬物也都爲造物主天主所造，這一切表現天主的愛。我的精神生命，是在天主的愛中生活，認識天主的愛，我的精神生命便有了根。我的精神生命追求眞美善，天主爲絕對的眞美善，爲我精神生命的目的，知道天主的眞美善，我精神生命有了歸宿。

知己、知人、知天，乃明智的內涵。

有的人天生明智，然而就是天生明智的人也須要勤加修養，不是天生明智的人，更須修養了。中庸講修養明智的方法：

『博學之，審問之，愼思之，明辨之，篤行之。人一能之，己百之；人十能之，己千之，果能行道矣，雖愚必明，雖柔必強。』（中庸 第二十章）

爲求知人生之道，博覽羣書，固然有益，然必應有根據，以二三書爲中心，一是聖經，一是四書。這兩册書日存手頭，重覆閱讀，作爲生活的途徑。再旁通中外名著，培養自己的學識。讀書須下工夫、審問、愼思、明辨，都是讀書的好步驟。最後，要實踐篤行，心中才能貫通。

雖然道家以求學所得的知識爲小知，大知則在於以氣和天地之氣相接，直接體認「道」的偉大。但是人的精神生命乃心物合一的生活，知識由感官而入，氣知和直觀不是通常求知的途徑。

佛教最講智慧，有智慧的人以空觀萬物，進而有萬法圓融觀，一切都通於眞如。但是這種智慧不能爲凡人所有，實則一切人都是凡人，講智慧等於無智慧。

儒家則以「道不遠人」，人人都可以有智慧。有智慧的人，有正確的人生觀，知道人生的目的，知道給予事件適當的評價。不以物質而害精神，不以假冒爲眞，在疑難中，知道求解決。心中平靜，看事明瞭，乃能「明明德。」

3　修　養

生命的發展都靠著培養，一株花須要加肥加水，一隻狗須要吃須要喝，人的生命何獨不然。身體的生命，常要用心照顧，不但不缺衣缺食，還要豐衣足食。現代科學發達，給予人生命的高度享受，造成二十世紀的新文明。人的精神生命，在這高度的享受裏，反而受到連累，不能上進，反而萎縮。目前，社會有識人士都在惋惜生活的品質低落，道德淪喪，大呼加強倫理教育。

倫理教育不僅是教授倫理的原則，而且是教育倫理的實踐，使人知道修身。中國古代的教育以修身爲目標，大學一書裏第一章標明了修身之道：正心、誠意、致知、格物、愼獨。宋明理學家雖高談性理，然卻致力實踐，以實踐的方法敎人。古代的敎育，尊師重道，老師以實踐人生之道敎學生，學生看重人生之道，尊敬老師。目前，學校所敎的知識，沒有修身之道，家庭父母也不如前管敎子女，精神生命的修養將成爲絕學，必須予以提倡。天主敎傳統地注重修養，積成一種學術，敎會的男女修院，都鄭重實踐，不以現時代的風氣而停止。

我主張宜繼續中國傳統的修養，加以現代的心理方法，使自己的精神生命，漸得培養，穩健地發揚。

甲、正心立志

人是有理智的，做事常有目的，沒有目的，人不會動。目的由心主宰，爲修養先由心定下目標，稱爲定志，志向的好壞，在於心。大學爲修身，第一主張正心。大學的正心，在於心的意向正，所想的都合理。然而意向應當是正心的結果，心正然後意向正。這種正心乃是心地純淨，如同耶穌在福音所說：『心地潔淨的人是有福的，因爲他將享見天主。』（瑪竇福音 第五章 第八節）心地潔淨，沒有情慾的污染，特別沒有淫慾的污染，可以享見天主。天主爲純淨的精神體，和純潔的心相接近，而且和純潔的心相結合，純潔的心可以體認天主的美善。

王陽明曾說人心自然光明，有如明鏡。大學稱人心爲明德，自然顯露人性天理。正心就在於保持心的明淨，不被物慾所蔽。爲能正心，第一要省察，反觀自心。清晨舉行省察，作默禱，以聖經的言詞，對越天主，心神開朗，明淨有如青天。先總統 蔣公，每晨默禱，從不間斷。晚間省察一天的思言行，有惡則改。曾子曾說：『吾日三省吾身，爲人謀而不忠乎？與朋友交而不信乎？傳不習乎？』（論語 學而）這種功夫，日常履行，養成習慣。

第二、收心，心不亂則淨。孟子主張求放心，心不宜放在外物上：

『孟子曰：仁，人心也，義，人路也。舍其路而弗由，放其心而不知求，哀哉！人有鷄犬放，則知求之；有放心而不知求，學問之道無他，求其放心而已矣。』（孟子 告子上）

心散在事物上，不能反觀自心，修身不能腳踏實地，中國理學家乃講靜坐以求心之不動。中庸曾以情慾不動稱爲中，呂大臨、楊時、羅從彥、李侗以中爲心的本體，靜坐求見心之本體，引禪入儒。朱熹反對這種主張，以靜時心靜，動時心也要靜。程明道告誡人：『心不得有所繫』㈨，每天以默禱省察，觀察自己的心，不使外馳。每年宜有幾天，閉門靜思，稱爲『退省』，不是禪坐，無思無慮；而是思慮自己精神生命發育的狀況。如生命雜亂無章，不進則退，自加修改。

正心立志，心淨則能立定前進的志向，使精神生命一步一步繼續發展。立志，在於成聖，以達到精神生命的高峯。

『長樂惟君子，為善百祥集。
不偕無道行，恥與羣小立。
避彼輕慢徒，不屑與同席。
優遊聖道中，涵泳徹朝夕。
譬如溪畔樹，及時結嘉實。
歲寒葉不枯，條暢永無極。』㈩

乙、守敬主一

爲收心，以默禱省察退省作日常功課，同時應「主敬守一」的方法。

「主敬」的方法，從孔子開始，朱熹大爲提倡。孔子的「主敬」，以外貌端重爲要，說話行動常端正不苟。孔子曾說：

『君子不重則不威，學則不固。』（論語　學而）

平居『席不正不坐，寢不尸，居不容，升車必正立，執綏，車中不內顧，不疾言，不親指。』（論語　鄉黨）

在現在的社會裏，青年人將罵這類自敬的人爲迂闊，爲學究，爲腐敗。向學生講授這種自敬的方式，他們不會接受。但是自敬就是自重，自重在現代的青年非常受注意，人人都以自己爲重，誰不願意自重，而招人輕視呢？自重要處處愼重，事事愼重，不可輕忽，也不可輕佻。說話要愼重，言語謹愼。

(十九) 二程全書，二程遺書十一，明道語錄一

(二十) 吳經熊　聖詠譯義　第一篇，臺灣商務印書館，民六十四年

『子曰：巧言令色鮮矣仁。』（論語 學而）

『子貢曰：君子亦有惡乎？子曰：有惡：惡稱人之惡者，惡居下流而訕上者，惡勇而無禮者，惡果敢而窒者。』（論語 陽貨）

行動也有愼重，現在年青人喜歡活潑，行動敏捷；可是在快動作中也要愼重，外面的形態穩重，動作的次序不亂。男女往來時，行動更須愼重，一不愼，將成終生憾。揚雄曾言：『或問：何如斯謂之人？曰：取四重，去四輕，則可謂之人。曰：何謂四重？曰：重言、重行、重貌、重好。言重則有法，行重則有德，貌重則有威，好重則有觀。敢問何謂四輕？曰：言輕則招憂，行輕則招棄，貌輕則招辱，好輕則招淫。』(三)

謹愼自重，爲外面的主敬，不在靜坐，而在動時愼重。然而守敬還要內面的敬，使自心不亂。中庸大學都主張愼獨，自心常謹愼，獨居如處人中。

『是故君子戒愼其所不睹。戒懼其所不聞，莫見乎隱，莫顯乎微。故君子愼其獨也。』

（中庸 第一章）

內心常有所警慄，愼對自心，愼對天主。這種警慄爲一心理狀態，不是求知，不是良心自照，而是自心常惺惺。曾國藩曾說：『自世儒以格致爲外求，而專力於知善知惡，則愼獨之旨晦。自世儒以獨體爲內照，而反昧乎卽事卽理，則愼獨之旨愈晦。要明宜先乎誠，非格致則愼亦失當；心必麗於事，非事物則獨將失守，此入德之方，不可不辨者也。』㈢

內心的謹愼，不是冥空獨坐，而是就事上謹愼，專心做好。朱熹乃主張「主一」，心專於當前所做的一事，不旁騖別想。朱熹說：『敬，莫把做一件事情看，只是收拾自家精神，專一在此。』（朱子語類　卷十二）

『心須常令有所主。做一事未了，不要做別事。心廣大如天地，虛明如日月。要閒心都不閒，隨物走了。不要閒，心卻閒，有所主。』（朱子語類　卷十二）

有所主，主於當前的事，然不能是邪僻的事。做賊的人，偷竊時，心專於一；深交時，心專於一；這都不是修養的主一，主一要主於天理，合於良知。程伊川說：『閑邪固有一

㈡ 揚雄　法言　修身

㈢ 曾國藩　曾國藩全集　文集　君子愼獨篇

矣，然主一則不消言閑邪。有以一爲難見，不可下功夫，如何？一者無他，只是整齊嚴肅，則心便一。一則自是無非僻之奸。此意但涵養久，則天理自然明。』（二程全書 二程遺書 伊川語錄一）

心專於當前的事，良知自然顯明，邪僻的事便須立刻停止，或有不正則改。守敬主一，事事謹慎，必可免於惡。

『樂只君子，心地純潔，
遵行聖道，兢兢業業，
優哉游哉，順主之則。
惟精惟一，無貳無忒。
聖誠彰彰，寧敢荒逸。
祈主導我，虔守大法。
庶幾無愧，金科玉律。
俾得暢詠，主之靈隲。
正心誠意，惟主是式。

但求吾主，莫我棄絕。』㈢

專心於一，遵行天主的大道，兢兢業業，向著成聖的志向走，精神生命必能走在發展的路上。

丙、淨心寡慾

中國儒家傳統的修養，在於淨心寡慾；道家和佛教更主張絕慾。慾在中國古人的思想裏為萬惡的根源，為行善避惡，重點在注意慾情。孟子為第一個標明寡慾的儒者，實行寡慾以培養人心天生的善端。孟子說：

『養心莫善於寡慾。其為人也寡慾，雖有不存焉者寡矣；其為人多慾，雖有存焉者寡矣。』（孟子　盡心下）

㈢　吳經熊　聖詠譯義　第百十九首　商務印書館

孟子以人心生來具有仁義禮智的四端，好好培養，則生長發育以成善德，若荒廢不治，情慾有如雜草，把善端窒息。宋明理學家，因受佛教的影響，對於情慾主張嚴加克制。主靜的人，力求情慾不動。元朝和清朝的學者，重在實踐，對於克慾，天天下功夫，在日記上記述克慾功夫的進展。

朱熹曾解釋克慾爲治慾，不是克除。

『敬如治田而灌漑之功，克己則是去其惡草。』（朱子語類　卷十二）

『因說克己如剝百合，須去了一重方始去那第二重。』（朱子語類　卷四十一）

『克者，勝也，不如以克訓治較穩。曰：治學緩了，且如捱得一分也是治，捱得兩分也是治。勝便是打疊殺了他。』（朱子語類　卷四十一）

朱熹的方法，克制一項情慾，再克第二項。克是治，治是治理，治理在於有次序，使各得其宜。克慾，乃使情慾動時合於倫理規律，不亂人心，更不使人離開成聖的志向，就是中庸所說：『發而皆中節謂之和。』

儒家反對佛教的絕慾，認爲把人弄成枯木槁灰，失去生活的意義。佛教絕慾，因爲主張萬法皆空，無我無物，情慾之動屬於愚昧。旣於無我，當然絕慾。

道家主張無爲，爲能無爲，必須無慾。道家無慾不是絕慾，而是以情慾趨向淸靜，享受自然美景和心神清閒之福。對於物質的慾望則予以克除。

目前的時代是一種生活享受的時代，講克慾，少有人願意聽。可是目前因物質享受而帶來的病痛也不少，醫學雖發達，人壽增高，病症卻越加多，生活享受遭病痛抵消。

物質物爲天主創造以供給人使用的，人的情慾來自人性，兩者本身不是惡，惡是人用時不合規律，沒有節制。第一個直接受害的就是人的身體，同時人的精神生活也受損害。情慾藉感官而發，感官和外物則是物引物，感官容易被激動。情慾引發人的興趣，興趣引起喜好，有了喜好，感情則加強。還有社會的風氣，朋輩的唆使，慾情便常趨於越軌而動。一個人若沒有克制情慾的習慣，祇在臨事時使情慾中節，幾乎不可能。因此，須要勤加操練，意志要作情慾的主宰。『人有不爲而後可以有爲』，對於情慾，不單趨於惡的不許動，連正當的情慾也克制不許動。久了，才能隨時給情慾發號施令，而不被情慾所牽制。佛教有戒律，天主教有誡律。天主教獻身修道的修士修女，更宜發誓願，許下絕色守貞，絕財守貧，絕意服從，在名利色三點，徹底克除，然後可以舉心向天，超越塵凡。

『我於天主前，立志為聖賢，
吟咏惟仁義，歌誦惟所天。
孳孳遵大道，兢兢莫踰閑。
主肯惠然臨，我心固以貞。
修身以齊家，蕩滌邪與淫。
痛絕虛偽習，根拔悖逆意。
傲者我莫親，讒者我所棄。
惟願求賢良，與我共國事。』㈢

『孔子曰：君子有三戒：少之時，血氣未定，戒之在色。及其壯也，血氣方剛，戒之在鬪。及其老也，血氣既衰，戒之在得。』（論語 季氏）

在日常生活中，謹愼不苟，日以省察，自觀生活的情況，對情慾加以管束。處在享樂主義和消費主義的時代中，提高警覺，自作情慾的主人，心地清明，精神生命得發揚。

丁、誠心對主

大學講正心在誠意，以心所定，誠意實行，內外相合，知行合一。

中庸對於誠，非常重視，如『誠者，天之道也，誠之者，人之道也。』（中庸 第二十章）誠者，爲天然或自然。宇宙萬物在變易發展上，天然按照性理而行。物體沒有自由，自然『率性』。理學家以聖人，心無情慾，動輒「率性」，稱爲「誠者」。普通一般人，努力爲聖賢，則須勉力自作主宰，使意能誠於心，稱爲『誠之者』。

『自誠明，謂之性；自明誠，謂之教。』（中庸 第二十一章）

『誠者，自成也，而道自道也。誠者，物之終始，不誠無物。』（中庸 第二十五章）

宋朝理學家周敦頤繼承中庸的思想，發揮「誠」的思想，以「誠」爲「易」，「易」爲萬物本源。

(二四) 同上，第百有一首

『聖，誠而已矣。誠，五常之本，百行之源也。』㊂

『乾道變化，各正性命，誠斯立焉。……元亨，誠之通，利貞，誠之復。』㊅

誠，就是「率性」，所以中庸以至誠之人能夠盡性。「率性」也就是大學的「明明德」，將人性之理顯明出來，行在事實上。王陽明的「致良知」和「知行合一」，便是「誠」。所以不必將「誠」神秘化，作爲宇宙萬物的本源，和太極同一意義。誠，本來就是「信」，信是五常之一，仁義禮智信，理學家都以信不是一種善德，而是各種善德的條件，每種善德都包含信，都要是誠，都要「率性」。

在修養上，誠爲一重要的層次。我的心，明淨沒有情慾的擾亂，心靈所有可以顯露。心靈清淨，沒有物質的牽連，心眼可對神明。基督曾說：心地潔淨的人，可以看見天主。在這種修養的層次上，我的心對越天主。天主本在我心內，我心沒有情慾，不染罪汚，天主便顯露在我心中，我的心可以面對天主。

面對天主，我的心對越絕對眞美善，將爲所吸引。我的心便能定，定而後能安，我的精神生命將飛騰雀躍。

孔子曾說：『不怨天，不尤人，知我者其天乎。』（論語 憲問）

孟子曾說：『我知言，我善養吾浩然之氣。』（孟子　公孫丑上）孟子的浩然之氣，以義去培養，使自己的胸懷廣擴，可以包容天地，天地之間沒有一物可以牽累他。我以天主作我心的趣向，遇事以天意爲準則，對於人物不怨，也無所求。時時誠心對越天主，心有所歸。聖保祿曾說世間沒有一事，可以使他和基督的愛相分離(三七)。我的心時刻融會在基督的精神愛內，我的心便有浩然之氣。

『稱謝洪恩，歌頌至尊。此事洵美，怡悅心魂。
朝誦爾仁，暮詠爾信，撫我十絃，寄我幽韻。
諦觀大猷，令我心醉，心醉如何，歡歌不已。
功德浩浩，不可思議。聖衷淵淵，經天緯地。……
心感我主，崢嶸我角。澡身浴德，芳澤是沐。……

(三五) 周敦頤　通書　第二篇
(三六) 同上，第一篇
(三七) 聖保祿宗徒　致羅馬人書　第八章　第三十五節

雍雍君子，何以比擬。鳳尾之棕，鬱鬱葱葱。
麗盆之柏，暢茂條達。植根聖圃，霑溉化雨。
經霜猶青，歷久彌固；嘉實累累，綠陰交布。
以表正直，以宣永祚。』(元)

戊、自強不息

現世精神生活的美景，沒有一項長久不變，精神生命不進則退，修養的功夫須要自強不息。

中庸求學的方法，最後爲『篤行之』，知而不行在修養的路上，等之於不知，儒家的修養重在『篤行』，孔子說：

『文，莫吾猶人也，躬行君子，則吾未之有得。』(論語 述而)

『子曰：君子欲訥於言而敏於行。』(論語 里仁)

『子曰：君子恥其言而過其行。』（論語　憲問）

行，當然重要，有恆，繼續去行，立志，克慾，每天從頭做起。在修養上，跌倒失敗的現象，常會出現。須要有勇氣，跌倒就爬起來，從失敗中求勝利。易經以乾道的運行，化生萬物，時時不停，所以說「天行健，君子自強不息。」（乾道　象曰）

我在培養精神生活上，若「自強不息」，乃能涵養有素，有涵養才能培植品德。

『子曰：君子食無求飽，居無求安，敏於事而慎於言，就有道而正焉，可謂好學也已。』（論語　學而）

『居上不驕，為下不倍。』（中庸　第二十七章）

中國古人對於人的品德，常重涵養。『明，夏原吉有雅量。或問吉曰：量可學乎？曰：

㈥ 吳經熊，聖詠譯義，第九十二首

吾幼時，人有犯者，未嘗不怒；始忍於色，中忍於心，久則無可忍矣。』(二九)『劉寬嘗坐牛車而行，人有失牛車，乃就寬牛車認之，寬無所言，下車步歸。有頃，認者得牛而送還，叩頭謝曰：慚負長者。寬曰：物有相類，事容脫誤，幸勞見歸，何謝爲？州里服其不較。寬雖倉卒，未嘗疾言遽色，夫人欲試令恚，伺當期會，嚴裝已迄，侍女奉肉羹，翻汚朝衣；寬神色不異，仍徐言曰：羹爛汝手乎？其性度如此，海內皆稱寬長者。』(三十)

有品德則建立人格，有風度，有氣節，艱難痛苦不能改變節操。

『士見危授命。』（論語　子張）

『子曰：歲寒然後知松柏之後凋也。』（論語　子罕）

高尚的氣節，不能一蹴卽到，而是點滴的功夫，一分一分地修養，久而後能成。在消極方面，有過卽改。

『子曰：過而不改，是謂過矣。』（論語　衛靈公）

在積極方面，有善，則勉力去行。

『子曰：三人行，必有我師焉。擇其善者而從之，其不善者而改之。』（論語　述而）

改過遷善的目標，成爲聖人。目標放高，努力上進。

『子曰：若聖與仁，則吾豈敢！抑為之不厭，誨人不倦。』（論語　述而）

儒家學者教誨弟子，常以聖賢自期。朱熹曾說：『凡人須以聖賢爲己任。世人多以聖賢爲高而自視爲卑，故不肯進……然聖賢禀性與人一同；既與常人一同，又安得不以聖賢爲己任。』（朱子語類　卷六十四）『古之學者，始乎爲士，終乎爲聖人。』(三一)

(二九) 桑孝儀　進德錄，頁一〇，中央日報社

(三十) 同上，頁七四

(三一) 朱熹　朱文公文集　卷七十四　策問，首條

四、生命的旋律

我的精神生命，自立在宇宙中，和萬物互相連繫。創生力從宇宙萬物中流出，在萬物中週流。我精神生命既放出創生力，又接受萬物對我的生命所放出的創生力，我的生命和萬物的生命建立了一種旋律，互相週流，互相銜接。

生命不能孤立，天然地存在這種旋律中。我心物合一的生命，身體和周圍的物體相接觸，彼此互相授受，感官接受外物的聲色，內臟接納外物的營養，心理情感和外來情感相呼應，理智思慮使物我成一體。

生生創造力乃是「仁」。仁的愛，由我放射到「非我」，貫通宇宙的人物，帶回來宇宙人物的愛。互相授受的愛，織成旋律，我的生命更形活躍。

造物主天主創造了在愛的旋律中的生命，也佈置了生命旋律的自然旋律圈。人生在家庭中，家庭為生命旋律的第一圈。由家庭走到社會，社會為生命旋律的第二圈。由社會到國家，國家為生命旋律的第三圈。家庭，社會，國家，都在自然宇宙中，自然界為生命旋律的第四圈。這四個生命旋律圈，天然而成，合於人的天性。我的生命便在這四個生命旋律圈內，生長發育。中國古人稱五倫爲人生關係的範圍，實則就是生命旋律的範圍，也就是我生命的世界家庭社會國家都包括在五倫以內。道家卻願超越一切旋律範圍，祇求在自然界的旋律中生活；佛教更願超越一切旋律圈，以空觀一切。然而人性所要求的，人不能都抛棄。而在現代的生活裏，更不能否認生命旋律。

1　家　庭

男女兩人，互相授受身體，結成一體，以創造新生命。兒子旣生，父母的生命流行到子女，子女以生命相報，建立孝道。儒家的孝道，以生命回報爲基礎，父子生命相連，父母配天。在縱橫的兩方面，儒家孝道都以子女的生命爲範圍。子女孝敬父母，一生不變，不論成年不成年，父母去世，仍舊『事死如事生。』（禮記　祭義）子女一生的行動都歸之於孝道，凡是善行都是孝，凡是惡事，都是不孝。兒子生活的目的，在於「揚名顯親」。兒子生命的繼續，在於繼續父母的祭祀。家庭的意義，完全集中在生命。宇宙的生命在萬物中生生不息，人的生命在家族中綿綿不絕。人一出生，生在父母的家庭中，父母隨著生命賦予子女以愛，「父慈子孝」，乃生命的第一個旋律。家庭的愛，養育子女的小生命，漸漸成長；子女的愛充實父母的生命，堅強壯實。天倫之樂乃生命旋律的花果，在家庭中自然長成。

工商發達的社會，工作搶奪了生命的時間，家庭生命的旋律流動漸慢，甚而至於枯萎。父母早出晚歸，子女少有看見父母的機會。子女漸大，獨立的觀念促他們脫離父母的關懷，兩方面愛的表現，稀薄散漫，父母既不教，子女乃不孝。目前中華民國的社會，孝道竟發生危機。在這種環境裏，別的旋律圈加多加深，然而生命旋律以愛爲動力，愛推動創生力週遊不輟。愛須由母胎發始培養，在家庭的旋律中生根。若是缺少家庭愛的旋律，在社會國家的旋律中，將爲工作關係的連繫，人心將養成虛僞欺詐。家庭的愛在工商業的社會中理應加強。家庭教育宜和學校教育平行，相輔相成。週末假日，春節年關，端午中秋，家人團聚。兒女奉養老年父母，膝前抱孫。安老院祇爲孤單無依的老人，娛樂中心可供同鄉同里的老者散心。今天的孝道，愛心勝於禮儀，養心勝於養身。若將家庭的生命旋律化爲社會生命旋律，胎兒生後卽送托兒所，牛奶代替母奶。父母老後卽送養老院，每月一兩次拜訪；似乎嬰兒和老父母都變成了贅疣，天倫之樂祇在青年父母和幼稚子女的家庭。子女一入工廠或大學，生命的旋律就流入了社會，白天，家庭將空寂無人。這種轉變帶給精神生命的傷害，雖然無形，卻相當深。大家提倡以廠爲家，以校爲家，圖謀以工廠學校塡補離別的家庭，若不能仍保持且加強在工廠和學校的子女和父母連繫，青年的心靈仍將有缺憾。「父慈子孝」的旋律今天還是精神生命的發祥地。

生命由父母所生，父母子女在生命上連繫；兄弟姊妹間有一生命來源，血脈相通。五倫中有兄弟一倫：『兄友弟恭』。目前的社會，兄弟平行，祇有在家庭企業裏，或兄或弟擔任總管，發號施令。古代姊妹爲女性，女性在家庭沒有地位，祇預備出嫁，成爲他家的人。現在姊妹在家和兄弟一樣。家庭生命旋律，周流在兄弟姊妹中，愛的成份既多，情緒將更濃。父母日間出外工作，兄弟姊妹同校，形影相隨，將可增進家庭愛的旋律。父母老而去世，兄弟姊妹尚能保持血親的愛，家庭生命旋律便將周流在兄弟姊妹家庭中。詩經常棣章歌詠兄弟相好的天倫樂：

『常棣之華，鄂不韡韡。凡今之人，莫如兄弟。
死喪之威，兄弟孔懷；原隰裒矣，兄弟求矣。
脊令在原，兄弟急難，每有良朋，況也永歎。
兄弟鬩於牆，外禦其侮。每有良朋，烝也無
喪亂既平，既安且寧，雖有兄弟，不如友生。
儐爾籩豆，飲酒之飫。兄弟既具，和樂且孺。
妻子如合，如鼓瑟琴。兄弟既翕，和樂且湛。
宜爾室家，樂爾妻帑。是究是圖，亶其然矣。』

2 社會

家庭爲生命的根基，生命成長後卽走入社會。我的生命不能孤獨，必和其他的生命相接觸。人和人相處，自然結成社會。擴大生命接觸的範圍。唐君毅先生說：『吾人首須知：日常生活中人與人同情共感而互助之事，雖極庸常。然此中之每一事，對己而言，皆足以開出一自己之生活境界之擴大超升之機，對人而言，皆足啓示一心靈世界之存在，而成就人之心靈的世界之實超升而擴大，對世界而言，則使人肯定一眞實之客觀存在之世界。』（生命存在與心靈境界 上册 頁六二九 學生書局 民六十六年）社會在農業時代，範圍祇在村中，稱爲農村社會。今天的社會，則鄉村和城市相連，一國和別國相交，今天社會的範圍，擴充到天下。但平日我所接觸的社會，常是同城同域的人。同城同域的人今日少則數十萬，多則數百萬，我生命的旋律爲能正常地周流在這些人中，須要有周流的管道。在中國古代，社會的管道爲師爲友，再有同族同鄉同業。這些管道，在今天的社會裏，仍舊爲社會生命旋律的適當管道。

師，在古代爲生命旋律的重要一環，家中所供牌位，上書「天地君親師」，五者都信爲生命的根源。師爲生命根源，因爲老師敎誨弟子人生之道，爲生命的導師，古代乃『尊師重道』。今天的師，則成爲知識的傳授者；若祇傳授知識，則和報紙的編者，電臺的廣播者沒有什麼分別，不值得特別的重視。

但是，生命的導師在今天的需要，較比以往更需要，因爲生活日趨複雜，工作的情況更艱難，須要向明智人和有德的人請教。

『子曰：三人行，必有我師焉。』（論語 述而）

『子入太廟，每事問。』（論語 八佾）

『舜其大知也歟！舜好問而察邇言。』（中庸 第六章）

『曾子曰：以能問於不能，以多問於寡，有若無，實若虛，犯而不校，昔者吾友，常從事斯矣。』（論語 泰伯）

好問是向人請教，能虛心問人，得益必多。自以爲明智，事事有把握，失漏和失足的地方必多。人生最有益和最幸福的事，在能得一位有德有學之士，時時可以向他請教，待以師禮。雖沒有進過他的教室，仍可以尊他爲師。社會上常有人拜人爲義父母，但很少有人除業師以外拜人爲義師的！

儒家的傳統除師以外，很看重朋友。朋友為平輩，感情相通，互有愛的旋律的人。師不容易求，友則可以容易遇到。有友則不孤，同心合力則力強。

友情既為精神生命的旋律，便應協助生命的發展，不可反加摧殘，儒家乃特別提倡愼重擇友。

『孔子曰：益者三友，損者三友；友直，友諒，友多聞，益矣。友便僻，友善柔，友便佞，損矣。』（論語 季氏）

『無友不如己者。』（論語 學而）

『責善，朋友之道也。』（孟子 離婁下）

朋友相交，在互相協助，不僅在工作和事業上，尤其在進德上，朋友須互相規勸。可以協助進德的朋友，自己要是有德，或至少努力進德，然後才可以「責善」。孔子所以說擇友的標準，在於選擇肯直言的人，選擇見聞很廣的人，選擇氣量廣大。知道原諒的人，朋友間不免有缺乏，有衝突。直言又可以引起憤憾，事後聽話的人必會自反，所以應予諒解。

『子曰：可與言而不與之言，失人；不可與言而與之言，失言。知者不失人亦不失言。』（論語 衛靈公）

朋友交情，清淡如水，不濃如醴，可以持久。責善，不聽；再言，不聽，放棄這種朋友，免得因數度責善而受辱。人一生能得善友，乃一大樂事。孔子說：

『有朋自遠方來，不亦樂乎。』（論語 學而）

『君子以文會友，以友輔仁。』（論語 顏淵）

人生有伴，攜手同行，在生命的路上，互相關注，互相勸勉，互相援助，在生命的路上必多樂趣。

中國社會傳統，有同族，同鄉，同業，組成一個團體，作爲社會生命的旋律。同族爲家庭的擴充，血脈相連。在古代成爲一種組織，有共同的法規和習慣，對同族的人，負有管束扶助的義務。當時的社會福利，由同族的組織負責實行。目前，家族組織已失去地位；然而同宗同姓的連繫，今天又重新加強，還可以成爲社會生活互相協助的因素。

同鄉爲鄉誼的連繫，若離鄉背里，同鄉人互相援手。在外國遇到中國人就覺得親熱。在外縣遇到同鄉人感到是鄉親。

同業，在古代時意義不重，在今天的社會裏，意義不僅超過了同族同鄉，而且已成爲社會組織的重要一環。目前各種行業，和各種學術研究，都組成同業會或聯誼會或學會，共同保障同業的權利，互相攜手以謀發展，且共同提倡職業道德，實行同業自律，以得社會的重視。

人爲社會動物，人的生命在社會裏生存，人的眞正「存有」是在社會內的「存有」。所以我的精神生命，生來帶有社會性。而且我信仰天主敎，按照天主敎的敎義，我看凡信奉天主敎的人，都是基督妙身的肢體。大家同基督合成一身，基督爲無形的頭，有形的頭則是敎宗。基督妙身形成一個敎會。在基督妙身敎會內，基督的生命周流在肢體中。我的精神生命因基督的生命，併合基督的生命，在敎會生命中旋律。

3 國家

社會進而爲國家，生命的發展，得到保障。國家爲人民而成立，出自人的天性，不是來自民約。由酋長而諸侯，由諸侯而帝王，由帝王而進入民主，國家的形式隨時代而變，國家的意義常是爲謀國民的幸福。

書經的天命觀，以皇帝爲上天所選，代天行道。桀紂不遵天命，禍國殃民，上天命湯王武王起兵討伐，繼承皇位。皇帝代表社稷，社稷代表國家，國家由皇帝而造福人民，人民對於皇帝盡忠。忠和孝乃爲儒家的兩種最重要的實踐道德。秦始皇、漢武帝建立了君主專制，國家歸於皇帝所有，人民任憑皇帝管轄，沒有權利，衹有盡忠。但是儒家的天命思想繼續傳遞，臣下盡忠爲『盡忠報國』。

「仁道」的觀念，由易經生生思想孕育發揚，儒家學者都願贊天地之化育。易經說聖人以仁守位（繫辭下　第一章）造福百姓。中庸描述聖人的仁德：

『大哉聖人之道，洋洋乎發育萬物，峻極於天，優優大哉！』（中庸　第二十七章）

孔子和孟子一生追求一官半爵，爲能推行堯舜之仁道，以行仁政，養民教民，後因不遇明君，乃退而教授徒弟。孟子曾說：

『得志，與民由之；不得志，獨行其道。』（孟子　滕文公下）

孔子的生活原則，是『窮則獨善其身，達則兼善天下。』這種原則爲儒家愛國的原則。在朝廷居官，得志而顯達，便『先天下之憂而憂，後天下之樂而樂。』㈢

『孟子曰：說大人，則藐之，勿視巍巍然。高堂數仞，榱題數尺，我得志弗為也。食前方丈，侍妾數百人，我得志弗為也。般樂飲酒，驅騁田獵，後車千乘，我得志弗為也。在彼者，皆我所不為也；在我者，皆古之制也，吾何畏彼哉。』（孟子 盡心下）

孔子常以政爲正，先正身然後才從政，身不正，怎麼能正別人。在孔孟的思想裏，皇帝和大臣應該是聖人，聖人從政乃是以身教，即使不從政，德教仍能普及全國。

『唯天下至聖，為能聰明睿知，足以有臨也；寬裕溫柔，足以有容也；發強剛毅，足以有執也；齊莊中正，足以有敬也；文理密察，足以有別也。溥博淵泉，而時出之。溥博如天，淵泉如淵；見而民莫不敬，言而民莫不信，行而民莫不說。是以聲名洋溢乎中國，施及蠻貊，舟車所至，人力所通，天之所覆，地之所載，日月所

照，霜露所墜，凡有血氣者，莫不尊親，故曰配天。』（中庸 第三十一章）

聖人在國家裏，德表照耀人民，人都信服。朱熹注說：『言其德之所及，廣大如天也。』故曰『配天』。中庸以孔子達到了這種境界。

『仲尼，祖述堯舜，憲章文武，上律天時，下襲水土，譬如天地之無不持載，無不覆幬，譬如四時之錯行，如日月之代明，萬物竝育而不相害，道竝行而不相悖，小德川流，大德敦化，此天地之所以為大也。』（中庸 第三十章）

儒家仁道的政治爲仁政，仁政以敎化爲原則，故重德敎。儒家求學目的在行道，以仁道敎化國民，『大德敦化』，今日民主政治，治國者由民選，民選的人大都『大言不慚』，少有正身以從政，『如日月之代明。』

不從政的國民，每人對於國家都有『忠』的義務。國家有土地，有政府，有人民。國民

(三) 范仲淹 岳陽樓記

有義務保衛國家的疆土，服兵役以備戰。國民有義務保障政府的法統，不使政權分裂；有義務供給政府各項建設的經費，按法納稅。國民有義務保護民族的文化，繼續發揚。民族的存在，以民族文化爲代表，爲象徵。當社會生活環境，急劇改變的時代，民族的傳統文化，不能適合當前的環境，民族中的智者，應該整頓傳統文化，依照時代的環境，予以改革。爲保衛國家，國民應發揮責任感和正義感。先總統　蔣公留有遺訓：

『以國家興亡為己任，
置個人死生於度外。』

我精神生命的旋律，在家庭中孕育而生，在社會中發揚而長，在國家中堅強而立，在教會中垂久而存。

第六章　生命的超越

我的精神生命，趨向無限的絕對眞美善，又與基督的神性生命相合爲一，我的精神生命乃在本體上超越宇宙萬物的自然界物體，攝昇到神性的本體。我精神生命的活動也日漸超越宇宙萬物，雖同萬物活在宇宙中，我精神生命的活動在目的和本質上，都屬於超宇宙的神性生活，且與絕對眞美善的造物主天主相接。

在中國的生命哲學中，儒佛道都趨求生命的超越，儒家以「天人合一」，道家以「與道冥合」，佛敎以「進涅槃」爲目的，都追求人的生命超越宇宙，達到與絕對體相合的境界。唐君毅先生在所著的生命存在與心靈境界（學生書局　民六十六年）書以長達六百頁的篇幅，講論中外哲學的生命超越。

一、中國生命哲學的生命超越

1 儒家——聖人

儒家以心靈爲人的大體，人以心靈生命爲主，心靈虛靜而靈，可稱爲神。儒家的學者全心培養心靈生命。

儒家稱培養心靈生命爲修身，修身以大學所列的綱目爲途徑。

『大學之道，在明明德，在親民，在止於至善。古之欲明明德於天下者，先治其國；欲治其國者，先齊其家，欲齊其家者，先修其身，欲修其身者，先正其心，欲正其心者，先誠其意，欲誠其意者，先致其知，致知在格物。』(第一章)

大學列舉明明德爲心靈生命的基本，明明德的目標，在於親民和止於至善。明明德的步驟爲治國、齊家、修身，修身的方法爲正心、誠意、致知、格物。修身的方法爲培養心靈生命的方法。明明德的目標，爲心靈生命的目標。心靈生命的超越不在於方法，而在於目標。但是宋明理學家都沒有把心靈生命的目標安置在超越境界，朱熹註大學說：『大學者，大人之學也。明，明之也；明德者，人之所得乎天，而虛靈不昧，以具衆理而應萬事者也。但爲氣稟所拘，人欲所蔽，則有時而昏，然其本體之明，則有未嘗息者。故學者當因其所發而遂明之，以復其初也。新者，革其舊之謂也。言既自明其明德，又當推以及人，使其亦有以去其舊染之污也。止者，必至於是而不遷之意。至善，則事理當然之極也。言明明德親民，皆當止於至善之地而不遷，蓋必其有以盡夫天理之極，而無一毫人欲之私也。此三者，大學之綱領也。』朱熹解釋三綱領，都不出於倫理之外，克制私慾，以顯明人心之天理，對人對事止於事理之當然。大學第四章說：『爲人君，止於仁；爲人臣，止於敬；爲人子，止於孝；爲人父，止於慈；與國人交，止於信。』朱熹註說：『引此而言聖人之止，無非至善。五者，乃其目之大者也，學者於此，究其精微之蘊，而又類推以盡其餘，則於天下之事，皆有以知其所止而無疑矣。』對於「止」的解釋，是得當，『必至於是而不遷者』；然對於「至善」的解釋，則止於世事的『理當然之極』，則將「至善」包涵在人事的範圍以內，沒有能夠超越。然而大學既爲大人之學，「至善」則不是每一事的至理，而是「大人」所以爲大人之「至善」。「大人」在易經有所說明：『夫大人者，與天地合其德。』（乾卦文言）「大人」的心靈生命明明爲一種超越世物的生命。朱熹沒有看到「全體之至善」，只注意各項善行的至善。

中庸的講聖人之道和君子之道：

『大哉聖人之道，洋洋手發育萬物，峻極於天。……故君子尊德性而道問學，致廣大而盡精微，極高明而道中庸。』（中庸 第二十七章）

儒家的傳統卻只注意到君子之道，常常討論「尊德性而道問學」，以陸王的尊德性，以朱熹爲道問學。姑不論說的對不對，實際上是失去了儒家心靈生活的目標。在這一章明明說：『大哉聖人之道，洋洋乎發育萬物，峻極於天。』這種境界是何等高！儒家修養的目標在於成聖人，雖然大家都知道成聖人之難，中庸在同一章也說：『待其人而後行。苟不至德，至道不凝焉。』「至道」乃聖人之道，「至德」則是「發育萬物」，沒有這種「至德」，不能具體表現聖人之至德。中庸的「至德」，卽是易經所說：『與天地合其德』。天地之德，易經明明說：

『天地之大德曰生，聖人之大寶曰位；何以守位，曰仁。』（繫辭下 第一章）

儒家的精神生命所有的目標，在於『與天地合其德』，也就是普通常說的「天人合一」。天，代表天地，天地代表上天。天地所表現的爲生生不息，天地相合使萬物化生。天地具有生生創造力，萬物都各具有生生之理。天地的生生創造力週流在萬物之中，使萬物化生。宇宙乃一活的宇宙，宇宙爲一道生命洪流，長流不停。

人得天地之心爲心，人心爲仁。人生有私慾，唯有聖人，生來不具私慾，光明瑩潔，深悟天理，乃能貫徹天地之心，以自心所具的生生創造力，和天地的生生創造力相結合，於是聖人贊天地的化育，「可以與天地參矣。」（中庸 第二十二章）

易經乃說：

『夫大人者，與天地合其德，與日月合其明，與四時合其序，與鬼神合其吉凶。先天而天弗違，後天而奉天時。天且弗違，而況於人乎！況於鬼神乎！』（易經 乾卦文言）

在易經裏，天地爲乾坤的具體象徵，乾坤爲陽陰的特性。乾坤在易經爲兩基本卦，乾卦：『彖曰：大哉乾元，萬物資始，乃統天。』坤卦：『彖曰：至哉坤元，萬物資生，乃順承天。』乾坤尊爲萬物化生之元。

『乾道變化，各正性命，保合太和，乃利貞。首出庶物，萬國咸寧。』（乾卦 彖曰）

『坤厚載物，德合無疆。含弘光大，品物咸亨。』（坤卦 彖曰）

天地的大德爲生生不息，生生創造力周流不停。聖人的至德，在於與天地生生創造力結合，使萬物化育。

『故至誠無息，不息則久，久則徵，徵則悠遠，悠遠則博厚，博厚則高明。博厚所以載物也，高明所以覆物也，悠久所以成物也。博厚配天，高明配天，悠久無疆。如此者，不見而章，不動而變，號為自成。天地之道，可一言而盡也，其為物不貳，其生物不測。』（中庸 第二十六章）

方東美教授曾說：『「天地之大德曰生」，然並非生只一度而已，如尋常所謂靜態一屬之生者，而是動態往復歷程，易經「生生」一辭，中文直解原作「生之又生，或創造再創造」，故業向採懷德海之術語 Cneatibe Cheativity 譯之，庶幾格義相當。』(一)

大人或聖人的心靈生命，和天地的生生相結合。他的生生創造力，參與天地生生創造力，一同化育萬物。日月，四時，鬼神，原來都是天地創生力的工具，發展生命的創造，大人或聖人所以能和日月，四時，鬼神相合。他的心靈生命擴充到天地，包括萬物。這種生命的表現，第一就像孟子的「浩然之氣」。『其爲氣也，至大至剛，以直養而無害，則塞於天地之間。其爲氣也，配義與道，無是餒也。』（孟子 公孫丑上）孟子的心靈乃有『萬物皆備於我。』（孟子 盡心下）而後則『仁民而愛物。』（孟子 盡心下）

第二，有孔子對自己心靈生命的描述，『五十而知天命，六十而耳順，七十而從心所欲，不逾矩。』（論語 為政）孔子自己描述精神生命的歷程，輕描淡寫；但知命、耳順和「從心所欲，不逾矩。」不屬尋常的階段，乃精神已能止於至善，才能有這種境界。

第三，中庸描述孔子精神生命的偉大：

『仲尼祖述堯舜，憲章文武。上律天時，下襲水土。辟如天地之無不持載，無不覆幬；辟如四時之錯行，如日月之代明。萬物並育而不相害，道並行而不相悖。小德川流，大德敦化，此天地之所以為大也。』（中庸 第三十章）

(一) 方東美 中國哲學之精神及其發展 上册 頁一五五。孫智燊譯 成均出版社 民七三年。

這章所說的，和易經乾卦「文言」所說『夫大人者，與天地合其德，與日日合其明，與四時合其序。』意義相同。儒家的大人或聖人，所有的精神生命，和天地生生的大德相合，使「萬物並育而不相悖」。這種精神生命超越宇宙萬物，參與天地生生之德。天地生生之德，實際是上天造物的創造工程，聖人參與這種工程，和上天相結合。這種天人合一，不見於人的本體和造物主的本體，而是見於造化的工程，在生生工程上相合。這種境界已經是一種超越的境界，聖人的精神生命不受任何物的牽制，也不以任何物爲目標，而是以上天的創生工程爲目標。聖人精神生命的發展，高達於天，深入於地，『溥博如天，淵泉如淵，』（中庸第三十一章）不可測量其高深。

方東美教授以儒家的生命超越，爲超越形態（transcendental）和內在型態（immanent），和西洋的超自然（超絕）型態（Praeternatural）不相同㈡。對於西洋的生命超越以及道佛的生命超越，在下面我將予以研究，至於儒家的超越，爲心靈活動，卽精神生命的一種超越。這種超越不在於生命的本體，而在於生命的活動。生命爲一物體的「存有」，爲本身最切實的「自我」，生命的活動卽爲自我的活動，儒家的超越既爲心靈活動的超越，當然是自我活動的超越，超越仍以「自我」爲根本。孔子講自己「從心所欲，不逾矩」；中庸講孔子實踐堯舜文武之道，使「萬物並育而不相害」，易經講大人「與天地合其德」，都是自我人格的提昇，超越塵世的欲望，參贊天地的化育。

然而這種超越，不使人性超越，而是自我的發展，方東美教授以儒家精神，爲「典型之時際人」㈢，既是時際人，則在時空以內，即在宇宙以內。儒家沒有超越宇宙只是和宇宙相合，參贊宇宙生生的創造，使「萬物皆備於我」（孟子　盡心下）。儒家的超越爲倫理性的超越，以仁道配生生。

2　道家——至人

道家精神生命發展的歷程，分有層次。就如儒家分有士、君子、聖人的層次；道家分有田園人、虛靜自然人、至人。道家人生哲學的基本，在於本體論之「道」。

「道」爲一無限之本體，「先天地生」（道德經　第廿五章）『自本自根。未有天地，自古以固存。神鬼神帝，生天生地。』（莊子　大宗師篇）爲萬物的根源。

㈡ 同上，頁二八—三〇。

㈢ 同上，頁四四—四八。

「道」的本身，渺茫不定，『道之爲物，惟恍惟惚。恍兮惚兮，其中有物。窈兮冥兮，其中有精。其精甚眞，其中有信。』（道德經 第二十一章）

「道」本身渺茫不定，具有自變之力，稱爲德。「道」因德而化，化而不息。

『道生一，一生二，二生三，三生萬物。萬物負陰而抱陽，盅氣以為和。』（道德經 第四十二章）

「道」生萬物，「道」也在萬物。萬物的本體是「道」，萬物爲物的外形。

『東郭子問莊子曰：所謂道，惡乎在？莊子曰：無所不在。東郭子曰：期而後可。莊子曰：在螻蟻。曰：何其下耶？曰：在稊稗。曰：何其愈下耶？曰：在瓦甓。曰：何其愈甚耶！曰：在屎溺。東郭子不應。莊子曰：夫子之問也，固不及質。正獲之問於監市履狶也，每下愈況。汝唯莫必無乎逃物。至道若是，大言亦然，周徧咸三者，異名同實，其指也。』（莊子 知北遊篇）

萬物因此在本體上相等，莊子乃倡齊物論。

『天地與我同生，而萬物與我為一。既已為一矣，且得有言乎！既已謂之一矣，且得無言乎！』（莊子　齊物論）

「道」之變，絕對順乎自然。「道」乃無欲，『道常無欲，可名於小。』（道德經　第三十四章）既是無欲，也就無爲。『道常無爲而無不爲。王侯若能守之，萬物將自化。化而欲作，吾將鎮之以無名之樸。無名之樸，夫亦將曰無欲。不欲以靜，天下將自定。』（道德經　第三十七章）

老子的人生哲學，建立在他的本體論上。人的本體爲精神，爲道；人的身體爲形相。形相不足重，所重者在精神。形相的需要減到最少，精神的發揚極大。爲減少形相的需要，老子主張「歸眞反樸」，純乎自然。

『見素抱樸，少私寡欲。』（道德經　第十九章）

依照這種人生觀，第一階層的人，爲「田園人」。「田園人」愛田園的自然生活，捨棄名利，不求聞達，不做官，不貪富貴。「田園人」是避世人，明哲保身，耕田自娛。古代乃有田園詩人。

『結廬在人境，而無車馬宣。問君何能爾，心遠地自偏。採菊東籬下，悠然見南山。山氣日夕佳，飛鳥相與還。此中有真意，欲辯已忘言。』（陶潛 飲酒詩）

『中歲頗好道，晚家南山陲。興來每獨往，勝事空自知。行到水窮處，坐看雲起時。偶然值林叟，談笑無還期。』（王維 終南別業）

『晚年惟好靜，萬事不關心。自顧無長策，空知返舊林。松風吹解帶，山月照彈琴。君問窮通理，漁歌入浦深。』（王維 酬張少府）

鄙棄社會事務爲俗務，以官場爲贓污，逃避社會間的日常接觸，置身在山野間，日與自然界景物爲伴。不求身體感官的滿足，只想心靈的自娛。「田園人」超越世事，退隱避世，以自然美景和心靈清淨爲樂。

道家人生觀的第二階層的人，爲「虛靜自然人」，莊子提倡這種人生境地。

「虛靜自然人」，首先使自己虛空，把自己忘了。

『墮肢體，黜聰明，離形去知，同於大通，此謂坐忘。』（莊子 大宗師篇）

忘記自己的形骸，不求形骸的享受，無欲無爲，乃得心虛。

『虛者，心齋也。』（莊子 人間世篇）

心齋沒有事物的欲望，常自足，『知足不辱，知止不殆，可以長久。』（道德經 第四十四章）心既得虛，便可以靜。

『廣成子蹶然而起，曰：善哉問乎！來！吾語汝至道。至道之精，窈窈冥冥，昏昏默默，無視無聽，抱神以靜，形將自正，必靜必清。無勞汝形，無搖汝精，乃可長生。』（莊子 在宥篇）

『聖人之靜也，善故靜也。萬物無足以撓心者，故靜也。水靜則明燭鬚眉，平中準，大匠取法焉。水靜猶明，而況精神。聖人之心靜乎，天地之鑑也，萬物之鏡也。夫虛靜恬淡，寂寞無為者，天地之平，而道德之至也。……虛則靜，靜則動，動則得矣。』（莊子 天道篇）

心既虛乃靜，靜則精神活動，精神活動順乎自然，乃能和天地相通，『同於大通』。虛靜自然人超越萬物，心不爲任何世物所牽，遨遊於天地之間，可以說是方東美教授所稱的「太空人」㈣。

道家最高的精神生命的階層爲「至人」。莊子以喻言，描述至人或神人，登天入地，遨遊六合之外。

「至人」捨棄形相，忘懷自我，和「道」相合。尋得了自己的本體——「道」，捨棄形相的個體。「道」生萬物，以氣成形，氣爲一爲有。「至人」以氣和天地的氣相合，由天地之氣和「道」相合，忘掉自己的小我，和眞我——「道」相合。「至人」的知，不以心知，而以氣知。「至人」的氣知爲上知，「至人」的德爲上德。

『不離於宗，謂之天人；不離於精，謂之神人；不離於眞，謂之至人。以天為宗，

以德為本，以道為門，兆於變化，謂之聖人。』（莊子　天下篇）

『夫至人有世不亦大乎？而不足以為累，天下奮棅而不與之偕，審乎無假而不與以利遷。極物之真，能守其本。故外天地，遺萬物，而神未嘗有所困也。通乎道，合乎德，退仁義，至人之心有所定矣。』（莊子　天道篇）

『入無窮之門，以遊無極之野。吾與日月參光，與天地為常。』（莊子　在宥篇）

『古之真人，不逆寡，不雄成，不謨士，若然者，過而弗悔，當而不自得也。若然者，登高不慄，入水不濡，入火不熱，是知之能登假於道也若此。古之真人，其寢不夢，其覺無憂，其食不甘，其息深深。……古之真人，不知說生，不知惡死。其出不訢，其入不距，翛然而往，翛然而來而已矣。不忘其所始，不求其所終。……

吾猶守而告之，參日而後能外天下，已外天下矣，吾又守之，七日而後能外物。已外物矣，吾又守之，九日而後能外生。已外生矣而後能朝徹，朝徹而後能見獨，見獨而後能無古今，無古今而後能入於不死不生。』（莊子　大宗師篇）

(四) 同上，頁六九。

至人或眞人，在能守其眞。老子曾說「道」本體雖彷佛不定，然「其中有精，其精甚眞」，「眞」爲「道」之本體的「眞」，眞代表「道」的本體。這種本體是眞，是存有，是氣。「至人」或「眞人」以自己的氣和「道」之氣相合。莊子「達生」篇說：

『子列子問關尹曰：至人潛行不窒，蹈火不熱，行乎萬物之上而不慄，請問何以至此？關尹曰：是純氣之守也。非知巧果敢之列。』（莊子 達生篇）

莊子「大宗師」篇也說：「彼方且與造物者爲人，而遊乎天地之一氣。」「至人」以氣與「道」相合，乃得大智，認知自己的本體是「道」，「道」超乎宇宙，無限無垠。「至人」乃超越宇宙一切。「至人」的超越在於本體的超越。通常人是小智，以自己心靈爲本體，由心靈以生活。「至人」則超越自己的心靈，以「道」爲自己的生命。道家的超越和儒家不同，儒家的生命超越，只是「與天地合其德」，不是本體的超越；道家的超越則是本體的超越。「至人」的本體，已不是一個人的本體；有限，有時空，爲相對的本體，「至人」的本體是無限之「道」的本體。

道家的超越和天主敎的超越也有不同，在後面我將說明。然而道家的超越精神生命和佛敎的超越精神生命，和天主敎的超越精神生命，有相類似。這種超越，玄之又玄，有和無相合，相對和絕對相合，有限和無限相合。人的精神生命，直飛到生命的頂點。一切不可言，不可思議。莊子以大鵬鳥爲喩，直飛天際，兩翅若垂天之雲；然仍不足以表達㈤。

3 佛敎——佛

佛敎素以提倡精神生命而自豪，以「苦、集、滅、道」，爲四諦，解脫人生的痛苦，登於涅槃的「常、樂、我、淨」的極樂世界。可是儒家學者則常詆毁佛敎剝削人性，使人成爲枯木槁灰。兩者的人生觀完全不同，兩者的形上學更是相異。因此兩者對於精神生命的發育，觀念和理想雖不是南轅北轍，實則相差很遠。

佛敎體認現世的生命爲痛苦，常在生老病死四種痛苦境遇中。釋迦牟尼尋求生命痛苦的緣因，力求予以解脫。他指定人生痛苦的緣因，在於無明，或說愚昧，宇宙萬法（物）本不存在，人卻認爲存在，乃起貪戀，由貪而起各種慾望，產生各種罪惡，罪惡在來生引起業敎，生命遂輪廻不斷。解脫痛苦之道，在除去人的愚昧，使成智者而成「覺」。因此有和空

㈤ 參考方東美 中國哲學之精神及其發展 第四章、第五章及羅光 中國哲學大綱 下册 第四章、第五章。

兩詞，成爲佛敎中心觀念。

小乘佛敎肯定萬法爲有，以宇宙萬物由四大——地、水、火、風結成，中間森羅萬象。然卻否定「我」的存在，有的主張三世實有，有的主張現世和未來二世實有，有的主張只有現世實有。以阿毗達摩大毗婆沙論爲基本，由這本經論產生世親的俱舍論。

俱舍論主張「三世實有，法體恒有」。由「法體恒有」的主張引伸「體用」的學說，以法體絕對不生滅，只是作用有生滅等變化㈥。

印度佛敎的小乘，也並不純淨接受萬法爲有，俱舍論歸結到「業緣論」。一切萬法的有，都由因緣而有，雖爲有，實則不有。俱舍論講十二因緣，作爲「我」輪廻的因緣。輪廻分三世；前生、現生、來生。現生由前生之業而成，現生之業又造來生。業，爲行爲的效果；行爲的效果由倫理善惡而評估，惡業爲有漏的，善業爲無漏的。有漏業在來生有惡報，乃生無明愚昧。由無明生行，由行生識，由識生名色，由名色生六入，由六入生觸，由觸生受，由受生愛，由愛生取，由取生有，由有乃有生，由生有死。無明、行、識、名色、六入、觸、受、愛、取、有、生、死，爲十二因緣，不斷地循環，成爲生命輪廻的一個圓圈。

但是若萬法不有，唯因緣爲有。因緣究竟怎麼有呢？世親同兄長無著開起大乘，由小乘到大乘的橋樑爲唯識論。唯識論主張萬法唯識，萬法所以有，是因爲「識」所造。無著作攝大乘論，爲唯識論舖路。世親的成唯識論則是唯識宗的基本經典。唯識論倡言有八識：眼鼻耳舌身意前六識，後兩識末那識、阿賴耶識。阿賴耶識稱爲藏識，藏有種子，種子有天生種子，有業種子，業種子爲前生行爲所造。種子因現生感官行爲受薰乃造「境」，「境」爲感官的對象，因前生種子受現行所薰能現前生行爲之境，感官對「境」生感，乃有感覺，意識爲心識，心使人有感覺的意識，而由末那識判定爲有，乃生「我執」和「物執」。「我執」是心肯定而把持自我爲有，「物執」是心肯定萬法爲有而予以執著。萬法的有，來自人心的「我執」和「物執」。這兩種執又來自識。因此，萬法皆空，所有唯識。唯識緣起論建立在業緣起論上，解釋業緣不僅在生命的輪廻，而是在造境，產生萬法的識(七)。

大乘佛敎繼續向前追求，識的產生在於心，假使說萬法唯識，更應該說萬法唯心。大乘佛敎便特別注意「心」。

大乘講「心」的經典，屬於般若。解釋般若經的重要著作爲大智度論，共百卷，由鳩摩羅什譯成漢文。般若爲智慧，以般若光明觀照現實界，『藉辯證上躋，而點化之，提昇之，

(六) 參考羅光　中國哲學思想史　魏晉隋唐佛學篇　上册　頁四三九　學生書局　民六十九年。

(七) 同上，上册　第四章　緣起宗論。

超化爲重重無盡之法界勝境，復不斷淨化之，滌除清染，更宏以高尚之理想。同時，此種超脫解放精神，惟其內具般若聖智，澈通不隔，故能洞見一切現象本自清淨無染，是以神遇萬物而不滯，玄照至極以睹眞，圓滿無漏，而得證大自在，大解脫，大歡喜。」㈧

大乘對般若的講解，常從「心」出發。楞伽經在卷首御製序文中，譽爲『斯乃諸佛心量之玄樞，羣經理窟之妙鍵。』楞伽經主張『一切事物都由因緣和合而生，因緣並非實有，都由心所現，而心亦是妄心。因此事物不是實在的事物，因緣不是實在的因緣，則所謂生滅也就不能是實有的現象。』㈨

心既是妄心，怎樣能尋得眞心？大乘乃有如來藏緣起論。如來藏爲根本清淨心，爲眞心，藏在妄心內，人須破除妄心，達到如來藏境界。這種境界『爲佛境界。佛有慧智正見，不以外物性相爲有，也不以破除性相爲空，而是見如實處，卽見眞如。』㈩大乘起信論提出眞如緣起論，以心卽眞如。眞如爲絕對實有，然有二法門，一爲心眞如門，一爲心生滅門。眞如本體不可言，不可講，絕對超越人的知識。然眞如對外有非我的表現，這種表現卽是心生滅門。妄心看到宇宙形形色色，誤以爲有，但若以智慧達到覺，則是有亦空，空亦有，一切絕對平等。

大乘般若便講這種能使人生命超越的智慧，講三論宗的中論。中論講「八不」——「不生亦不滅，不常亦不斷，不一亦不異，不來亦不去。」八不的根基，在於否定因緣。這種中論，不是儒家的中論。但是宋明理學家裏有人以中爲人性本體，便是仿傚佛教的中論了，中論以本體爲眞如，眞如爲中，一切萬法也以中爲本體，因而不有也不空，有和空不相對抗，也不相完成，而是本體的兩面。如大乘起信論所說二法門。對於有無不用破除，而是用「觀」。中論的第一品爲「觀有無品」，把有無和果報看成不有不無，則一切法都是不有不無，到底畢竟空。畢竟空的實相爲如來，如來爲相對者的否定，但也不積極肯定爲絕對的實相。中論在「觀如來品」裏，說如來亦有亦非有。邪說以爲如來爲沒有的，偏見以如來爲有，實則如來亦有亦無。畢竟空爲最高妙理，爲妙空，不講有，也不講空，又不講不有不空，而只是否定。這種思想由「觀如來品」，進到「講涅槃品」，更爲顯明(十一)。

『若一切法空，無生無滅者，何斷何所滅？

(八) 方東美　中國哲學之精神及其發展　上册　頁二六九—二七。
(九) 羅光　中國哲學思想史　魏晉隋唐佛學篇　上册　頁四八一。
(十) 同上，頁四八七。
(十一) 同上，下册　頁五八七—六〇〇。

而稱為涅槃。無得亦無至，不斷亦不常，
不生亦不滅，是說名涅槃。』（中論 卷四 觀涅槃品 第二十五）

這種否定的觀法，到了佛教的圓教，乃改爲肯定的積極觀。佛教圓教有華嚴宗、天臺宗和禪宗。圓教肯定有絕對實體的眞如，宇宙萬法爲眞如的非我現身。禪宗教人以直觀透視心靈深處的眞如，眞如爲眞我，爲眞心，爲實相。修禪觀的智者，空虛一切的知識和思慮，直觀本心眞如。眞如絕對又無限，無可言宣，不可傳達。人所有觀念和語文都有相對的觀念和名詞，絕對無法表達眞如。禪宗主張體認，不立文字。

天臺宗和華嚴宗主張以觀法，洞徹看到眞如實相，又圓滿透視宇宙萬法。事爲萬法，理爲眞如，事理通融，萬法和眞如互相通達。一爲眞如，一切爲萬法；一卽一切，一切卽一；一入一切，一切入一。天臺宗講「摩訶止觀」，以一法攝一切法，眞俗中三諦自相融會，其他一切也互相攝，互相融會，而到「一念三千世界」。華嚴宗講「三重觀」：眞空觀、理事無礙觀、周徧含容觀，又發揮爲「十玄門」。

『人要修行，勉力入法界，能够以「一心眞如」爲心，能够觀看萬法和眞如一心的融會，也觀看一切法的融會，於是有諸相圓融的世界，這個世界就是華嚴世界，也就是眞

如。』(十一)

圓教精神生命的超越，也是和道家的精神生命的超越一樣，爲本體的超越。人放棄了自己的妄心，識破了自己的假我，直觀自己的本體眞如。圓教的智者或覺者，將自己的本體和眞如相融會，直接觀看自己本體的絕對性、安定性、清淨性，體認了自己的眞我，眞我爲常，爲樂、爲淨。這是涅槃的境界。禪宗的得道者，達到了涅槃境界，直觀絕對眞如，由眞如再觀萬法，萬法互相通融，又和眞如通融，一切絕對平等。

慧能曾有一偈說：

『無上大涅槃，圓明常寂照，凡愚謂之死，外道執為斷……

惟有過量人，通達無取捨。以知五蘊法，及以蘊中我。

外現衆色相，一一音聲相，平等如夢幻。

不起凡聖見，不作涅槃解，二邊三際斷，常應諸根用，而不起用想。

分別一切法，不起分別想。

(十一) 同上，頁六九七。

刼火燒海底，風鼓山相擊，
真常寂滅樂，涅槃相如是。』（六祖壇經 機緣品 第七）

人在塵世，心入涅槃，世事見著如有，心卻不黏著一物，菩提達摩同時代的傅大士曾有一首詩：

『空手把鋤頭，
步行騎水牛。
人在橋上過，
橋流水不流。』

『一切的矛盾都廢棄了，一切平等。但是五燈會元的雲門之部述說一段話：「雲門文偃有一次與起柱杖道：看到柱杖就是柱杖，看到柱子就是柱子，這有什麼錯？」要緊的，是心中不加肯定，也不加否定，說是也好，說不是也好，心中無牽連。』㈢

佛教圓教的生命超越，直入絕對現實眞如中，以絕對本體爲本體，以絕對本體爲自我，爲眞心。宇宙的萬法都空寂了，然而又現爲絕對本體之表相，是有是無，不有不無，心空靈無滯。生命修成了絕對生命，不滯留於世物，乃享受涅槃境界的『常樂我淨』。

佛教圓教的生命超越，和道家的生命超越，同是本體的超越，合於道，合於眞如和儒家的德能超越更高，類似於天主教的生命超越。然而佛道以萬物的本體，本來就只是眞如或是道，世人不知而誤以萬物各有本體，因而佛道的超越，是一種破妄除錯的修爲工作；破除了錯誤，得到大智大慧。結果，眞的生命顯現，絕對常樂。這種超越的歷程，由外而入內，洞見自己的眞我；不是將自己固有的本體，提昇到絕對的本體；所以既不是 Praeternatural 性外的超越，更不是 Supernatural 超性的超越，而是內在本體的發現。在本體論方面，佛教大乘肯定萬法無本體，只是種種現象。道家雖講「道」在萬物，又講「齊物論」，然並沒有顯明地否定萬物的實體。道家講虛，是虛自己的心，不是以萬物爲虛；而且老子明明以萬物爲有，由氣所成，莊子以氣結合而有人，氣散則人死亡，氣歸於天地大氣中。因此，道家的超越，超越氣的聚散，直接與氣相結合而歸於「道」，佛教的超越則是超越萬法的現象，直接

(十三) 同上，頁八〇七。

歸於本體眞如。精神生命合於道的生命，或合於眞如的生命，絕對永存，成至人或成佛。

二、天主教精神生命的超越

1 形上的學理

中國當代學者談精神生活的超越時，常常談到西洋精神生活的超越。所謂西洋精神生活，指的是天主教精神生活。對於天主教精神生活的超越，免不了常有誤解，最普遍的和最學術化的誤解，在於指責西洋精神生活的超越，輕視個人精神生活的內在性，肯定一超越的神，個人精神生活超越宇宙而和神相結合，乃一外在的結合。由一外在的結合，再回到宇宙萬物，如同由地上升到天上，由天上再回到地上。方東美教授稱呼這種超越爲「超絕」或「超自然型態（Praeternatunal）」以中國精神生活的超越爲超越型態和內在型態㈲。西洋精神生活的發展歷程常遵循惡善對立的二元論，以肉體和靈魂對立，而又以人受原罪的破壞，人性已是壞而有缺。方東美教授說：『惟此種型態之形上學絕少爲中國思想家所取。揆其緣故，非由於超絕形上學之注重崇高價值理想，實則吾人對崇高價值之嚮往與注重，有過之而無不及；而係有鑒於其所謂「超絕」云云，對自然界與超自然界之和合無間性與賡續連貫性，顯然有損。同時兼對個人生命之完整性，亦有所斲傷。人乃身心健全之結合體，集健全之靈魂與健全之肉體於一身，使兩者圓合為一，於以成統一人格之整體，或健全之品德。」(15)

方教授對於個人的完整，非常樂觀。但是儒家歷代的性善性惡問題，顯示儒家並不相信凡是人都有健全的統一人格，因為朱熹的氣質性可惡可善，已進入形上學本體論，不以個人的本體常為健全的善。至於「健全的品德」，儒家一致主張由修養以建立，不是每個人天然而有。

天主教對於人的精神生命，有健全的形上理論。人為心靈（靈魂）和肉體相結合的整體，人一切的自主活動常由靈魂（心靈）和肉體統一的主體而行。人性是善的，人的肉體也是善

(14) 方東美　同上，頁二八。

(15) 同上，頁三〇。

的，只是人心常傾向肉體的享受，卽使所追求的精神享受，如名、位、學術，也常以在社會中能取得的感覺性尊崇而追求。這種傾向，中國古人無論儒釋道都認爲發於情慾。爲什麼人的情慾傾於惡呢？只有朱熹答說是因爲氣濁而理不顯。然而氣爲什麼濁呢？爲什麼我的氣是這樣的清濁，你的氣又是那樣清濁呢？關於這種問題朱熹只能說是因爲「理」限制氣，氣又限制理，根本沒有答覆。天主教答覆說情慾向惡乃是原罪的流毒。人類原祖在造物主所設的一種考驗中，失敗了，違背規誡，違背規誡的傾向世代遺傳，造成原罪的流毒，人類傾向感官的享受而造成惡，都是溢出規律以外，中庸說情慾動而中節爲和，不中節便是不和，不和乃是惡。天主教並沒有說人性因原罪而遭破壞，成爲惡性。

人的來源來自造物主天主，造物主造人，是按天主的肖像，人肖似天主。人價值的高，高於儒家所說得天地的秀氣而爲萬物之靈。人的心靈爲精神性，肖似造物主，稱爲靈魂。人的肉體有肉體的美；天主教沒有摒棄希臘人體美的思想，在教宗宮裏西斯篤小殿的天花板繪滿彌格安琪洛的裸體畫。正中祭壇上的最後審判圖，乃是彌格安琪洛的蓋世裸體名畫。但因爲人心傾於感官享受而常不中節，天主教因而不主張以裸體畫供大家的興享。

人心傾於感官享受常不中節而作惡，爲人類普遍的事實，人雖能以自己的心靈主宰情慾，導引中節，卻常感力不從心。從另一方面人類原祖經不起考驗，違背造物主天主的命令，與天主相隔離，迷惑在許多五色的神的信仰中。造物主天主爲引人走上正途，爲給人牽制情慾的力，乃遣派聖子耶穌降生成人，參入了宇宙的生命系統，進入了人類的歷史。

基督耶穌捨了自己的生命，作爲贖人類罪惡的祭祀犧牲，制定了神聖事宜，以洗禮洗人的罪，提昇人的精神生命和祂的神性生命相合爲一體，使受洗者成爲天主的子女，這種提昇爲本體的提昇；我的人性生命，變成了天主的神性生命，不只是動作的提昇，而是生命本體的提昇。因此稱爲超性生命（Supernatural life），不只是越性生命（Praeternatural life)。

造物主天主爲絕對精神實體，自有自全，超越宇宙一切。宇宙萬物爲天主所造，而不是天主所生，也不是從天主本體所流出。創造是動作，是能力；萬物和天主的本體關係，爲能力動作關係，即創造關係，萬物和天主的本體完全不同，萬物爲相對的，天主爲絕對的。萬物受造，得了存在，成爲「存有」。萬物的「存有」不是自有的，而是由天主的創造而有，從無而有。萬物由創造而得的「存有」，爲能繼續存在，仍須要創造力繼續支持「存在」。造物主的創造行動超越時間空間，在有時空的宇宙中看創造行動和支持行動，有時間的先後，但是在造物主的行動，則沒有先後，又是創造又是支持。因此，天主教說造物主在萬物內，即是說造物主的創造行動常在萬物以內。這是力的在，有如易經所說：『天地之大德曰生。』

整個的自然界，連人類在內，和天主的本性不相同，本體也不相同。創造行動在萬物內，支持萬物的存在，卻不改變萬物的本性。

基督受難，復活了。復活了的基督是純淨精神性的本體，祂的肉體也失去了肉體的物質特性。一個人領受洗禮，例如我領受了洗禮，我的精神生命被提昇和基督的生命相結合，基督復活後的生命完全是神性的精神生命，祂生命的本體爲神性和已神性化的人性的本體。我精神生命的本體爲靈魂，在和基督神性生命相結合時，我的靈魂和基督的本體相融會，我的靈魂接受神化，我同樣成爲天主的義子。父子的本性本體是相同的，我因此不僅是因人按天主的肖像受造而肖似天主，而且已因與基督的結合而與天主同性同體。這個超越乃是本體的超越，超越自然界的本性。不是我的本體被舉到天上，而是天主降臨我心靈內，使我的靈魂和祂相結合，天主住在我心內。

我的靈魂和基督的生命結成一體，我並沒有走出宇宙以外，我仍是我自己。不是如同道家以「道」爲萬物本體，也是我的本體。也不如同佛教以眞如爲萬法的本體，也是我的眞我，和道或和眞如相結合，普通我所認爲的我消失了，而只有「道」和「眞如」。我和天主相結合我的靈魂雖然神化了，仍舊是我的靈魂。這個靈魂仍舊和肉體結合爲一整體，連帶使我整體的活動都成爲神性的活動，我整體的生活成爲神性的生活；因爲我的本體已神化了。

神化生活的表現，在現世透過我的心靈，我有神化的意識，有和天主共同生活的意願。在現世生活裏，我的感覺和理智都不能直接透視天主，而是靠我的信仰。因此現世的神化生活乃是信仰的生活。信仰的生活雖不是理智的生活，因爲理智不能明瞭，而是一種神秘，然而並不是幻覺，也不是盲目迷信，理智懂得信仰生活是一種不相反理智的生活，而是超越理智的生活。

然而精神生活的超越，在現世也能超越信仰，而取得「直見」天主的生活。靈魂直接明見天主，不是眼見，不是理智見；而是神見，玄而又玄，神秘更神秘，精神生命達到極高峯。不能言，不能說，不能表達。神見的天主乃絕對眞美善的實體，不是空洞或無位稱的空洞體。天主是位稱的天主，是仁愛明智慈祥的天主。神見所得超乎人的想望，滿足人的一切追求，是極樂的境界。但是這種境界雖在我心內，又超出我的心靈，所以不能常留，乃是靈光的一眨。可望而不可求，不求而又可得，可得而不常住，神秘莫測，無可言宣。人死而脫離肉軀，靈魂獨存，沒有因罪而和基督分離，精神體對精神體，則「直見」天主而入這神化的超越生命中，永遠無間。

2 空虛的自己

甲、觀過

神秘生命可望而不可必得，然而俗語：『上天不負苦心人』，人若誠心預備，自己可以接受神秘生命，天主會恩賜給他。

預備的工作，最基層的爲信仰生活和倫理生活，我希望我的精神生命能夠神化，直見天主的本體，我便要使我的精神生命歸向天主，誠心信仰天主的慈祥和美善。在我現世生活裏，我的價值觀決定以天主高於一切，作爲我生活的目標。我又堅信我的生命本體已經超性化，和基督的生命本體成爲一體，可以用聖保祿宗徒所說：

『我生活已不是我生活，而是基督在我內生活；我現今在肉身內的生活，是生活在對天主子的信仰內；祂愛了我，且為我捨棄了自己。』（致迦拉達書 第二章 第十九節第二十節）

這種信仰生活是活潑潑的生活，信仰支配我整體的生活，而且引導我的心靈常用祈禱的默靜，歸向天主。

若我希望得到神秘生命，與享天主的美善，我應該是正直的君子。我不能說我沒有罪過，也不能說我已達到道德的成全境界。聖若望宗徒曾經說：

『可愛的諸位，現在我們是天主的子女，但我們將來如何，還沒有顯明；可是我們知道，一顯明了，我們必要相似祂，因為我們要看見祂實在怎樣。所以，凡對祂懷著這希望的，必聖潔自己，就如那一位（基督）是聖潔的一樣。』（若望第一書　第三章　第二節）

但若望又說：

『如果我們說我們沒有罪過，就是欺騙自己，真理就不在我們內。但若我們認明我們的罪過，天主既是忠信正義的必赦免我們的罪過，並洗淨我們的各種不義。如果我們說我們沒有犯過罪，我們就是拿祂當說謊者，祂的聖言就不在我們內。』（若望第一書　第一章　第八節）

我認識自己的弱點，別人也認識自己的弱點；我們人沒有一個是成全沒有缺點的，每天都犯許多缺失，或大或小。孔子曾說：

『觀過，斯知仁矣。』（論語 里仁）

『已矣乎！吾未見能見其過而內自訟者也。』（論語 公冶長）

基督瞭解人的弱點，制定了懺悔聖事。人在領洗後不免又犯罪過，違背倫理規律，基督著人知過，內省而自訟，便寬赦他的罪過。

我所講的正直君子，不是完全沒有缺欠的人，而是有過而知過，知過而改過，常常「自強不息」，往理想的人路走。若是一個人以目前的我爲滿足，再不求前進，他已經走在墮性的路上，已經沒有志向，已經沒有理想，不能使精神生命發展。「自強不息」的人，永遠向上，向無限的將來，向絕對的眞美善。他預備自己的精神生命接受神秘的生命。

信仰生活和倫理生活，常常「自強不息」，我只是奠下向上升的基礎。天主是絕對的眞美善，當我的相對眞美善遇到絕對的眞美善，和祂相融會，我的相對眞美善就消失了，不是本體消失，而是意識的消失。一盞燈，一支燭，對著強烈的陽光，燈火和燭光就形爲不是光了。我希望我的精神生命神化而融會在天主的生命中，我必定要「空虛自我的意識」。

乙、空虛自我意識

目前我心靈充滿自我意識，我知道自己的地位和職責，我事事有自己的計劃，遇事我表現自己的意見和喜好。自我意識使我知道我是自己的主人，也是我職務的主人。誰撞著我的喜好答話或行動，我天然地臉上表示不愉快。普通說這是男子的氣概，這是有作爲的人的天性。但是我既然肯定我自己，事事是我自己，怎樣能使我的精神生命神化而融會於天主的生命呢？雖然我的靈魂已經和基督的生命本體合成一體，但是我生命的活動卻常是由我作主，而不是由基督作主。因此，我必須經驗一個階段，空虛自我意識。

空虛自我意識的階段分成兩個層次：第一個層次是主動的層次，第二個層次是被動的層次。

A　主動空虛自我意識

主動的空虛自我意識，由我自己克制自己，在思念行爲上以天主的聖意作我的意向，一切作天主願意我作的。我活動行爲的目標常是爲愛天主。基督在世的三十多年生命，完全以天主聖父的意旨爲自己的意向。基督說：

『我的食物就是承行派遣我來者（聖父）的旨意，完成他的工程。』（若望福音 第四章 第三十四節）

『我的教訓不是我的，而是派遣我來者的。』（同上 第七章 第十六節）

『我由我自己不做什麼；我所講論的，都是依照父所教訓我的。派遣我來者與我在一起，祂沒有留下我獨自一個，因為我常作祂所喜悅的事。』（同上 第八章 第二十八節 第二十九節）

『我沒有憑我自己說話，而是派遣我來的父，祂給我出了命令，叫我該說什麼，該講什麼。我知道祂的命令就是永生。所以，我所講論的，全是依照父對我所說的而講論的。』（同上 第十二章 第四十九節 第五十節）

『我對你們所說的話，不是憑我自己講的；而是住在我內的父，作祂自己的事業。』（同上 第十四章 第十節）

『你們所聽到的話，並不是我的，而是派遣我來的父的話。』（同上 第二十四節）

『父啊，……祢所授給我的話，我都傳給了他們，他們也接受了，也確實知道我是出於祢，並且相信是祢派遣了我。』（同上 第十七章 第八節）

基督一生的言行，完全承奉天主聖父的旨意，祂不以自我爲主，而以聖父爲主。在卽將被捕而被殺時，祂向聖父祈禱說：

『父啊！一切爲你都可能：請給我免去這杯罷（受死）！但是不要照我所願意的，而要照你所願意的！』（馬爾谷福音　第十四章　第三十六節）

基督的生命本體，由天主神性和人性結合而成，祂有整體的人性，有理智，有意志，當殘酷死亡臨近時也有懼意，祂卻完全承奉天主聖父的意旨。

我和一切的人，都不能達到基督的生活境界，一切行動都以天主的意旨爲意向；然而，我們要勉力向著這種境界上攀。我精神生命的動向，常向天主。孔子曾說：『五十而知天命』（論語　爲政），知天命而畏天命，『君子有三畏：畏天命，畏大人，畏聖人之言。』（論語　季氏）畏則接納而順從。孔子所講天命，係上天的使命和上天所定的命運，不是生活各方面都完全以上天的意旨爲歸向，更不是愛慕天主而心向天主。舊約的聖詠說：

『予心之戀主兮，如麋鹿之戀清泉。渴望永生之源兮，何日得重覩天顏。人問爾主安

在兮，朝暮涕淚漣漣。以涕淚為飲食兮，吾主盍亦垂憐。』(十六)

『為盼天上主，向天頻仰首。猶如彼僮僕，常看東翁手。猶如婢女目，恒在主婦肘。吾目亦視主，望主頒恩祐。』(十七)

古來的僮僕，事事仰承主人和主母的吩咐，不敢自作主張。我要空虛自我意識，就須事事順從天主的意旨。對於每一樁我所該做的事，我精神生命的表現，天主的意旨必定爲我有好，祂看事看到事的究竟，看人看到人的心底，而且全能無限；我事事承行祂的意旨，我用祂至高的智慧，作我的智慧，用祂無限的全能，作我的能力。我的心常安定。

怎樣可以知道天主對事事的旨意呢？在祈禱中，在靜默中，在反省中，天主的無聲的言語，沒有文字的光明，會在我心靈中響亮。聽不見聲音，看不到閃電，但是心安心靜而嚮慕天主的人，在內心可以聽到天主的無聲的言語。

B　被動空虛自我意識

被動的空虛自我意識，較主動的空虛更上一層。主動的空虛，雖是我勉力以天主的旨意爲意向，仍然還是我作主控制自己，在心底處還存著自我意識，被動的空虛則是接受天主使我空虛自己，使我自己被空虛得茫然無主，不知所爲。聖十字若望稱這種境界爲「黑夜」。

『我們有三層理由，可以把靈魂（精神生命）走向與天主結合的歷程稱為「黑夜」。第一，靈魂向前走時，應捨棄對世物的一切慾望；這種捨棄對於感官就有如黑夜。第二，靈魂走向天主的路是信仰，信仰對於理智的認知有如黑夜。第三，靈魂走向的目標是天主，天主不能為人所認知，所以也如同黑夜。』(十八)

這上面所講的「黑夜」，還是通常的「黑夜」，眞正的「黑夜」則是被動空虛自我意識的歷程。被動空虛的歷程，第一歷程對世事的欲望。每天所有遭遇，洽對我的願望相反，所遇的人不是和我相投的，我希望得的物沒有得到，得到的物是不希望的。希望健康而竟生了

(十六) 吳經熊　聖詠譯義　第四十二首。

(十七) 同上，第一二三首。

(十八) The complete works of S. John of The Cross. V. I. B. I. C. I. ed, Westinistec Mdzyeand, 1946, V. Z. p.21。

病，想安息一會卻有人來談事。這種現象不是偶然一次，而竟成為常態。我的心靈便要安定不亂，且不動心。這種不動心較比孟子的不動心更難。孟子的不動心是發展自我的抱負，表現自己的人格。我所須要的不動心在於空虛自己的意識，忘記自己。也不僅是莊子的『隳棄形骸』，而是忘懷自我。我要縮小又縮小，以至於不見了我自己。佛教的禪道所講的空虛自己，有些相似，禪道是不思慮，心完全空；我所須要的空虛自己，則在於遭遇相反情緒的事，絲毫不動心。不是沒有感觸，沒有感觸將是痲木，我的感觸非常靈敏，只是找不著一件順心的事物，心要平靜不動，像如沒有感觸；這點要緊好的修養。

『第一，一個靈魂感覺不出對於天主的事有任何的安慰和愉快，同時，對世上的事物也是一樣；因天主使這靈魂進入這「黑夜」，祂可以搖盪他，淨化他的一切對世物的欲望。祂讓這靈魂在任何事物上找到慰藉或慰寄。……』㈨

『如我上面所說，心靈的枯燥由空虛事物慾望而發，不覺到任何安慰。可是心靈底處感到有一種力量，從本體方面去工作。這種力量的養料乃是神秘的妙觀。妙觀藏在心靈深處，和枯燥同時存在，人不能體會，然使靈魂傾向並追求安靜獨處，但不能思慮任何的事。』㈩

這種境界乃是「黑夜」，心靈沉在枯燥的深淵裏，對世上事物，對天上事物，都失去了興趣。可以說是打不起精神了。若遭遇了這種境遇，心靈驚惶，恐怕遭遇天主的摒棄，焦急尋求逃出的路，則錯而會再錯，失去「黑夜」的價值。這種空虛世物慾望的「黑夜」雖然可怕，然尚不及空虛精神慾望黑夜的艱苦。

『最好的事，遭遇空虛事物黑夜的人，要鎮定，要忍耐，不要自悲。堅心相信天主不會拋棄誠心追求祂的人，也不會不給予他所需要的，最後會引他走入愛的光明路上。……』

『他們在這種境遇中該走的路，是安靜不動，不要去想，不要去推理，因為現在不是時候。他自己看來什麼都不能做，白白消磨了時間。實際上只要靜靜祈禱，不加思慮，一顆愛心向主。』(二一)

(十九) 同上，B. I. C. TX V. I. p. 373。

(二十) 同上，V. I. p. 375。

(二一) 同上，V. I. p. 379。

對世物的空虛自己，帶來心靈的枯燥和驚慌，人要鎮定，加強信仰的信心。天主不會使我灰心失望，會支持他追求神秘生活的「自強不息」，再進入一更深的「黑夜」，以空虛自己對於精神事體的欲望。

我精神生命爲追求神秘生命的要件，是信仰。信仰對於理智雖是一種黑暗，因爲所信的事不能理解，然而心靈常體驗到信仰有一道內在的光明，引導精神生命的一切活動。天主爲摧殘靈魂的自信，使信仰的光明熄滅了。信仰對於靈魂完全成了黑暗，一切都看不見了，另外是對於未來身後的生命，一層厚厚的黑霧，蔽塞了未來身後生命的存在。聖嬰仿德蘭曾身歷這種境遇，曾描寫心所受的痛苦：

『同時好耶穌又准有一種黑暗，密密層層，衝進我心，把我從小，其甘如蜜的天堂（身後永生）思想，變作戰爭的焦點，苦痛的原因。……其中被困情形，我極願詳細說明，無奈苦於不能。大抵非身親其境，走過這黑地洞者，不知其烏漆黑黑是何等。』㈢

然而聖德蘭心雖極端痛苦，仍舊安靜不亂，『但我仍願向主號求說：「主所爲，無不敎我滿心歡喜。」……由此愈感念天主，溫厚仁慈，給我這重大十字架，正當我能背負之時。早一些，怕就心灰意懶，背不動了。現在不過把我情性中，所有的心滿意足，一筆勾銷。嚮慕天鄉的誠心誠意仍在也。』(三三)

這種黑夜的功效，就是在把「我情性中，所有的心滿意足，一筆勾銷。」對於自己，絕對沒有自信心，自知無能且自知多過。同時，對於心靈的愉快和滿足，也另有體認。爲發展精神生命，心靈的愉快和滿足不是必需的，而且還是障礙。追求心靈的愉快和滿足，表現嬰兒求乳的心態，需用甜蜜的感覺來支持。捨棄心靈的愉快和滿足，在心靈枯燥黑暗時，「自強不息」，才是站起身來走路的成年，經得起考驗。

聖文篤在他所著的『天路歷程』說明，開始的步驟，在於熱火一般地愛十字架，犧牲一切。

『但是，引導進入平安祥和的路，只是熱火般愛十字架的愛。這種熱情的愛，使聖

(三二) 聖嬰仿德蘭　靈心小史　第九章　頁二〇五，馬良譯　上海　土山灣印書館　一九三三年版。
(三三) 同上，頁二一〇。

保祿上升三層高天，使他非常地和基督同化，高呼說：「我已同基督被釘在十字架上了；所以，我生活已不是我生活，而是基督在我內生活。」（致迦拉達書 第二章 第十九節）同樣的熱愛也深入了聖方濟的內心，在他去世兩年以前，基督受難的五個傷口，印在他的身上。』㈢

每人精神生命的發展，有自己的途徑或方法，合於自己的喜好，在空虛精神欲望的黑暗裏，這種喜好也要被摧毀。我所喜好的途徑和方法，偏偏不生效，使我自己不知適從。整個的自我被消滅了，對任何事物沒有自己的偏好，自己也不再選擇，任憑天主作主。但絕對不是消極的灰心懶意，也絕對不是一顆枯樹沒有生意，而是生意達到最高點，靈魂的愛融會在天主的愛裏，以天主的意旨，作自己的意旨。禪宗常主張空虛一切思慮，空虛自我，以便直見自己本體的眞如。禪宗的空虛爲冷靜的空虛，是冰天雪地的空虛，追求天主的空虛自己乃是愛情的空虛。在人間兩個相愛的男女，戀情純淨而熾烈時，每一方自求空虛自己以接納對方。追求天主的愛在「黑夜」裏空虛自我的一切，以自我的整體獻於天主的愛，以接納整體的天主。

在「黑夜」裏不能直見天主，天主的觀念反而造成空虛精神欲望的第二層痛苦。第一層痛苦來自信仰，第二層痛苦來自天主。

『可以問：天主的光明為什麼會給靈魂變成黑夜呢？天主的光明不是光照靈魂，消除他的愚昧無知嗎？這個問題的答案有兩點：天主的智慧不僅對於靈魂是黑夜，同時還是傷痛和焦慮；因為天主的智慧過高過深，超越理智能力，靈魂對著如對太陽，什麼不見，乃形同黑夜；又因為靈魂自知不潔，自慚形穢，對著天主乃有傷痛和焦慮，也又形同黑夜。』㉕

天主爲絕對眞美善，無限地超越人的理智力，又無限地超越人的純潔；追求神秘生命的靈魂已經和世物斷絕了欲望一心仰望天主。他卻瞭解天主的絕對超越性，在任何方面，都不能上攀。對著絕對的眞美善自覺絲毫無力，自覺形穢不堪，心靈既是黑暗不見光明，又是痛苦焦慮。這種痛苦猶如一個久在異鄉飄零的人，經過千辛萬苦，已回到家門；然而看到家門

㉔ S. Bonaventura.—Textes et studes par Valentin reton, Aubier p. 426。

㉕ The Compiete works of S. John of ph Cenoss. V. I. p. 406。

緊閉，自知無顏見父母，心中痛苦萬分。這種痛苦，使靈魂自認卑微。基督曾說：

『父啊！天地的主宰，我稱謝祢，因為祢將這些事瞞住了智慧和明達的人，而啓示了給小孩子。父啊！祢原來喜歡這樣做！』（路加福音 第十章 第二十一節）

粉碎人的自傲，不讓人自以爲有智慧有善德可以攀上天主的堂奧，天主讓自卑自謙如同小孩的人得達神秘生命。在這種精神的「黑夜」裏，靈魂雖感得徹心的痛苦，然而心神非常安定，無任何想望，只是想攀上天主的堂奧。聖十字若望說：

『現在我該當說：雖然這種好的「黑夜」帶給了心靈黑暗，實則對於每樁事實都給予光明；因為「黑夜」雖然抑制靈魂，使他痛苦不堪，但却是為舉揚他，提擕他。雖然使他空虛對世事的一切欲望，乃是為使他可以神化而向前進，可以對天上地下的一切事物都可以享受，可以有精神的自由。』㈥

心靈空虛了一切，空虛了自我意識，不因自己的理智而作計劃，不因自己的喜好而有所傾向。心靈一片空白，無所點染。好比一塊乾淨的黑板，沒有半筆隻字，一切只等待老師去寫去畫。老師是天主，祂用自己本體的光和美，貫徹靈魂的整體，靈魂則整體地在等待。

3 愛的圓融

甲、與主圓融

靈魂經過「黑夜」已經淨化了，已經空虛了，絕對的實體——天主，直接顯示給靈魂。這種顯示是一種最親密的結合，好似陽光照到玻璃杯，透入玻璃杯的各部份，陽光在玻璃杯各部份以內，和玻璃杯完全結成一體。

靈魂——相對的「存有」，遇到了自己「存有」的根，愉快地雀躍地衝入絕對的存有。玄之又玄，衆玄之玄，絕對的眞美善，顯露給相對的渺小靈魂。靈魂面對無限的眞、

㈥ 同上 V. I. p. 422。

美、善，整個地滿足了，喜樂滿心。孔子曾說：

『知之者，不如好之者，好之者，不如樂之者。』（論語 雍也）

直接面對絕對的眞美善，心靈所有的是好是樂。俗語說「瞠目相向」，不用思索，不用研究，不用分析，理智失去推理作用，只有興享。

天主直接顯露給靈魂，自體是精神光明，光照靈魂，不用想像，不用觀念。靈魂直觀天主。完全不能用感覺，軀體好似僵屍，但有生命，也不是夢寐，想像和感官都停止作用。只有靈魂精神體直接對越天主。聖保祿曾有經驗。

『我知道有一個在基督內的人，十四年前，被提到三層天上去——或在身內，我不知道，或在身外，我也不知道，惟天主知道。我知道這個人，或在身內，或在身外，我不知道，天主知道。他提到樂園（天堂）裏去，聽到了不可言傳的話，是人不能說出的。』（聖保祿 致格林多後書 第十二章 第二節）

神見，默觀，面對天主，與賞絕對美善，沒有觀念可以代表，沒有言語可以描述，更沒有文字可以紀錄。人世的觀念、言語和文言，都是相對的、局部的、暗昧的，不能表達絕對的眞美善。連記憶都不能相幫回憶，只能回憶有神見的一椿事，內容則不能回憶。

神見，或默觀，面對天主，乃精神生命超越到絕對頂峯，靈魂的精神生命融會在天主的生命中，靈魂本體沒有消失，自我意識仍然存在，靈魂知道自己面對天主。默觀，靜靜欣賞絕對眞美善，好似在人世面對非常美的畫，自然美景，或藝術品，祇有張著眼睛看，一句話也不說，一椿事也不想，祇有心中的滿足和愉快。默觀，欣賞天主本體，本體融在天主以內，快樂融融，快樂陶陶，心靈完全滿足。

絕對的眞美善，無限無垠，雖面對面地顯露給靈魂，靈魂總是有限的精神體，不能一下透視了整體的絕對眞美善。在身後的永常生命裏，默觀永久繼續，所欣賞的常是新的眞美善，乃稱爲「福觀」(Visio beatisica)

在現世的幸運者，達到神見，只是暫時的一閃。回到日常的生活，他的精神生命則融會在超性的境界中。神見的內涵，和默觀的快樂，已只有概括的回憶；但是神見或默觀時的愛，則存留不失，而且時常長進。

神見或默觀給予靈魂的神妙，是欣賞天主本體，欣賞而生愛慕。靈魂對天主的愛，是對生命根源的愛，是對一切恩惠的施主之愛，是對絕對眞美善之愛。天主對靈魂的愛，是對自己所造的生命之愛，是對自己所特選者之愛，是對純淨無染者的愛。

愛是生命的授受；造物主把自己本體授予靈魂，造物者本體乃生命的根由，又是一切美善的泉源；靈魂將自己整體獻於天主，以自己的生命投入造物主的生命。兩者都是生命的授予，所以是愛的圓融。

西洋天主教按照西洋的文化思想，以人世之最親密最透徹的愛爲男女的戀愛，男女以心身相受，結婚而結成一體一個生命，子女的愛則已是子從母出生而分離的愛，因此，爲象徵靈魂和造物主在愛的圓融中的愛，以男女的戀愛作爲象徵，稱靈魂和天主基督的結合爲「神婚」。「神婚」不是婚姻，絕沒有婚姻的意義，祇是借用成婚的男女彼此之愛，象徵圓融之愛。在舊約有雅歌（Cantici Canticorcim），歌詠男女戀歌，天主教會歷代常認爲是天人結合的象徵。

『（新娘）請將我有如印璽，放在你的心上；

有如印璽，放在你肩上。

因爲愛情猛如死亡，

妒愛頑如陰府；
它的焰是火焰，
是上主的火焰。
(新郎) 洪流不能熄滅愛情，
江河不能將它沖去，
如有人獻出全副家產想買愛情，
必受人輕慢。』(雅歌 第八章 第五節)

在我們中國人看來，這種象徵簡直是褻瀆神明。在古代希臘的神話裏，希臘的神明男女戀愛，悖情亂倫。天主教的雅歌則祇是象徵，象徵純潔而徹底的愛。

『而今而後，別無心願，惟願愛耶穌，愛到發狂而已矣。原來只有愛情，一塊吸鐵石，吸得動我。我而今而後，亦不專心求痛苦，亦不注意求死亡；雖則皆吾所愛，死亡我呼之為報喜之人，來報喜信於我者。……我而今而後，一面懷抱痛苦，一面手捫天鄉之高岸。我從十，便想我這顆山花，一到春天，就該被天主收去，而今而後，則一心委託主命，聽主安排。這委聽二字，便是我的領港人，便是我的羅盤針。世上一無可熱切懇求的事件，只有懇求天主聖旨，一一承行於我身，於我靈魂而已。敬唱十字若聖會祖之歌曰：

「入吾愛主之酒倉，旣醉而出。
躑躅廣原，一無所識。
所牧羊羣，一一散失。
我將用全心，竭力孝之。
羊羣不再趕，職業非所知，
惟於愛主之愛，縈其懷以縈其鬼。」』㈦

道家的「道」，佛教的「眞如」，爲絕對的實體；但爲一渺茫的實體，無位稱的實體，不是有心靈的神明，不能愛。天主乃一有位稱的神明，至高至上，至美至善，有熱誠的愛，有體貼人情的智慧。天主一切至完善，至成全，至高深。天主的愛便至高深而至完美。靈魂的生命結合於天主的生命，接納了天主無限的愛，溶化在愛以內。這種愛不適合象徵爲男女之愛，可稱爲『生命之愛』。天主乃生命的泉源，愛所授與的生命；靈魂接受了天主所施的生命，整體生命傾流於泉源。兩方生命相授受，兩方的愛等於生命一樣深。

神見或默觀，提昇靈魂面見天主的本體，使相對的生命回到自己的絕對根由，使分得的眞美善，傾注到眞美善的絕對泉源。靈魂充滿與賞的快樂，整體生命化成了愛，融會在天主的神性愛中，生命神化爲愛。靈魂的本體在受洗禮時已提升與基督本體合而爲一，成爲天主的子女。神見或默觀實現基督神性的生命，面見天主本體，在生命授受的愛裏，融會圓滿。

神見或默觀爲超性的超越，邁出本性以上，相對的生命融合在絕對生命裏。面見絕對眞美善，快樂盈盈，不可言宣。神見的境界乃偶然的境界，乃短暫境界；要等身後進入永生，「福觀」將永遠長留。

神見或默觀雖消失了，「生命之愛」的融會則不消失，靈魂在現世渡「愛的圓融」之生活。

乙、與物圓融

㈦ 聖嬰仿德蘭 靈心小史 頁一八八。

聖文篤在「天路歷程」裏，描寫靈魂由天主工程的跡象，卽自然界物體上升到天主；由天主的肖像，卽人的靈魂上升到天主；從物體的本體「存有」上升到天主。「愛的圓融」境界使靈魂常在「愛的圓融觀」中和天主的愛結合。道家的超越使人以氣知而有大智，觀一切物平等。佛教的超越使人有圓融觀，事法相融，萬法圓融，一入一切，一切入一，天主教的超越，使靈魂有「愛的圓融觀」，觀一切都是天主的愛，在天主的愛中觀一切。

A 宇宙圓融

「愛的圓融觀」觀自然界萬物，欣賞自然界每件物體的美好，愛這些美好爲造物主天主美好的印跡。詩人騷客歌詠自然界美景，以自己的情感注入萬物中，春花秋月，高山流水，隨著詩人騷客的感與而有悲歡。信仰天主的虔誠者，看著花草的美麗，對著海月的奇偉，瀑布的雄壯，崇仰造物主的美好。「愛的圓融觀」則不以自然物而人格感情化，也不由物的美而上溯到美的根由造物主，而是由天主的愛而觀自然物，自然物的美好乃是天主愛的表露，自然物愈美，天主的愛愈大造。對著自然物卽是對著造物主天主，欣賞每件物體的美好，愉快地體驗造物主的愛。自然物在「愛的圓融觀」裏是活潑的歌詠者，歌詠天主愛的奇妙。自然物已經神化了，也是天主的子女，就如同聖保祿宗徒所說：

『受造之物仍懷有希望，脫離敗壞的控制，得享天主子女的光榮自由。因為我們知道，直到如今，一切受造之物都一同歎息，……等待著義子期望的實現。』（致羅瑪人書　第八章　第二十節　第二十三節）

宇宙萬物同爲造物主所造，結成一體的生命，由人率領。人類墜落在罪海裏，遠離造物主，自然物也隨著遠離天主。人類因著基督的降生和基督成爲一體，作爲天主的子女，自然物也隨著而成爲天主的子女，歌詠天父的美好。「愛的圓融觀」實現自然界萬物對於義子的期望，在萬物中歌詠造物主的愛。義大利的聖方濟常以自然物爲兄弟姐妹，自然物也以這種心情相待，豹狼跟著他如同家犬，野鳥飛上他的手聽他歌唱。

『聖方濟對大自然洩露欣慕的泉源，並非自然物的本身，亦非聖方濟天生的性格，而是他強烈愛主之情。成德明鏡書上已恰當地描寫如下：「完全在天主聖愛內消逝自己的方濟，在一切受造物中看見上主的慈愛，所以他也以同樣親切誠懇的愛，撫育諸受造之物。」』

自己是天主之嬌子的思想，完全佔住他，支配他，當然要將一切受造物，視為天主的大家庭。任憑在何種造物身上，無有不驚歎天主的智慧、全能與恩愛。僅舉目觀看太陽、月亮和星辰，或任何大小受造之物，就會使他充滿難以形容的喜樂。並且因為它們完全起源於天主，所以也都與他有親屬的關係；一切都成為他的弟兄姊妹，……它曾作太陽歌：

「至高全能全善的上主，
讚美，光榮，聲譽，宏福，都歸於祢，
惟有祢，至高的上主堪當承愛；
任何人都不配稱呼祢的聖名。

讚美我主為祢的衆造物，
尤其是高貴的太陽弟兄；
它給我們帶來白晝與光明，
它是多麼美麗，發揮雄偉的絢光；
至高的天主啊，它多麼肖似祢！

讚美我主為月亮、星辰衆姊妹，
祢曾創造它們在穹蒼之上；
又明亮，又高貴，又美麗。

讚美我主為風弟，空氣，雲霧，
為天時，不分陰晴，用以維持衆生。

讚美我主為泉水姊妹，
又謙卑，又清潔，用途又廣。

讚美我主為我們的熱火弟兄，
祢藉它光照黝黝的黑夜；
它多麼燦爛，快活，剛强有力。

讚美我主為地，我們的母親姊妹，

它培育我們，養活我們，
賜給各種佳果，五顏六色的花草！
讚美頌揚我主，
一切受造物請讚美祂，
謙虛自卑地服事祂，阿們。」』(六)

「愛的圓融觀」，不是神話，也不是童話，而是精神生命的旋律，以圓融的愛連繫宇宙萬物，神化宇宙萬物，一切旋流著天主神性的愛。在圓融的愛裡萬物都是美。

B　人類圓融

宇宙萬物已經在圓融的愛裏，結成一體，生命的旋律灌注在每一自然物中，作爲天主的子女。

自然物作爲天主的子女，藉著人類的生命而被提昇，自然物的本體仍舊是自然物，仍舊是不靈之物；但是因著人的心靈，使它們披上了一層精神的外衣，隨著人也幫助人將精神生命和造物主天主的生命相結合，分享人的圓融之愛。

人的靈魂因著洗禮結合在基督妙體內，和所有受洗的人結成一體，同是天主的子女。天主的愛在人的靈魂上特別表現出來。萬物和我結成一體是在自然的生命上，因自然界的各級生命互相連繫。我的精神生命和別人的精神生命則爲同一生命，『四海之內皆兄弟也。』我領了洗，我的精神生命和基督的精神生命結成了一個妙體，卽是我的靈魂和基督的復活後精神化的人體結合，再經過基督的人體而和基督的天主性生命相結合，成爲基督妙體的一部份，其他領洗者也同樣成爲基督妙體的一部份；因此，受洗者彼此間的結合是神化的基督妙體的結合，同爲天主的超性子女。沒有領洗的人在本性界和我也是兄弟，而且也可能成爲超性的兄弟。「愛的圓融觀」旣然深深體驗天主高深的愛，而也體驗基督深摯的愛，對於人類兄弟乃具有超性的愛。聖保祿說：

『因此，我在天父面前屈膝，──上天下地的一切家族都因祂而得名，求祂……使你們能够同衆聖徒領悟基督之愛是怎樣的廣、寬、高、深，並知道基督的愛是遠超越

㈥　聖五偏方濟的理想　費爾德著　甘愼言譯，澳門　一九五〇年　頁三三五、三四六──三四九）

人所能知道的，為叫你們充滿天主的一切富裕恩賜。』(致厄弗所書 第三章 第十八節)

聖保祿勉勵信友要在基督的愛內，『根深柢固，奠定基礎。』(同上 第十七節) 在基督天主的愛內，根深柢固的人，以圓融的愛觀看並接納一切的人，認爲天主愛的特選者，每個人都受有天主高深之愛，爲基督妙體的份子，爲天父特愛的子女。每個人的長處短處都消失了，所見到的乃是天主對人的愛。心中的感受乃是以圓融的愛誠切地愛人。聖嬰仿德蘭述說兩樁愛人的事，顯明地表現圓融的愛。

『院中一位有德行的修女，她一向有種本領，教我看去，全不順眼。……修女一身，說不盡的討厭。我不肯順從本性所生惡感之情，我向我說，愛德之為用，不但在情分上，還該在行事上，發顯出來。於是對這位修女，我便下工夫，做上許多事，一如對於最友愛之人。每次遇見她，必為她求天主，把她的德行功勞，獻於天主。我覺如此做品，大大討耶穌歡喜。為的美術家無不愛人稱賞他的手工，吾主便是靈魂上的美術家，見人不流連別人的外表，知道看到別人的靈魂，欣賞別人靈魂為天主所揀選的聖宮，讚美吾主的美術，妙絕無倫，吾主那得不歡喜。……

有一天，我正想逃避惡語回答她，修女笑容問我說：「我的小德蘭姐，我沒有一次遇到你，不是春風滿臉的，承你如此相傾相慕，是因我何點小善，彼此相投，可直言無隱否？」啊！我的磁石，我的琥珀，便是藏在我心頭的吾主耶穌，祂拏極苦的黃連，變作極甜的蜂蜜。』(元)

以「愛的圓融觀」，不看人的外表，深入人的靈魂，靈魂乃是天主的愛之滙會所，才能對討厭的人發出誠摯的愛。聖德蘭在院中有一位生病的修女，行動不便，需人攙扶；但性情怪僻，動則怨人。聖德蘭遂自薦每天攙她進入餐廳，小心翼翼，一不小心，修女便喊：『你走得太快，要跌煞我也。』或喊說：『你跟我嗎？拉住我嗎？我不要栽觔斗嗎？唉！我說你太年輕，摻不來，不是不錯嗎？』後來竟能大得有病修女的信任，尤其感激德蘭的眉開眼笑。德蘭記述說：

『這小小愛人之事，已相隔多年，一回想問，吾主仍給我留著，天上的一股清香清

(元) 聖嬰彷德蘭　靈心小史　頁二二八、二三〇。

氣。』㈢

好一股天上的清香清氣，超性圓融的愛來自天主，聖德蘭心靈充滿天主的愛，隨處以天主的愛愛人，心靈所享受的便是天上的一股清香清氣，不沾塵埃。

C 存在圓融—生命圓融

道敎和佛敎的超越，都是在存有本體上的圓融，道家的至人，發覺自己本體是「道」，捨棄形骸，和「道」相合，乃得大智，平等觀宇宙萬物，自己本體旣與「道」合而爲一，便遨遊宇宙，超登天地之上。宇宙一切「存在」本體均已消失，所有的祇有「道」。在生活裏乃忘我忘物。佛敎的佛，發覺自己的本體眞我爲眞如，空虛一切萬法，自己沉入眞如之中，然後反觀宇宙，一切卽一，一切入一，祇有眞如。萬法本體都成空虛，祇在眞如上存立。佛便空虛一切，無所貪戀，心靜如水。

天主敎精神生命的超越，精神生命的本體靈魂和基督神性生命本體相合，在神見或默觀的超越中，靈魂面對天主的本體，加上天主神性的生命，欣賞絕對的眞美善，融會在天主高深的愛中，超越生命雖是本體的結合，天主和人的本體仍各自存在，不相混混，在生命中則合而爲一。天主的生命爲愛，聖若望曾說：

『天主是愛。』（若望第一書　第四章　第八節）

在愛中，圓融爲一。天主教的超越生命不是冷靜的氷清生命，不是消失感情的平靜生命，也不是空渺虛浮的生命；而是最著實際，最有活力的超性愛的生命。不是高飛天際傾向不可攀登的天主，而是天主在我心內的生命。超越生命是生命本體的體認生命，生命根由和受造生命的結合，人乃以整個心靈喊叫天主爲「天父」。

由天父的愛而和宇宙萬物相接，乃有圓融的愛，體認宇宙的每一個「存有」，無論是事是物，實際存在，見證天父的愛。

每一樁事，順逆不分，都帶著天父的愛。處理每一件事，猶如接受天父愛的恩賜。痛苦更是天父愛的證據；因爲基督以痛苦十字架而得天父的寵愛，和基督相結便是和痛苦十字架相連。死亡爲喜訊，報告進入天鄉。

㈩ 同上，頁二六〇。

『讚美我主為愛祢而恕仇的人，
為忍受軟弱，飽嘗憂苦的人。
心地泰然受苦的人，真是有福，
將要從祢，至高者，獲得榮冠。

讚美我主為死亡，死亡乃我弟兄，
任何人都不能逃脫了它。
身負死罪而逝世的人真是有禍的，
然而敬遵主旨的卻是有福的；
來日的重死不能陷害他。』(三)

不怕痛苦，不懼死亡，世上還有什麼可怕的呢？祇怕罪惡，罪惡消滅愛，拆散和天主的結合，毀滅超越的生命。除罪惡外，宇宙萬有都是實際「存有」，披有天主的愛，為天主的愛作證。「愛的圓融」灌注精神生命以超性的天主愛，面對絕對眞美善本體，不可言宣，不可董述心靈充滿了愛生命根由之愛。日常生活，和事物相接，「圓融的愛」愛所接觸的每一個人，每一件事物。生命的旋律充溢著超性愛的情緒、意義、價值。現世的生命已是精神生命在來世「福觀」生命的起程。現世的一言一行，一舉一動，都留有天上的一股清香清氣。

第一本原稿一九八四年　民七三年　七月廿四日脫稿

感謝天主

第二本修訂本，一九八八年　民七七年　四月廿四日修訂完畢

感謝天主

(三) 聖方濟的理想　太陽歌　頁三四八。

羅光全書

冊二之二

生命哲學續編

臺灣學生書局印行

序

去年年底出版了生命哲學訂定本，全書已改了三次，我想不必再改了。但是後來考慮書中尚有幾點沒有多加發揮，而且『創生力』的意義還不大清楚，須要加以補充，便開始寫了「宇宙」一篇。一面寫，一面思考，連帶引出了許多別的問題；因爲「生命哲學」，和「存在論」有些關連，是由「存在」去講「有」。實際存在的「有」，乃一整體的實體，實體的根基卽是「在」，「在」是「生命」；實體的根基便是生命。在本體方面，實體是一；由一而有位格。實體的活動，如認識、如倫理道德、如美術；這一切都由生命而發出。在士林哲學的本體論，以「有」在本體上具有眞善美，這種抽象的觀念，由生命而見諸實行。實行的結果，人類乃有歷史、有文化；歷史和文化便都是生命發展的成效。

沿着這種思想的線索，我寫了十二篇文章，作成一册有系統的生命哲學續編。書成，仍由學生書局出版。

羅 光

序於天母牧廬

民國八十年八月卅日

生命哲學續編

目錄

序……I
第一章　宇　宙……一
一、宇宙爲無限之力……一
二、宇宙的質與理……三
三、力……七
第二章　「一」的根基……一三

一、實體的一……………………………………一三
二、實體的一致性來自創生力……………………一六
三、位　稱……………………………………二〇
附錄……………………………………二五
第三章　二與變——陰陽……………………二九
一、行　動……………………………………二九
二、變　化……………………………………三三
附錄：物理之道……………………………三六
第四章　整體的實體…………………………四七
一、實體由力而成……………………………四七
二、實體為存在………………………………四九
三、實體為複雜的繼續生化體………………五一
四、體和用……………………………………五五
五、結　語……………………………………五八

附錄：熊十力新唯識論……五九
第五章　主體——我……六五
一、人——心物的關係……六五
二、靈魂的來源和永生……六八
三、主體的認知……七三
四、我——三我……七八
第六章　合一的宇宙……八三
一、生態學的合一宇宙……八三
二、儒家的合一宇宙……八六
三、生命哲學的合一宇宙……九〇
附錄：懷海德——自然與生命……九六
第七章　圓滿的認識論……一〇一
一、肯定的前題……一〇一

二、莊子的氣知……一〇五
三、合理的完滿認識論……一一〇
第八章 倫理道德和生命……一一七
一、倫理和生命……一一七
二、道德和生命……一二一
三、仁和生命……一二六
第九章 美與生命……一三一
一、美的意義……一三一
二、美是活的……一三四
三、美是統一的整體……一四〇
第十章 歷史與生命……一四七
一、歷史的意義……一四七
二、歷史表現人生命之目的和趨向……一五二

三、歷史哲學……一五五
第十一章　文化與生命……一六一
一、民族的生活……一六一
二、生命的創造力……一六四
三、宗教的創造……一六七
第十二章　位格在當代哲學可有的意義……一七一
一、西方哲學……一七一
二、中國哲學……一七四
三、生命哲學與位格……一七六
附錄：位格的弔詭……一七九

第一章 宇宙

一、宇宙爲無限之力（能量）

「宇宙係由恒星所構成，星則聚集在無數形狀的銀河中；宇宙中能供我們觀察的物質，其平均密度極低，係屬每十個立方公尺約有三個氫原子的樣子，但這物質卻構成了極其複雜的天體。遠在我們所能看見的每一方向，都有恒星形成的銀河。星是經常在形成中，並且在進化的過程中。銀河也在誕生、發生與死亡中。雖然我們對恒星的進化，知道的頗不在少，可是對銀河進化的認識，卻少得異常可憐。」(一)

「銀河在進化中，劇烈爆炸會引起電波放射，有些銀河顯示出曾連續發生數次爆炸的痕跡。銀河構成的星系也在進化。有的是聚合星系，但似乎有數十億年的年齡。準星比最亮的橢圓形銀河尚亮百倍，卻是無敵的極猛烈的能源，所能放出的能量，比太陽高出一萬億倍之多。……光線所走的途徑，受到了物質存在的限制。這導致了對變曲太空的討論。……人類正不斷地努力，以求確定究竟宇宙是敞開和雙曲面的，抑爲密閉而圓形的，休伯爾休麥遜關係與來自天空深處的電波噪音，似乎都在表示圓球而密閉的模型。……宇宙的年齡約爲一〇〇億年。所以據推測，一些特殊的大事態（所謂『大爆炸』），就是在那個時候發生的。」㈡

「宇宙大霹靂時所發生的物質和能量，經過不知多少時間，這段時間當中，宇宙是無形無狀的，……到處是一片無法穿透的漆黑，虛無中有氫原子，到處都有稠密的氣體聚集物在成長，而物質所聚結的球體也逐漸緊縮，一氫氣的『雨滴』比太陽還大。而在這些氣球體中，最先孕有了潛伏於物質中的核火，於是第一代恒星出世了，使宇宙充滿了光亮。」㈢

宇宙在開始時，是一個氣體，可能爲極大的封閉橢圓形，也可能是大而向外開放形。氣體內具有不可想像的力，發動劇烈的「大爆炸」（大霹靂），漸次形成恒星和銀河。宇宙的大爆炸，由宇宙內的能所發動，就是宇宙的力所發動。『能』和『質』的關係，海森伯在所著的物理學與哲學說：「質量和能量本質上是相同的觀念，所以我們可以說，所有基本粒子都由能量組成。」㈣「能量轉成爲物質，使基本粒子的碎片，仍然能夠是同樣的基本粒子，」㈤

從自然科學可以取得下面幾個重要的觀念

1. 宇宙是動的，常動，常變化。
2. 宇宙的變，是宇宙具有動力。

3.宇宙開始時，是一團氣體或星雲，無形無狀，赤黑無光。

4.由爆發而有恒星，恒星發光。

5.星與星之間，有力的關係，例如光、電波。

6.光的前進，是曲線形，受中間物質的抗力。

7.宇宙的物質，由能量而成，都是「力」，物理學以能量代表物質。

8.宇宙因力而動，由動而化生萬物。

有了上面的基本觀念，我們由哲學觀點來研究「宇宙」，宇宙是一整體，不是多數宇宙，雖然體積是無極的大，銀河中間的距離是無限的遠。銀河彼此以「力」相連繫，宇宙內的萬物，也是以「力」相連繫。

這個動的「宇宙」，由造物主的創造力所造，是一種變造之力，力有無限之大，稱爲創生力。

二、宇宙的質和理

創生力有自己的「質」，就是它的體。創生力的體質，在開始時，因爲是動的質，形狀不定。有如老子所說的「道」，本質渺茫，恍惚窈冥，有精有象（道德經第二十一章）。又如張載所說的「太虛」或「太和」之氣，浮沉升降，絪緼相盪，好似野馬奔馳。（正蒙、太和）老子的

「道」和張載的「太和」，都是宇宙的源起，宇宙開始時，體質的形狀不定；但並不是無形，所說的不定，祇就外面形狀而講。宇宙的整體，既然是物質，必定有自己的形。不過，它的形，就外面形狀說，是不確定的；因爲本質形狀若一經確定，則不能本體內起變化而化生萬物。

創生力有自己的理，即是它的本性。創生力的理是動之理，因自己的理而有動的原則，而有各部份結成的次序。

宇宙既由銀河而構成，銀河則由星而構成，星與星之間，銀河與銀河之間具有物質。這些物質的質，和星的質，構成宇宙的質。但也可能，宇宙原始的氣體或星雲，有部份還沒有爆炸而成銀河。這部份原始的氣體，當然也是宇宙的質。宇宙的質，即是創生力的質，也即是包括宇宙萬物的質。

宇宙的理，即創生力的理，是否包括宇宙萬物之理？這就觸到程頤和朱熹的『理一而殊』的問題。程、朱主張天地只有一理，萬物分有這理，分有的程度不同，每物的理便不相同；分有的程度由氣的清濁而定。「理一而殊」的解釋，「一理」是「生命之理」，即是每物「存有之理」。每物所有生命的程度不同，朱熹說因爲每物所得之理，有偏有全。

宇宙既爲一個整體的實體，必定具有自己的理。宇宙因着自己的理，成爲「宇宙」，又因着自己的「理」而變動。宇宙爲造物主所造，宇宙的質和理，都由造物主的創造力而有。

創造力創造宇宙的質，是由無中造有；由無造有乃是「創造」的眞正意義，因爲造物主是全能者。創造力創造宇宙的理，不是由無中造有，而是以天主所想之理，給予宇宙。好似一位工程師爲建造一座大樓，使用外面的材料，按自己所想的，構成一建築圖樣，材料是大樓的質，是外面先有的物件；建築圖樣是大樓的理，是建築師內心所想的。天主以外沒有外面的物件，天主以自己的神力創造宇宙的質；天主有無限的智慧，按自己的智慧訂定宇宙的理。天主的創造力創造宇宙，按天主所定的理，由無中創造了宇宙的質。質理相合乃成宇宙。這個宇宙之理，是宇宙本體之理，而不是萬物之理。萬物由宇宙——創生力的變動而化生，萬物之理不包含在宇宙之理以內。「質不能生」，「理不能分」，乃是兩項原則。質是質料，質料按「理」而結合，以成一物，質不能生理。「理」是非物質性，是抽象性，沒有份子，不能分化。一物之理，不能由他物之理分化而來。因此，在哲學上有「理」從何而來的問題。質——材料，是由已有的材料而來。在抽象方面，「質」是「理」，都沒有來源問題。在抽象方面，只講「質」和「理」是什麼？不講從何而來。在具體上，就要問從何而來？宇宙萬物的「質」，是從宇宙的質而來。中國哲學以萬物的「質」爲氣，氣在具體上爲宇宙的氣，宇宙的氣則是一氣。萬物的「理」，宋明哲學家都以爲理在氣中，朱熹則以理和氣相平，同時存在，沒有先後；但是他沒有講理氣的來源，而且他否定有一個先天的「理」。西洋哲學也沒有注意這問題，因爲西洋哲學講物的本體，是在抽象的形上方面講。只是在講生命的來源，觸到了這個問題。西洋哲學講生物，以生魂爲生物之「理」，生魂爲生命的中心，生魂由何而來？普通說生魂由同類的生魂而來，一株花的生命魂由種子而來，種子的生命由結種子的花而來。可是到了人的靈魂，則發生困難，人的靈魂不可能由父母的靈魂而來，因爲靈魂爲精神體，父母的靈魂不能分，子女的靈魂不能由父母身體所生。天主教士林哲學乃主張人的靈魂由天主所造。天主造靈魂可以有兩種解釋，或是解釋每個人的靈魂，在母胞有孕，天主就造靈魂，胚胞立時有人的生命；或是解釋天主在創造宇宙，開始時就把造生靈魂之能賦予宇宙，造生靈魂之能在適合靈魂生存時，以父母的結合產生受精的卵，卵即生靈魂，卵之能是由造物主天主在宇宙開始時所造。這第二種解釋，也用之於一切物種的進化，上級物種的理，在進化程序中不能由下級物種變化而來，因爲下級不能包含上級。由下級進化到上級之理，這理也是造物主在創造開始時就賦予宇宙，但是困難則在於造物主給予這些物理的理，在創造開始時，具體上賦予恍惚的物質呢？還是只是一種抽象的理論？具體上賦予恍惚的物質，物質本身之理很低，怎麼可以包含高級的理，甚至於純精神靈魂之理？這在理論上很不好講！聖多瑪斯認爲創造是繼續的，因爲宇宙不能自有，須由造物主所在；宇宙又不能自存，須要造物主繼續支持，因爲它的存在由造物主而來，它本身是虛無，不能保持由造物主所得的存在，常繼續依靠造物主的支持，這種支持就是繼續的創造。在天主一面，無所謂繼續，因爲天主超出時間，在宇宙一面則有繼續。爲解釋靈魂的來源，乃用繼續創造的理論去解釋，卽靈魂由天主所造。

我本來接受這兩種解釋，可是經過長久的考慮以後，我認爲只有繼續的創造，可以解釋萬物之理由何而來，造物主用創造力創造宇宙的「質」，宇宙以後的變化都在宇宙內運用已有的「質」去變化。在變化時，是創生力在變，創生力常和創造力相結合，從創造力接受變動創生的「力」，也接受各種變動的「理」。王船山曾說「性日常而命日降」，陰陽繼續變化，每種變化都按天降之命而化，性旣繼續生，天命也繼續降。創生力常變，按照造物主所定之理而變，理由造物主的創造力而來。每個物體的理，都由創造力而來，每個物之理都不完全相同。就是朱熹說物質之性由氣淸濁而來，物的淸濁由何而來？朱熹不能答。普通則說「命也」，乃上帝所安排。

宇宙有自己的質，有自己的理，有自己的力，力就是創生力。創生力無限之大，如野馬奔騰，繼續變化，化生萬物。萬物各有自己的質，各有自己的理，各有自己的力。萬物各自的質，都來自宇宙的質；萬物各自的理，各來自創生力所接受由創造力所賦之理；萬物各自的力，來自創生力。

三、力

中西哲學講宇宙萬物，很愼重地講「性」，講「質」和「理」，然後又講「在」；但都是抽象的觀念。對於具體上一個最重要問題，則都放過不講。西洋哲學以「性」和「在」相結合而成一實體，卻不講「性」怎麼能和「在」相結合。大家以爲「在」是具體性，「性」有了「在」，便實際存在了。但是西洋哲學所講的「在」爲抽象觀念，抽象觀念的「在」，怎麼成爲具體的存在？乃一重要問題。中國哲學朱熹以理和氣相結合成物，朱熹也沒有講理怎麼和氣相結合？這個中西哲學的問題，乃是「力」的問題。

亞里斯多德曾說宇宙萬物的變化，須有四種原因：「質料因」，「型理因」，「動力因」，「目的因」。四因中，以「動力因」爲主因。由「動力因」發動變，使質和理相結合，結合的目的在成有目的之物。「動力因」發動變，以自己的力而發動，由所發的力結合質和理。因此，質和理的結合，或理和氣的結合，由「動力因」的力而結合。亞里斯多德又認爲宇宙萬物能互爲「動力因」，萬物都具有發動變的力，但是「力」由「在」而來，萬物不能自己使自己在，因爲都是相對的有，最後須上溯到絕對自有體（造物主），由絕對自有體而有「在」，也最後由絕對自體而有力。

宇宙整體在動，而且常動；宇宙的力，貫通整個宇宙，又貫通萬物。萬物的力，來自宇宙的力。宇宙的力是創生力，來自造物主的創造力。

整個宇宙是一個創生力，在整個宇宙內動。整個宇宙的質是創生力的質，爲創生力「動」的範圍；創生力在本體以內動。整個宇宙的理爲創生力的理，創生力按照自己的理而動。創生力「動」而化生一物體，將得自創造力所賦予這物體的理和宇宙的一份質相結合，成這物體。化成的這物體有質有理，又因創生力而存在。這物體的存在，保有創生力的力，又常在自體以內變動。因此，物體的存在，都是動的存在。

創生力在物體內的力，使物體的各份子元素按自己的理相結合，又按自己的理而動。例如人的存在，是活動的存在，普通稱爲生命，卽是創生的力。人本體的創生力，來自宇宙的創生力。人的創生力的體爲靈魂，靈魂爲人的理。人的理爲造物主的創造力所賦予，經由宇宙的創生力而賦予人。人按自己的理所有的本體創生力，卽人的力，爲心靈相合的生命。人的生命使人的心靈和身體相結合，又使身體的各部份相結合。士林哲學以人的靈魂整體在人的整體內，又整體在人的各部份內；這不僅是說人的抽象的理在整體人內，又在各肢體內；而且是說人的具體的理卽是人的生命，在整體的人內，又在人的各肢體內。例如我們說一隻手不仁，沒有生命，這隻手已經就不是人的手，而是另一塊物了。若是人的心靈和身體相分離，人就沒有生命，人已經不是人，而是屍體了。一個人的存有，是靠他的「在」，人的「在」爲生命，爲創生力。同樣，一朵花的存有也靠它的「在」，花的「在」也是生命，也是創生力；一朵花沒有生命，就不是花了；花的各部份跟着就要分散。

力在宇宙內，使宇宙各部份相結合而成宇宙，又使宇宙繼續存在，繼續動。力在一物內，使物的份子相結合而成物，又使物繼續存在，各份子不分離，且使物本體常動，常有變化。

凡是物，都具有自己的「力」，都因力而存在。一塊石頭是因着自己的力而使各份子相結合，一塊石頭又因着自己的力而有內部的動。石頭不會自己分散自己的各份子，常因外面的力而「風化」。石頭在物理學上被說明內部元素常動，也漸起變化。

物體因自己的力而有內部的動，就稱爲有生命。生命就是『自己的內動』。

「自己的內動」是按照各物體自己的理，各不相同。有的，在多數物體內有共同點，共同點便構成一類。通常依據「自力內動」的程度，排成一系列的「生命」。朱熹說是由於氣的清濁，生命的理便有表現多少的程度，生命乃有高低。人得生命理之全，生命之理在人內全部表現，人的生命乃最高。究其實，人之理，由造物主所賦予，造物主由創造力經創生力而賦予，人的生命是按照自己的理。人有人之理，人有人之創生力，有人的生命。

中國的哲學，講宇宙的變易，特別注重「力」，以宇宙爲生命洪流。莊子以天地一元之氣，週遊宇宙，貫通萬物，人養一元之氣，和萬物合一而相通。

西洋哲學並不是不注意宇宙之力，然因這個問題進入了造物主的創造問題，應由神學去講。西洋神學有專門講創造的專章，天主教的信仰聲明：『上主，祢所創造的萬物，理當讚美祢；因爲祢藉着聖子，我們的主耶穌基督，以聖神的德能，養育聖化萬有。』（彌撒感恩頌第二式）聖神的德能，就是造物主的創造力，創造了宇宙萬物，還繼續『養育聖化萬有』。

西洋自然科學的物理學，已經集中在力的「能量」，整個宇宙是一本力學。物質是力，物質的關係是力。整個宇宙是力的交織網，銀河和銀河由力而聯繫，星和星也由力而聯繫。地球上的物體也由創生力的變而化生，又由力而保全，且由力互相聯繫。

我們講哲學，不能放下這種學術研究而不顧，只存留在抽象的觀念上，實際的宇宙是動的宇宙，是變化的宇宙，每一物體也是動的物體，也是變的物體。因此，我們講生命哲學，宇宙為活的宇宙，物體為活的物體。

附註

(一) E. L. Schaztman，宇宙之結構，石衍長譯，廣文書局，下册，頁三三三。
(二) 同上，頁三四二—三四三。
(三) 卡爾沙根　宇宙的奧秘，蘇義穠譯，桂冠圖書公司，頁二〇。
(四) 海森伯　物理學與哲學，頁三七。
(五) 同上，頁三九。

第二章　「一」的根基

一、實體的一

在哲學上，遇到普通在人類社會最淺近的觀念，卻變成很艱深的問題。「有」，在普通的生活裡，每個人一天中不知道要說多少次，連小孩子也是這樣。可是「有」，在哲學上卻成了形上學研究的對象，是哲學上的最高的一段。同樣，「一」，在普通的日用語裡，也是時刻常說的話；可是到了哲學上，又成了形上學的艱深問題，哲學者彼此爭論不休，很難得到定論。

對於「一」，㈠我想討論三個問題：第一個問題：一個實體怎麼成爲一？第二個問題：一個實體常在變，爲什麼常是這一個實體？即我常在變，爲什麼我常是我？第三個問題爲位格問題，或人稱（Persona）問題，人稱的要素是什麼？這三個問題都有連帶的關係。

一個實體，爲什麼成爲一？

一張桌子，爲什麼是一張桌子，不是多張？爲什麼成爲一，構成的原料不互相分離？一個人爲什麼是一個人？一株樹是一株樹？

一張桌子成爲一張桌子，是製造的圖形把各份子結成一張桌子，一座房屋成爲一座房屋，是建築的圖形把各份子結成一座房屋。普通人們都知道這一點。製造桌子要有材料，建築房子要有材料，有了材料還要有製造或建築的圖形。材料是「質」，或稱「元質」；圖形是「理」，或稱「元形」；元質也可比爲「氣」，元形也可比爲「理」。物體由「元形」和「元質」而成，也可以說由「理」和「氣」而成。桌子或房屋之成爲一，由圖形所成；物體之成爲一，則應該說是由於元形，或說由於理。

但是這是在抽象的理論上說：一幅桌子的製造圖，一幅房屋的建築圖，在圖形上是把各份子結合起來了看來是一張桌子或一座房屋。可是在實際上，圖形祇是各份子應該佔有的位置，並不能使各份子結成一個。我在討論「實體」時就說過，「質」和「理」結成「性」，「性」要和「在」相結合才成一物體，若在理論上講，可以把「性」和「在」結成一「本體」，在實際上，「在」要是創生力，才可以和「性」相結合而成一實體。因此，實體的成因，主要是「在」，而「在」是力，即是創生力，創生力則是生命。

人是理性動物，理性動物成爲「在」，即是這個人在。這個人在，是因爲這個人活，他不活，他就不在。一個人剛去世，他看來還是理性動物，但他已經不是人，因爲他不活了，不能有理智。人的「在」，便是「生命」。你當然可以說「理智」是人的「元形」，即是人之「形理」；人的形理，乃是靈魂，靈魂便是人所以「在」的理由，而不是創生力的所謂生命。可是理智為人的「形理」，若只是抽象的形理，決不能使人「在」；理智為人的形理，形理要是靈魂，靈魂也不能祇是抽象的靈魂，而是具體生活的靈魂，靈魂即是人的生命，靈魂一離開身體，人就沒有生命，人就不在了，人的存在是生命，生命是人的靈魂，人由靈魂而存有，由靈魂而成為一。靈魂就是人的創生力。

靈魂使人的各份子結合成一個人，靈魂結合各份子，貫通各份子，一個人的全心全身都有生命，一支手臂，一個指頭，痲木不仁，沒有生命，便和身體分離。

一株樹，一株花，由生命而成為一。樹桿和枝葉由樹的生命或花的生命，互相連繫結成一體，一體由生命而存在。若一枝一葉枯乾沒有生命，就和整體相分離，若整體的樹或花枯乾沒有生命，枝葉便互相解體。樹和花的生命，就是樹和花的創生力。

一塊石頭，一座山，由許多份子結成一體，結成的原因是體內有一種力量使它們相結合。這種力量也使石頭或山在體內有變動。體內的力雖不像植物動物體內的力很靈活地週遊體內，但也是達到整體的各份子；若不達到一份子，那份子就會脫落。中國古人常說山有山脈，現在人濫墾，挖斷了山脈，山就崩下來。普通所謂無生物，也具有創生力、內動，因此，中國哲學承認有生命。

每一個實體都是因着「在」而爲「存有」，每一個「存有」都是一，「存在」的一，就是因着「在」，「在」爲「有在」則是活動的「存在」，即是生命，就是創造力。

二、實體的一致性來自創生力

哲學上對於每一個實體，有兩個問題：一個是每類物體成爲多的單體問題：例如人，有無數的個人，個人的成因在那裡？另一個問題是「一致性」(Identity)㈡、一個人從少到老，常是同一個人，理由在那裡？

單體的成因，士林哲學主張是元質(Materia)，一類物質的元形 Forma，都是一個，沒有分別，人都是人。單體的分別，在於元質使元形的「能」，在成爲具體性，有數量多少的不同。例如一個人的智能有多高，一個人的身體有高低肥瘦，有顏色濃淡，有耳目口鼻的位置，這些特性都由元質而來，就是說元質限定了元形之「能」的數量，由「能」的數量乃有不同的單體。中國哲學的朱熹主張單體由氣而來，理成物性，氣成物形，單體的分別不在物性，是在物形，物形由氣的清濁乃有不同。

但是，或是元質，或是氣，限制「理」或「性」以成單體，單體的氣所有數量，或單體的氣所有清濁程度，由何而來？即是說爲什麼我的智力是這麼高或低，我身體的外形是這樣？中國哲學說這是命。孟子就講性和命。一個人的人性，來自天命，一個人的個性，即朱熹所說氣質之性，也來自天命，因爲氣不能決定自己的清濁。人的氣較比物的氣，清得很多，那是人有人性。一個人的氣比別一個人的氣或更清或更濁，那是因爲天命。雖是元質或氣限制性或理，使人性成爲個性；制定元質的數量或氣的清濁，不是朱熹所說偶然湊成的：

> 稟得精英之氣，便爲聖爲賢，便是得理之全，得理之正，稟得清明者，便英爽；稟得敦厚者，便溫和；稟得清高者，便貴；稟得豐厚者，便富；稟得久長者，便壽；稟得衰頹薄濁者，便爲愚、不肖、爲貧、爲賤、爲夭。
>
> 又曰：天之所命，因是均一，到氣稟處便有不齊。看其稟得來如何，稟得厚，道理也備。（朱子語類，卷一，人物之性、氣質之性）
>
> 又問：一陰一陽，宜若停勻，則賢不肖宜均，何故君子常少，而小人常多？
>
> 曰：自是他那物事駁雜，如何得齊！……
>
> 又問：如此，則天地生聖賢，又只是偶然，不是有意矣。曰：天地那裏說我要特地生箇聖賢出來，也只是氣數到那裏，恰來湊著，所以生出聖賢，及其生出，則若天之有意焉耳。（朱子語類，卷一，人物之性、氣質之性）

氣數既屬天命，天命不能解釋爲偶然湊合。天命應爲上天之命。不是天地有意，而是上天有意，天地只是天地的工具，在士林哲學，聖多瑪斯解釋爲天主，造物主掌管天地萬物的「措施」(Providentia)，這種「措施」稱爲繼續的創造，造物主創造宇宙萬物以創造力而創造，創造力創造生力，創生力繼續不停發動宇宙的變化，化生萬物。天命就是造物主在創生力化生一物時，由創造力通過創生力賦予這物的物性和個性；所以物性和個性都來自造物主的天命，由創生力予以實現。因此，單體成爲單體的理由，在現象上說，是元質或氣，在實際上說，則是創生力。

孔子和孟子對於「命」，不僅承認有人性和個性的命，還承認有重要遭遇之命。孟子曾說：『吾之不遇魯侯者，天也！臧氏之子，焉能使予不遇哉！』(梁惠王下)人的生活繼續邁進，時時有所遭遇，大小不同，都是人事和自然環境所構成，造物主掌管宇宙萬物，讓人們和自然環境依照通常的程序進行，不特加干預；但有些重大的遭遇，對於一個人所有的使命，或對人類社會或國家民族有重大關係，則造物主予以「措施」。這種「措施」也由創生力而實現。在超性方面，天主的措施，則直接由天主聖神而實現。實體都是單體，也是個體，這個單體繼續在變；然而卻常是這個單體。在人方面，就是「我」的問題。一個人從少到老，常是一個「我」。不論身體、智識、品行，怎樣改變，「我」則常是「我」。這個「我」，究竟由何而成？

大家知道這個「我」，不能由身體方面去說，因爲我的身體最表現變，看來最常不是一樣。也不能從心靈方面去說，心靈所表現的智識、品行，就常在變，有些哲學者說是人的記憶，使我常知道我是以前的我。這種解釋行不通；因爲不僅是因病失去記憶的人，仍舊是他以前的我；就是有記憶而不用記憶的時候，也是他以前的我，又有些哲學者說是因爲有自我意識，每個人常意識到自己常是同一個我。但是這種解釋也行不通，因爲和以記憶來解釋有同樣的困難，而且還有更多的困難。我不僅知道我常是同一個我，我也知道別人也常是同一的個人，一隻狗常是同一隻狗，一朵花常是同一朵花，一塊石頭常是同一塊石頭，任何物體在它存在的時候，常是同一個身體。並且精神體也是一樣，一位天使常是同一位天使，造物主天主常是同一的造物主天主。因此，很顯明，「一致性」不能由心靈方面去解釋，必定要由本體方面去解釋。

士林哲學解釋「一致性」就以物的本體作根由；每一個實體的本體常不變，附加體可以變，「我」之所以常是「我」，是因爲我的本體常在而不變，我所變的是附加體。可是我在解釋實體時，主張實體爲一整體，整體之「一」在於創生力，即是「存有」，即是具體的「在」，即是生命。本體是抽象的，本體的「性」和「在」，也是抽象的；抽象的本體成爲實際的實體，是由於創生力。實際的實體常因着創生力而變，創生力雖常動，但在一實體內常是同一的創生力、常賦與實體同一的「性」。一實體的創生力，就是實體的「存有」，就是整個的實際實體，一實體的創生力常是同一的，實際的實體就常是同一的實體。

「我」之所以常是「我」，是因着我的「存有」，是因着我的生命。我的生命使我結成一個實體，與衆不同，成爲一個「我」。這個實體幾時「存有」，幾時便是這個實體，而且是整個實體。「我」之爲「我」，是整體的我，是實際具體的我，不是抽象的本體。整體之「我」是「我」，在於我活着，我有同一的生命，我幾時不活，沒有生命，我就不是我了。

一隻狗，一朵花，常是同一的狗，同一的花，是因爲有同一的生命，同一的創生力。一塊石頭，一張桌子，一枝筆，常是同一的石頭，同一的桌子，同一的筆，不是因爲它們不變，而是因爲在它們內具有創生力，使它們成爲「一」，使它們以內有變，使它們是動的「存有」。它們以內的創生力常是同一的，它們也就常是同一的。

簡單地說：士林哲學主張「一致性」的根由是「本體」，本體是抽象的實體；我所主張的「一致性」的根由是創生力，創生力是實際的本體，是整體的實體。士林哲學是西洋哲學就抽象方面講「有」，我以中國哲學傳統講具體的「存有」。

三、位稱（Persona）㈢

「一致性」（Identity）在現代社會的流行語中，又代表一個人在社會裡所作的「角色」。孔子曾極力主張正名，父父、子子，君君、臣臣，每個名詞代表一種身份，每種身份各有各的權利義務。名詞是抽象性的，具體的身份代表，在中國戲台上有「臉譜」，每種角色有各自的面具，面具代表角色。現代社會上所稱的「身份」(Personalitas, Personality)，在於一個人怎樣可以使大家看出來，或認識他是那一行業的人，這種「身份」便是指的每種行業人的特徵。例如一位敎士「神父」，他的特徵在那裡。同時，這種身份也指着社會地位，每種行業人在社會裡佔什麼地位。

行業的特徵和地位所造成的身份，是一種社會的現象，由社會價值觀去作研究，不是哲學上的問題。但是在根由裡，社會身份是來自哲學的「身份」(Persona)，即是位稱。因爲社會身份的根本意義是一個人的「自己」，父親自己是父親，敎師自己是敎師。一個人的「自己」，讓別人可以認識出來，而且受到別人的重視。

「自己」受到別人的重視，在現代社會裡，又有一個名詞，即是「人格」。每個人都認爲自己有自己的人格，別人不能輕視或侮辱。另外青年人，工人、婦人，從前常受人管轄，只有聽命順從，現在大談自己的人格，要求父母、雇主、男人，予以尊重。

還有一種「人格」，也是現在青年所喜好標出的，是自己的個性。一個青年要顯出自己和別人不同，標出自己有自己的性格，自己的嗜好，自己的特長。有的歐美青年表示看輕金錢享受，回歸到原始的生活，造成了一派「嬉皮」，尼采曾經標出「超人」，現在社會標出女強人、政治強人。這些人的特點，代表他的人格，標明他自己。

人格，在倫理道德方面，則代表一個人的品德，或品格，人格的高低代表一個人道德修養的高低。一位道德修養高的人，別人稱讚他的品格高尙；一個道德修養低的人，人家便罵他沒有人格，或是人格掃地。

上面種種「身份」、「角色」、「個性」，「品格」、「人格」的意義，雖有不同，然而在根基上，卻都同在「我自己」的基礎上。社會或本人對一個人的評價，由社會、心理、道德各方面，看一個人的表現，予以評價。在這些評價的中心，則是一個整體的人，也是一個單體的人。

因此，人格或位稱（Persona）在西洋哲學，根據波厄基烏（Boetius）的定義，常說是「一個有理性的單體。」在這項定義中有兩點是最重要的成份：一、有理性；二、單體。沒有理性的物體，不能有人格，不能有位稱，便不能稱爲「一位」，人有理性、人格或位稱，便用於人。造物主天主，天使，也有理性，便也有位稱。

但是「有理性」是一個共同觀念，代表許多實體，或至少代表人、天使、造物主天主，在人格或位稱的涵義裡雖然重要，然而不是決定性的，人格或位稱，不由「有理性」而決定；決定性的是「單體」，人格或位稱必定要是一實際實體。「有理性」屬於「性」，「單體」屬於「在」，在本體方面，人格或位置，不由「性」去決定，而由「在」去決定。

人都是人，「一位」則是這個人或那個人。人的單體稱爲「位」，即是有人格或位稱；然而人的單體和「位稱」有什麼分別？或者是兩者完全同一，在實際上沒有分別？在理論上，人的單體，即是有理性的單體，和「位稱」是相同的，同是指着一個人。在實際上，兩者的內容不完全相同。人的單體，在實際上，指着這個這個人，指着這個整體的人，但不特別標出他的特點。「位稱」在實際上，特別注重他的特點，他在「存在」上自有的方式，與衆不同。普通在文規上，西洋語言常有第一人稱、第二人稱、第三人稱，稱爲位格。這種位格就標出一個單體的人在「存有」上的方式，這種方式，由「存在」的關係而定。在法律上，「人稱」代表權利，一個人是權利的主體，稱爲「自然人」，法律所承認的權利主體，稱爲「法人」。因此，在本體上，單體的人有他的人稱 (Persona)，應是個性完全的人，卽是存在的方式是完全的人。

天主教神學，特別講論「位稱」，爲講天主三位一體。「位稱」不是從本性去講，所以天主的本性是一。天主的存在也是一，不然便不是唯一的天主，而是多的天主。但是天主存在的方式有三，卽是存在的關係有三，每種方式爲一存在方式，每一存在方式，成爲天主的一位。所以能夠有三存在關係，那是神妙不可理喩的。

近世士林哲學，對於「位稱」，常注重三點：第一，「位稱」是一。一，不是抽象的一，是生活的個體；不是份子所成的一，是使份子結合的一。第二，「位稱」是自立，卽是自立體，不是依附體，而且是自己認識自己。第三，「位稱」是自主自求，自己主宰自己的行動，自己爲行動的目標。從這三點看來，「位稱」是有完全存在方式的理性單體。上面所說的三點，就是完全存在方式，也就是完全的生命。

附註

(一)對於「一」，希臘哲學已經注意到，柏拉圖以「觀念」爲一，多，是觀念的分享。亞里斯多德分兩種一，一種爲理則學的一，爲一屬詞，解釋一個主體；一種爲本體的一，可以有四種不同的本體，一，指示一個不可分的運動；二，指示一個本質；三，指示一個類；四，指示不可分的觀念。

天主教神學家講論天主的唯一性，乃以「一」和「有」在本體上相同，同樣「眞」和「善」也和「有」相同。

康德以「一」爲認識的範疇，黑格爾以「一」，爲辯證的起點，當代西洋哲學常把「一」由數學及心理學去研究。

(二)關於一致性，洛克在 Essay Concerning Human understanding 書中的第二十七章，討論這問題，主張「一致」性屬於身體的生理結構。然而他承認人具有精神，由精神而有記憶，記憶應進入一致性的觀念裡。

休謨在 Treaties of Human nature 的第一卷第六節，討論這個問題，主張由心理方面解釋人的一致性，因爲在本體方面，不能有一本體常在變，而又常是同一本體。

(三)關於「位稱」。

聖若望大瑪休諾的定義說：「位稱，是以自己的動作和特性，表現自己，和同本性的（存有），互相分別」。(Dialect., C43 in Migne P. G. 94.col. 613)

聖奧斯定的定義說：Singulus quisque homo, qui……secundum solam mentem imago Dei dicitur, una persona est et imago Trinitatis in mente.(De Trinitate, XV.7, 11) 每一個人，在理性上是天主的肖像。位稱，是天主聖三的肖像。

波厄基烏的定義說：Persona est naturae rationalis individua substantia. (De-duabus naturis et una subotantia Christi. C. 3. iin Migne P.L. 64, Col. 1345)

附錄

黑格爾在所著的美學中，強調藝術美在於注入生氣，美的客體以生命作統一的基礎。

美是理念，即概念和體現概念的實在二者的直接的統一，但是這種統一須直接在感性的實在的顯現中存在著，才是美的理念。

理念的最淺近的客觀存在就是自然，第一種美就是自然美。（黑格爾美學，朱孟實譯，里仁書局，上冊，頁一六二。）

較高一級的自然物却讓概念所含的差異面處於自由狀態，每一差異面在其它差異面之外獨立存在。到了這步，客觀性的真正性質才初次顯露出來。客觀性就是概念的各差異面所現出的這種互相外在的獨立存在。在這個階段，概念以這樣方式顯出它的身分：因為它作為統攝它的一切定性的整體，變成了實在，所

以其中個別物體雖各有獨立的客觀存在，而同時卻都統攝於同一系統。例如太陽系就是這樣方式的客觀存在。（同上，頁一六三）

概念的差異面的整體也明白外現了，但是在這裏概念究竟還是沉沒在它的實在裏，還沒有顯現為這種實在的觀念性和內在的自為存在。它的存在的基本形式還是它的各差異面的各自獨立，互相外在。

如果要概念達到這真正的存在，就要求實在中的不同方面（卽各獨立的差異面的實在與也是獨立的客觀化的統一的實在本身）能回到統一；就要求自然差異面的這種整體一方面把概念明白外現為它的各種定性，在實在界的互相外在，另一方面卻又把它的每一特殊面的自封閉似的獨立狀態取消（否定）掉，使觀念性（在這觀念性裡各差異面回到了這主體的統一）顯現為對這些差異面灌注生氣的普遍源泉。這樣，這些差異面才顯得不僅是拼湊在一起的本無關聯的各個部分，而是一個有機整體中的成員；這就是說，它們不再彼此分立，而是只有在它們的觀念性的統一裡，才有真正的存在。只有在這種有機組織裡，概念的觀念性的統一才出現在各成員裏，作為它們的支柱和內在的靈魂。到了這步，概念才不再沉沒在實在裏，而是作為內在的同一和普遍性而轉化為存在，這種內在的同一和普遍性就是概念的本質。

只有這第三種自然顯現的方式才是理念的一種客觀存在形式，而這樣顯現於自然的理念就是生命。死的無機的自然是不符合理念的，只有活的有機的自然才是理念的一種現實。因為生命有這三種特色：第一，在生命裡概念所含的差異面外現為實在的差異面；其次，這些單純的實在的差異面遭到否定，因為概念的觀念性的主體性把這實在統轄住了；第三，這裡也出現了生氣，作為概念在它的軀體裡的肯定的顯現，作為無限的形式，這種形式有力量維持它在它的內容裡作為形式的地位。（同上，頁一六四——一六五）

因為生命的力量，尤其是心靈的威力，就在於它本身設立衝突，忍受衝突，克服衝突。在各部分的觀念性的統一和在實在界的互相外在的部分之間建立衝突而又解決衝突，這就形成了繼續不斷的生命過程，而生命就只是過程。這種生命過程包含著雙重活動：一方面它繼續不斷地使有機體的各部分和各種定性的實在差異面得到感性存在，而另一方面如果這些差異面僵化為獨立的特殊部分，變成彼此對立，排外自禁的固定的差異面，它就又要使這些差異面見出它們的普遍的觀念性，即它們的生命源泉。這就是生命的觀念論。因為不僅哲學是觀念論的，凡是觀念論在心靈領域裡所要做的事，自然在作為生命時實際上就已經在做。只有這雙重活動合而為一，只有一方面有機體的各種定性的繼續

不斷的實現以及另一方面在觀念中替現實存在事物設立主體的統一這兩件事的合而為一，才是完滿的生命過程。（同上，頁一六七）

如果我們進一步追問：生命的理念在現實的有生命的個體裡如何可以認識，以下就是答案。第一，生命必須作為一種身體構造的整體，才是實在的；其次，這種整體不能顯現為一種固定靜止的東西，而是要顯現為觀念化的繼續不斷的過程，在這過程中要見出活的靈魂；第三，這種整體不是受外因決定和改變的，而是從它本身形成和發展的，在這過程中它永遠作為主體的統一和作為自己的目的而與自己發生關係。（同上，頁一六九—一七〇）

黑格爾以美為「理念」。「理念」是概念的實在。概念和實在，二者直接統一，乃是生命。生命把物體各不同的部份，排除不同點，而結合為一體。生命是一體的根基，黑格爾以生命祇在有機體內，無機體沒有眞正的統一，所以自然物沒有美。我不接受這種思想，自然有統一、有美。自然物的統一，是它的「存在」，「存在」是力，即是生命，即是創生力。

第三章　二與變——陰陽

一、行動

行動兩個字，通常連成一個名詞，表示動作。蔣中正總統講「行的哲學」時，把行和動分開，說明兩個字的意義各不相同，蔣中正總統說：

能之凝結者為質，能之放射者為力；而這能、力、質，三者雖各為一個專名，而其發生作用時，仍要具互相效用，成為一個整體的東西。故質就是力，力就是質，二者根本不能分開。但質不是本體，本體乃是能。㈠因此我們可以明白，「行」與「動」是不同的。「動」並不就是「行」，而「行」則可以包括某種「動」在內。行是經常的，動是臨時的；行是必然的，動是偶然的；行是自發的，動則多半是他發的；行是順乎天理應乎人情的。……就其結果和價值

來說：動有善惡，而行則無不善。……我們所說的「行」和一般所說「動起來」的動，是斷斷乎不可混淆的。㈡

蔣中正總統以「行」爲人性的自然發展，屬於人的本體。「動」的人本性以外的動，屬於人的用。人的本體爲能、爲性，由能發出力，力是行。行表現於外，是動。

我想把行動兩個字，再加以一種解釋，可以說是由蔣中正總統所講的行和動的意義，引伸出來的。「行」是生命的發展，「動」是物質的動。

生命的本體，爲「存有」。「存有」爲具體的實體，實體的存在爲力。「力」在本體方面說，沒有結構，沒有份子，乃是純淨一致的。絕對實體的存在，即是祂的本體；絕對實體的力，也是祂的本體。絕對實體——上帝天主，本體卽是「存有」，而且是完全的「存有」。完全的「存有」不能有變，卻又常「行」，稱爲「純淨的行」，不含能，不變化沒有動，卻又常活，「無爲而成」。

上帝天主的「行」，不是由能而到成，是常常的永恒的成。上帝天主的本體是純淨的一，沒有份子。所以上帝天主的存有，在自己「體」常行，行爲純淨的行，不動、不變、不化。「純淨的行」的力，乃是自己的本體，不是用，乃是生命。上帝天主的生命，就是自己的存有，也就是自己的本體；既然是完全的存有，便沒有發展；爲一純淨的生命。

人的本體，是心物合一體，人的生命，便是心物合一的生命。心物合一的生命，為活的生命；心物合一的活，乃是心物合一的動，動則有變，又有化。心物合一的生命，在時間內開始，在時間內完成，所以有發展，發展則有變有化。因此人的生命，為變化的動。就人生命本體說，本體具有發展的力，就是創生力，創生力本性自然發展，所以是行；但是人的本體為心物合一體，創生力發展生命的行，也就是心物合一的行，因此，便也是動。人生命的發展，便是行動。

創生力成為行動，行動使人的生命在心物兩方面起變化。創生力為創造變化，不能是單純的力，單純的力一齊前進，不能創造變化，變化須由兩個元素而構成，創造人的生命在心物兩方面的變化，應該是兩種力，而不是單純的一種力。兩種力互相結合，結合的形式非常多，乃能有不同的成果。兩種力結合的形式，就是結合的理，也就是物體的理。兩力相結而凝聚成質，就是物體的質。

一是純淨的，不能變。二是變的動力。宇宙常在變動，變動而化生萬物，萬物自體又常在變，以求自體的發展。造物主的創造力，創造了創生力，創生力為宇宙，宇宙創生力便不是單純的一種力，而是兩種力。」宇宙創生力具有兩種力，兩種力在動時相結合而成物。中國易經說『一陰一陽之謂道，繼之者善也，成之者性也。』（繫辭傳上　第五章）創生力的兩種力也可以稱為陰陽。

生命爲存在，和存在相對待的爲物性。存在既是生命便常變，以求發展，變的理是物性，變的力爲創生力。爲變的創生力不能是一，而要是二。

張載曾說「一物兩體，氣也。一故神，二故化，此天之所以參也。」（正蒙・參兩）程顥說：「萬物莫不有對，一陰一陽，一善一惡，陽長則陰消，善增則惡減。斯理也，推之甚遠乎？人只要知此耳」（二程全書 二，遺書上，明道語錄一）

造物主以創造力造了創生力，創生力爲兩種力。創生力在最初時是一種力，而後分爲兩種力呢？或是最初就是兩種力呢？創生力一受造，就是宇宙，宇宙開始存在就是動，創生力在受造時，最初就是兩種力；兩種力有分別，卻不分開。中國哲學就有陰陽在開始時爲一氣，或爲兩氣的問題？周敦頤和張載主張氣之本體爲一，然後分爲陰陽。王船山則主張氣之本體就是二，只是陰陽未顯，王船山的思想來自易經，易經的卦由⚊⚋兩爻而成，不是一在先，二在後，⚊⚋同時俱有；他所以主張「乾坤並建」。

創生力爲兩種力，宇宙就有兩種力，宇宙的一切變化都是創生兩種力所發動。這兩種力性質不相同，常要相結合。不同的兩種力相結合，成果便是一個新的結成體。

兩種力的性質怎樣？力不是質，不能說它的性質怎樣，祇能就力的本身說，力或是強或是弱。易經爲解說乾坤或陰陽，也祇說是：剛柔、進退、動靜。創生力的兩種力，是不同的力，是彼此互相調劑的力。

人的生命本來就有男女的性別，人的存在爲男女的存在。人或是男人或是女人，這不是偶然的，也不是附加體的，而是本性的。在抽象理論上，人是有理性的動物；但是在「存在」上，必定是男人或女人。男女，是創生力的兩種力，這兩種力要結合爲一，以產生新的人。

創生力的兩種力，發動宇宙萬物的動，動而有變，變而有化，化則化生新物。

普通常說：男人是女人的一半，女人是男人的一半，男女相結合爲一個生命，人的生命才完全。其餘一切的萬物爲能化生新物，都要有陰陽兩種力相結合。整個宇宙變動不息，就是創生力的兩種力運行不停。實際上，中國哲學以陰陽構成萬物萬事，宇宙間的事物或屬於陽，或屬於陰，造成中國的「對稱哲學」：天地、日月、晝夜、冷熱、長短、大小、胖瘦、強弱、剛柔、乾隰、溫和嚴厲、公義私利、聰明愚蠢、等等對稱的名詞，在西洋的語言思想裡，當然也有這些名詞，但不以爲是哲學原則，中國哲學則認爲這些名詞的成因，是本體的因素不同，即是由陰陽兩素所成，爲人生活，則求兩對稱事物的中庸，不過與不及，不偏不倚。易經就有宇宙變易的原則，這些原則，本來就是陰陽運行的原則。

二、變化

西洋哲學的變動，常是一個元素的動。黑格爾的動，便用辯證法：正、反、合（四）。

馬克思和列寧採用辯證法，強調「反」，以「反」作鬬爭。柏格森的生命則是繼續不斷的直線動，稱爲「延綿」，有如一道河水，不斷前流。中國哲學的宇宙變易，是陰陽兩元素的結合，變化多端，化生不同的萬物。

創生力的兩種力發動宇宙的動，動必中節，符合動的原則，造物主創造了宇宙，要宇宙繼續變動而化生萬物。從具體的實事上，我們知道新的生命由陰陽兩元素結合而生。因此宇宙的創生力必有兩種力，兩動力爲化生新物，不能是互相否定，互相摧殘，而是要互相結合，互相合作。男女一對夫婦，若是彼此相尅，不結合，怎麼能生子女！創生力的兩種力的變動原則，第一是互相結合，互相合作。這項原則在宇宙萬物中，也要顯明。達爾文所謂「弱肉強食」，不是進化的原則，祇是萬物生存的一種現象，是生命有次序而互相供給的原則。一種植物或動物的絕跡，必定因爲生活的環境不適於它們的生活；一種新植物或新動物的出現，也必因爲適合生活的環境出現了，創生力乃化生新的種類。

創生力的兩種力的變動原則，第二是中庸。中庸爲洽得其當，爲「中節」，兩種力的配合要中節，在本體方面要中節，在外面環境方面要中節。易經的卦變，須適合時和位，易經稱爲中正。中節的變動，表現協調。中國思想家和藝術家，特別稱讚宇宙間的自然協調，稱爲「天樂」，稱爲「天籟」。天主教聖人欣賞自然界的次序，便歌讚造物主的美妙。

中國哲學以宇宙的變動，爲循環的變動，「周而復始」，在人事歷史上，也守循環原則，在日常生活上，不是有白天黑夜的循環嗎？不是有春夏秋冬的年年循環嗎？創生力的兩種力的變動原則，是繼續的前進。宇宙是進化，不是退化。但是前進有多種限制，假使兩種力常是直線前進，便不能相遇，不能結合，所以要有循環的動，使互相配合。創生力的兩種力變動時，有循環的相遇，循環相遇為小變動，大變動是繼續前進，即是在循環中向前走。

再者，宇宙物體是物質的，祇有人的心靈是精神體。物質在變動時有消耗，在整體說來，「物質常存」，可是每種物質不是常存；因此，宇宙的進化，在整體上說常是前進；在物種方面說，則可有退化。可能地球的變動，將來可能達到不適於人生活的地步，人可能在地球上絕跡。

創生力的兩種力在變動時，能夠產生他種的力，這些力也變動，參加化生萬物的成因。易經以「陰陽生四象，四象生八卦。」漢朝儒者和宋朝理學家，則以「陰陽生五行，五行生男女，男女生萬物。」四象在漢朝時便消失，漢朝的五行，則盛行於後代，成為中國宇宙和人生的一切萬物的成因，對於中國文化影響非常大。我認為「四」和「五」都太呆板，太數字化。宇宙的變化，神妙莫測，不可硬性規定它的方式。創生力的兩種力結合時，可以產生新的力，宇宙萬物的化生，不祇是陰陽兩種力，還有由兩種力所產生的其他的力也參與化生的成因。例如一個胎兒的成因，當然是卵和精子，可是精子和卵內又有其他的力，共同構成這個胎兒。中國哲學的四象和五行，在原則上是對的，在數字上則呆板而不對了。

附註

(一) 蔣中正 總理知難行易學說與陽明知行合一哲學之綜合研究，蔣公全集（張其昀編）第二冊頁二〇四七。

(二) 蔣中正 行的道理 同上，頁一二四四。

附錄 物理之道

亞立斯多德和聖多瑪斯都主張人的智識來自感覺，由感覺印象而構成觀念，哲學所以不是憑空的幻想，也不是祇停在抽象觀念上，應該在具體的實物界取得印證。我講生命哲學，就實際存在上講存有，因此，應該從自然物理學去研究是否從物理上，可以有些印證。我便抄錄物理學者的意見，附錄於後。

1. 宇宙

當我們研究宇宙與其數百萬銀河為一整體時，已經接近最大尺寸的空間與時間了；而且在宇宙的層次再發現宇宙是非靜態的——正在脹膨中！這在近代天文學中是最重大的發現之一。仔細分析由遙遠銀河收到的光已示明整個銀河羣是膨脹的，而且是在一十分管弦樂譜調似的方式下進行；任何一個銀河後退速度我們都察見與銀河之距離成正比例；愈遙遠的銀河，其遠離我們的速度就愈大；在距離加倍時，其後退速度也加倍。㈠

由世界之非常廣大，由膨脹的宇宙，讓我們再回到無窮小的世界中來。……自古以來已佔據且刺激人類思想；物質是什麼造成的？自從有自然哲學開始，人類就已思索此問題，試圖尋出製造萬物的「基本材料」；但只有在本世紀才可能由有計劃的實驗來尋求此答案。以高度精巧的技術，物理學家能首次揭露出原子的結構，發現原子是由核及電子組成的，在此最後這廿餘年中，他們邁進另一步，已開始研究核成子——原子核的組成物的結構了。由此再度並未視為究竟素材粒子，但視為其他整體的組合而已。㈡

能量是用於陳述自然現象最重要的一種觀念。在日常生活中，我們說一物體有能力作功時卽該物體具能量……另一方面，一物體的質量，是它自身重量的衡量；卽加諸該物體上的引力。……現在相對論昭示我們質量是沒有的。只不過是能量的一種形式而已。……一俟看出其為能量之一種形式，質量就不再認為是不可毀滅的了，却是能夠轉變為其他形式的能量。當次原子粒子與另一

其他粒子碰撞時便能發生此事。(三)

2. 宇宙之舞蹈

廿世紀中次原子世界的探索已揭露物質的內在動態性質。已昭示原子、次原子粒子之組成均為動態的式樣並非以孤立的實體存在，而是不可支離的交互作用之網絡的完整部分。此等交互作用涉及一能量之不停流轉，自行表現為粒子之交換情形；一種動態的交互作用，在其中粒子產生與毀滅，在能量連續的變化中永無盡期。粒子交互作用生出安定的結構，乃創造物質世界，此世界並未保持靜態，却在諧和的韻律中振動，整個世界在無休止的運動及活動中；在能量之連續的宇宙舞蹈中。

此種舞蹈包括形形色色的式樣，但是很奇怪的只歸納為少數不同的類屬。故研究次原子粒子及其相互關係顯露很多的等級。一切原子，以及我們環境中一切物質之形式，均只組成三種重粒子：質子、中子，以及電子。第四種粒子，光子，則無質量且為單位電磁輻射。質子、電子以及光子均為安定的粒子，意卽永遠生存下去，除非在一碰撞程序中才可能毀滅。另一方面，中子，能自動的蛻變。這種蛻變稱為「β蛻變」(beta decay)，且為某型放射性之基本反應。乃是中子轉變為一質子，同時伴生一個電子及一個新型無質量的粒子稱為「微中子」(neutrino)。像質子及電子一樣，微中子也是安定的。以希臘字母ν代表之，β蜕變程序之方程式如下：

$$n \longrightarrow p + e^{-} + \nu$$

在一放射性物質原子中，中子轉變為質子乃轉變此等原子為一種完全不同的原子。在此程序中產生的電子射出，為一强力的輻射，可廣泛應用於生物學、醫學以及工業中。另一方面，微中子雖以等數量放出，但極難測出，因其既無質量又無電荷也。㈣

所有此等粒子可在碰撞程序中產生與毀滅；每一種也能交換如一實質之粒子，故在其他粒子間貢獻給交互作用中。這彷彿是衆多不同粒子交互作用中之結果，幸虧，雖然我們也不知為什麼原故，所有此等交互作用好像可歸屬在四大類中，均以明顯的不同交互作用强行分別之為：

强交互作用

電磁互作用

弱交互作用

引力交互作用

其中，電磁的及引力的交互作用是最習知的，因在大尺標世界中已有實驗，所有粒子間引力的交互作用是很弱的，以致不能實驗的偵測出來。但在巨觀世界中大量粒子造成巨大物體組成引力交互作用，而產生重力，在宇宙中成為優勢的力。電磁的交互作用在所有荷電粒子間發生，對化學程序有關，且構成一切原子及分子的結構。强交互作用在原子核中緊密維繫質子及中子。造成核力，是自然界中一切力中最强的。例如，電子因電磁力與原子核約以十個單位（稱為電子伏特，electron volts）鍵聯，而核力之鍵接質子與中子之力則約為十億單位！

核成子並非强交互作用中唯一的交互作用之粒子。事實上，壓倒性的多數均為强交互作用的粒子。現今所知之一切粒子中，只有五種（及其反粒）未參與强交互作用的。此卽光子，及四種「微子」（leptons）刋在上表之頂部。所以一切粒子可分為兩大類：微子（lept-ons）及超子（hadrons）或强交互作用粒子。超子更細分為「介子」（mesons）及重子（baryons），有各種不同的方式，其中之一是所有重子有明顯的反粒子，而介子則只能為其本身之反粒

子。㈤

3. 物質是能量

有機的和無機的之間的差別是觀念上的差別，我們進到量子力學就難堅持了，有些事物應付資料的處理，則依我們的定義是有機的，等待着物理學令人驚奇的發現，是量子力學發展中彙集的證據，指陳次原子「粒子」總是顯現能造成決定。不僅如此，這種決定之造成乃基於在他處所做的決定。次原子粒子彷彿「立卽」知道在他處所作的決定，而所謂在他處，可能遠在銀河。㈥

如果說宇宙有任何究極的材料，那麼它是純粹的「能量」，但次原子粒子並非由能量造成的，它們就是能量。這就是愛因斯坦在一九〇五年所建立的理論。次原子粒之相互作用，卽能與能之間相互作用。在次原子層次上，「是什麼」與「發生何事」之間，演員與動作之間已不再有明晰的區別。在次原子層次上，舞者與舞同是一個。

照粒子物理學的說法，基本上世界是「正在舞蹈中之能量」，能量是無所不在的，且不斷的時而採取這個形式時而採取那種形式。㈦

粒子物理的世界觀是一種沒有「物料」的世界，在此物界內，「什麼是」

＝「發生何事」，而且在此物界內，一種無窮的創造，毀滅及轉變是激昂的舞蹈，在一種守恒律及或然率的架構中進行著。(八)

物理學家提到一粒子的質量，除非指陳其他方面，否則粒子之質量是在靜止時的。在靜止時，粒子之質量稱為「靜止質量」，任何其他不是靜止時的質量，稱為「相對質量」，既因一粒子之質量隨速度而增大，故一粒子得有任何數值之相對質量。……粒子之質量，無論在靜止或在運動中，均以電子伏特(Electron Volts)計量之。一電子伏特對電有沒有做什麼，一電子伏特是「能量」的一個單位。(九)

量子力學的特點，在於標出，世界沒有質料，祇有「能」，「能」常在動。構成物質的次原子粒子，不是物質，而是動力，常在變動，你研究它時，它不一定就存在。你所研究的粒子，是否你所研究的粒子，也是問題。就好比說河水，你腳入河水，河水繼續在流，你想踏的水，已經流過了。

量子力學視次原子粒子為『存在的傾向』或『發生的傾向』，此種傾向多麼强烈，是用機率性表示的。一個次原子粒子是一個「量子」，意卽某物之一

種量，但什麼是「某物」呢？是一個值得沉思的東西。……在次原子層次上，質量與能量相互不變的變化。(十)

沒有客觀的實相，一切實相都由主觀去觀察，沒有觀察就不會有實相。

新物理學，量子論明白地昭示我們，觀察實相而未改變它是不可能的，如果我們觀察一粒子的撞擊實驗，不但我們沒有方法證明結果是相同的，如果我們沒有盯住它，則我們所知道的一切指陳是不相同的，因為我們所得的結果被我們注視的事實所影響了。(十一)

4. 常動

物體的基本素，次原子粒子、常動、物理學家戲稱爲舞蹈

次原子粒子永遠參與這種不停止的舞蹈。事實上，次原子就是這種毀滅與生產的無休止的舞蹈。這是廿世紀的發現，具有其精神的含義，但並非一種新觀念，事實上，它非常類似地球上許多民族，包括印度及佛教，對實相的看法。(十二)

次原子粒子並非是落實的次原子粒子。它們是活的蜂窩。例如，一個電

子，恒定地放出及吸收光子。然而此等光子均非發育完全的光子。它們是『看它時它已不見變體。』除非它們不飛離其本身，它們才恰正似真正的光子。它們被電子吸收，而且幾乎立即又被放出。所以稱之為『虛幻的』光子。㈢

虛幻的光子，縱使是電荷的粒子，在泡沫室也是看不見的，因為它的生命太短促了。其存在是數學的推理。所以這是非常的學說，即粒子交換其他粒子相互施以一力。㈣

5. 二元素

次原子粒子之第二特性是它有電荷，每個次原子粒子具一正性的，一負性的或一中性的電荷。其電荷決定一粒子如何在其其粒子前之行為，若一粒子具有中性電荷，則它對其他粒子為中性的行為，無視其中粒子有什麼電荷。但具正性及負性電荷的粒子，相互有十分不同的行為，具正的及負的電荷粒子均與符號相反的粒子吸引，而與相同符號者相拒斥。例如：兩個正電荷粒子互相排斥，且立即儘可能的推出一距離。兩種負電荷粒子情況亦復如此。一負電荷粒子及一正電荷粒子則無阻力相互吸引和立即儘可能的朝對方接近。㈤

6. 結　論

上面所引的兩本物理學書，書中都強調東方印度中國的宗教和哲學，所冥想的宇宙，神秘性非常高，但卻和新物理學有些可以印證。宇宙的動，宇宙的變，宇宙的合一，都是很明顯的這點。對於易經而且說：「易經是一本不可須臾分離的書，道永遠在變易，交互運行從不休止，流動遍六合，升降無定則，毀與成相互轉變，不得繩之以規律，唯變化從事其中。」㈩

附　註

㈠ 伽勃拉著　潘家寅譯，物理之道，頁一五五，臺灣中華書局。
㈡ 同上，頁一五八。
㈢ 同上，頁一五九。
㈣ 同上，頁一七九。
㈤ 同上，頁一八二。
㈥ 祖卡夫著　潘家寅譯　物理新詮，頁三八，臺灣中華書局。
㈦ 同上，頁一六五。
㈧ 同上，頁一六六。
㈨ 同上，頁一七四－一七五。
㈩ 同上，頁二七。

(十一) 同上，頁二二五。
(十二) 同上，頁一八七。
(十三) 同上，頁一九三。
(十四) 同上，頁一九七。
(十五) 同上，頁一七九。
(十六) 物理之道，頁八五。

第四章　整體的實體

一、實體由力而成

西洋形上學以「有」爲研究對象，由「有」而研究「有」的成份：「質」和「理」，卽是「元質」和「元形」。「質」和「理」結成「性」，「性」爲本性，由「性」再和「在」相結合，乃成爲「實體」。這所謂實體是抽象的本體，具體的實體則還有附加體；所以實體爲本體和附加體的結合體。但是普通哲學上講實體，則是抽象的本體，不指具體上的附加體。西洋哲學的講法，是從靜方面予以分析的方法，在抽象方面，由「性」去研究實體，所說的「在」，也是一個抽象的觀念，實體在分析上說，由「性」和「在」相結合而成。可是在實際上，「性」和「在」怎麼能夠結合呢？例如中國朱熹主張物由理和氣相結合而成，一樣的問題也出現，理和氣怎麼能夠結合呢？亞里斯多德認爲應由一個「動力因」使相結合，他便主張宇宙的一切變化都有四個因：質料因，形理因，動力因，目的因，四因中以「動力因」

實體。最重要。但是西洋形上學在講實體之成，卻不講「動力因」，或者就以「在」作為具體的存在；可是若不以「存在」為「動力因」之力，「在」是抽象觀念，不能使「性」成為具體的實體。

我們講實體，不能祇停在抽象上，應該就具體的實體去講。我們認為構成實體的成份應該是三：質、理、力。質和理，由力而予以結合。力使質和理結成實體，實體因而存在，存在的實體又因內在之力常繼續動。使實體存在又為內在動之力，就是創生力。「性」由「創生力」而成存在的實體，這個「力」便是「性」的「在」；這個「在」是繼續動的「在」。因此，我們仍舊可以採納士林哲學所講的實體論，實體由：質、理、在（力）而成。

宇宙為一創生力，由造物主以創造力而造。創生力宇宙有自己的質和理。創生力在宇宙的「質」內，依照自己的「理」常不停動，造成各自變動，化生宇宙萬物。每一物體之成，由宇宙創生力發動宇宙一份「質」的變化，創生力賦予這份「質」的變化應有之理，應有之理由創生力從創造力而得，不是來自宇宙之理，更不是來自宇宙之質。這種變化有質有理又有力，便成一物體。

每一物體，得有宇宙的一份「質」（質料、材料），得有由創造力賦予之理，又得有創生力之力，成為一整體之實體。創生力在不停的動而發動宇宙一份「質」起變動，因和創造力密切結合不分乃由創造力給予物性之理；創造力即是造物主的神力。在造物主方面說，沒有時間，創造行動祇是「一」。在宇宙方面，則有時間，造物主所創造的宇宙，是應常不停變化的宇宙，在時間內進行，創造力便繼續創造，繼續發動和支持宇宙的變化，卽是和創生力常相結合，成爲聖多瑪斯所說「繼續的創造」。

從抽象方面說，實體是由「性」和「在」而成；但是這個實體祇是抽象的本體，實體的附加體，又在本體以外；這是西洋傳統哲學的講法，重點在於「性」。從具體方面說，實體有質、有理、有力，重點在於「力」。力使質和理相連合，又使附加體和本體相結合。附加體的意義，在下面加以說明。

中國哲學講實體祇有朱熹講得詳細，他以理氣二元構成實體，但不講附加體，以實體爲一整體。

二、實體爲存在

士林哲學講論萬有，注重萬有的「本性」，由性去講有，把「在」作成「有」的實現方式。而「性」爲一抽象觀念，萬有便成爲抽象體。抽象體因着「在」而實現，「在」所加於「性」的，是附加體的特質和量。這種「性」和「在」的兩方法，是我們人所作的。聖多瑪斯堅持這種分法，以解釋萬有的相對性和受造性，宇宙萬有都是受造的相對之有，不能是絕對的有。史哥特不接受這種分法，以相對性和受造性來自萬有的「在」。

萬有能稱爲「有」，必定該是「在」，沒有「在」的「有」，便是「無」。「在」是實際的，是具體的，是本體。士林哲學以「性」和「在」結成本體，「性」限制「在」，使本體歸於一類，「在」又限制「性」，使本體成爲具體的單體。這種思想和朱熹的理氣論相似，朱熹以理限制氣，使有人物之分，以氣限制理，使人和人彼此不同。但是張載和王船山則以爲理在氣中，氣所以成「此物」，就是氣有「此理」，不是氣「因」「此理」，乃是氣「有」「此理」。

萬有的實體是「在」、「在」有「性」。一講實體，就是講「在」，「在」是具體在，實體是具體的。具體的在，具有物質性的附加體；物質物不能進入心靈（靈魂），心靈理智對於實體乃祇有抽象的觀念。

然而實體不能分，實體就是具體的單體，單體的附加特質和量，就是實體的構成素；因此朱熹講人性乃有氣質的性。我們講人，人的觀念在我們心中所顯現的不是一個抽象的觀念，而是一個具體的人；若不是一個具體的人，我們就不能懂得「人」是什麼。就如「色」是顏色，我們爲懂得顏色，必須在心靈裏顯現一種具體的顏色。因此沒有形色（即沒有附加特質和量）的本體，爲純精神體，我們便不能認識這種純精神本體。

實體不能分，因爲是一個「在」，「在」不能分析，祇能是「在」或「不在」。既是「在」，祇是一個整體，整體一分就不能存在。人的實體是「我」，「我」是一個整體，「我」有我的一切，取掉一部份，便不是「我」。「我」是實體，實體是「在」；實體是「在」，不能是抽象的普遍的「在」，而是具體的「這個在」，「這個在」則是由「性」所定。

「這個在」的實體，不能分析。若分成「性」和「在」；由「性」認識實體，所認識的實體不是實體的本體，祇是人所抽出的普遍性本體。祇是人的性。實體自身在任何環境中也不能分，若「性」和「存」相分，則實體已不有了；若分析附體，實體就不完全，「有」是實體，不是單獨的純觀念；海德格所以以「有」爲「存有」，爲「這個有」。「存有」是實體，在存在上不能分析，在被認識也不能分析；必須常是完全的整體。

柏拉圖曾以觀念爲自立體，存在觀念世界，不是抽象的想念。亞里斯多德肯定觀念世界爲虛構，不能實際存在，乃以觀念爲抽象性。當代西洋有的哲學家企圖突破亞氏的觀念抽象性，直接回到存有本體，柏格森、海德格、懷德海、胡塞爾各從各的出發點，各自構成自己的學說，有些不能達到目的；因爲這種事實本身就是一種奧秘。

三、實體爲複雜的繼續生化體

每一存有實體，都是複雜體。精神實體就構造說，當然是單純的。絕對的自有實體，爲「純淨之行」(actus purus)，沒有任何潛能；但是天主教信仰信天主三位一體，這一本體就不單純了，而且非常複雜，絕不是一個抽象觀念「自有體」所可以代表的。精神體的天使不含物質，也很單純；但是天使按士林哲學的思想說，每一天使爲一類，只有一，沒有多的單體，然而每一天使都是獨立的單體，不能是類的抽象體，他們彼此怎麼分別呢，本體便不是單純的了。至於宇宙萬物都含有物質份子，實體當然不單純。人則又是心物合一，更是非常複雜的了。士林哲學認爲把每種物的物性，從構成的份子中抽出來，構成一共同的觀念，便代表這種物的本體。人的本體是什麼？是「理性的動物」。「理性的動物」這個觀念卻不單純，包含的份子非常複雜。而且這個抽象觀念並不能代表人的實體，祇是代表人本體的抽象意義，人爲懂得這個抽象意義，在心靈上必要顯映一個具體的人。假使一個人又聾又瞎，從來沒有一個具體人的印象，就不能懂得「理性的動物」是什麼？就要從他可以懂的別的具體印象去解釋。抽象觀念是代表具體的整體，沒有整體的印象，就沒有抽象的觀念。因此抽象的本體觀念必要有一具體的實體。

實體是具體的，是複雜的，而且是繼續變化的。中國儒家哲學所以講「有」爲「生生」，即繼續的生化體。宇宙間每一個物體，都常變化。普通一般人都知道生物常在變化，例如人，從出母胎一直到入墓穴，沒有一刻不在變化。但是普通一般人則以無生物不繼續變化，實際上無生物也繼續變，祇是在外面不表現出來。現在物理學講原子和電子，它們是物體的構成素，它們都常不停在動。

從哲學的本體論去講，宇宙萬物的實體都不是自有的，都是受造的。造物主以創造力創造了宇宙，宇宙爲一種創生力。創生力宇宙常在運作，生化萬物。創生力和造物主的創造力常相結合，因爲創生力的力來自創造力。每一物體本來不存在，因着創生力的運作而「存有」，它本體的「存有」靠着創生力而有。這是本體的變化，稱爲生。在創生力的運作，一個實體再不存在時，這種變化稱爲滅。本體的變化，有生有滅。但是一個物體因着創生力的運作而「存有」了，並不能一成就常能「存有」，常是需要創生力的支持；因爲實體的「存有」不是自有的，是從創生力而來，若一傾刻離開創生力，它的「存有」就消失了。創生力因着創造力的神力常流動不息，創生力對一切物體，也就流動不息，不像一個人用手端着杯子，靜靜不動，或是像一張桌子放上杯子，在平靜裏使杯子不掉到地上。創生力對於每個物體好像放映電影或電視的機器，以電力流動地把每張影片繼續放映，電影或電視的故事，繼續進行，若電力一斷，影片就停，故事便停頓了。每個物體就好像放映的影片，影片的放映則像物體的「存有」，影片的繼續放映是靠流動的電力，物體的存在也靠流動的創生力。因此，物體的「存有」，是創生力繼續的創生。

創生力對於每一物體的繼續創生，在兩方面運作：一方面，使實體繼續存有，爲本體的變化；一方面，使實體發展，爲附加體的變化。例如一個人，他的存有是生命。生命繼續，他便存在。生命本身的變化，乃是人本體的變化，即或生或死。一個人生命的發展，則是他各項質和量的變化，身體的發育，智識的增加，乃是人附體的變化。

士林哲學主張本體不能變，本體若變，物體就變了，原有的本體已不存在。但是本體不是單獨的「性」，是「性」和「在」結成的體；既是在，便是具體的「存有」；具體的「存有」，不能呆板靜止，而是繼續變化，士林哲學肯定世界萬物不能自有自存，爲能有爲能存在，都依賴造物主的創造力。聖多瑪斯稱造物主對萬物存有的繼續支持，爲繼續的創造。萬物的實體並不能因着創生力的運作便一成而常自己存在，卻常是繼續被創造，繼續從無到有。繼續從無到有，是本體的變化。本體既有變化，並不消滅；那是創生力繼續不停地運作，好似電影底片，在放映機上，一片一片不停地流轉。本體變化爲生滅的變化，在本體存有時，竟不見生滅變化的形跡，又好似電影底片在放映流轉中，不見一片一片相接的痕跡。這種生滅不顯形跡的變化，就是「生生」的生命。易經稱讚這種生生的變化，神奇莫測，「易（生生），無思也，無爲也，寂然不動，感而遂通天下之故，非天下之至神，其孰能與於此！」（繫辭上 第十章）柏格森以宇宙爲與盛的繼續流行的生命，王船山以「性日生而命日降」，都認定萬物本體變化不停。

本體的變化，是「在」的變化，即有無的變化，或生滅的變化，不是「性」的變化；若是「性」變，本體便不是同一本體，整個物體變成另一物體。

物體的變化，都是由「能」而到「成」。「能」是潛能，「成」是實現。（士林哲學稱爲 Potentia, actus）附加體的變化，所有的「能」，在本體以內；所有的成，可以在物體以內，或物體以外。本體的變化，在開始時，成爲存有的「能」，存在另一實體內，例如人出生之「能」，是存在父母體內。一張桌子成爲桌子之「能」，是存在構成桌子的原料內。一棵樹發芽出生之「能」，是存在發芽的種子內。佛教因此說萬物都由因緣結合而成，沒有自體。又說人生的輪廻，有如一點火光，從一支燒滅的蠟燭，點燃另一支蠟燭。佛教的解說，雖不符合哲學的本體思想，但也表示本體的變化，有「能」的複雜思想。

實體既因創生力的運作而存有了，例如人已由母胎出生了，有自己的實體，再繼續有被創造的變化，即繼續「生」，繼續「存有」，它的「能」，應該在自己本體內。因爲它既已「存有」，可以繼續「存有」。創生力在本體內運作，繼續使「能」到「成」。這種繼續的運作，稱爲「行」，稱爲「生命」，有如電影的放映運作，使一個「存有」繼續由自己的能而到成。

四、體和用

西洋傳統哲學在討論本體時，有附加體的問題，附加體是本體在具體上所有的，都稱爲附加體。例如人，爲理性動物；可是人的四肢百體都是附加體；人的靈魂則因爲是人的「形理」，乃是本體，理智和意志則是附加體。又例如一張木桌子，木材是附加體。因此，近代西洋哲學反對這種思想，發生責難，認爲人除了身體四肢百官，還有什麼？木桌子除了木材，還有什麼？所說本體（Substantia），是在內幕支持外面的附體，可是人除了身體，內部有什麼？即使有，它怎麼支持身體？關於這一點，我想要分析清楚。

我以本體 (Substantia)，爲抽象的觀念，含有抽象的「性」和「在」，抽象的本體成爲具體的存在，則稱爲「實體」，也可以稱爲「存有」，即這個具體的有。

具體的這個有，爲一整體的實體，它的質料成爲具體的質料，（這個人的具體質料是身體）具體質料是實體的本體，不能稱爲附加體。所以這個人的身體，不可以說是這個人的附加體。

具體的這個有，卽是存在，卽是實體，就是這個人。他的存有，爲活而常動的存有，因他的存有爲常動的創生力。存有是創生力而動，動的表現和成就，或說果，則是附加體，例如人讀書寫字，這種種動作是附加體。身體常變，變而顏色、肥瘦、高矮，這些形色也是附加體。所以爲表達這種分析，用中國哲學所用的「體用」術語更恰當。質料具體化而成身體爲「體」，人所有動作和動作附件爲「用」。祇是中國哲學家對「體用」的解釋，多有不同。我用「體用」名詞，就是上面所說的意思。

宇宙萬有都是相對的非自有體，有本體生滅之變，又有附加體之變。附加體之變，乃是實體的「能」逐漸發展，卽是生命之動，稱爲本體之用。用對於本體有多方面的意義：第一、「用」，表現本體的發展，使本體的「能」，逐漸成爲現實，本體乃更豐富；卽使在物質方面可以因量的消耗而萎縮，在精神方面，常可以增高。第二、「用」，表現本體的性。相對體的性爲一束能，「能」若不表現而成爲現實，則不可爲人所知。「能」成爲現實然後被人所知，人由「能」而認識「性」。所以中國哲學常以體用不分，而且以「用」就是「體」。第三、「用」，表現生命的活動，不表現用的物體，就沒有生命。普通，以動物和植物有「用」，即是有活動，認為有生命，礦物沒有活動，沒有「用」的表現，便認為是無生物。但是礦物的本體也有「用」；沒有一件礦物是一成不變的，常是經過長久的時間漸漸變成的，這種變化非常慢，非常久，不常被觀察到。因此，礦物也有本體的「用」，也有生命的活動。第四、「用」和「體」的關係，是由物性發生的。因此，理學家說人的情慾出自人性，若以情慾生來為惡，人性便是惡。因此，所謂附加體，除動的表現和成效外，不是偶然加在物體的，而是和本體合成一個「存有」，是這個「存有」的構成素，對這個「存有」是不可缺的。通常我們認為人的四體百肢，是人所不可缺少的，皮膚的顏色，身體的高低和瘦胖，則不是必要的。對於這個「存有」人，身體的顏色、高低、瘦胖，是生活的成效。當然可以隨時變換，在變換中，他仍舊是他，不過，「存有人」就是在這一段時間空間的人，他就有這樣的顏色和身材。因此，附加體就是表示而且限定本體的「存有」。

不過，「用」和「體」雖不能分，「用」不是「體」，也和「體」不相等，「用」是「體」的部份。但是實體的自體，繼續自動，因為存在是動的存在，例如人的生命，不能稱為「用」，而是人的實體，即是人的存在。因此，生命和生命者不能分，然而「生活」不是「生命」，祇是「生命」的表現人們為認識生命，從生活去認識；這也是中國哲學以「用」就是「體」。

有人要問：我上面所說的和普通士林哲學所說的有什麼不同呢？士林哲學以本體和附加

體對立，本體是「性」和「在」，本體在實際上在「性」和「在」以外所有的，都是附加體。我把本體和實體分開，本體是抽象的，實體是具體的。具體的實體所有的質料，都附於本體，因爲是本體的「質」。具體的實體所有的「自動」，即創生力的變，也就是生命，不是附加體，而是實體的本體，因爲是本體的在，實體的自動的表現和成就，則是附加體。我和中國哲學所講的體用不分，也有不同，中國哲學講體用，意義很籠統，各家的意見不一致。

五、結語

實體是「存有」，「存有」常在動。在絕對自有的「存有」，動是純粹的行，沒有變。在相對的非自有的「存有」，動常是變，由潛能而到成。「存有」的動，或者可以稱爲「化」。是內在的，是本體的；在絕對自有的存有內，自行自化，不增不減；在相對的非自有的存有內，則由創生力因創造力的力而運作，本體內有變，有發育。中國哲學講盡性，講發揚人性。本體內的動，就是生命。絕對自有的「存有」，有純粹的生命，純粹的生命即純粹之行，行而不動，化而不變；即不動而行，不變而化，不是我們人所可以懂的。相對非自有的「存有」，則常因內在的動而變化，變化的程度不等，礦物的變化最弱，最低，最慢。外面看來似乎沒有變化，普通以爲是無生物。普通所稱的生物，生命的等級很多。朱熹認爲是「理一而殊」，生命之理所表現的程度由氣的清濁去定，我認爲萬物的分別由「性」和「在」而定，

「性」由「元形」和「元質」而成。「性」由創造力賦予創生力的宇宙，「在」由創生力的運作而來。萬物都有生命，生命來自創生力，生命使「有」成爲存有實體，以存在的根基。在存在上，實體是一整體，包括本體和附加體，附加體在理論上，和實體可以相分離，在實際上，附加體一分離，實體就不是這個實體，所以凡是實體就是整體。

附錄　熊十力　新唯識論 卷中後記

【釋體用】新論綱要，即體用義。讀者仍多茫然。今更略爲闡述。治哲學者，須於根本處，有正確了解始得。若根本不清，即便能成一套理論，亦於眞理無干，只是戲論。哲學上的根本問題，就是本體與現象，此在新論，即名之爲體用。體者，具云本體。用者，作用或功用之省稱。不曰現象而曰用者。現象界，即是萬有之總名。而所謂萬有，實即依本體現起之作用，而假立種種名。(天地人物等名)故非離作用，別有實物可名現象界。是以不言現象而言用也。

本體現起作用(亦云體現爲用。或云由體成用)此語須善會。不可妄計體用爲二。哲學家往往誤計本體是脫超於現象界之上，或隱於現象界之背後，而爲現象作根原。此乃根本迷謬。新論談體用，正救此失。

體，是無方所。無形象。而實備萬理。含萬善。具有無限的可能。是一眞無待。故說不易。

用者，言乎本體之流行。狀夫本體之發現。因爲本體是空寂而剛健。(空寂之空，非空無義。以無方所，無迷闇，故名空。寂者寂靜。極虛靈故。無昏擾相故。剛健則力用至大至強至神。) 故恆生生不已。(刹那刹那，新新而生，不守其故) 化化不停。(刹那刹那，變化密移) 卽此生生化化，說爲流行。亦名作用或功用。

尅就體言，是一極絕待。無方無相。(無方所。無形相)

尅就用言，是幻現相狀，宛爾萬殊。(大用流行，有迹象現，如電光之一閃一閃，而似有物事如赤色者現。此赤色，卽是閃動之迹象。亦云相狀。本體之流行，幻現相狀，義亦猶是。旣有相狀，便宛爾成衆多之相。非是一相。故云萬殊。所謂萬有，卽依流行之相，而假立種種名。)

體，喩如淵深停蓄之大海水。

用，喩如起滅不住之衆漚。

曾航行海洋者，必見大海水，全體現作衆漚。不可以衆漚外別覓大海水。又衆漚、各各以大海水爲其體。(各各二字注意) 非離大海水而各有自體。(非字，一氣貫下。)

體與用，本不二，而究有分。雖分，而仍不二。故喻如大海水與衆漚。大海水，全成衆漚。非一一漚各別有自體。（漚之體卽是大海水故。）故衆漚，與大海水，本不二。（宗教家說上帝造世界，而以上帝爲超越於世界之上，卽能造與所造爲二。哲學家談實體與現象，往往有說成二界之嫌。其失亦同宗教。）然雖不二，而有一一漚相可說。故衆漚與大海水，畢竟有分。體與用，本不二，而究有分，義亦猶是。漚相，雖宛爾萬殊，而一一漚。皆攬大海水爲體故。故衆漚與大海水，仍自不二。體與用，雖分，而仍不二，義亦猶是。體用義，至難言。如上舉大海水與衆漚喻，最爲方便。學者由此喻，應可悟入。哲學家或只承認有現前變動不居的萬象，爲互相聯繫之完整體，卽計此爲實在。如此計者，實只知有現象界，而不承認現象之有其本體。是猶童稚臨洋岸，只見衆漚，而不知有大海水。

或雖計有本體，而不免誤將本體，說爲超脫乎現象界之上，或隱於現象界之後，致有二重世界之嫌。其於體用之本不二而究有分，雖分而仍不二者，從來哲學家於此終無正解，此新論所由作。

已說體用。再尅就用言之。則用，非單純的動勢，必有兩方面，曰翕曰闢。（翕闢只是方面之異。自不可看作截然二片的物事。）闢乃謂神。（神卽心）翕便成物。（現似物質，而非果有實質。）物有分限。神無分限。（心是無在無不在。華嚴經七處徵心，十番顯見，形容得甚妙。）神遍運乎物而爲之主。此理之常，物亦可以乘勢而蔽其神。此事之變。（物成，卽不能無墜退之勢。無機物猶不得發現心神。植物似已發現心神，而仍不顯著。乃至人類猶常有心為形役之患。物能障蔽心神，乃後天事勢所有。不容否認。但神終為物之主，可以轉物而不為物轉。究是正常之理。）然神畢竟主乎物。（宇宙自無機物，而有機物。有機物，由植物而動物，而高等動物，而人類，乃至人類中之聖哲，一層一層，見心神逐漸顯著甚大。確爾官天地。宰萬物。）而事勢終亦不越乎常理矣。自新論問世以來，讀者每不尋其底蘊與條貫輒爲不相干之攻難。故復撮要言之。

【釋體常義】本體眞常。老子言常道。（道者，本體之目。常者真常。）佛氏言眞如。（佛說真如，亦本體之目。真謂真實。如者，常如其性，不變易故。論與疏皆云，真即是如，言真實即不變易，不變易者言其常也。）西洋哲學，其否認本體，與夫以動變言本體者，可勿論。若其以眞常言本體者，亦與東哲眞常意義，有相通處，至其陳述所見，有仁、智、淺、深、等等不齊，其思想各成體系，則吾大易所謂一致而百慮也。（本體真常，是一致處，面向下所見各不同，是有虛處。）余於眞常意義，體究數十年，若道本體不是眞常的，則虛妄法，何得爲萬化根源，何以名爲本體。若道本體底自體，是眞常的，卻又當深究。須知，一言乎本體，他便不是空無的，故有其自體可說。但此眞常之云，既以不生不滅，不變不動爲義。則此本體，便是兀然堅凝的物事。他與生滅變動的宇宙，互相對立。如何可說爲宇宙本體。吾於此，苦究數十年，直至年將半百，而後敢毅然宣布新論。以體用不二立言者，蓋深深見到、信到，不能把本體底自體，看做是箇恆常的物事。而恆常者，言其德也。吾取一譬。如易之坤卦，以地方爲言。後人遂謂易言，地之自體，是方的。此實錯誤。方者，言地德也。方故，承乾而無邪曲，此地德之所爲美也。（吾讀經示要已解明。）以此例知、曰眞、曰常、皆從本體之德，以彰之也。

第五章　主體——我

一、人——心物的關係

人是造物主天主按照自己的理念而造成的，這表示人在宇宙萬物中有特殊的意義，和宇宙萬物有不相同的特徵。因此，中西哲學都承認人爲萬物中最優秀的，而且可以代表宇宙萬物。

在中國哲學裏，禮記以爲人得天地的秀氣，爲萬物之靈。朱熹以爲人得天地之理之全，物得天地之理之偏。而人的特點，則在於心靈。孟子論人，說人有小體有大體，小體爲耳目之官，大體爲心思之官，心思之官是人所以成爲人的理由。人因有心思之官，可以認識萬物，可以愛或恨萬物，尤其可以自由選擇。因着人，宇宙萬物才充滿意義，也富有感情。造物主把宇宙萬物隸屬於人，供人使用，屬人管轄。所以聖保祿宗徒以人的罪，使萬物也屬於罪，人得救，萬物也得救。

人的特徵，在於心靈，然而人的整體，一個整體的人，是心靈和身體結合而成的實體，所以說是心物合一體。對於心靈和身體的關係，哲學家有多種不同的意見。唯物論主張心靈爲最輕微的物質，和身體的性質相同，兩者不成二元，而是一元，沒有所謂連結的關係。但是普通中西的傳統哲學思想則承認靈魂爲精神體，身體爲物質體，兩者中間存着連結的關係問題。希臘柏拉圖主張心靈或稱靈魂先天存在理念世界，和身體結合而成人，身體乃是靈魂的牢獄；這種思想成爲柏拉圖學派的思想。希臘亞里斯多德和中古的聖多瑪斯主張靈魂爲理型（Forma），身體爲質料（Materia），共爲人的二元成素；這種思種成爲士林哲學的思想。由這種思想產生「身體爲工具」的思想，靈魂運用身體作活動的工具。中國朱熹則主張心靈爲清氣所成，身體的氣則濁，所以分爲魂魄，爲人的上下兩部份，似乎和唯物論的主張相同，但是朱熹和儒家學者都承認清氣爲虛靈，爲非物質的精神。然而當代儒學者和漢朝王充一樣，不承認心靈爲精神，因爲心靈的活動，都由身體，即是頭部的神經而成。西洋當代哲學思想，也有否認靈魂爲精神體的傾向，不再沿用傳統的「靈魂」名詞，而用「理智」(Mind) 名詞。

爲解釋靈魂和身體的關係，不能否認二元，而單用一元。一元爲氣，氣在人內爲何分清濁兩部份？一元爲物質，物質爲何在人內有輕清和重濁的分別，兩部的關係若何？靈魂和身體爲兩種不同的元素，靈魂爲精神體，身體爲物質體，兩者性質不相同，而且又不是自立的實體。這兩者不同性質的成素，在「存在」上合而爲一，成爲一個自立的實體。人的「存在」爲生命，靈魂和身體在人的生命上，合而爲一。人的生命，乃是心物合一的生命。

人的身體和靈魂，爲人生命的兩種成素；成素的意義和普通所說一物的成素，意義不完全相同。普通所說的成素，是沒有本身完成型態的物質，靈魂和身體則已有自己完成的型態，身體有完整的型態，靈魂也有完整的精神型態。而且靈魂還是可以獨立存在的型態，離開身體後就獨立存在了。這兩項具有自己完全型態的元素，合成一個心物合一的人。

人的心物合一，不是兩分的型態，而是合一的型態；不是靈魂運用身體，而是兩者同一活動。因爲靈魂和身體在生命上相結合，合成一個生命；人的生命乃是心物合一的生命。一個人的生命活動，必定是靈魂和身體共同的活動，沒有一項單獨身體的活動，也沒有一項單獨靈魂的活動。在本體論方面，人常是人，醒着有意識時是人，睡覺沒有意識時也是人。有意識的活動，是靈魂和身體的活動；沒有意識的活動，也是靈魂和身體的活動，不能說在人以內有生魂、有覺魂、有靈魂，人的魂祇有一個，就是靈魂。人的生命也祇有一個，不能說生理生命，不是人的生命。至於有意識沒有意識，那不是在本體上的分別，而是在「用」上的分別。一個植物人，仍舊是人，他的活動仍舊是靈魂的活動。

靈魂和身體的結合，結合在「存在」(Existance)上，「存在」在一個實體內是唯一的，不可分立。存在是動的在，是生命。生命也是唯一整體，不可分。

因此，人爲思索，要用腦筋；不是靈魂運用腦筋，而是人的思索必定是心物合一的動作，同樣感覺活動，要和靈魂相合。就是生理活動，也是身體和靈魂的共同活動。關於這一點，大家可能不願意認同，因爲大家習慣了說生理活動是不經過靈魂；然而生理活動乃是生命的重要的活動，否則人就不能活。人的生命則祇有一個，不能分割，靈魂便祇有一個。不能分割，一切活動都是生命的活動，也都是靈魂和身體的活動。

因此，便不能因爲理智活動要用神經，便說靈魂是物質。人的活動必定是心物合一的活動，也並不妨碍靈魂的精神性。(一)

二、靈魂的來源和永生

靈魂的來源，學者各有主張：或說來自父母的肉體，先形成胚胎的肉體，後來發展爲靈魂；或者簡單地說來自父母的遺傳，靈魂並非精神體；或說靈魂先已存在於理念世界，然後與肉體相結合；或者說由造物主所造。

靈魂由造物主所造，「但既非只在嬰兒受生之初維持其父母的因果關係，因爲祂藉所謂神的意旨以延續一切有限的因果關係；亦非不藉雙親直接的共同合作，從無中創生靈魂，而是使嬰兒的父母超越其力量來產生嬰兒的力量。就此而言，人的靈魂以及宇宙每一新的實體都是被創造的。」(二)因爲新的實體的出現，是產生這實體的『自身超越』和『存有的增加』，這種增加必源自造物主。

靈魂何時被創造？董瑟(Doncel)認爲「我們不得而知。但只能確定在懷孕與嬰兒形成其最初理智活動之間的時段。人只能透過靈魂的活動來認識靈魂。……士林哲學大師多瑪斯，以及人數漸增的現代哲學家均以爲只有在有機體的反省活動，特別是大腦活動能有所表現時，靈魂才能顯現出來。這種情形有時在懷孕三個月時，就有徵候。……祇有在人的胚胎形成並發展出主要的器官——大腦與四肢時，才能構成人體與人心。此卽間接靈化理論。時至今日直接靈化理論多爲一般人所接受。這種理論以爲只要卵細胞受精，胚胎具有常人四十六個染色體的正常容量，卽可構成肉體，具備靈魂而成爲人。根據這個理論，當懷孕時，靈魂已被嵌入了。」(三)

關於這兩個問題，我的主張很簡單；靈魂來自創生力，是在卵和精相結合而受孕的一刻。

宇宙每一物的化生，都是前一物的自身超越和存有的增加。當一物由自身的質料預備化生另一物時，創生力由創造力(造物主的神力)賦予型態(性理)，使相結合而存在，成一新的存有物。創生力爲造物主的繼續創造，由造物主的創造力取得爲化生萬物所該有的一切。創生力使父母的精子和卵相結合，同時賦予這種結合的型態(性理)，卽具體人性，這種結合物乃是人。人的性理型態祇是一，又不能隨時變性，精子和卵相結合而受孕時，是人的受孕，不能受孕時是植物性，等到三個月或多幾個月後，胚胎具有人的器官，才變成人的性。「就聖多瑪斯的觀點而言，人的胚胎最初只有植物的生命，在母體子宮內自發的成長，然後才轉爲有知覺的或動物的生命，只有在具備人體基本器官之後，靈魂才存在。在母體子宮內經過眞正的『演化』之後而出現的靈魂，實爲父母與創造者——上帝共同合作所獲得的結果。」(四)這種思想的根基，是以「用」來作生命的根基，生理生命，感覺生命，理智生命，都由器官來決定，有了相應的器官，才有相應的生命。同時也就出現人有生理魂、感覺魂和靈魂的主張。可是『生命』就是存在，人的生命就是人的存在，人一刻沒有生命，人就不存在了。生命既是存在，存在只是一個，雖然常在動，也在變，然而不能由一種類而變成另一種類，因爲存在的型態性理（Forma）不能變，常是一種。父母的精子和卵相結合而受孕的胚胞，所受型態性理是人的型態性理，不能夠最初是植物的型態性理，後變成動物的型態性理，最後才變成人的型態性理。在一物體內型態性理的『演化』是不可能的。型態性理在一物體內不能演化，這個物體的存在雖是活動，可以變動，但不能演化，它的活生命也不能演化。母胎子宮中的胚胎不能最初是植物，然後變成動物，最後變成人。

生命由器官的活動而表現，但不能因表現而決定才存在。先有『存在』，然後有表現。也不能因爲沒有器官，絕對不能表現人的生活，人的靈魂便不存在。存在是本體的存在，用是本體的用，本體可以先存在，而後有用，用和存在不能相合爲一。

一個人祇有一個生命，一開始活就是人的生命；人的生命由型態性理而定；一個人的生命所有型態性理就是人的型態性理。人的型態性理是靈魂，所以胚胎在母親的子宮內一受孕就有靈魂。不是靈魂『嵌入』胚胎內，而是胚胎因着靈魂才存在，現在天主教會禁止墮胎，放棄討論幾個月的胚胎可以墮的問題，主張胚胎一受孕，就禁止墮胎。董瑟認為這種主張有問題，因為同一卵能有雙生子，同一卵的雙生子，「是在懷孕不久，由同一受精卵分裂所造成的。根據直接靈化理論，卵子與精子一結合就成為人，後來被分成兩個相同的一半，然後再成為兩個人，這是形上學的不可能。」㈤

不過，同一個胚胎，由植物變成動物，由動物再變成人，才眞眞是形上學的不可能！而且就是按照他們的間接靈化理論，胚胎原先是一個植物或一個動物，怎麼變成了兩個人？若是雙生子的有些器官只有一個，那麼兩個人的靈魂就不全了，因為他們主張沒有器官就沒有靈魂。

實際上同卵雙生子應該是同一卵受精的胚胎，就有雙生子不同的「存在」——即不同的生命，祇是沒有表現出來，精子和卵祇是質料，有了靈魂才能受孕為活物。一個卵供給一個或兩個靈魂的質料，在形上學上並不是不可能。

靈魂為人的型態性理，肉體為質料，兩者都不祇是抽象觀念，而是實際體，靈魂是精神體，肉體是物質體。兩者在「存在」上合一，而成一心物合一體，具有心物合一的「存在」

——心物合一的生命。

靈魂爲精神體，能有認識，能有感情，能有自由，爲人生命的根源。因爲靈魂是活的，是人的創生力，整體地在身體整體以內，又整體地在身體的每一部份內。身體的某一部份，若沒有生命，就沒有靈魂，或說若沒有靈魂，就沒有生命。但這不是從「用」方面說，不是因爲某一部份不適於生命的活動，便沒有生命，而是因爲沒有靈魂，和整體的「存在」相脫離，乃沒有生命。

靈魂是精神體，精神體是不滅的，不能摧毀自己，也不能被外物所毀滅；唯一可以毀滅靈魂的，是造物主。但是從造物主天主所啓示的，天主不毀滅人的靈魂。

可是在哲學上問題並不這樣簡單。靈魂和身體結合在『存在』上，即是結合在同一生命上。這同一的生命因着死亡而消失了，肉體不存在了，即人死後，屍體已經不是人的身體，已經沒有生命，靈魂怎麼可以存在呢？是不是人的存在，本是靈魂的存在，肉身祇是附加在靈魂上呢？這一點不合理，原來柏拉圖的靈魂先天存在論就是這樣，可是身體不是附合物，乃是人本體的質料。靈魂和身體共有同一的存在，同一的生命，構成一個主體，存在是主體的，生命也是主體的，主體消失了，存在和生命也消失，靈魂怎麼生存而生活？而且以器官活動作爲靈魂存在的根基的學者，認爲屍體沒有任何活動，靈魂怎麼生存？

靈魂和身體結合在一『存在』上，成爲心物合一的生命，『存在』爲兩者共有的『存在』，生命爲兩者共同的生命。靈魂不變也不分裂，身體則變也可以分裂；若一個肢體枯乾沒有生命，便和『存在』分裂。人死時，整體身體不適合生命，便脫離『存在』，靈魂則適於生命，不脫離『存在』，便繼續『存在』而生活。單獨靈魂的生命，不是人的生命，祇是靈魂的生命，等到肉身復活，再結合靈魂的『存在』，恢復人的生命；不過，那時的身體已經不是物質性，而是非物質性的，那時人的生命不再是「心物合一」而是精神性的生命。

三、主體的認知

靈魂和身體結合成一個心物合一體，這個合一體就是一個人，一個人是他的生命的主體，也是他的一切活動的主體。並且還是他的身體和靈魂的主人。主人和主體，字面的意義雖不相同，主人表示擁有，主體表示操作；但是在實際上則意義同一，都表示這個人是他所有的一切關係的基本。

一個人是主體，是『我』，主體應該是實體，實體的根基爲「存在」，主體的根基便是『存在』，存在是動的存在，是生命。主體爲實體，乃是一個自立存在的個體，爲一『位格』；一個人便是一個『位格』。

『位格』的涵義非常充實，是一個整個的實體「我」，「我」所有的一切都包括在『位格』裏，所有的動作也都歸屬於『位格』。

主體是自立的實體，自立的實體是自主的『存在』；假使不存在，就沒有自立的實體。因此，一說『主體』，就是說『存在』。這一個人『在』、『活着』，便有這個人。我說：「這個人」，就是說這個人『在』、『活着』。假使這個人死了，不在了，我就不能說「這個人」；若是我還說，我所說的也沒有意思。

主體因爲『存在』，他的一切才有意義。『我』活着，我的一切才有意義；我若死了，不在了，我的一切就沒有意義，而且也都不在了。

主體的存在，所以不要有證明，因爲我自己就是存在。我在實際上是個活人，不必要證明我是活人。若是我不活，已經不是這個人。

我們中國的哲學，從來沒有要求證明主體——『我』的存在。我、你、他，就是存在，就是生命；若不存在，不生活，就沒有我、你、他。這一點用不着證明，也不能證明。西洋哲學以追求眞理爲目的，眞理爲理智的對象，凡是人所講的，都要透過認識；凡不爲人所認識的，或不能爲人所認識的，便不存在。因此，有些哲學家便主張凡是合理的，就必存在。

主體——我，要證明自己的存在，要透過自己的認識，成爲『被認識』。我認識我自己，出現兩個我，一個是認識者的我，一個是被認識的我。於是西洋哲學認識論的主體和客體間的鴻溝問題又出來了，我怎麼可以認識我？

笛卡爾說『我思則我存』；從經驗說，這種證明是對的。可是從認識論說，我思和我存有什麼關係？中間要有一個大前提，『凡是作思想的就必存在』。這個大前提大家都接受。可是小前提『我作思想』，怎麼證明？只能說「我說話時，當然是在想」，然而怎麼證明『我說話』，祇能說，我說話就是在說話，不要證明。等於說「我在，就在，要什麼證明」。

胡塞爾用現象學方法，把一切有關於主體的觀念或經驗，都『存而不論』，直接回到物的本身——主體。現象學派的學者運用這種方法，以認識主體——我。「除非眞正了解，我們應該更深一層探索下去，直至找到深入內部的探索者爲止，亦卽必須更深入地探求根本的認知和意願之行爲：卽我希望了解我內在的認知者。我們試圖由認知和意願的行爲，更好說是判斷和意願的行爲，使我和我自己結合，來展現純粹主體。當然在同一行爲中，我也能和存有相合。所以，我已探求到根植於存有的基本深度。」㈥

董瑟說上帝認識自己，沒有主體和客體的區分，「而是主體淸晰的自現和自覺，它是在完整的和不能分割的純粹實現中，徹底地認知及被認知。」㈦人不能有這種認識，但是在判斷和意願中，人和自己結合了。「就某種程度而言，純粹自我是內在的知覺、感受、想像、記憶，解決問題的活動者。明確地說，人是身內的肯定和意願的活動者。……這些活動的認知和意願，不再是類似客觀的，而是主體的，開創的自我在運作了。」㈧

但是，由認知和意願去認知主體——我，雖說認知和意願都和我相合，仍舊不能完全避免認知者意願者和認知及意願的主客關係。我們必須突破以認知去認知主體，避免以認知去證明主體，仍舊是以自己去證明自己。主體是活的存在，是生命。活的存在，自己呈現自己。我活着，就呈現我。至於我判斷，我願意，乃是我呈現我的形式。而且我是心物合一的存在——生命，感覺的活動也呈現我。至於說意識，爲自我的呈現，當然是對的；然而意識也只是一種最直接的呈現方式，不能說意識就是我，沒有意識就沒有我。

中國哲學很注重『明』、『通』、『一』，以主體——我，自己是明的，好比一尊水晶像全體是透明的，不能比做燭光，只能照明別的物體，不能照明自己。我自己主體透明，我直接看見我主體，通而爲一。這種情況，凡是精神體都是這樣。人的靈魂爲精神體，所以是明、通、一。祇是「我」爲心物合一體，身體是物質，自身不透明，靈魂的透明要經過身體而呈現，但是身體並不完全是物質，不完全擋住心靈的光明，人可以認識外物，人心靈主體也便可以呈現給自己。這種呈現不僅是在反省意識中，小孩沒有反省意識，也天然知道自己實實是『存在』，自己是自己。小孩要東西時，說：『我要某東西』，小孩雖然不明瞭『我』，但是他懂得『我就是我』。

主體的存在和主體的內容，在精神體，完全是一，主體一呈現，全部內容也同時呈現。在心物合一體，則主體呈現自己，內容不完全呈現，因爲心物合一體爲認知，須有身體的合作，身體是物質，我主體的內容便不能完全呈現。莊子所以便講墮形骸，修心齋，以自身之氣和物之氣相通，就有大知；理智用腦筋之知爲小知。然而這種氣知是不可能的，人只能透過理智去認識外物，也去認識自己主體。人透過心物合一的活動呈現主體，這種呈現有些在身體外面，有的在身體以內，人對自己的認識有些很親切，似乎是直觀；例如自心的喜怒哀樂，自心的判斷。有的是間接的，自己身體的外貌，自己的才能。中國哲學以每個人的『性』，即是人性，本身透明。人性的內容爲活動的規律，聖人們沒有私慾，「人性」天然呈現，聖人便常行善，這是中庸的第二十章所說：「誠者，天之道也。誠者，不勉而中，不思而得，從容中道，聖人也。」一般的人，心有私慾，人性不能天然完全呈現，所以要克慾，中庸同一章說：「誠之者，人之道也，……誠之者，擇善而固執之者也。」儒家所講主體呈現，爲人性的呈現，人性爲人生活之理。陸象山乃說『心外無理』。但是主體——我，所有，不僅是理，還有他的個性和才能等附體，這些不能由心去完全呈現。佛家的禪觀，人「明心見性」：明心，爲心能虛空世界一切，見性，爲見到自己的實性。性爲眞如，眞如爲萬有本體。這種眞如呈現的禪觀。在『心物合一』的主體內，不能實現；如要實現，也祇能有陸象山所說的『理的呈現』。

主體的認知，在存在上，主體直接呈現，不用反省，不用證明。在內容方面，由主體通過心物合一的呈現而被認知。主體自體是透明的，透明爲精神體的特性。孟子說人的大體爲心靈，心靈是精神性；然而心靈或靈魂不是人的整個主體，心的主體還有身體。因此人主體的自體透明，是經過身體的透明。身體呈現主體的活動，有高低的程度，生理活動，呈現主體的內容很小；感覺活動，呈現主體的內容較多；感情活動，則呈現很多；理智的活動則呈現最多。在認知主體的認識中，不能分主體和客體；因爲主體的呈現是心物合一的呈現，主體的呈現也就是主體的認知。呈現和認知爲同一主體，在同一的「存在」上，爲同一的生命。我主體的呈現，就是我主體對自己的認知，呈現就是認知，沒有主客的分別。若主體爲精神體，精神體自體透明，自體透明就自體呈現，就自己認知。若主體爲心物合一體，主體的呈現爲心物合一的呈現，主體對自己的認知也爲心物合一的認知，呈現和認知也同而爲一。主體對外物的認知，是外物對我的呈現，所以有主客的分別。

四、我——三我

主體是我，我是位格，位格包括人性，個性、自立的存在、附加體。位格就是這個實際自立存在的個體，就是一個具體的人。具體的人是我，我便是具體的存在，也可以說是『存有』——一個具體存在的有。我的具體存在，爲動的存在，爲生命，我乃是一個具體的生命。

一個具體的生命，爲具體的存在，具體的存在便是我。我從本體上說是具體存在，是生命，這是「本體的我」。從形上本體方面說：我既是具體的存在，我的存在自然呈現。我就是存在，不存在就沒有我。這不須證明，而且不能證明。

我——主體，一個整體，包括許多複雜構成份子，卽主體的內容，我主體的內容爲心物合一性，主體內容的呈現也是心物合一的呈現，心物合一的呈現所呈現的我，不是整體的我，這個我，乃是呈現的我。這個呈現的我，爲我在世的各種關係的基礎，所以可稱爲「在世的我」，「在世的我」也就是我在世的生命。我離開世界，身體脫離生命，我就不是心物合一體，只有心靈的生命，心靈自體透明，心靈呈現的我乃是心靈的整體內容，是「來世的我」，而不是「在世的我」了。在現世的生命中，我由心物呈現的我而認知我，這個認知的我，由呈現的我而到本體的我，普通說是「反省意識」，又說「反省意識」爲我的主體，因爲我知道我是自己的行動的主人。我認爲我主體由心物合一而呈現，就是認知，認知和呈現沒有主客的分別；反省則表示主客的分別，所以不可以用「反省意識」去解釋對主體的認知，更不宜以「反省意識」作我的主體。我在世生活時，我是心物合一的主體，主體由心物合一而呈現，我在呈現中。認知我主體，所知認知，是一個傾向無窮的我，從世界的關係中，沒有一件可以得到滿足，常向前追求，對於物質的事物，是這樣，對於精神的福利所謂眞美善，更是向無限追求。道家莊子，乃講避世的「心齋」生活，佛家乃講出世入涅槃的常樂我淨生活，儒家雖講入世生活，但也追求「與天地合其德」的生活。實際上這種追求是追求來世，因爲今世沒有可能實現所追求的目的；因此由呈現而認知的我，是『求來世的我』。

『本體的我』，是我實際的存在，是我的生命，我存在，我就是生命，我就活着。

『在世的我』，是心物所呈現的我，就是我在世的生活。在我自己方面說，我各方面的生活，都是呈現我自己。我各方面的生活，都是我的生活，表現我的『位格』。我的生理生活，依照我身體的結構而生活，和別人的生理生活不同。雖然凡是人，生理生活的基本點相同，但是整體的生理生活各不相同。感覺生活也是一樣，各人依照各人的感官而生活。感情的生活則特別表現個性，很明顯地呈現我的「位格」。理智生活表現心物合一的我，表現我是主體。

我，不是單獨的存在，是和宇宙間的萬物一同存在，存在是活的生命，便彼此發生關係。我由心物所呈現的我，乃是在世的各種關係的主體。我對於外物的關係，或是被動，或是主動，都由「心物所呈現的我」，即「在世的我」作主，同時也予以限定。我對外物的知識，對外物的感情，在感覺上對外物的感觸，連在生理上對外物的接納（消化），都由「在世的我」去作主。我在世的生活，由我的「在世的我」而限定。

「求來世的我」，在現世的生活中，就橫的方面說，追求懷有宇宙的一切，而且還不以爲足。孟子講「浩然之氣」，塞於天地之間。張載講「大心」，將天地萬物都包在心內。莊子書裏充滿這種精神，佛家的華嚴宗和天台宗的「觀」，以一入一切，一切入一，一切入一切。在縱的方面，人向時間追求永恒，道敎乃有仙人，佛敎乃有涅槃，有極樂世界，天主敎乃有身後的永生。儒家雖不講來生，但在現生追求「盡性」，中庸第二十二章講盡性以參天地之化育。

我的存在爲活的存在，是生命。生命本體是無限，不是現有的無限，而是向無限的追求。在現世的生活裏，我的生命所得的是有限，心靈便常感到不滿，常感到苦悶，常感到缺憾。因爲我是心物合一體，在現世生活中所能接觸的祇是物質體和心物合一體，這一切是有限的，不能和精神體直接相接觸，祇有在去世以後，靈魂獨自存在，又在最後身體復活後，我已經是非物質的精神體，才能和絕對的實體——造物主天主直接相接觸，我才能得到滿足，才眞是幸福的我。

「求來生的我」，隱而不現。「本體的我」天然呈現，不用證明。「在世的我」，由心物合一而呈現，同時就是心物合一的認知。我所認知的我，也就是這個我。通常所說的我，所說的位格，就是「在世的我」。「求來生的我」，不呈現於外，卻呈現在我們內心，乃是我切身的感受。我對外物不滿足，對我自己也不滿足，總想現在的我不是眞正的我，而是未來的我，所以常以理想的我，作爲眞我。「理想的我」卻常沒有達到實現的一刻，常是一種追求。即使達到了所預想的我；在達到時又不以爲滿足，而多有在前面的理想。所以在現世，我無法以理想的我爲止境，而是一種無限的追求。然而「求來世的我」隱在心內，不能認知清楚，無法明白予以描寫。普通常說，自我的認知是神秘的，沒有辦法去講。這種自我認知的神秘，常是關連到「求來世的我」。

附註

(一) J. F. Doncel S. J. 著，哲學人類學，劉貴傑譯，巨流圖書公司，頁四二四。

靈魂與肉體的關係，列舉六種思想：

1.肉體與靈魂是兩個完整的實體，具互相影響。（交感主義）

2.肉體與靈魂是兩個完整的實體，但互不影響。（心物平行論）

3.肉體與靈魂只是基本整體之兩面。（泛心靈主義）

4.唯肉體是實體，所謂靈魂，祇是心理現象的積聚而已。（現實主義或現象主義）

5.靈魂是個實體，但無法藉推理加以證明。（不可知論）

6.只有人才是完整的實體，靈魂是不完整的實體。因爲有靈魂，肉體才成爲肉體。（型質論）

(二) 同上，頁四四一。

(三) 同上，頁四四二。

(四) 同上，頁四四三。

(五) 同上，頁四四四。

(六) 同上，頁四一。

(七) 同上，頁三九。

(八) 同上，頁四四。

第六章　合一的宇宙

一、生態學的合一宇宙

物理學進行到量子力學，測驗到宇宙的合一，「宇宙之根本的『合一』，不僅是神秘體驗之中心特徵，而且也是現代物理學最重要的啓示。這已在原子的層次出現，而且愈來愈顯露出物質深處的奧秘，深入『次原子粒子』的領域，萬物之統一將再復現，貫徹現代物理學與東方哲學之比較中。」㈠物理學家又認爲宇宙如同一架蛛絲網，各部互相連貫，網中是力的變化，都相牽連。

「研究把每種生物與物理的及化學的環境相關接的那些關係及過程的科學就是生態學(Eclogy)，它是這個星球的管家科學，因爲我們可以這樣說，環境是生物爲生物所建造的家。這是一門新興的科學，它所能告訴我們的，不過是從地球上生命的網狀結構中所知道的小部份而已。」㈡

從所研究的事物，生態學提出三項法則：

生態第一法則：「物物相關」。這項法則指出地球上的物體彼此間有相連的關係，這種關係好像一幅網，物體互相連繫著。一種生物依靠另一種生物而生存；這另一種生物又靠前面的第一種生物而生存，彼此互相保持平衡，例如海藻的生態環境：水中有魚，魚排洩廢物，廢物腐化細菌，細菌供養藻類，藻類供養魚。若是一旦藻類因天氣酷熱而繁盛，吸盡了廢物細菌，兩者間失去平衡；可是魚因藻盛而多能食，藻類減少，魚所排洩廢物增多，又可恢復平衡。又如土因植物及動物所排洩廢物而成廢植土，廢植土爲多孔的海綿形，供給植物根含收土中硝酸鹽養料，又供給植物根所需要氧氣。廢植土越好，越促進植物的生長，植物茂盛則排洩的廢物多，又添加腐植土的含量。

這些平衡的循環作用，在自然環境中自然地進行，若因外來的力而破壞其中的一環，生態平衡的循環就要瓦解！這就是目前生態環境因污染而造成的危機。

在植物和動物中，動物靠植物以爲生，動物大的又靠小的以爲生。這其間的關係並不單純。生態的循環不是週迴的簡單路線，其間有很多岔路相互交叉，互相關結成爲網狀結構。網路結構較能抵抗瓦解的壓力。目前環境危機，是網狀結構被人爲的工作把環節切斷，生態環境簡化了，便臨於瓦解的困境。㊂

生態第二法則：「物有所歸」。現在垃圾問題，困擾許多政府，在自然界則無所謂廢物。

一種有機體所排洩的廢物，被他種有機體取為食料。動物由呼吸所排出的二氧化碳，是綠色植物的養料；植物所放出的氧，又為動物所用。動物所排洩的廢物，滋養細菌，腐細菌又變成藻類的養料。但是，因着人的作為，廢物常歸不到應歸的地方，因而累積成害。例如含有水銀的乾電池拋入垃圾堆，被收去焚化，焚化成蒸氣，蒸氣被雨帶入水，水流入河，河魚吸取水中水銀，魚被捕，供人吃，人吃魚腹水銀有害身體。(四)

生態第三法則：「自然善知」，在自然生態下，自然界一部份失去平衡，自然地會恢復平衡。一部份生態物中生產一種不需要的成素。自然地會被排除。所以說『自然善知』。同時，人用人工加入生態中一種成素，往往是有害的。例如殺蟲劑、農藥，多用必有害。又如人造器官，如不合天然條件也不能用。(五)

生態第四法則：「出入相抵」，消耗了自然界的資料，必要補入。人不能白取白拿，好似「吃免費午餐」。例如把森林砍了，必須補上樹木，否則生態環境就遭破壞。地球的生態環境結成一個整體，在整體中沒有一樣東西可以無中生有也不能有中變無，整體的任何部份被人取出，必須以另一物代替。(六)

可是今天的世界，卻是人類的需要擴大到不能節制的程度，人們用巨大的技術力量追求生產的增加，所用技術方法對生態影響就常發生破壞，常是自毀性的。「人類文明的當前進程是自殺性的」(七)。

「沒有人能夠預測擾亂生態體系裏任何部系的整體後果。卽使非生物的環境也具有某些特質，沒了它們，我們所知道的生命會變得不可能。在科學家的心目中，人類爲自然之王的觀念已經被人類與自然共生的觀念所取代，莎翁筆下的哈姆雷王子有一段台詞：『人肥萬物而自肥，然人自肥爲蛆蟲。』雖然粗鄙，卻正確地爲人類在生物圈裏的地位做了結論。」(八)

二、儒家的合一宇宙

合一宇宙的思想，可以說是東方印度和中國的宗教及哲學的思想。印度教和佛教使人和宇宙不分；天臺宗和華嚴宗的觀法，「一入一切，一切入一。」主張萬法圓融。道家莊子的眞人，和天地元氣相融，便和天地而長終。儒家則注重倫理道德，以達到「與天地合其德，與日月合其明，與四時和其序，與鬼神合其吉凶。」(易經 乾卦文言)

儒家的宇宙是天地人合一的宇宙，這是易經的思想。易經本來是卜卦的書，爲卜知未來的吉凶，易經用卦變作工具，卦變則是遵循宇宙變化的原則。宇宙的變化，在易卦的製造者心目中，是一個整體的變化，整體爲宇宙，由天地人作代表。天代表一個元素，地代表一個元素，人則代表天地兩元素所成的萬物。天的元素爲陽、爲乾；地的元素爲陰、爲地。「一陰一陽之謂道，繼之者善也，成之者性也。」(繫辭上・第五章)整個宇宙就是陰陽的運行。

漢朝學者講授的易經，稱爲象數的易學，歸結到一個氣字上。宇宙的變易，爲氣的運行，氣運行有一定的途徑，氣運行的途徑稱爲氣運。纖緯的思想，就是氣運的思想；五行的思想，更是氣運的思想。宇宙的氣運在時間上爲四季，在空間上爲四方，四季四方五行由四個卦代表；然後將十二月，二十四節，七十二候，三百六十五日，和六十四卦相結合，構成一個整體；這個整體就是宇宙。

董仲舒不僅採納了五行相生相剋的思想，且更以人的身體的一小宇宙，和大宇宙的結構相配合。

禮記的「月令」，顯示儒家的政治思想，以皇帝治理四海，就如治理天地，國家稱爲天下。皇帝治理天下，宮室物飾都要配合季節和方位，還要供奉每季神靈；這是合一宇宙的政治。就是禮樂，也是按天理按氣運而成。還有所謂「五德終始」規定朝代皇帝的繼承；「天人感應」指示祥瑞和炎禍的賞罰，都是根據氣運的思想。

漢末道家採納漢易的氣運學，製造了長生術。或呼吸元氣，或鍊製金丹，以延長壽命。

宋朝理學家周敦頤採用道教的太極圖，製成自己的「太極圖」，作太極圖說：太極而無極，太極生陰陽，陰陽生五行，五行生男女，男女生萬物。他說明萬物化生的歷程，乃是一氣的運轉。整個宇宙和萬物，在一氣的陰陽裏變易。邵雍用這種思想講宇宙的循環，皇極經世一書按易經的六十四卦推算宇宙循環的年代。

張載則將易經的太極，解爲「太虛」，作氣的本體，太虛的本體爲「太和」，「太和所謂道，中涵浮沉升降動靜相感之性，是生絪緼相盪勝負屈伸之始。」（正蒙・太和篇）「氣坱然太虛，升降飛揚未嘗止息，易所謂絪緼，莊生所謂生物以息相吹野馬者歟！此虛實動靜之機，陰陽剛柔之始。」（太和篇）陰陽變化，化生萬物。宇宙萬物在氣的變化中，結成一體。因此，人在生活中，須要體驗這種一體的聯繫，為能體驗，人心須要「誠」。「中庸曰至誠為能化，孟子曰大而化之，皆以其德合陰陽，與天地同流，而無不通也。」（神化篇）

和天地同一體的體驗，張載在「西銘」裏說：「乾稱父，坤稱母，予茲藐焉，乃渾然中處。故天地之塞，吾其體，天地之帥，吾其性。民吾同胞，物吾與也。」人的心須要體驗到萬物，張載說：「大其心，則能體天下之物：物有未體，則心為有外。世人之心，止於聞見之狹，聖人盡性不以見聞梏其心，其視天下，無一物非我，孟子謂盡性則知性知天，以此。天大無外，故有外之心，不足以合天心，見聞之知，乃物交物之知，非德性所知；德性所知，不萌於見聞。」（正蒙・太心）以仁德而體萬物，則有孟子所說：「親親而仁民，仁民而愛物。」（盡心上）

程顥具有孟子的上述精神，他曾說：「人在天地間與萬物同流，天幾時分別出是人是物。」（二程全書一・遺書二上，二程語錄二上）「所以謂萬物一體者，皆有此理，只是從那裏來，生生之謂易。生則一時生皆完此理。人則能推，物則氣皆推不得，不可道他物不與有也。」（二程全書 遺書二上，二程語錄上）萬事同一理，理為生生之理，生生為仁，人心有仁，怡然自樂。他作詩說：「閒來無事不從容，睡覺東窗日已紅，萬物靜觀皆自得，四時佳興與人同。道通天地有形外，思入風雲變態中。富貴不淫貧賤樂，男兒到此是豪雄。」（二程全書五，明道文集三，秋日偶成）

朱熹繼承二程的「理一而殊」的思想，主張宇宙萬物同一生生之理，因着氣的清濁，各物之理乃不同，他便強調天地以生物爲心，生爲仁，人得天地之心爲心，人心因此也是仁。因着仁，人心乃能貫通萬物。

王陽明主張「一體之仁」，「蓋天地萬物，與人原是一體，其發竅之最精處，是人心一點靈明。風雨露雷日月星辰禽獸草木山川土石，與人原是一體。故五穀禽獸之類，皆可以養人；藥石之類，皆可以療疾。只爲同此一氣，故能相通耳。」（王文成公全書，卷三，傳習錄下）人心靈明，可以與萬物相通，人心的仁，也和萬物相通。因此，稱爲一體之仁。

王船山服膺張載的思想，特作正蒙注，對於張載的宇宙合一，深表讚同。張載在正蒙「大心篇」說：「體物體身，道之本也。身而體道，其爲人也大矣。道能物身故大，不能物身而累於身，則藐乎其卑矣。」王船山解釋說：「萬物之所自生，萬物之所自立，耳目之所見聞，心思之所能覺察，皆與道爲體。知道，而後外能盡物，內能成身；不然則徇其末，而忘其本矣。」王船山所說的道，和朱熹所講的理相似。萬物在道中，互爲一體。

儒家從易經開始，一直到清朝，常主張宇宙萬物合一。精神生活的目標，乃爲「天人合一」。「天人合一」的途徑，以人心之仁，和天地好生之心相結合，以贊天地的化育。

三、生命哲學的合一宇宙

生命哲學講宇宙，是合一的宇宙。

宇宙由造物主所造，造物主以創造力創造了創生力，創生力就是宇宙。天文學以最初的原始宇宙爲一氣團，氣團具有無限的力，內部因動而起爆發，逐漸造成銀河星辰。千萬的銀河，彼此的距離有若干億年的光速，但是它們結成一個宇宙，互相有能量（力）的聯繫。物理學說明宇宙的銀河星辰，構成元素相同，現在知道都是次原子粒子。生命哲學主張宇宙是同一「創生力」，有理有質，繼續變化。

這個創生力，具有巨大的發動力，爲宇宙一切變動的動力因。創生力有質，由整體宇宙說具有自己理，成爲一個宇宙。宇宙創生力常變，變時分化自己的質，和由創造力所得造物主所賦的理，化生新物體。新物體從質方面說是宇宙的質所成，由理方面說是造物主的創造。因此宇宙創生力繼續化生萬物，這種化生乃是造物主的繼續創造。

萬物由造物主繼續創造，萬物的物質是同一宇宙的物質，但因所得于造物主之理不同，質也各自不同。但是物質之本體，則同是同一宇宙的質。在質方面說，萬物是合一的。例如人的身體和禽獸的身體，在物質方面是相同的。從物理學和化學方面說，動物、植物、礦物的物質是相同的。

萬物的理各不相同，不僅物種之理不相同，同種的單體物的理也各不相同。人和禽獸之理不同，每個人的理也不相同。孟子曾以人之理爲性，每個人的理爲命。朱熹以人的理爲天命之性，每一個人的理，爲氣質之性。但每個單體物，理雖不同，卻質都是宇宙之質，和宇宙合一，因此也彼此相連繫。

宇宙萬物的化生，由於創生力的動力，宇宙萬物的存在，也是由於創生力的動力。宇宙創生力動而化生萬物，爲萬物化生的動因，萬物因生而存在，存在是繼續的動。繼續的動，爲創生力的動，爲內在的動，爲生命。宇宙萬物係同一創生力的動，所以爲同一的生命。朱熹和二程都曾主張宇宙萬物有同一的生理，萬物有同一的生物，但「理一而殊」，理由氣的清濁而不同，萬物的生命便各不相同，朱熹主張人得全部生命之理，物得生命之理的一部份。

創生力在運行中，化生萬物。所賦予每一物之理由創造力而來，卽中國人所說的命，各不相同。大的不相同爲種類不同，小的不相同爲單體的不相同，因此物體的生命也就不相同。最低級的，則是祇有內動而不顯，不能增加自體，這是礦物的生命。再上一級是植物，有內動，增加自體，生命顯於外，這是普通所謂低級生物。再上一級則是動物，有內動，增加自體，且有感覺。再上一級便是人的生命，爲心物合一的生命，有內動，有感覺，有意識，有創作。再上一級為精神體的生命，人死後靈魂生活，是精神體的生命，還有天使和魔鬼的生命為精神生命，祇有「行」，沒有變動。最高級為絕對精神體的生命，乃是純淨完全的「行」。

普通生物學以細胞能夠分裂出另一細胞，自己增長自己的生命。近文學作家蘇雪林教授說：「有生之物，無論大小，無論種類，必須有血液循環，神經系統；能自衞，能攻敵，能吃喝撒野，能生老病死，請問茅坑石子具此條件否？石中原子能找異性原子與之結合，無非是化學作用，是不能稱之為生命的。」(九)這些對生命的解釋，祇解釋宇宙內物體的生命，超於宇宙的精神生命則沒有解釋，講哲學則必須講到精神生命。生命是實體的內在動的存在。存在就是每物的創生力。例如人因宇宙創生力而生，人生後即生活，活是動，動是創生力。人的生命就是創生力，人一刻不活，人就不存在了。宇宙萬物的化生和存在，是同一的創生力。

每個人的理不同，質也不同，每個人是一個具體的位格。在生活上，每個具體位格的人，性格不同，才能不同，卻要互相連繫，不能孤立。人的生命是「宇宙性的生命」，和宇宙萬物相連。

宇宙間的萬體，都是因創生力而有，因創生力而在。在理論上，每個物體是個自立的實體，不依賴其他的物體。在實際存在上，則互相連繫，互相依賴；因為實際的存在為繼續的動，繼續的動的動力，彼此互相影響。在具體的自然界：土壤、植物、動物、水、空氣，互相關連，一部份遭到傷害，其他部份連帶也受到傷害，這就是目前所謂生態環境的危機。

創生力的運行，爲化生和保全萬物，有天然的次序，由一物通到另一物。這次序天然地偶然受到阻礙，天然地會恢復，若是人爲的工作破壞了天然次序，必須人爲的工作予以補救，否則創生力的運行不通，整個宇宙要受到傷害。

宇宙萬物，祇有人有靈明，能自行決定自己的行爲，其他的物體，常是按着物性而動。中庸說：「誠者，天之道也；誠之者，人之道也。」（第二十章）自然界的物體，不會破壞天然的次序，常保守自然界的平衡。人想利用自然界的資源，製造了各種技術，技術的運用破壞自然界的平衡，傷害了物體間的關係。

中國儒家的倫理目標，以「贊天地之化育」爲目標，指示人類協助萬物能自然發育，不僅不破壞天地化生萬物的次序，還要予以協助。天主教的信仰，相信天主造生萬物供人類使用，受人類掌管。但普通的管理觀念，管理要按所管理的事物的物性去管理，還要使所管理的事物得到好處。天主賞賜萬物供人使用，人類應該合理地使用，決不能濫用。這兩種思想都是「仁」的思想。

宇宙萬物互相聯繫，宇宙萬物合成一體，這是自然界的客觀事實；但只有人能體驗到這種事實，使這個客觀的自然事實成爲一個有意識的事實。人的心是靈明，心的靈明可以照到自然界的事實現象。

王陽明曾經答覆學生問人心與物同體的問題說：「可知充天塞地，中間只有這個靈明（人心），人只爲形體自間隔了。我的靈明便是天地鬼神的主宰。天沒有我的靈明，誰去仰他高；地沒有我的靈明，誰去俯他深；鬼神沒有我的靈明，誰去辨他吉凶災祥。天地鬼神萬物，離卻我的靈明便沒有天地鬼神萬物了；我的靈明，離卻天地鬼神萬物，亦沒有我的靈明。如此，便是一氣流通的，如何與他間隔得！又問：『天地鬼神萬物，千古見在，何沒了我的靈明，便諸無了？』曰：『今看死的人，精靈游散了，他的天地鬼神尚在何處！』」（王文成公全書 卷三，傳習錄下）

這是王陽明的知行合一思想，從良知的知行合一，擴展到全部知識。從知識論去看，心不知的物，等於不存在。我們在這一點上，可以和王陽明意見相同；在本體論上，則我們承認物體不因人的心靈而存在。宇宙間不因人的心靈而存在的物，它們的存在是無意識的。宇宙的合一，沒有人的心靈也是無意識的合一。人的心靈，使宇宙的合一，成爲有意識的合一。人的心，能知能愛；人能知道宇宙萬物的合一，人能愛宇宙萬物的合一。在人的心靈內，宇宙萬物進入人的生命內，人的生命進入宇宙萬物的生命內。這樣，才可以實現聖保祿宗徒所說的宇宙萬物參加天主義子的光榮：「凡受造之物都熱切地等待天主子女的顯揚；因爲受造之物被屈服在敗壞的狀態之下，並不是出於自願，而是使它屈服的那位的決意；但受造之物仍有希望，脫離敗壞的控制。得享天主子女的光榮自由。」（致羅瑪人書第八章　第十九節—第二十一節）人類因基督而得到救贖，成為天主的子女，人類所掌管的萬物，也因人心靈歸於基督的意識而歸於基督，因基督而歸於聖父。如同聖保祿宗徒所說：「一切都是你們的；無論是保祿，或是阿頗羅，或是雍法，或是世界，或是生命，或是死亡，或是現在，或是將來，一切都是你們的；你們卻是基督的，而基督是天主（聖父的）。」（致格林多前書，第三章，第二十一節—第二十三節）

附註

(一) 伽勃拉著，潘家寅譯，物理之道，頁一〇一，臺灣中華書局。
(二) 康門納著，宋尚倫譯，環境的危機，頁二四，巨流圖書公司。
(三) 同上，參考頁二五—三〇。
(四) 同上，參考頁三一。
(五) 同上，參考頁三一—三四。
(六) 同上，參考頁三五—三六。
(七) 同上，頁二五六。
(八) 艾胥比著，曹定人譯，人對自然的和解，頁一二五，十竹書屋。長河版。
(九) 蘇雪林，一篇玄科之戰押陣的文章，中央日報民八十年八月廿八日。

附錄　懷德海—自然與生命

谷風出版社—分析的時代，第六章　頁九三—九五

最後受到一位更遠爲有聲勢而受人尊敬的人物 —— 二十世紀的科學家 —— 的報告的支持，他不但給常識觀點以最後的封閉，而且還使懷德海開始進入其活動過程的哲學(activistic philosophy of process)。空無所有的空間的學說已被近代物理學所消滅，懷德海說，並被一種力場、一種不斷活動之場的觀念所代替。再則，「物質已被視爲和能同樣的東西，而能是純粹的活動。」由於任何局部的激動都會震撼整個宇宙，所以就不應當把任何事物作爲局部的、獨立存在的東西來看待。環境一直滲入了每一事物的本質。當我們測量宇宙深度的時候，關於自足的物質分子的常識和較古老的科學觀點祇是一種抽象，而且是一個無用的抽象，它祇可供律師及無知的哲學家之用，懷德海說，但它將阻礙我們理解：近代物理學的基本事實是活動(activity)。但是，「活動」的形象之爲近代物理學家放在其宇宙圖中心的，乃是懷德海所稱爲「赤裸裸的活動」，它還有待於哲學家用對一些極大量的問題的解答來給它穿著打扮好。這些問題就是：「『活動』的目的何在，它產生什麼，『活動』

包括著什麼?」在以下的選錄中，懷德海就要將他的注意轉到這個費力的任務上去。它是從懷德海的《思維方式》一書（一九三八）中第八講「活的自然」摘出的一個節錄，並注明刪略之處。

> 生命在……自然中的地位，乃是現今哲學上和科學上的問題。的確，它乃是所有各種思想體系——人道主義的、自然主義的、哲學的——滙合的中心點。生命的眞正意義是令人困惑的問題。我們理解了生命，也就能理解它在世界中的地位。但是，它的要義和它的地位，同樣都是難以捉摸的。……
>
> 我所主張的學說就是，自然（Physical nature）和生命兩者都是不能理解的，除非我們將其作爲構成「眞正實在的（really real）東西的組成中的主要因素溶合在一起，而這些東西的相互關係和個別特性就構成了宇宙。
>
> 作爲論證的第一步，首先必定要形成某種關於生命能夠有什麼意義的概念。同時，我們還要求，我們關於自然的概念的不足之處，須要用它同生命的溶合來補充。在另一方面，我們也要求，生命的概念也須包含自然的概念。
>
> 現在，作爲一個初步的近似說法，生命這個概念暗含有某種自我享受（self-enjoyment）的絕對性。這必然意味著某種直接的個性，它乃是一種吸收自然界物理過程所提供的許多有關材料使之成爲一種存在的統一體的複合過程。生命就暗含著從這種吸收過程產生的絕對

的，個體的自我享受。在我近來的文章中，我曾用「掌握」（prehension）這個詞來表達這種吸收過程。同時，我稱直接自我享受的每一個別行爲是一個「經驗的機會」（occasion of experience）。我認爲，這些存在的統一體，這些經驗的機會，都是眞正實在的東西，它們以其集合而成的統一體構成不斷進化的、永遠處於創造性前進之中的宇宙。……

這種自我享受的概念並未將這裏稱爲「生命」的過程的那一方面，完全說盡。就其可以理解而言，這種「過程」包含一種屬於每一「機會」的眞正本質的創造性活動的概念。它乃是把宇宙間的這樣一些因素吸引出來使之變爲現實存在的過程，這些因素在這個過程以前祇以未實現的潛能的狀態存在著。自我創造（self-creation）的過程就是將潛能變爲現實的過程，而在這種轉變中就包含了自我享受的直接性。

所以，在了解生命在一次經驗的機會中所起的作用時，我們必須區別先行世界所提供的已經成爲現實的材料，準備促使這些材料溶成一個新的經驗統一體的尚未成爲現實的潛能以及屬於這些材料與這些潛能的創造性溶合的自我享受的直接性。這就是創造性前進的學說。按照這個學說，生命之向未來轉化乃是屬於宇宙的本質。將自然理解爲一種靜止的事實，哪怕祇在沒有延續性的一瞬間，這是荒謬的。沒有轉變（transition）就沒有自然，而沒有時間的延續也就沒有轉變。這就是把時間上一瞬間的概念看作一件基本的單純事實之所以是胡說的理由。

然而到此爲止，我們還是沒有將創造的概念完全弄清，這個概念對於理解自然是極其重要的。我們還領將另一特性加到我們對於生命的描述中去。這一未加上的特性就是「目的」(aim)。「目的」這個詞的意義就是，排除無邊無涯的可替換的潛力，而容納這樣一個一定的新因素，它就是羅致這些材料到那個統一化過程中去的選定方法。這目的是爲達到這樣一種感情的複合體，它乃是依上述方式對那些材料的享受。「那種享受的方式」是從廣大無邊的可替換因素中選定的。其所以選定這一方式是爲了在那種過程中變成現實。……

第七章　圓滿的認識論

一、肯定的前題

近世紀的西洋哲學，從實體方面去講，少有發展的餘地，就好像西洋的油畫，在表現客體的美，到了文藝復興期已經達到成全點，近世紀的西洋畫便不能再走傳統的路線，先有印象派，後來更有抽象派、未來派、觀念派，各種各形的奇怪繪畫。中國畫到了明朝，山水畫和花鳥畫，也不能超過宋元畫家，於是只有仿效。西洋哲學到了近代，從笛卡爾開始，研究認識問題，一直到現在，還是走在認識論的路上。胡塞爾就批評了近代哲學都是不正確的認識論，指出笛卡爾走進了心物二元論，在心和物之間劃上了一道鴻溝，求冷斯創偶因說，把心物看成兩隻相應合的鐘錶，柏克萊以存在就是感受，康德以為主體之純理性只可能認識現象，不能達到本體。胡塞爾提出現象論，直接認識物的本質，創立「純自我」和「純意識」。但是語言邏輯派卻又回到語言的架構，否認觀念的普遍性。懷德海則提出永恆、普遍的對象，肯定認識的價值。最新的結構論，放棄了一切的本體或本質觀念，僅就物體本身和物與物的關係去運作。海德格的存在論雖想把持「存有」本體，然也只講到「存有」的方式，漸漸也就被人遺忘。

認識論本來就是哲學上的第一個問題，是一個開啓門戶的問題，人類對於宇宙和萬物的存在和內容，都是由認識而來。人類所不認識的，就等之於不存在，宇宙內現在有無數的星球銀河，還沒有被人知道，它們對於人，人對於它們，就等之於它們不存在。因爲人對於自己本身，對於外物，除自身生理活動以外，都須經過『意識』，才能有動作。『意識』必定有認識，認識有自己又有外物，如同佛教所說的『我執和物執』。自身和外物，在人的「意識」裏，是內在的認識。因此，所謂的宇宙萬物，或更好說人所講的宇宙萬物，都是人意識中的宇宙萬物。然而，卻不能因此就說宇宙萬物都是人心所造，以「萬法唯心」或「萬法唯識」；人意識中的宇宙萬物，乃是外界宇宙萬物在人心的『臨在』，而『臨在』是有客觀眞實性的。

西洋近代哲學便企圖解決這個認識問題，哲學所研究的一切對象，都是人的認識，這種認識有客觀的眞實性呢？或者只是主觀的造作。西洋哲學常因追求眞理的特性，運用科學的分析法，一切都追求證據。在認識論上，追求證明主體理性的認識能力，又追求證明客體的可認識性，更又追求證明主體和客體怎麼結合爲一。在這三個問題上，已經輪廻了四百多年，越轉越沒有頭緒。胡塞爾企圖以現象論的「存而不論」的純意識，以建立穩固的認識論。但，他的現象論也是一種『哲學假設』，如同自然科學上的假設，不是眞理的本身，隨時可以被人所改或遺棄。現在的結構論就是新近興起的一種相反的『哲學的假設』。

這種學術現象，是一種必然的現象。人的認識，由理智而有而成。感官的感覺也要經過理智的肯定，大學說：「心不在焉，視而不見，聽而不聞，食而不知其味。」（第七章）認識既由理智而有而成，認識便是理智的產物。在理智以上，人沒有別種認識官能。西洋哲學認識論的第一個問題，卻是理智能否認識？爲解決這個問題，人也只能用理智去答覆，結果便是理智證明自己能否答覆。理智沒有辦法自己證明自己，只能肯定自己能夠認識；因爲若答覆自己不能認識，這已經是一種認識工作。對於感官的感覺，我們可以求證；因爲在感官以上有理智，又因爲感官是物質體，物質體的動作可以用物質體的儀器去證明。對於理智，我們沒有辦法可做。我們一定要肯定這個前題：理智可以認識自己的對象，可以有認識。這個肯定不是空想，乃是事實，天生的一種官能，必定可以按照本有的規律而動作，達到自有的目的。一雙眼睛生來能看，一對耳朶自然能聽，一個胃自然能消化，一顆心臟自然能運轉血脈。實際上是否能夠完全工作，完全得到功效，那是實際上官能結構是否完全的問題。同樣，理智天生爲人認識的官能，應該可以認識自己的對象。

笛卡爾的懷疑論，不是懷疑理智的功能，而是敎人懷疑每個肯定，務必要這個肯定明顯地排在理智前面，理智看得清楚，才接受這個肯定爲眞。他所提出第一個肯定『我思則我存』，認爲這個肯定天然地很顯明，用不着另找證據。我思；我的思想，我思想者，當然存在。若是我不存在，思想當然沒有，而且對我的一切都應視爲沒有。不過，從我的存在，並不能證明理智能夠認識；因爲西洋哲學的「存在」，只是存在的觀念，並不包含實際存在所有的一切。笛卡爾所要說的，在於在推論中，有最基本的原理，應是假定的前題，不要證明。「我思則我存」，就是一項根本不必要證明的前題。我們也應該說：『理智能夠認識』，也是一項最基本的原理，不必要而且不可能予以證明。

西洋認識論的第二個問題：認識的主體和認識的客體，可不可以相結合？可以相結合，才能有認識。西洋認識論，在主體和客體中間，劃了一道鴻溝，然後研究是否可以渡過這道鴻溝，近世紀的西洋哲學都在這個問題上轉來轉去。從中國哲學去看這是西洋人自求苦惱，中國人決沒有這個問題。但是中國人也並沒有解釋爲什麼主體和客體間沒有鴻溝，只是說到『仁』，爲人心的直覺，又說到人因氣和萬物相通，直覺，不能解釋人的一切知識，梁漱溟曾說：「不有經驗，何有知識？不有記憶，何有經驗？不有自覺，何有記憶？」㈠至於萬物一氣相通，能有直覺知識，莊子曾有這樣的主張。

二、莊子的氣知

若一志，無聽之以耳，而聽之以心；無聽之以心，而聽之以氣。聽止於耳，心止於符。氣也者，虛而待物者也。唯道集虛，虛者，心齋也。（人間世）

通天地一氣耳！故聖人貴一。（知北遊）

墮枝體，黜聰明，離形去知，同於大通，此謂坐忘。（大宗師）

莊子主張養生。人的生命由氣而成，氣聚而生，氣散爲死。氣的聚散出於自然，氣的運行也行於自然。自然稱爲天。莊子的養生論，教人無爲，一切安於自然，切不可自作聰明，規定行爲的規律。否則勞神傷身，生命不可長保。

人有聰明，能有知識。莊子說明人有感覺之知，心思之知，還有氣知。人爲行動必先有知。感覺之知和心思之知，都須人用身體和用心思。莊子教導人莫用感覺和心思：「無聽之以耳，……無聽之以心，而聽之以氣。」氣爲天地之氣，在人以內；對於知識，元氣顯於人心。人心，「虛而待物者也。」荀子也曾主張『心虛而靜』，『心有徵知』。荀子的徵知，乃是心的活動，心的行爲。莊子則主張心爲知，應該無爲，不宜思索，須要「坐忘」，「離形去知，同於大通。」心不思索，自然和物相通，「同於大通」，『大通』不僅在生理方面，也是在知覺方面，外面的形色，通於人的耳目；外面的物體，通於人的心。物由氣而成，氣乃物的本體；物的氣通於人心，物體便通於人心；人心虛靈如鏡，物的本體就顯在人心，人心便自然明覺，人心所明覺的是物的本體，本體是物的底蘊，是物的道。不僅物體顯明，整個宇宙的底蘊都也隨氣顯在人心，人心能夠明覺。

至人之用心若鏡，不將不逆，應而不藏，故能勝物而不傷。（應帝王）

聖人用心，不僅在情感和慾望方面，無爲自然，在知識方面，也是「用心如鏡」，讓知識自然顯露，不用心去求。

汝徒處無為，而物自化。墮爾形體，吐而聰明，倫與物忘，大同乎涬溟。解心釋神，莫然無魂，萬物云云，各復其根。各復其根而不知，渾渾沌沌，終身不離。若彼知之，則是離之，無問其名，無闚其情，物故自生。（胠篋）

莊子講養生、無爲無欲，以人的氣，和物的氣相接，莫想自己有所求，莫求自己有所爲，切不要自作計劃，順着自然，忘卻自己，忘卻外物，人和物將自化，渾渾沌沌，和物不相離，自己歸到生命的根本。若想起自己，又想起外物，則人和物相分，但是人的生活是知識的生活，在這種與物同化的生活裏，心雖不動，仍舊有知。這種知，乃是氣知，人心和物的本體相接，物的本體顯於人心。

莊子在「養生主篇」講庖丁解牛，運用氣知：

> 臣之所好者，道也，進乎技矣。始臣之解牛之時，所見無非牛者，三年之後，未嘗見全牛也。方今之時，臣以神會而不以目視，官知止而神欲行，依乎天理，批大郤，導大窾，因其固然，技經肯綮之未嘗，而況大軱乎！（養生主）

庖丁解牛，不以眼睛去看，不以心思所推測，而以「神會」刀可直入牛身的處所，決不會遇到牛骨，所說的「神會」就是庖丁的氣和牛的氣相接，直接體會動力之處。「砉然嚮然，奏刀騞然，莫不中音，合於桑林之舞，乃中經者之會。」（同上）

> 視乎冥冥，聽乎無聲；冥冥之中，獨見曉焉；無聲之中，獨聞和焉。故深之又深，而能物焉。神之又神，而能精焉。故其與萬物接也，至無而供其求。（天地）

莊子在這裏所講的，是講道和德，他在這段文章的前面說：「故通於天地者，德也，行於萬物者，道也。上治人者事也，能有所藝者技也，技兼於事，事兼於義，義兼於德，德兼於道，道兼於天。……無爲爲之謂之天，無爲言之之謂德。……夫道淵乎其居也。」莊子以道深居物的底，物的底蘊就是道。爲能知『道』，要在冥冥無形無聲之中去認識，要在物的底蘊才能認識物，『故深之又深，而能物焉。』人的神，是人的元氣，在於人心。人心元氣和萬物相接，不用感官，不用心思，『至無而供其求』，一切都不用，到了「至無」，萬物顯在人心，人可以知道萬物的本性而「供其求」。

莊子在「大宗師」篇，講養生之道：「參日而後外天下；已外天下矣，吾又守之七日而後能外物；已外物矣，吾又守之九日而後能外生；已外生矣，而後能朝徹；朝徹而後能見獨，見獨而後能無古今，無古今而後能入於不死不生。」爲能脫離死生的焦慮，要能排除時間。爲排除時間，則要只看一點，「見獨」。一切都排除，只知道自己在。自己的在，超越天地、萬物、死生；因爲是『無不將也，無不迎也，無不毀也，無不成也，其名爲攖寧。』自己的「在」，和萬物的「在」相合爲一，將迎毀成，一切順乎物的天性，人心便能「攖寧」。郭象注說：「夫與物冥冥，物縈亦縈，而未始不寧也。」在「與物冥冥」之中，人的氣和萬物的氣相接，冥冥之中，「獨見曉焉」，有一種知識，爲一種直接的知識。

莊子在「秋水篇」結束時，說自己和惠子遊於豪梁之上，看見魚在水中悠遊自在，便羨慕魚的快樂。惠子反說：「你不是魚，怎麼知道魚的快樂。」莊子答說：「你不是我，你怎麼知道我不知道魚的快樂。」惠子又說：「我非子，固不知子矣。子固非魚也，子之不知魚之樂，全矣。」莊子曰：「請循其本。」子曰：「女安知魚樂云者，既已知吾知之而問我，我知之濠上也。」郭象注說：「尋惠子之本，言云非魚則無緣相知耳。今子非我也而云女安知魚樂者，是知我之非魚也。苟知我之非魚，則凡相知者，果可以此知彼，不待是魚然後知魚也。……我正知之於濠上耳，豈待入水哉！夫物之所生而安者，天地不能易其處，陰陽不能回其業。故以陸生之所安，知水生之所樂，未足稱妙耳！」

莊子答惠子說：「請循其本」，從根本上來講，你不是我，你怎麼能說我不是魚，不能知魚之樂？若我不知魚，你也不能知我。你既以爲你知道我不能知魚之樂，你自認知道我了。你不是我，能知道我，我不是魚，我也能知道魚。而且在根本上，我們人和物都是相連的，我知我之樂，也知魚之樂。莊子仍舊根據自己的原則，『通天下一氣耳。』（知北遊）

因氣相通，人心自然知道萬物的本性，不必思索。莊子又在「達生篇」說一鐻木匠，入山看樹。

然後入山林，觀天性，形軀至矣，然後成見鐻，然後加手焉；不然則已，則以

天合天。器之所以疑神者，其是與！（達生）

「以天合天」，莊子的養生原則，也是他的認識論原則。不用心思勞累，心爲靈臺，靈臺爲虛，虛能集『道』，萬物之道，集在人心，人心自然知道萬物的底蘊。

三、合理的完滿認識論

莊子的認識論，我們不能接受。整個的思統系統，建立在「天地一氣耳」；這一點不合理、不符事實。整個認識論則以心氣與物的氣相通，心自然直接知道物之道，這一點也不合理，不符事實。但是莊子的認識論則昭示幾點研究的原理，可以協助我們解決認識的問題。第一點：莊子以宇宙萬物彼此相連相通。第二點：物之理可以直接顯白於人心。把這兩點，從莊子認識論的內容裏抽取來，作爲我們解決認識問題的原理。

第一：認識的主體和客體，彼此相連相通，沒有過不了的鴻溝。

宇宙萬物，都由創生力化生而有，也由創生力繼續運行而存在，便由創生力互相連接，互相接通。一個物體的形色，和人的眼睛天然地相連接，一遇到光，便同眼睛相合，一種聲音，和人的耳朵天然地相連接，因空氣振動達耳朵而互相結合。孟子說：「耳目之官，不思而蔽於物，物交物，則引之而矣。」（告子上）耳目爲物質物，形色聲音爲物質物；耳目既然是天生的感官，感官和對象，即形色和聲音，必定天然要相連結，否則耳目便不能有功效，天生的功能不能有成，就如胃不能消化，心臟不能使血液循環，天何必生這種官能！耳目和形色聲音因爲是物質，可以用物質儀器證明功能的程序，大家都承認感官和對象可以相結合。

對於理智，哲學上發生問題，因爲沒有辦法可以證明理智在認識功作上的過程；因而許多哲學家說理智和對象的中間，有一道鴻溝，彼此相隔離，不能互相連結。但是在理論上和事實上，宇宙內沒有一個實體是孤立的；物體和物體都有連繫，物體的相互連繫是『力』的連繫。精神體彼此也是互相連繫，精神體的連繫是精神力。連繫力發自物的本體，一面是互相排斥，一面是互相吸引。一個物質實力，自身各份子，互相排斥，各有各的位置，結成面積，構成內在空間；又互相吸引，結成一團結力，即本體的力，構成物體的『一』。物體的本體力又向外洩，排除別的物體進入自己的內在空間，又吸引別的物體，在『力』上互相貫通。精神體的力所有相互關係，則是互相顯明，好像盞盞的燈，各自顯明自己。普通所謂的情感，即是力的發洩，或是排斥，或是吸引。生理方面的運作，也是力的運作。

人是心物合一的實體，身體和靈魂（心靈）結合爲一。生理生活爲維持和發育身體，是身體獨有的活動。人的其他活動，都由身體和心靈共同運作。感官的活動，以感官爲主，但須通過心靈，因爲『心不在焉，視而不見，聽而不聞，食而不知其味。』（大學 第七章）身體的痛苦快樂感覺，也要通過心靈，否則沒有感覺。心靈的活動，便須經過身體，腦神經就是心靈藉用的官能，心靈的知識和感情都藉神經而活動。

認識，是心靈的理智的活動，對內對外都要運用身體。外面的對象要進入理智，必要經過身體的感官。理智向外表達思想，也必要經過身體的感官。

實體的『在』，是整體的『在』。實體臨在時，和另一實體相接觸，接觸的程度和成效，依照相接觸的實體之性質而定。兩塊石頭相接觸，是互相排斥以保持自己的空間。兩件或對方一件有感覺生活的物體相接觸，在感覺方面有反應，產生感官的印象，人具有心靈，心靈有理智，竟志和情感的生活。外面一客體，和人相接觸，以自己的整體和人的整體相接觸，客體的整體和人的身體相接觸，又和人的心靈相接觸。因着人是心物合一的整體，外物的接觸便和人的身體心靈相接觸，缺少任何一方面，接觸都不能成全。例如：一個實體只接觸人的身體，而不接觸心靈，則是看，看不見；聽，聽不見，等之於沒有接觸。一個精神實體只和人的心靈接觸，心靈沒有撇開身體而接觸的可能，心靈便不能直接和精神實體相接觸。

人的認識作用，是人的整體作用，是心物合一的作用。在感覺認識中有心靈，即是有理智，在理智的認識中有感覺。即是神經，同時，認識作用，是整個主體的作用，我看，是我整個人在看，我想，是我整個人在想。再一方面，被認識的對象，也是一個整體的實體，我看見顏色，我看見顏色所在的實體或是桌子或是花。因此，在認識作用，都是整體的關係，作用是整體，主體是整體，客體是整體，凡是認識，都由感覺開始，感覺的認識，同時也是理智的認識，我看見一張桌子、眼睛看見外形，同時，理智知道是張桌子。我聽見一種聲音，理智知道是什麼聲音。現在感覺時，我整個一個人在感覺。我推想時，我整個一個人在想。客體面對認識主體時，是整體相對。因此，在認識作用時，不能分析純粹的感覺認識和純粹的理智認識。兩者常和在一個動作裏，在同一動作裏，感覺和理智各達各自的對象，沒有主客間的鴻溝。

在認識作用上，認識作用是一個整體作用，在動作時，不能分爲感覺作用和理智作用，兩種作用同時進行，同時完成。在認識作用上，認識主體是一個心物合一的整體，同時連用感官又運用心靈。例如，我看見一朵紅花，我看見紅色，又知道是一朵花。同樣，被認識的客體，也是一個整體的客體，一朵花被認識時是整個一朵花，並不是先認識顏色，然後再認識花。也不能說假如我先不知道它是花，我看見顏色時，不會知道它是花，顏色和花在認識上是可以分開的。可是若是你不知道顏色時，你看見顏色也不知道是顏色。這種分離不是客體物體自身的分離，而是主體的心物沒有正常的合一。

因此，在認識作用上，主體和客體的接觸，都是整體的接觸，客體是整體顯露給主體，主體接納客體也是一個整體的作用，是一個心物合一的認識作用，身體感官接納了客體的外形，心靈理智接納了客體的本質。

西洋哲學的分析研究，把感官認識和理智認識分開，那是抽象的學理分析，而不是實際的分析，在實際上這兩種認識常合而爲一，因爲是人生命的活動，生命活動不可分。心物合而爲一的認識爲初步的認識，理智進一步根據這種認識予以分析，造成觀念，再結成物體或事物的定義，那是心靈的活動；然而同時物質性的想像也常伴同理智而活動。我們沒有一個絕對不借助想像的純精神觀念，也不能懂得絕對不合想像的理論。

西洋認識論的主客間之距離，不能超越的問題，主體理智不能走出主體而到客體的問題，都是抽象的問題，不是實際上的問題。

第二、心靈爲一明鏡。

西洋認識論常以爲理智認識時，理智不能走出主體而達到客體。中國哲學常以心靈爲虛明。大學的第一章就說「大學之道，在明明德。」兩個明字，上面的明字是動詞，是「使光明」，下面的明字是形容詞，形容「德」是光明的。「德」是人性，人性爲善，中庸第一章便說「天命之謂性，率性之謂道，」人性是善，是德，宋明理學家乃說性是理。人性的德卽人性的理，爲一明顯之理，自然顯明。人性爲抽象的理，人性在具體上爲人心，宋明理學家常以，理、性、心相合爲一。荀子曾說人心虛靈，朱熹也說心虛而靈，王陽明則以心爲明鏡臺。人心不僅顯露人性之理，也顯露所接觸物體之理。陸象山認爲人反觀自心，可以知道萬物之理，不必外求。朱熹以人應研究外物之理，然而經過多種研究之後，便自然貫通，朱陸兩人都主張天地間只有一理，朱熹則主張理一而殊。再者，中國哲學所談之理，都是人生活之理，就是倫理善惡之理。

我要講的理，乃是每物的物理，物理爲物體存在之理，卽一物所以成一物之理。每當一個物體，和我相接觸時，這個物體是整體的實體和整體之我相接觸，它的外形顯露給我的感官，它的物理顯露給我的心靈。我的心靈是虛而明，物理顯露給我的心靈，我心靈的理智認識了這個物的理。這個認識是初步的認識，是籠統的認識，是士林哲學所說的「被動理智」之「印象」。我的理智進一步加以分析，構成一個抽象觀念；這是士林哲學所說的「主動理智」的動作。再進一步，理智再把所構成的觀念和別的觀念相比較，便有推論，便有學術智識。佛教稱心識爲「了別識」，爲「比量」。

莊子以天地萬物同一氣，相連相通。我認爲天地萬物同爲「創生力」的力所動，彼此相連也相通。在生理生活上，王陽明曾講「一體之仁」，人的生命爲生活，須吃動物的肉，植物的蔬菓，礦物的藥，所以生命相通。在感情生活上，人的感情和萬物也相通，文人詩家和藝術作者，既有經驗，又有作品。在理智生活上，人和萬物也應相通，萬物顯露給人的心靈，心靈的理智力可以認識物理。

物體給人心靈的顯露，實際上有許多條件，就如物體顯露給人的感官，也有許多條件。

因此，人的理智生活，各有不同，理智力有高下，注意力有強弱，研究方法有優劣，還有情慾也有正反的影響。普通說「當局者迷，旁觀者清，」就是指的情慾之影響。

認識爲人的理智生活，理智生活爲人的生命活動，生命活動常是整體的活動，人的整體活動爲心物合一的活動，心物同時達到自己的動作對象。這種認識論可以稱爲合理的圓滿認識論。

附註

(一) 梁漱溟 人心與人生，頁七二，谷風出版社。

第八章　倫理道德和生命

一、倫理和生命

倫理是生活的規律，人的生活爲羣體生活，爲社會生活；因爲人的存在，即人的生命，不是孤獨的存在，也不能是孤獨的存在。人的存在爲活動的生命，生命繼續發揚，和別的物體的生命，互相連繫。因此，生命的發揚便不能不有規律，以避免衝突摩擦。

易經講生生之道，宇宙萬物的變化，有共同的原則。宇宙萬物變化的原則，最基本的就是「一陰一陽之謂道」，由陰陽的變化之道，乃有動靜、進退之道，然後便有時和位的標準，以求變化的中正。易傳「繫辭下」第十章說：「易之爲書也，廣大悉備，有天道焉，有人道焉，有地道焉，兼三才而兩之，故六，六者，非它也，三才之道也。」易經講天地人變化的規律。天地的變化，雖有形跡可見；但是這些形跡，複雜錯綜：「易與天地準，故能彌綸天地之道。仰以觀於天文，俯以察於地理，是故知幽明之故，原始反終，故知死生之說。精氣爲物，游魂爲變，是故知鬼神之情狀。與天地相似，故不違；知周乎萬物而道濟天下，故不過；旁行而不流，樂天知命，故不憂；安土敦乎仁，故能愛。範圍天地之化而不過，曲成萬物而不遺，通乎晝夜之道而知，故神無方而易無體。」（繫辭上・第四章）易傳說明由天文地理深入研究，可以知道宇宙生化之道，生化的成效，則神妙莫測。聖人研究這種生化之道「知周乎萬物而道濟天下」，先作了八卦，「聖人有以見天下之賾，而擬諸其形容，象其物宜，是故謂之象。」（繫辭上・第八章）卜卦以測吉凶，按吉凶以決定行爲。卜卦成爲行爲的規矩。後來人民的智識漸長，善惡不能僅由吉凶去判斷，應該有自己的規則，聖王乃按天理製作禮規。中庸說：「雖有其位，苟無其德，不敢作禮樂焉。雖有其德，苟無其位，亦不敢作禮樂焉。」（第二十八章）聖王製定了禮，禮成爲倫理的規律，孔子乃說：「非禮勿視，非禮勿聽，非禮勿言，非禮勿動。」（論語・顏淵）

天理在宇宙以內，在萬物裏面，人既爲宇宙萬物的一部份，人的生命之道，也應該在人以內，中庸乃說：「天命之謂性，率性之謂道，修道之謂教。」（第一章）人的生命在活動上的規律，是在人性裏，人依照人性去生活，就是善。中庸講『誠』，『誠』是『率性』。宋朝理學家便專講『性』即『理』。人爲修身，應知性理。

每個物體的『存在』，是按物性而『存在』。『存在』既是動的『存在』，爲常有內在活動的生命，生命的活動卽是『存在』的發育。『存在』的發育，應該根據物性而發育；因此，生命的規律也是物性。自然界的物體，沒有理性，不能自主，一切活動均自然而動，自然而動也自然依照物性而動；中庸所以說：「誠者，天之道也。」(第二十章)

人有理性的心靈，心能知能主宰。人知道人性天理，自己可以按照人性天理去生活；中庸所以說：「誠之者，人之道也。」(同上)人要自己誠而率性，人的行動乃是心靈的行動，經過人的自主。不經過自主的生理活動，則自然按天理而動，人的自主行動，可以按照也可以不按照人性天理，乃有善惡。善惡由行爲符合或不符合人性天理，中庸說：「發而皆中節，謂之和。」(第一章)然而行爲中節，符合人性，人的生命得以發育；若不中節，人的生命便受傷害，善惡不僅是行爲和規律的關係，也是行爲所造成的成果。例如一株花的生命，若能依照花的物性而活，花便能發育；若遇著外力阻撓，使不能依照物性而生活，花便枯萎。人的生命，是心物合一的生命，然以心靈生命代表人的生命，身體的生命和禽獸沒有多大分別。因此善惡行爲，是心靈的行爲，是人自主的行使，善惡的行爲，影響心靈的生命。中庸說至誠的人，才可以完全發揚自己的人性(第二十二章)。倫理的規律是人生命發揚的規律。

在西洋哲學裏，倫理的善惡規律，有『神律』，有『性律』，有『人爲律』。『神律』爲上帝天主直接對人類所定的規律，即舊約古經所載的『十誡』。『性律』爲人性上所有規律，由造物主所定。『人爲律』則爲人所定，或由國家的權力，或由民衆的習慣所造成。西洋傳統的倫理哲學常保持這三層倫理規律，又和宗教信仰相結合，以指示行爲的善惡。但是近代和當代的西洋哲學，則持反對的主張，祇承認人爲的倫理規律。他們認爲倫理規律祇是人在社會中的關係，和生命沒有連繫。社會關係的規則由人去定，隨著社會環境而變，倫理規律都是相對的規律。社會關係的標準由人去定，人便依照自己的私利而作標準。在希臘古哲學中有以人的物質享受爲倫理標準的伊壁鳩魯（Epicureus 341–270 B.C.），稱爲享樂主義派，三千年來常有人奉爲人生觀，目前更和幸福主義(Eudaemonism)結合，成爲歐美社會的普遍思想，在十九世紀英國有以功利爲倫理標準的邊沁（Teremy Bentham 1748–1832 A.C.）和彌爾(Tames Mill 1773–1836 A.C.)，稱爲功利主義。同時代在美國有以實效爲倫理標準的皮而士(Charles Peirce 1839–1914 A.C.)和詹姆士(William James 1842–1912)與杜威(John Dewey 1859–1952 A.C.)，稱爲實用主義。二十世紀則興起了共產主義，以生產工具作倫理標準。和這些以物質爲倫理標準相對立而主張克慾的，在古希臘有以「知足常樂」爲倫理標準的亞里斯鐵布斯（Aristiphus 435–350 B.C.），稱爲苦修主義，後來十八世紀的悲觀哲學家叔本華（Arthur Schoupeuhauer 1768–1860 A.C.）以解脫痛苦渡無慾生活爲倫理標準，也屬於苦修主義。

存在主義在二十世紀興起後，倫理標準又回到『存在』。存在主義的倫理可以說是繼承康德的思想，康德以人爲理性主體，行動常有目的，行動的目的在於幸福是追求福的原則，爲一個無條件的先驗實踐法則，稱爲「設定」（Postula）這類設定，不能由理性去證明，也不能獲得經驗的證實，而只是實踐理性的要求。根據這類要求去生活，人的生命可以達到目的。海德格由我的存在談人生目的，由羣衆中「站出來」，脫離「不可信任的存在」，「站入」自己的我，以有「可信的存在」，從一無限的實有接受「自我」的意義(一)。沙爾特爲無神論者，以自己的自由創造一切，但是爲避免極端的非理性爲我主義，他主張自由應當「爲己爲人皆善。」

西洋傳統的倫理哲學，保留在士林哲學內，士林哲學依據天主敎信仰主張倫理有「神律」，有「性律」，有「後天人爲律」。倫理規律爲人發揚精神生活的道德，使人達到「天人合一」的目的。這一點，和儒家的主張相同，中庸曾說：「中也者，天下之大本也；和也者，天下之達道也，致中和，天地位焉，萬物育焉。」(第一章)

二、道德和生命

遵守倫理規律，人常行善，積成善德。善德爲道德，乃是倫理規律的成果。

當代學者熊十力曾解釋「德」字說：「德字義訓，曰德者，得也。若言白物具白德，則以白者，物之所以得成爲是物也。今於本體而言眞常等等萬德，則眞常等等者，是乃本體之所以得成爲宇宙本體者也。若無是諸德，何得肇萬化而成萬物，卽本體之名，無可立矣。德字含二義，曰德性，曰德用。德性之性，不可以西文性質字譯，此性字極靈活也。德用之

用，亦不可以西文能力或作用翻，此用字極靈活也。此等名詞，望細心斟酌，勿便姑置。」(二)

熊氏所謂德性，應該是『特性』，即一實體的特性，例如白物的白，爲物體的特性。熊氏以爲是物所以得成這物的因由。又所謂德用的用，應該是中國古人所說體用的用，爲本性的「表現」，或「活動」。熊氏主張「德」，爲實體的特性，以表現物體的本性。德，是由本體論去講，不由倫理學去研究。莊子曾說：「泰初有無，無有無名：一之所起，有一而未所，物得一以生，謂之德。」(天地篇)又說：「性修反德，德至同於初。同爲虛。……是謂玄德，同於大順。」

朱熹也曾說明『德』爲『得』，在註論語「述而篇」「志於道，據於德」說：「據者，執守之義。德者，得也，得其道於心而不失之謂也。」又註周敦頤通書「愼動章」的「用而和曰德」說：「用之所以和，以其得道於身，而無所待於外也。」在語類裏關於論語「述而篇」「德之不脩，是吾憂也。」朱熹說：「德者，道理得於吾心之謂。修者，好好修治之之謂。」(朱子語類・卷三十四)又註論語「里仁篇」：「君子懷德，小人懷土。」說「懷，思念也。懷德，謂存其固有之善。」

王船山在所著四書訓義書中，訓義論語「里仁篇」的「君子懷德」說：「君子以其心之所安，乃得之於性分，而非是則立身行己皆無可據，即未之著之於事焉，而採存不可忘也。……夫唯所懷有如是之異焉，故君子之於德，必求得之，既得也，必無失焉，而德日進。」

（王船山・四書訓義卷八・論語四）又訓議「述而」「天生德於予」說：「予之生也，天以理生予，而予即凝之爲德。予之德，天之德也。」（同上・卷十一・論語七）

從上面所引關於『德』的文據，可知在孔子和後代理學家的思想裏。『德』，是人的特性，在「天命之謂性」內，這類特性，是善的特性，卽合於人性之理的物性。這類特性可稱爲才，可稱爲力，須要修治培養，使能發揚。人加培養，善才發揚，人心有所得，人性乃能『盡』，人的生命才可以「止於至善」。這種思想也是孟子的思想，孟子主張人心有仁義禮智四德之端，人須要「養心」加以培養。人心是善，大學第一章稱爲明德。周敦頤說「用而和曰德」，這是中庸「發而皆中節，謂之和。」的思想，「中節」卽是善，人性是善，性而具體化爲心，心有性爲基礎，故有仁義禮智四端。培養四端，便是修德。孔子雖說：『天生德於予』，卻又說「德之不脩，是吾憂也。」

爲脩德，孟子說：「求放心」，須要把放於外面事物的心收回來，保守自心的善端，就是孔子所說：『君子懷德』，和『據於德』。保守自心善德還不夠，必須加以培養，孟子說『養心莫善於寡欲。』（盡心下）朱熹說：「好好修治之謂。」修德，最後乃能『盡性』，『盡性』乃是發揚整體人性，又因人性和物性相通，盡了人性便能盡物性，達到參贊天地化育，天人合一的至善境界。

修德有得於心，在本體方面，人性的特性得以發揚，在生活方面，養成行善的習慣，因著這類習慣，人習慣在行爲上遵守倫理規律，如同孔子所說：「七十而從心所欲，不逾矩。」(爲政)「君子無終食之間違仁。」(里仁)「回也，其心三月不違仁，其餘則日月至焉而已矣。」(雍也)朱熹註這一節說：「三月，言其久也。仁者，心之德。心不違仁者，無私慾而有其德也。」孟子曾經講過修德須要克制私慾。常常克制私慾，養成習慣，仁義禮智之端乃能成長，成爲精神力量，發揚人的心靈生命。

沒有善德的人，心靈生命遭私慾所蔽塞，不能發揚，仁義禮智四端，可能如孟子所說牛山濯濯，沒有善德發芽生長，「非人也！」

儒家主張善德爲人性所有特性，在人心爲善端，即是人心靈生命之力，須予以修養。有修養，善端能發育，人心便有所得，人的心靈生命便能發揚。

西洋倫理學解釋「德」爲善習慣。聖多瑪斯講『德』是人在行善時，養成的習慣，使人易於爲善。德的習慣屬於人感情方面的習慣。(三)

習慣爲一種後天的特性，由人經過行爲所養成，作爲行爲的方式。習慣的方式，不足成爲善德；因爲這類方式祇是行爲的容易或方便，祇是一個空架子。作惡的人也可以養成作惡的習慣，例如慣竊的手段愈來愈純熟。所以德要是善的習慣，善的習慣不是習慣的善，而是習慣的主體是善。習慣的主體是人的行爲，行爲有善有惡，行爲符合倫理規律爲善，不符合倫理規律爲惡。人作一種善的行爲，作久了，作多了，養成了作事的方式，方式便是習慣。

這種善的行爲同習慣一起，乃稱爲『德』。德的善，來自善的行爲；德的分類，也來自善的行爲。例如一個人對於窮人常表示愛心，他便有慈愛的善德。

行爲由一項能力而發，善德的能力屬於感情，卽中國普通所謂「喜怒哀樂」，實際上愛和恨，貪和惡，在感情中更佔地位。這些感情『發而皆中節』則是善，善而作成習慣，則稱善德。所以在西洋哲學，『德』字的本義，有『力』的意思。德便可以說是「生命的力，發動時常符合倫理規律。」這種意義和中國儒家的『德』，所有意義相近。但是西洋講倫理，不從本體論去講，而從行爲和倫理規律所有關係去講，因爲倫理的關係，是善惡的關係，倫理的善惡不是本體的善惡，而是倫理關係的善惡。中國哲學講性善性惡，則從本體論講倫理善惡，便講不通『惡』的來由。然而倫理的善惡，雖由倫理關係去講，倫理關係的基礎是倫理規律，倫理規律的基礎是人的本體生命。善必對心靈生命有益，惡必對心靈生命有害；善是心靈生命發揚的途徑，惡是心靈生命被摧殘的途徑。

德，是生命力。感情，也是生命力。德的種類卻不按感情去分類；因爲每種德，可以包含所有感情。例如仁德，可以有愛，可以有恨，可以有怒，可以有忍，可以有貪，可以有厭；祇要這些感情發動時，符合『仁』的規律。因此，德，稱爲習慣時，是感情發動時的習慣；德的本質，則不是感情的習慣，而是發揚心靈生命的力，如孟子所說『仁義禮智之端』。

在天主教的信仰裏，有信望愛三德。這三德稱爲『天賦三德』，是人在領受洗禮時，天主所賜予的三德。這三德不可祇視爲習慣，而應視爲超性的力，卽超性的信望愛之端。人領洋後，依賴天主的助祐，對於天主發揮信望愛三德，以發展自己的超性生命。超性生命由信望愛三德而成，沒有這三德，就沒有超性生命。在人的本性方面，孟子說本性心靈生命，由仁義禮智四德而成，沒有這四德，就沒有人的心靈生命，孟子就說：『非人也』！

我曾在論「孟子的德論」說：「但無論孟子或中庸，都以德爲發育或顯示人心所固有之善，不是行善而養成善習之德。儒家的修身之道，是養育心靈的生命，不僅是『「動而皆中節』。」㈣

周克勤神父在所著的「道德要義」中册裏說：「大體言之，人生而旣有屬於人性之道，亦有屬於人心的德——得道於心爲德。這是人之道德或做人的起點，也是人之聖，善的開端。道德的極致或做人的(內在)目的，卽於盡人的有德之心，以盡或全人的有道(或理)之性：卽在於充擴完成人生而就有的至善之端，實際做一聖人完人。」㈤

因此我說：「西洋哲學將倫理學和形上本體論分開，倫理學祇有一些行爲的規律和習慣善德。中國儒家哲學則沒有這種分類，一些都就生命去體驗，存有爲生命，善德乃心靈生命的發揚。」㈥我講生命哲學的道德論，就是按照儒家的思想講道德。

三、仁和生命

儒家的道德，常講仁義禮智四德，以配易經的元亨利貞。漢朝儒家雖講五行，以五德配五行，稱爲仁義禮智信五常，但不以信爲一種德，而以爲各種德的條件。在仁義禮智四德中，又以仁爲最重要，稱仁爲「德樞」，或稱爲「德綱」，包含各種善德，作善德的代表。孔子已經最看重仁，以仁爲他的「一貫之道」。在論語裏多次解釋了仁的內容。

孔子解釋仁的內容，是由倫理行爲去解釋，易經「乾卦文言」說：「元者，善之長也；亨者，嘉之會也；利者，義之和也；貞者，事之幹也。君子體仁足以長人，嘉會足以合禮，利物足以合義，貞固足以幹事。君子行此四德者，故曰乾，元亨利貞。」

易傳以元配仁，又以元配乾。「彖曰：大哉乾元，萬物資始，乃統天。」乾爲生命之元，元爲生命的『資始』。易傳繫辭乃說：「天地之大德曰生，聖人之大寶曰位。何以守位？曰：仁。」（繫辭下・第一章）易經主張聖人法天，天地的大德是生，聖人法天是仁；仁和生相配合。這種思想經過漢儒董仲舒到宋朝。宋朝理學家正式提出「仁是生」。

周敦頤說：「生，仁也。」（周子全書・卷八・通書・順化）

程伊川在易傳說：「元者萬物之始，亨者萬物之長，利者萬物之遂，貞者萬物之成。」（周易程氏傳・第一）又說：「心譬如穀種，生之性曰仁。」（二程集一・遺書卷十八）

朱熹繼承這種思想，以生爲仁：

「生底意思是仁。」（朱子語類・卷第六）

「如穀種、桃仁、杏仁之類，種著便生，不是死物，所以名之曰仁，見得都是生意。」（朱子語類・卷第六）

「仁是箇生底意思，如四時之有春。彼其長於夏，遂於秋，成於冬，雖各具氣候，然春生之氣皆通貫其中。仁便有箇動而善之意。」（朱子語類・卷第二十）

朱熹不以仁爲愛，而是愛之理。

「仁乃愛之理，生之道。」（答胡廣仲・朱子大全・文集卷四十二）

愛之理，卽是人爲什麼愛？一切物體都愛自己的存在，追求保全，予以發揚，天然地逃避傷害。人的存在爲生命，人都愛自己的生命。同時萬物的存在，也是生命，天地愛惜萬物的生命，常以化生萬物爲心，所以說：「天地之大德曰生，」朱熹說人得天地之心以爲心，人心故是仁心。

「蓋謂仁者，天地生物之心，而人物所得以爲心，則是天地生物莫不同有是心，而心德未嘗不貫通也，」（朱子語類・卷第九十五）

「天地以生物爲心者也，而人物之生，又各得夫天地之心以爲心者也。故語心之德，雖其總攝貫通，無所不備，然一言以蔽之，則曰仁而已矣。」（仁說・朱子大全・文集卷六十七）

宇宙乃一活動的宇宙，由陰陽相結合而生物。物體內的陰陽仍舊繼續活動，物體乃有生命，整體宇宙爲一生命，每一物體的生命和宇宙的生命相連。朱熹認爲天地沒有別的活動，只爲化生萬物。「某謂天地別無勾當，只是以生物爲心，一元之氣，運轉流通，略無停間，只是生出許多萬物而已。」（朱子語類・第一卷）

在人們的眼中，宇宙的變化，顯示在一年的四季裏，四季所顯示的，是五穀的生長收成。這種現象年年繼續，宇宙萬物化生不停。天地的善德，就是這個『化生』，表示天地的愛心。天地代表上帝，上帝的愛心，在這『化生』的工程中，表示出來。萬物因著天地的化生工程而生生，萬物自身也就充滿了生命力，繼續發揚自己的生命，這就是萬物的仁。宇宙萬物的生命，彼此相連，也彼此相助。在發揚生命時，按照自然的天理，表現出互相調節的和諧。人則有理性，有自由。人的天然傾向是愛自己的生命，也愛別的人物的生命。在理性的自由生活中，人要培養這種愛惜生命的天生愛心。因此，人追求發揚生命，爲『仁心』，培養仁心便是仁愛之德。

人的一切能力，一切活動，都在於保全和發展的生命；人的生命爲心靈的生命，保全和發展心靈生命，乃是善德。仁，爲發揚生命，稱爲元，稱爲春；仁便包括一切的善德，爲一切善德的總綱。一切的善德，都可以歸屬到仁。

天主教的心靈生命，是人的心靈生命，因著洗禮結合天主的神性生命。這種生命的保全和發揚，也在於『仁愛』。仁愛加強人的心靈生命和天主神性生命的結合，結合越密切，整體心靈生命越高。仁愛是心靈生命的力量，使心靈生命發揚。力量向外發展，生命向上，和天主結合，生命向旁，和人物的生命相結合，結合爲愛，天主教的道德規律以愛天主爲第一規誡，愛人爲第二規誡，兩條規誡又合成一條，因爲愛心同是一個。在愛心包括其他的規誡，也總括其他的善德。倫理的生活乃是本體的生活，因爲倫理規律就是心靈生命的規律，倫理道德就是心靈生命的發揚。

附註

(一) 周克勤 道德要義 中册，頁一五六・臺灣商務印書館。
(二) 熊十力 新唯識論，頁三七四。
(三) S. Thomas Summa Theologica. 1-2. 9.58. a.3.
(四) 羅 光 儒家哲學的體系續編，頁一〇七，學生書局。
(五) 周克勤 道德要義・中册，頁六九，臺灣商務印書館。
(六) 羅 光 儒家哲學的體系續編，頁一〇七。

第九章　美與生命

一、美的意義

康德替美下了如下的定義：「美是不涉及概念而普遍地使人愉快的。」康德又分美的純粹和依存美，他給這兩種美下了如下的定義：「有兩種美：自由的美和只是依存的美，前者不以對象究竟是什麼的概念爲前提，後者卻要以這種概念以及相應的對象的完善爲前提；前者是事物本身固有的美，後者卻依存於一個概念(有條件的美)，就屬於受某一特殊目的概念約制的那些概念。」(一)

黑格爾替美下的定義：「美是理念，即概念和體現概念的實在二者的直接統一，但是這種統一須直接在感性的顯現中存在著，才是美的理念。」(二)朱光潛簡單地說：「美就是理念的感性顯現。」(三)理念就是絕對精神。

歌德對於美，有兩個重要的概念：「一個是較高的意旨，一個是完整體。什麼叫做使自然的材料爲藝術家的較高意旨服務呢？所謂『較高』是較自然爲高。這裏自然是看作和人對立的，較自然爲高爲意旨就是人作爲社會的人所特有意旨，也就是道德的意旨。……純自然的東西只要同時是在道德上使人喜愛的，就叫做純樸的，所以純樸的對象才是藝術領域的。藝術應該是自然的東西的道德表現。……整體就是統一體。它包括理性與感性的統一，主觀與客觀的統一，自然性與社會性的統一以及藝術與自然的統一。……歌德並不認爲藝術單靠形象思維或單靠抽象思維就行，藝術家須以整個的人格進行創作，在欣賞方面也是如此，他說：「人是一個整體，一個多方面的內在聯繫著的能力的統一體。藝術作品必須向人的這個整體說話，必須適應人的這種豐富的統一體，這種單一的雜多」(四)

我們回頭再看前些世紀的神哲學家，對美的看法。

「聖奧古斯丁給一般美所下的定義是『整一』或『和諧』，給物體美所下的定義是：『各部份的適當比例，再加上一種悅目的顏色。』……在和諧的整體中，醜的部份有助於造成和諧或美，也是如此；單從醜的局部看，就看不出美而只看出醜。這裏醜在整體美裏是作爲被克服而納到統一體裏的一個對立面來了解的。」(五)

聖多瑪斯（托瑪斯・亞昆那）的美學觀點爲：「美有三個因素：第一是一種完整的美，凡是不完整的東西就是醜的；其次是適當的比例或和諧；第三是鮮明，所以著色鮮明的東西是公認爲美的。美與善是不可分割的，因爲二者都以形式爲基礎……但是美與善畢竟有區別，因爲善涉及欲念，是人都對它起欲念的對象，所以善是作爲一種目的來看待的；所謂欲念就是迫向目的的衝動。美卻只涉及認識功能，因爲凡是一眼見到就使人愉快的東西才叫做美的。」㈥

我們轉向中國傳統思想中，關於美的觀念。孟子說：「可欲之謂善，有諸己之謂信，充實之謂美，充實而有光輝之謂大，大而化之之謂聖，聖而不可知之之謂神。」（盡心下）「觀水有術，必觀其瀾，日月有明，容光必照焉。」（盡心上）

中國歷代講論文藝的美，常以氣運爲主，張裕釗說：「古之論文者曰：文以意爲主，而辭欲能副其意，意欲能舉其辭。……蓋曰意，曰辭，曰氣，曰法，此數者，非判然自爲一事，常乘乎其機，而混同於一。惟其妙，出於自然而已。自然者，無意於是，而莫不備至；動皆中乎節，而莫或知其然。」㈦

昔人分畫爲三品：「夏文彥曰：氣韻生動，出於天成，人莫窺其巧者，謂之神品。筆墨超絕，傅染得宜，意趣有餘者，謂之妙品。得其形而不失規矩者，謂之能品。」㈧

我抄錄了上面幾條對於美的觀念；我在我的士林哲學實踐篇的第三編美術論，所列舉西方的美術思想還更多，可供大家參考。㈨我在這篇文章裏，不討論美的意義和本質，我只就美和生命的問題，予以討論。

在各家的美的定義或思想裏，有幾點共識。第一，美不能是呆板的，而該是活的；第二，美該是整體和諧的。

二、美是活的

黑格爾反對自然美是美，他說：「在自然界中，概念在實在中得到存在因而成為理念的方式有幾種，我們須加以區別，第一，概念直接沉沒在客觀存在裏，以致見不出主體的觀念性的統一，毫無靈魂地完全轉化為感性的物質的東西。……其次，較高一級的自然物卻讓概念所含的差異而處於自由狀態，每一差異在其他差異面之外獨立存在，……而同時卻都統攝於同一系統。……只有第三種自然顯現的方式是理念的一種客體存在形式，而這顯現於自然的理念就是生命。」(十)

黑格爾的美，是絕對精神在宇宙內的自覺，即是宇宙自覺是精神，宇宙回到絕對精神。黑格爾認為自然界的無機體不能表現精神，只有有機體才能表現。主觀的概念在有機體內可以見到生命，乃有概念和現實的統一而有理念，理念就是美。我雖然不讚成這種唯心的絕對精神論，也不同意自然界的無機體沒有美，但是我贊成美是生命。

中外討論美的哲學家，都主張美使人感到愉快，也都主張美不用理智去認識。康德分別通常的愉快感和審美的愉快感，「美感即起於對形式的觀照而不起於欲念的滿足。所以美感不等於一般快感，美在性質上也不等於愉快。……愉快的東西使人滿足，美的東西單純地使人喜愛，善的東西受人尊敬（贊許）(十一)美學內有「移情說」，由心理學的基礎上，談審美的人，把自己的情感移到自然界的物體上，中國的詩人騷客常有這種文藝作品。心理學家福洛益特創慾情昇華論，以美術爲性慾的變相表現。社會美術論的創始人居揚(J. Guyan. 1854-1888)以社會公益爲美術目標，然而美術對人的反應，是感官的刺激和情感的刺激。當代的西洋美術思想：主觀表現論（Expressionism），立體派（Cubism），未來派（Futurism），超現實派（Surealism），抽象派（Abstractism），把美術由形式表現轉入觀念表現，由感官與趣轉入理智的領悟，但是仍舊不能除去感情的反應；因爲美術沒有感情反應，已經不是美術而是哲學。

中國歷代的文學和繪畫，都是以情感爲主。詩歌因情動於中而形於外，舞蹈因情不能已而起舞。項羽在兵敗自殺以前，「項王則夜起飲帳中，有美人名虞，常幸從，駿馬名騅，於是項王乃悲歌忼慨，自爲詩曰：力拔山兮氣蓋世，時不利兮騅不逝，騅不逝兮可奈何？虞兮虞兮奈若何！歌數闋，美人和之，項王泣數行，左右皆泣，莫能仰視。」（項羽本記・史記）

荊軻刺秦王，燕太子丹和賓客在江邊餞行：「太子及賓客知其事者，皆白衣冠而送之，至易水之上。既祖，取道，高漸離擊筑，荊軻和而歌，爲變徵之聲，士皆垂淚涕泣。又前而歌曰：『風蕭蕭兮易水寒，壯士一去兮不復還！』復爲羽聲，忼慨，士皆瞋目，髮盡上指冠。於是荊軻就車而去，終已不顧。」（史記・荊軻列傳）

詩人常是因有感而作詩歌，把自己的情感和自然界的景物相連，同憂同樂。杜甫有登岳陽樓五言律詩：「昔聞洞庭水，今上岳陽樓，吳楚東南柝，乾坤日夜浮。親朋無一字，老病有孤舟。戎馬關山北，憑軒泣泗泫。」南唐李後主，失國以後，作客滿心愁，有詞一首「浪淘沙」，「簾外雨潺潺，春意闌珊。羅衾不耐五更寒；夢裏不知身是客，一晌貪歡。獨自莫凭欄，無限江山，別時容易見時難。流水落花春去也，天上人間！」

散文裏也要感情，遊記的文章流露作者的心情，一如范仲淹的岳陽樓記，在霪雨霏霏的時候。「登斯樓也，則有去國懷鄉，憂讒畏譏，滿目蕭然，感極而悲者矣，」在春和景明的時候，「登斯樓也，則有心曠神怡，寵辱皆忘，把酒臨風，其喜洋洋者矣。」

就是在說理議論的文章裏，必須有『氣』，文氣或者如同蘇軾所說：「大略如行雲流水，初無定質，但常行於所當行，常止於不可不止。」（與謝民師書）或者如同翰愈的文章，「文氣雄厚」，他自己說自己的文章：「先生之於文，可謂閎其中而肆其外矣。」（進學解）曹丕曾說：「文以氣爲主」。文章的文氣，在繪畫雕刻的藝術品裏，則是生氣。藝術品最忌呆板，無論是山水、花鳥、人物畫，都要看來有生氣流於畫中。所謂最高的神品，是「氣運生動，出於天成，人莫窺其巧。」（夏文彥。芥子園畫譜）

這種思想源自易經，易經繫辭說：「範圍天地之化而不過，曲成萬物而不遺，通乎晝夜之道而知，故神無方而易無體。」（繫辭上 第四章）「易，無思也，無爲也，寂然不動，感而遂通天下之故，非天下之至神，其孰能與於此。」(繫辭上·第十章) 易經以宇宙由變易之力所暢通，變易之力是生生之力，生生之力使萬物化生，神妙莫測。萬物內都有生命，彼此相通相感。藝術品要能顯露這種週流的生命，才可以稱爲美。

美，屬於感情，不屬於理智。但是一個人爲一整體，屬於感情的美，也須通過理智；然而不在理智上引起反應，不由理智去分析，而是由感情去體驗。美對於感情所引起的反應，普遍是一種愉快的感覺，進而引發一種興趣，對於美乃有欣賞的快樂。愉快是感官的感受，樂趣則是心靈的感受。這些感受都屬於感情。

感情爲每一個人最切己的活動，理智當然也是每個人的內部活動。但是理智活動可以借用他人的資料，學術的知識，科學的發明，學習的方法，每個人都能借用他人的知識、發明和方法，而是應該借用。在文化史上，理智的成果是可以由歷史積蓄，一代一代增高；因此學術乃能一步一步往前進。我們中華民國爲改進科技，就要借用歐美科技先進國的科技知識和技術。感情的活動卻不能借用他人的感情資料。父母的善德，不能作爲子女善德的資本，讓子女在善德上前進。前一代人的善德，不能作後一代人修德的資料。在修德上，每個人要從頭做起。每個人的感情都是每個人自己的，沒有一個人可以把別人的愛作爲自己的愛，把別人的恨作爲自己的恨，人人雖然有同情心，可以同人家同喜同憂，可是每個人由同情心所有喜或憂，仍舊是每個人自己的。感情，原來就是生命的活動。中國儒家的哲學講人生之道，人生之道當然是修身，修身則在於正心。朱熹主張「心統性情」，性爲心之理，情爲心之動。修身正心，便是中庸所說：「喜怒哀樂發而皆中節，謂之和。」（第一章）儒家修身正心的目標，乃是管制情欲，孟子就說過『養心莫善於寡欲。』（盡心下）從這裏可以看到感情對於人生的關係。

感情爲人生命的活動，爲每個人自己的活動，不能假手他人。做學術研究，寫文章，草演講稿，可以用人代做；每個人感情的表現，則是每個人由自己心裏發出。所以感情最能代表一個人。

美，引起感情的反應，使人心裏感到興趣，這種反應，深入人的生命裏，使人的心靈和美的客體互相融合。美的客體可以是實體，可以是虛構。實體或虛構所以能夠引起情感的反應，成爲一種美感，必定是在這件實體或虛構中，有和人的生命相同的生命，才能引起人生命的反應，使心靈感到興趣。

美的客體應有生命，黑格爾以爲美就是理念，理念就是生命，生命則是概念和客觀現實的合一，見到精神的自由。黑格爾不承認自然界有美，只承認人造藝術爲美；因爲只有在藝術裏，作者可以將自己的概念（精神）和客觀現實相結合，顯現生命。美是生命，這點是對的；但是說自然界沒有生命，因而否認自然之美，則就不對。自然界有美，不僅花是美，鳥是美，就連山水也有美，暴風驟雨也有美，乃是一般人的共識。

黑格爾以生命爲自由，因爲他主張實有體只有絕對精神，生命爲絕對精神所有，精神必是自由，我認爲生命爲內在的動，內在的動顯露於外，就成爲美。行雲流水有動的美，月圓月缺有變的美。桂林山水有威嚴正氣的美。一幅山水畫雖然是靜，然而必須在畫裏隱現一種「動」，藝術家稱爲「生氣」或「氣運」。例如說「王維的畫中有詩，詩中有畫。」又例如說：「這幅人像，奕奕如生」。「動」是黑格爾所說的「自由」，即是「生命」。

人有生命，生命是活的。外界事物要和人的生命發生交流，引起感情的反應，也必須是活的。死板的事物，不能引起情感的反應。

但是移情的學說，以爲自然之美，是人把自己的感情，移進自然的物體內，把自然物體擬作爲人。李白送友人的五言律詩說：「浮雲遊子意，落日故人情。」，確實是移情作用，詩人把自己的感情移入浮雲和落日。但是自然界有許多美則是客體本身的美，一朶美麗的蘭花或玫瑰花，是自身有美。高山的日出，大海的滿月，秀麗或威嚴的山峯，也都是自身有美。王維「詠終南山」就是詠終南山的美：「太乙近天都，連山到海隅。白雲迴望合，青靄入看無，分野中峯變，陰晴衆壑殊，欲投人處宿，隔水問樵夫。」

當代美術思想的超寫實派、立體派、未來派、抽象派等，則以觀念爲主，美術表現作者的觀念，例如一張白紙上，任意點上幾點墨，就算一張畫，或者一幅畫上，畫滿了各色圖樣，分不清是人是物。這種藝術作品，是否爲美術？是否有美？大家可以討論；然而若眞是美，則必定晝中隱顯一種動的境界，否則決不是美。不過，這些藝術作品，音先所引起的反應，是理智的反應，觀賞的人先要冥想作者的觀念，然後才能懂得一項藝術品的意義。但是，在懂得藝術品的意義後，必須引起感情的反應，不然，則只是一個觀念，決不能成為美術品。

美的接觸，不僅是感官的接觸，也不是一種美的感官的接觸，而是生命的接觸。生命的接觸為整體的接觸。一個人欣賞美，是他整個的人在欣賞，用生命去接觸，其中用感官，用理智，尤其動感情。美的事物是生命的表現，和欣賞者的生命直接接觸，欣賞的人所體會的各有不同；因為各人的生命不完全相同，都是有個性，美的欣賞也就各人不同。

三、美是統一的整體

朱光潛在講歌德的美術論時，說歌德在早年的言論裏「已把特徵和有生命的整體兩個概念聯繫在一起，要排除不相干的東西。」(十三)「從亞理士多德以後，整體概念就成為美學思想中一個重要的傳統概念。但是在過去。『雜多中的整一』或『萬變化於整齊』，基本上只是從形式方面著眼。……但是歌德所了解的形式從來不是抽象的、獨立的，而是要『產氣貫注的』，『顯出特徵的』，也就是與內容融成一片的。……歌德還把整體觀念運用到藝術的創造和欣賞方面，他一方面強調創造想像力的重要性，另一方面也指出想像力須依靠感覺力、理解力和理

性，才會被引到眞實和現實的領域。」(三)

美是整體性的。第一，形式的整體性。美的客體具有形式，因爲美首先所接觸的是感官，引起快感。感官的對象必定具有形式，一幅畫具有圖形，一曲音樂具有音調，一座雕刻具有造形，一所樓臺具有建築圖形。在自然界，一件美物或一幅美景，都具有外在的形式。美的物體，在形式上應有整體性。黑格爾曾說到一件物體的構成份子，各自互相分別，但是物體內有一種統一力，否認各份子的分別，統一各份子爲一整體，如同靈魂在身體內，統一四肢百體而成爲一個身體，靈魂就是生命。因著統一，物體才能有美。

最明顯的是音樂美。音樂要各種聲音因著一個曲譜而結成一曲樂歌，然後才能談樂曲的美。若是各種聲音都獨立不協調，嘈雜亂響，連樂曲都不是，怎麼能談樂曲的美。一幅畫的美，首先也要所畫的人物，所用顏色，都能協調，才成爲一幅畫，然後才可以談畫的美。

聖多瑪斯講美，特別注重次序和協調。沒有次序，就不能有整體，那只是雜湊。沒有協調，就不能表現次序的意義，那只是呆板的幾何圖。

中國古代傳統思想的『中庸』，在易經裏就是『中正』，中正則是宇宙變化在時空中陰陽的調協。宇宙間的一切變化都是陰陽的聚散，陰陽的聚散須要適合時和地，所以便要互相協調，否則便不能有化生萬物的作用。宇宙一切變化，生生不已，成爲生命的長流。凡是生命必須有調協。

次序的協調，不是呆板的協調，而是生活的協調；所以『中庸』的中，也不是呆板地處於兩邊的「中」，而是適合時地的「適」，卽普通所說『恰得其當。』一幅畫的顏色，濃淡要恰得其當，畫中各部份的顏色，也要恰得其當。就所謂恰得其當，是從整體方面說，就是說從這一幅畫整體方面去看顏色的調協。

美，應該有特徵，特徵在藝術家表現風格，風格可以是運用「形式」的方法，可以是協調的方式，也可以是凸出的觀念；但是風格也必須是整體的風格。每一個藝術作家各有自己的風格，憑著各自的風格，創作了藝術的美。在自然界的美，也少不了風格，玫瑰花有自己的風格，荷花有自己的風格，洞庭湖的景色和泰山的景色，風格各不相同。這種自然的風格，是自然物自己所有；但是要經過人們的心靈，才成爲美的風格；因爲人的心靈能夠體會到。

當代西洋新派藝術家，以觀念作爲風格。當觀念用現實形式表現時，無論形式若何簡單或非常複雜，觀念必定要使藝術作品統一而成一整體，然後才可以談觀念的美。

孟子曾說：「充實之謂美，充實而有光輝之謂大。」朱熹的注釋從倫理方面去講，說「力行其善，至於充滿而積實，則美在其中，而無待於外矣。和順積中，而英華發外，美在其中，暢於四支，發於事業，則德業至盛而不可加矣。」但是我們從本體方面去看，每一實體在本體上是眞美善，因爲具有所該有的，而且都有次序，都沒有缺憾。實體在本體上一定是充實的，所以常是美的。這種美是本體之美，是形上之美。因此，凡是實體都是美，精神體也必定美；而且精神體的充實和次序，常超過物質體，精神體便較物質物更美。絕對的精神實體，乃是絕對的美。

本體之美在物質物內，以形式表現於外，表現美的形式便應該充實。充實的形式又藉著風格而有光輝，則更美而稱爲大。實體充滿而大，若是呆板無力，則是一件死物，不能成爲美。

美，以生命爲根基。美的實體，必須是整體一統的實體，內容充實，協調有序，又具有凸出的特徵，假使美的對象爲一觀念，這一個觀念也應該構成自己的整體，觀念的主要點將凸出形成特徵。這個要求賴生命而完成，因爲實體的整體一統性來自存在，存在就是生命。

另外，美的特別要素在於生動或生氣，生動和生氣則是生命的活動，也就是生命的表現。自然界的美，不是全靠人的移情作用，自然界本身具有美的條件和要素，並不像黑格爾所說無機體不能自己統一，須要人以觀念而予以統一力。實際上山水美景的統一性，不是來自人的觀念，而是來自山水自體的結構。至於山水或花草給人所引發的情感，則受觀賞的人的感情之反映。自然界的物體以創生力而化生，內部因創生力而常動，內部的自動也能稍形於外。自然界的美也是生命的顯露。

美，當然不是純粹模仿自然，美術家常是以自己的天才，去創造美的形式，自然界的美，可以作爲美術家的模仿，但是最重要的則在於美術家的創造，即使模仿自然美的形式，在模仿中也必要表現天才的創造性。

美的欣賞，乃是生命的接觸，不僅是感覺，更不僅是理智，美的實體的眞實生命或虛構體的虛構生命和欣賞者的生命相接觸，在欣賞者的生命上引起刺激，發生感情的反應。美的欣賞深入生命的底蘊，不只在感官上引起快感，而是使人的整個實體有所感受。美感不能是虛僞的，必是實實在在的感受，眞是『誠』。中庸說：「誠則形，形則著，著則明，明則動，動則變，變則化。」（第二十三章）這種化，就是儒家所說的「神化」。神化的思想，易經說：「範圍天地之化而不過。」（繫辭上・第四章）中庸說：「大德敦化。」（第三十章）孟子說：「可欲之謂善，有諸己之謂信，充實之謂美，充實而有光輝之謂大，大而化之之謂聖，聖而不可知之謂神。」（盡心下）孟子的『聖』，爲至誠之人，至誠之人爲發揚人的靈性生命到至高點的人，至誠之人的感化力，神奇莫測，稱爲神化。神化的力，有善有美。美的本質，乃是生命。

附註

(一) 朱光潛　西方美學史下册，漢京文化事業出版，頁一七—一八。

(二) 黑格爾　美學，朱孟實譯，里仁書局，上册頁一六二。

(三) 同(一)，頁一二九。

(四) 同(一)，頁七九、八〇、八一、八三。

(五) 同上，上册，頁一一三—一一五。

(六) 同上，頁一一六。

(七) 張裕釗答吳至甫書。

(八) 芥子園畫譜。

(九) 羅 光 士林哲學 實踐篇，學生書局。

(十) 黑格爾 美學，上册，頁一六二、一六三、一六五。

(十一) 朱光潛 西方美學史下册，頁一二。

(十二) 朱光潛 西方美學史下册，頁七一。

(十三) 同上，頁八一、八二、八三。

第十章　歷史與生命

一、歷史的意義

歷史是什麼？大家以爲歷史就是以往的事實，或者就是記述以往事實的書籍。中國的廿四史，是廿四種史書。史書所記述的事實，當然是以往的事實；可是以往的事實，是不是就是歷史？當然不都是歷史。只有某些以往的事實，可以是歷史。

整個宇宙在時間裏變動，一切變動都含有過去，一切變動的過去，不可能都是歷史。在科學上，有天文學史、地質學史、生物學史，敍述這各方面的變遷；但是這些變遷，卻不成爲歷史。自然界的變遷，按照自然規律，必然出現，沒有新的事實。知道了自然規律，可以預先推測。歷史的事實則是新的事實，不能預先測定必然會有。因此歷史只是人的歷史。

耶里克・卡勒爾（Erich Gabnel von kahler）說：「歷史卽是事件，一種特殊的事件，附屬者環繞它而生。沒有事件則無歷史。純永生——就其能被想像的程度而言，——亦即缺乏所有變化的且一直靜止的永恆；這種意指着像涅槃般的空泛，是沒有歷史的。相反的，純事件，一全然混亂的，示因的，變化不定的『事件混合』，也是不能形成歷史的。要成爲歷史，首先，事件之間先須互有關連，而構成一串連，一延續性的流。延續性，契合(Coherence)，乃是歷史的基本先決條件。」㈠

柯靈烏 (R. G. Collingwood) 曾說：「因此自然現象的過程足可以說是事件的時序變化，而歷史的過程卻不可以。歷史不只是事件的變化，而是行爲的時序變化。行爲的變化有內在的一面，包含着思想的過程，這也就是史家所要探究的，整個歷史就是思想的歷史。」㈡

「歷史並不是一如過去所常誤解的那樣，是有關事件遞變的故事或變化的記載，歷史家跟自然科學家不同，他對事件本身並不重視，他只關心思想所形之於外的那些事件。基本上他只對思想感到興趣，至於外在的事件他的興趣只是附帶性質，只是因爲這些事件能多少指引他對思想本身的掌握。思想當然在某種意義上也是時間之流上發生的事件。但由於史家了解思想的唯一途徑是史家自身在心中使思想重演再現。」㈢

「所謂『歷史的知識』就是了解人類心智過去的作爲，同時把過去行爲重演在現在。因此歷史知識的對象並不只是物體，心智之外的物體；它的對象是思想的活動；思想的活動必須透過心智的重演才能加以認知。」㈣

黑格爾對於歷史則說：「世界歷史可說便是『精神』在繼續作出牠的潛伏的自己之『精神』表現。」㈤黑格爾所說的「精神表現」乃是自由。

歷史不是過去單獨的客觀事件，但是也不是事件的主觀思想。單獨的客觀事件，自然界時時刻刻都有，人類社會裏也時時刻刻都發生；把這些事件一樁一樁紀錄下來可以成一本書。但不是歷史，只能算是歷史的資料。因着外面的事件而發生思想，有理性的人個個都可以做，把這些思想寫下來也可以成一本書，但不是歷史，只是一些「雜感」。

歷史一定要有以往的事實，這些以往的事實是人生活的行爲，由人用理智和意志所計劃的，就是人心靈生活的表現。它有原因，有目的，互相連繫。寫歷史和研究歷史的人，注意這些事實，確定事實的眞僞，然後更要注意這些事實在事實作者的心靈上的意義，因爲這些事實是作者的行爲。

歷史是人類的專有物，沒有理性的物體沒有歷史，超越時間變化的精神實體也沒有歷史。歷史乃是人類生活的歷程，也就人生命發展的歷程。一切實體的存在都是變動，但是最低級的物體礦物，只有內在的動，沒有變。低級的物體植物有動也有變，沒有感覺；高級的物體動物，有變動，有感覺，沒有意識。再高級的物體—人，是心物合一體，有變動，有感覺，有意識，上級的實體爲精神體，有活動，有意識，沒有變。最高級實體，爲絕對精神體，有「行」，有完全的意識，歷史須有變，有新，所以只有人是心物合一體，才能創造新的事件，才能有歷史。

歷史並不能沒有意義，卡爾・波普（Karl Raimund Popper）說：「我不想在這裏涉及『意義』的意義問題，當大多數說起『歷史的意義』或『人生的意義或目的』的時候，他們很明確地懂得所指的是什麼意思；我認爲這是當然的。在這個意義上，即在提出歷史的意義這個問題的意義上，我回答說：『歷史沒有意義。』……但常常有人認爲上帝在歷史中顯現『自己』；歷史有意義，其意義是上帝的旨意，這些是基督敎敎義的一個部份。因此，歷史主義被認爲是宗敎的一個必要因素。但我不承認這一點。我堅持，不僅從理性主義者或人道主義者的觀點來看，而且從基督敎觀點來看，這種見解純粹是偶像崇拜和迷信。」(六)

但是卡爾・雅斯培（Karl Jasper）則說：「爲什麼要研究歷史呢？因爲人生是有限的，不完全的，同時也是不可能完全的，所以他必須通過時代的變遷才能領悟到永恒。」(七)研究歷史，可以認識人的存在的統一性。

歷史既是人類生活的歷程，人類的生活由人的自由意志所作，人的自由意志沒有任何目的時不作決定，人類生活大小事都有或顯或隱的目的。這些行爲的目的，便是這些行爲的意義。從客體方面去看，每件行爲有自己的意義，例如吃飯在客觀上是消化作用，目的在於養育身體。又如這次波斯灣戰爭，在客觀上是最新武器的比賽，目的爲把伊拉克的軍隊從科威特國驅逐出去。但是爲歷史的人和研究歷史的人，則要研究吃飯的人那一次吃飯有特別的目的，例如鴻門宴的宴會；又要研究波斯灣戰爭的前因後果，和別一次戰爭不同。

歷史的事件不僅如同柯靈烏所說有內外兩面，外面是事件的外面行動，內面是事件的思想；而思想有客觀和主觀兩面，客觀的思想是事件本身的意義，主觀的思想是歷史事件作者的目的。歷史的意義在於歷史作者的主觀目的。歷史事件的客觀意義，是自然科學的意義；歷史事件的主觀目的，造成歷史的意義。因爲歷史是人的行爲。

人的行爲，是自由的，不守一定的規律。人的行爲又常是偶發的，不是依照一連串的系統原則而成的；所以每椿事件是單獨的。但是人的行爲既然是人的行爲，人行爲的基本是人的人性，柯靈烏所以說歷史以「人性」爲基礎。「人性」是人人相同的，孟子早已說過：「故凡同類者，舉相似也，何獨至於人而疑之。……故曰：口之於味也，有同耆焉；耳之於聲也，有同聽焉；目之於色也，有同美焉；至於心，獨無所同然乎？心之所同然者何也？謂理也，義也。」（告子上）雅斯培因此說歷史所表現的是人的存在的統一性。

現代哲學家常否認一致不變的人性，而且認爲人性不能被認識；但是誰也不能否認人的生活和狗的生活有不同點，這種不同點在任何人生活上都要表現出來。講哲學的人在抽象方面去講這種不同點，大家很可能各講各的，而且還要互相詆毀都在紙上或空中指畫；可是，從人的具體方面去研究，必定可以把握幾點具體事件是人可以作，狗則不能作。歷史就是具體生活的事件，表現人性的共同點。歷史的基硬，便是人的生活。生活是生命的表現，歷史便表現人的生命的意義。

二、歷史表現人生命之目的和趨向

歷史有目的，有趨向；不是像卡爾・波普所說是偶像崇拜和迷信，更不是基督教義的信仰，而是從理智和人道主義去講。

歷史是人類生活的歷程，生活的歷程就是人的生命歷史便是人類的生命，不是從本體方面說，是從生命的表現方面說，生命是體，歷史是用。

反對歷史有意義的人，是因爲沒有可能寫一部完全的世界歷史，也不可能都認識並研究人類的全部生活，因此便不能得到結論肯定人類生活的共同點，作爲生命的目的和趨向。這一層理由，也可以用之於反對自然科學。自然科學的實驗也不能作無數的實驗，但在可以決定一項原則時，就認爲實驗的數目夠了，所得原則可以實行到一切的相同現象。歷史的事件是人的事件，研究人的事件，從多數的單獨事件中，得到了共同點，以這共同點作爲人類生活的共同點，誰也不能說不可能，更不能說不合理。在哲學上，我們說人類生命的目的，在保全並發揚自己的生命，人類生命的趨向，在於追求這個目的。從歷史的事件裏，幾千年來，無論在那一年代，在那一地區，人類都是在追求自己生命的保全和發展。許多事件看來卻是向反的方面走，許多發動戰爭的人和民族自蒙其禍。那是因爲作事件的人沒有看清楚事件的實質意義，就如每一個人屢次以惡事作好事看，以有害的事作有益的事看。至於說不可能有一部完全的世界史或完全的國家民族史，這是因爲人的智力有限，在別的生活方面都是一樣，我們人類便要在符合有限理智力的情況下去生活，也去寫歷史。

歷史在思想方面，不僅顯示人類生命的目的和趣向，表現人類存在的統一性，也表現人類生命的創造力。人類和其他物體不同，就在於人類的生命能創造新的生活方式，即創造文化，建設文明。自然界一切物體的存在，有本身的原則，常不能改變，狗的生活常是一樣的生活，桃樹的生活常是同樣的生活，都不能自己改變方式；若有改變，是受外在的原力而改。人類的生活則從初民到現在，一直在改進，改進的動力是人自己的內在理智，理智創造發明，發明造成新的生活方式，結成新的文化。所以文化分段，有石器時代、銅器時代、鐵器時代、電氣時代、原子時代。文化的變遷代表人類生活的變遷，也就造成人類的歷史。人類的歷史，便是人類的文化史。

文化的變遷不是一直往前進，不是一部直線的進化史。人的理智雖具有創造力，然而本身是有限的，而且要運用別的工具。工具不足，不能創造；有限的理智力能將發明用於傷害人的生命，例如目前環境的污染。文化的前進，曲折迂回。人類的歷史表現人類生命的發展，路途多艱。

歷史記述事實，歷史的意義不在於事實外面的行動，是在於事實內面所含作者的思想，即是歷史事實作者的行動目的。歷史所遺留下來的，是紀事的書籍或事實的遺跡；但是這些史書和古跡，並不是歷史，這些史書和古跡是死呆的，是歷史資料。歷史則是活的。史書所紀的事實在當時本來是活的，是事實作者生命的活動，有他的思想，有他的情感。這種作者當時的思想和情感，乃是歷史的意義，也就是歷史。因此許多歷史哲學者和柯靈烏一樣，認爲歷史不是過去的事實，而是史家自身在心中使史事作者的思想和情感重演再現。然而歷史實在理所當然的是過去的事實，這些事實包含有作者的思想與情感。史家寫史書或研究歷史的人要將這些思想和情感實現在自己心中，這是我們人爲有認識應有的過程。無論對任何一個客體，無論是過去的或現在的，我們爲認識它或想它，都要把它在我們心內現出。然而客觀若是一個實在的客體，它必要有自己的客觀存在。歷史的事實在本身包含有作者的思想和情感，寫史和研究歷史的人是根據事實所包含的思想和情感去重演再現，而不是任憑自己隨便去想，否則便不是「重演再現」，而是製造史事的思想或情感。歷史的意義是在史事以內，不在史家或研究者的心內，祇是在被人認識時，則在人心內。

史家或研究者在心內重演歷史事實，回想事實作者的思想和情感，可以想得對，也可以想得不對；因爲若是歷史書上沒有記載史事作者的心情，後來史家或研究者根據史事去回想，則要看史家或研究者的史學天才，天才高可以深入事實，可以由當時的環境，想到史事作者的思想和情感。

然而根本上，則不在於天才，而是在於史事作者和史家或研究者都有同一的生命，都有人的生命，人的生命因人性相同，在相同的事件上，可以有同一的心情，在同一心情裏乃可以推想前人作事的思想和情感，不一定常對，然而可以對的機會很多。所以歷史的因果關係，是可能的關係，不是必然的關係，詩人騷客作詩作文時，常把人的思想感情，推放在自然界的物體內，那只是一種藝術性的移情作用，而不是眞實的事實。因爲人和自然界的物體，所有的生命不是同一的。歷史所以是人的生命，紀述人類生命的歷程，顯示生命的意義。

三、歷史哲學

現在講歷史哲學的人，大致分爲兩大派：一派是「理論歷史哲學」，一派爲「批評歷史哲學」。「理論歷史哲學」注意講論歷史的意義，以哲學或以宗教信仰作爲理論的根據。西洋聖奧思定、黑格爾、以及馬克思都以自己的宗教信仰或哲學思想講人生，由講人生而講歷史。一些人便鄙視這種學說，稱爲玄想的歷史哲學。「批評歷史哲學」注意研究歷史智識的價值，不是考據史事的眞僞，而是從語言分析和史事智識在認識論的價值各方面去檢討。

我們研究歷史哲學，對於歷史智識當然要檢討，第一個問題，是歷史的客觀性；第二個問題，是歷史的解釋；第三個問題是歷史的共同原則。這些問題爲「批評歷史哲學」所注重，以往「理論歷史哲學家」沒有注意到。然而歷史哲學不能就限制在這些問題上，而不進入研討歷史的意義，和歷史與人生的關係，以及歷史的目的或趨向。

西洋一般哲學的趨勢，從笛卡爾以後就走入認識論裏，開始有洛克、休謨經驗派的唯經論，繼而有康德的純理性批判，後來有羅素的數學邏輯，最後有維也納學派的語言邏輯。這些學者極力摧毀傳統形上學，詆爲玄想幻想，祇從語言去講哲學，語言實際上則只是發表思想的工具，以語言的研究作爲全部哲學，不能不進入形上學。這些認識論的學者一方面極力唾棄傳統形上學，自己卻建造自己的形上學，所用原則仍舊是傳統形上學的原則。

批評歷史哲學所走的路，就是認識論學者所走的路，歷史智識固然是檢查，歷史的意義也該講，因爲西洋現代哲學否認形上的「人性」觀念，否認有不變的原則；這類的歷史哲學者當然不承認歷史有人生的意義，離開人性，有什麼根據可以將歷史事實結合起來？歷史事實若只是單獨的事實，它所有的意義是這件事的作者，當時所有的思想和感情，研究這種意義是歷史家的任務，歷史哲學所研究的，不是椿椿的歷史事實，而是將歷史事實連貫起來，研究串接歷史事實的意義，和歷史事實的共同原則。這種歷史以人的生命爲串接歷史事實的基線，研究歷史事實表現人類生活的目的和趨向，又表現人類生活常有善惡成敗的衝突；這種表現便是歷史的基本意義，歷史事實又因着人類的同一生命，在相同的境遇中，相同的事實可以發生，這就是歷史的共同原則，給後代人的教訓。「批評歷史哲學」否認這一切，詆為空談，好比語言邏輯學詆毀形上學為空談一樣。可是語言邏輯學和數學邏輯學還自己謙虛地稱自己為邏輯學，「批評歷史哲學」也該自稱為歷史邏輯學，不能代表全部歷史哲學。我家中藏有二十種這樣的批評歷史哲學書，沒有一册講到歷史哲學的各種問題，柯靈烏的歷史理念一書，則講歷史哲學的歷史，在後一小部份，講了歷史哲學的理念。他們理念卻又是以人性為歷史的基本。

歷史哲學研究歷史對人生的意義，當然不能流於空疏，祇以自己的哲學思想作標準。若是這樣做研究，就要如同余英時所說：「過份強調史學的哲學性最後必然使史學流於空疏，失去任何客觀的標準。於是哲學家就可以把歷史家看作他的奴僕，而歷史家的任務也就限於如何為哲學家提供『建造系統』的材料了」(八)。

歷史不能脫離人生，不能過於講抽象理論，忽略具體的人生；也不能放棄人生，祇講史學的某方面意義；前者是玄學的歷史哲學，後者是批評歷史哲學。歷史是記述人類生命的歷史，人類的生命具有豐富的意義。歷史哲學根據人生的事實探索人生的意義。人的生命是人心靈明的活躍，變化多端，神妙莫測，不能由以往的事實推出將來的事實，只能就人性的同一，預測將來可能有同樣的事實發生。自然科學根據所知的定律，推知將來必然發生的事；所以自然科學有『必然性』的定律；歷史屬於人文科學，只能有『或然性』的原則。然而『或然性』的原則已經可以使歷史學成的科學，也使歷史科學成為科學，何況新物理學對於定律也只有「或然率」，而不是必然的了。一位哲學家曾經說過：「任何科學（自然科學）都必然能夠在同樣的條件下產生同樣的結果。」事實卻不然，你建立完全相同的環境，每次做實驗時條件都一樣，但無法預測在那一個小孔後面可以看到電子。然而即使同樣的條件不能產生同樣的結果，科學（自然科學）還是照常發展。這使我們頗不舒服，因爲在已知條件下，我們竟無法精確地預測下一步。」(九)歷史學者對於不能精確推知下一件歷史如何發生，心裏沒有不舒服：歷史是人文科學，原本只能有「或然性」的原則。

還有另一種應當警覺點，是唯史論。黑格爾主張絕對精神爲唯一實有體，絕對精神常循正反合辯證式變動，便以爲全部哲學都是辯證邏輯學，又以全部都是歷史學。西洋當代興起唯史論(Historicism)一切都在變，一切都是歷史。因此，沒有不變的眞理，沒有不變的善惡標準，一切都是相對的，一切隨着時代變。這種主張的錯誤，在以變爲主體。生命是動的，動在物質性的實體中必定生變。但是，沒有物質的精神生命，雖動卻不變；在有物質性的實體中，生命雖動而有變，生命本身卻常是同一的生命。我在討論「一致性」時，曾經有所說明。生命本身的「性」和「次序」，和「變化原則」，基本上是不變的。易經也曾主張「易，有變易，有不易。」理學家也主張「動中有靜，靜中有動。」我們研究歷史哲學，在具體的事件中，研究人生共同的思想和情感，有具體的實證事件作根據，有共同的思想作意義，不能偏走玄想，也不能偏走訓詁，集合多方面的資料而作綜合，以求歷史的統一性。

附註

㈠ 歷史的意義　耶里克・卡勒爾著・黃超民譯，臺灣商務印書館，頁二。

㈡ 柯靈烏，歷史的理念・黃宣範譯・聯經出版公司，頁二一九。

㈢ 同上，頁二二一。

㈣ 同上，頁二二二。

㈤ 黑格爾　歷史哲學・謝詒徵譯，大林書局，頁二八。

㈥ 波普　歷史有意義嗎？見現代西方歷史哲學譯文集　張文傑等編譯　谷風出版社，頁二二一、二二三。

㈦ 雅斯貝斯　論歷史的意義，同㈥，頁四六。

㈧ 余英時　章實齋與柯靈烏的歷史思想，見歷史與思想，頁一六八，聯經出版公司・

㈨ 范恩曼 (R. P. Feynman) 著，林多樑譯・物理定律的特性，頁一二七，臺灣中華書局。

第十一章　文化與生命

一、民族的生活

文化，爲民族生活的方式，積而成爲文明，祇有人類有文明。民族的生活由一個一個的人的生活結合而成，一個一個的人不是哲學所講的具有人性的抽象人，而是具體上的實體，生活在具體境遇中的人。具體的人爲一個存在的整體，存在卽是他的生命。

義大利目前有一個新哲學派，名爲「人的理解學」(Ermeneutica umama)，主張人是具體的單體，單體爲「位格」(Persona)，「位格」爲整體性，整體性包含人的各種境遇：時間、空間、性別、理智、情感、才能。這些境遇，人人都有；可是在具體的位格上，則各有各的表現，這種表現稱爲理解，就像一個名詞，在解釋上可以有各種解釋。㈠

時間，就是存在。絕對的實體，沒有變易，超出時間，祇是永恆；永恆，以時間意義表現自己的意義。相對的實體，它的存在，就是時間。一個人出生後，就在時間裏，嬰孩、兒童、少年、壯年、老年，一連串的時間，規劃了他的生命，生命在時間裏變易，表現在生活裏。可是，時間在每個人的生活裏，所有的具體意義不相同。兩個嬰孩，具體的生活並不一樣，兩個兒童的具體生活也不一樣，兩個民族的生活在同一時間內，也不能相同。在不同的時間裏，一個人的生活有變化；在不同時代裏，一個民族的生活也有變化。易經常說，時間的意義很大！因爲整個宇宙的變化，就在時間內運行。

空間，每個人都活在空間以內；可是一個人的空間，在以往農業時代，「老死不出鄉里」，沒有多大變化，在現代工商業時代，交通方便，一個人便常換居住的地方。不過，習慣流動的人，不大隨地改換生活方式。但是，在不同地區的人，地方的自然環境對生活的影響就很大。一個民族的生活，便常受空間的自然環境的限制，民族爲求發展，常設法改良自然界環境，征服自然界的困難。湯因比就說，文化，乃是民族對自然環境的對抗和征服，一旦缺少這種努力，文化就會停滯，以至於衰滅。

性別，是每個人必有的境遇，人或是男人或是女人，位格必定附有性別。性別帶給每個人生活的變化和表現。各不相同。男人和女人不同，男人和男人，女人和女人也不相同。性別是宇宙間萬物的生命所有，每個物體的生命具有性別的特徵。性別特徵在理論上爲共同的特徵，在具體上卻不相同。在具體生活上，兩性的生活結成一個生活；因爲每個具有性別的生命，自然要和另一性的生命相結合，以成一個圓滿的生命。具體的圓滿生命，在婚姻中實現；可是婚姻的生活，各不相同。

理智、情感、才能，每個人都該當有；位格就包含這一切境遇。位格所包含的這些境遇，每個人卻都不相同。這些境遇乃是每個人生活的重要成素，人的生活由這些成素而成。而且人之所以爲人，就在這些成素上。人用理智、情感和才能，發展自己的生命。一個民族靠民族裏有智慧，才能和勇氣，創造新的生活理想、生活工具、生活方法，造成民族的文化，文化高尚優良，民族的生活也就高尚優良；但若民族中生出敗類，與起壞而惡的生活習尚，民族文化低落，民族生活也就品質低落，心身痛苦。

文化，爲民族的文化，由民族生活而結成，民族則由單體的人而結成，單體人的存在就是生命，生命構成單體的位格，位格則包含生命的境遇，（或者說生命的條件，或生命的特性），境遇在實際的發展或表現上各不相同。雖然每個人的境遇表現不同，但在同一地域和同一時代內，必有相同點，這些相同點造成同一地域和同一時代內的生活方式，成爲民族的文化。

文化，不能在抽象的觀念上去看，而要在具體的生活上去看。具體的生活乃是生命的變易，生命的發展。文化，便是建立在生命上。文化的生命，爲民族的生命，民族的生命，由單體個人的人格生命而積成。

二、生命的創造力

宇宙萬物的存在和變易，全賴由造物主的創造力所造的創生力。創生力爲活力，也爲造物主的繼續創造。懷德海對這點曾說出他的意見，我雖不完全同意，但也同意他說得有理由。馮滬祥曾介紹說：「在懷德海看來，神是一切宇宙創進的動力來源，也是宇宙創進的最後目標，前者是『神的根本性』，後者是『神的後得性』。他稱前者是『絕對飽滿的潛力在概念上無限的實現』，後者則是朝此目標繼續創進的不斷完成歷程；前者重概念性，後者重實踐性。要言之，神的根本性就是『創造性』，就是在現實世界創進歷程背後的創造原理，懷德海又稱之爲『凝聚原理』，因爲據之可以凝聚一切時間之流中當下完成之實際體，這種當下完成，現實自足的實際體是一個創造品。對懷德海來說，世界演進的過程就是代表神力所創造的過程，每個創造品自然與創造性不可分，所以在大化流衍創進的歷程中，每一『時刻的緣現』，或實際的緣現，都是自呈其創造性，在整個貫串凝聚的歷程中就代表神的內在創造性；因而每一創進歷程，也都代表神的根本性的流露。所謂『神的後得性』則指在無限的未來中，繼此原始創造性與時俱進的向前奔流，前者神的根本性是永恆不變的，後者神的後得性則浹化宇宙的創進而不斷在前進中。」㈡懷德海的這段話，用創造力和創生力去解釋，則容易懂了。「原始創造性」爲造物主的創造力，「繼續不斷的創進歷程」爲創生力。

人的生命爲創生力的最高創造品，凝聚了創生力的動力，在身體和心靈方面時時有創新，乃能創造文化，建造歷史。

思想，爲人生活的燈光，指導人生活。思想結成系統，成爲各家的哲學。思想由人的理智去創造；理智力高，所創造的思想豐富、高深、完美。中西的大哲學家，亞里斯多德、聖多瑪斯、康德、黑格爾、孔子、孟子、老子、莊子、朱熹、王陽明、王夫之。他們的思想，代表中西文化的光輝。

自然科學的發明，科技的精品，代表理智創造力的高峯。造物主以自己萬能的神力，創造了自然界宇宙，宇宙按照造物主的理想，繼續不停創進。人用理智力，深入自然界的宇宙秘密中，探索創進的原理、原素、路程。依據探索所得，運用宇宙的物質，彷效宇宙創進的路程，製造科學儀器，繼續造物主的創造而創造。人類的文化乃呈現新奇性，突進性，邁向無限的前途。這就是生命的創生力的最具體的表現，也是推進文化的原動力。

文化的美，是人的天才所造。中國文藝有五千年的天才作品，屈原的離騷，李白、杜甫的詩歌，李清照、蘇軾的詞，關漢卿的曲，水滸傳和紅樓夢等小說，故宮博物院的書畫、銅器、瓷器、玉器。西方也有幾千年的文藝作品，古希臘和古羅馬的雕刻，文藝復興期米格安琪洛、拉法尼爾等大家的繪畫，羅瑪聖伯鐸(彼得)大殿，義大利米蘭，法國巴黎，德國科隆的哥特式大教堂，還有希臘悲劇，拉丁文的委而奇里阿史詩，但丁的神曲，歌德的浮士德，莎士比亞的戲劇，還有古埃及，古印度的皇墓神廟和中國的長城，都是全球各民族文化的異彩，顯露人類天才創造力的偉大。

但是感情更能代表人的人格，更能表現生命的活躍。中國儒家主張喜怒哀樂發動時應該中節，以至誠的態度自然流露，大人不失赤子之心，親親、仁民、愛物。贊天地的化育，培養浩然之氣，建立聖賢『與天地合其德』的人格。莊子教人墮形骸、立心齋，忘己忘人忘世，與天地長終以成至人。佛教實行禪觀，使六根清靜，心空無物，冥冥與眞如合一，進入涅槃以得「常樂我淨」而成佛。聖人、至人、佛，爲中國文化的高峯，絕俗世的凡情，造超越的眞情，滅紛亂的雜情，鍊純粹的至情。一面克除，一面培育，生命的創造力發揮淋漓。

舊約聖經的創世紀記載天主上帝按照自己的肖像造了人。天主的本性是創造，人的本性也是創造。人是一個一個的人，是一個「位格」，是一個生命。一個有位格的生命，在自己的「境遇」中不停地前進，造成生活的型態，結成了文化。

但是一個有位格的生命，在內心所創造的精神型態，則不結成文化，而留爲精神生活的「位格」。在佛教的三世報應說，現生的我，由前生所造，現生所行，造成來生的我。天主教信仰人的靈魂永存不滅，每個人結束了現世的生命，靈魂進入永遠的境界。每個靈魂的我，乃是他在現生善惡所造。這個我，就是靈魂的「永恒位格」。

三、宗教的創造

自然科學所研究的，爲一件一件的事物；哲學所研究的，爲整體的宇宙；宗教則專注在人的生命。宗教不同於生理學和心理學，分析生命的現象。而是指示人生命的發展和歸宿。中國儒家說明了人生命的來源和目的，「愼終追遠」，人的生命來自父母，歸於父母，子女爲父母的遺體。儒家的孝乃包括每個人的一生，所言所爲都屬於孝。天主教則信仰人的生命來自造物主天主，也歸於造物主天主。這條信仰是動力性的，激動人的心靈昇向超越的境界；但不是如同一般人所想像的，由地面登上天堂，而是心靈超出物質界，和絕對的精神相融會。

這種精神超越，時時刻刻要進行，不能停流。停流就後退。又常遇情慾的誘惑，心靈傾向罪惡，心靈的精神便跌到地面，有時罪惡重大，還要墮入深淵。本來人的心靈雖是精神靈，但祇能用本性的動力，超出物質，如同儒家所講「與天地合其德」，不能上昇而與絕對精神體天主相融會，並且人負罪惡，更沒有動力使心靈清白以傾向天主。天主教信仰天主聖子耶穌降生人世，代人贖罪，以洗禮洗人的罪，提拔人的心靈和祂結合一體。耶穌以祂的精神，創造和自己結成一體的新人。耶穌的精神乃是『聖神』，或稱『聖靈』，爲天主本性的神力。人的心靈靠著『聖神』的神力，時刻前進，以與天主融會。人若跌倒，墮入罪惡一經悔悟，聖神又使他振作，自強不息。這種宗教生活，發展人的精神生命，時時創進。

宇宙萬物爲造物主天主所造，供人使用。爲使用萬物，人須要研究萬物的物性，瞭解萬物變化的原則，然後要創造使用萬物的方法；這就是自然科學和科技。歐美的人信仰天主教或基督教，他們熱心研究科學，常多發明。並不是如同許多人所說科學反對宗教，反過來要說宗教促進科學的發展。

宗教信仰淨化人的內心情感，使人傾向絕對精神體天主，藉著藝術以表達。歐洲的古典藝術，都由宗教情緒所激發，古典音樂，文藝復興期的繪畫，羅瑪式和哥特式的教堂，結成歐洲文化的光彩，也是宗教信仰的創造。

宗教情緒綜合爲愛的情緒，「愛天主在萬有之上，愛別人如同自己。」愛的情緒是動力、是熱、是火，加以聖神的神力，宗教信仰的愛，乃能使人的心靈時刻在創造。天主教精神生命的修養和發揚的方式，世世代代常有新的變化。或者遠離社會，隱居曠野；或者封閉修院內，長齋苦身；或者拋棄家庭，絕財絕色絕意，獻身教會工作；或者身居棄世，嚴守教規。每個人在培養精神生命時，各有各自的位格，各人又有自己的創造。創立各種修會的會祖，表現創造的風格，每個修會常保有創會人的風格以作特徵。還有以聖神神火發揮愛的力量，或到外地宣傳福音，敢爲福音而捐軀；或同德肋撒修女一般，走遍世界，援助窮人；或埋頭工作，終生在安老院服侍老人。

宗教的愛，在各民族的文化史上，乃是建造文化的活力，這種力量來自人的心靈，出自人的生命，加以聖神的神力。宗教的愛，使人的心靈和絕對精神相融會，引導人的生命歸向自己的目標，得到正常的發展。

宗教信仰在中華民族的文化內。不表現它的活力；這是中國人歷代把宗教的意義，限制在神靈的崇拜，其實儒家的文化本來就是上天的文化，也是天命的文化。『天』的觀念貫串整套儒家思想，上天、天命、天理，爲儒家思想的根基。把天解釋爲自然或天然，那就把儒家變成了道教。命的觀念，統制了中國人的全部生活。這兩個重要觀念，也就是宗教的兩個重要觀念。還有中國民間的生活則充滿崇拜神靈的敬禮和信鬼的迷信，也就構成中華民族的基層文化。

文化，建立在人類的生活上，人類的生活是每個人生命的發展。每個人追求生命的發展，運用理智、才能和感情創造生產的工具，思想的體系，藝術的作品，構成民族的文化。文化的本體是人類的生命，文化的建造動力是生命的創生力，各種民族文化的特徵是各民族的生命的位格。民族生命的位格，由集合民族中每個人的位格而成；集合的工作，歸之於民族中的先知先覺。

附註

(一) Laura Pasleti Enmeneutica delle condizioni umane. Edizioni Fondazione Nava Spes Roma 1990

(二) 馮滬祥 文化哲學面面觀，頁一七〇，先知出版社。

第十二章　位格在當代哲學可有的意義

一、西方哲學

西方哲學由希臘發源。追求眞理，研究宇宙萬物的意義。宇宙萬物爲形形色色的個別物體，爲研究萬物的意義，必定不能每一件每一件物體個別地研究，既然沒有時間和精力，即使集合大家的時間和精神去研究，所得的結論都是個別的和單獨的，不能有學術的價值，爲能有價值，則須要從個別的和單獨的事物研究中，得到共同的概念和原理。共同的概念和原理，可以用之於許多事物；而且可以使這些事物連繫起來，結成系統。因此，西洋的哲學傾向於普遍的觀念和原理。

最普遍的觀念和原理，可以用之於宇宙萬物，第一是「有」、「在」、「性」（本性）。這些觀念構成西洋的形上學本體論。最普遍的原理，也是本體論的「同一律」、「矛盾律」、「因果律」。

從希臘哲學到歐洲的中古哲學，本體論所講的常是這些觀念。雖然希臘哲學也開始講『實體』(Substantia)，但祇是在抽象的觀念方面去講。希臘哲學有 Hypostasis，拉丁文作爲 Suppositum，意思是個別的實體。爲標明人性的個別實體，乃用 Persona 位格，然而也只是一個觀念，不作爲研究的對象。

天主教信仰傳到歐洲，成爲歐洲人民的共同信仰。信仰中有天主聖三的信條，爲表明這種信仰，天主教神學家藉用哲學的觀念，稱爲天主的本性是一，天主的位格爲三，天主爲三位一體。

位格這個觀念便成爲天主教神學的重要觀念，神學家用士林哲學的思想，研究「位格」的意義。

神學家所有對「位格」的共識，是位格的內容複雜，包涵「個別的本性」(Essentia individuata)，自立的存在 (Subsistentia) 和附加體 (Accidentia)。

神學家對於「位格」的成因，則大家意見不同。巴冷德樞機 (Card Petrus Parente) 曾爲我在羅瑪傳信大學的教義神學教授，在所著論天主三位(De Deo trino) 書中，作一圖表：(一)

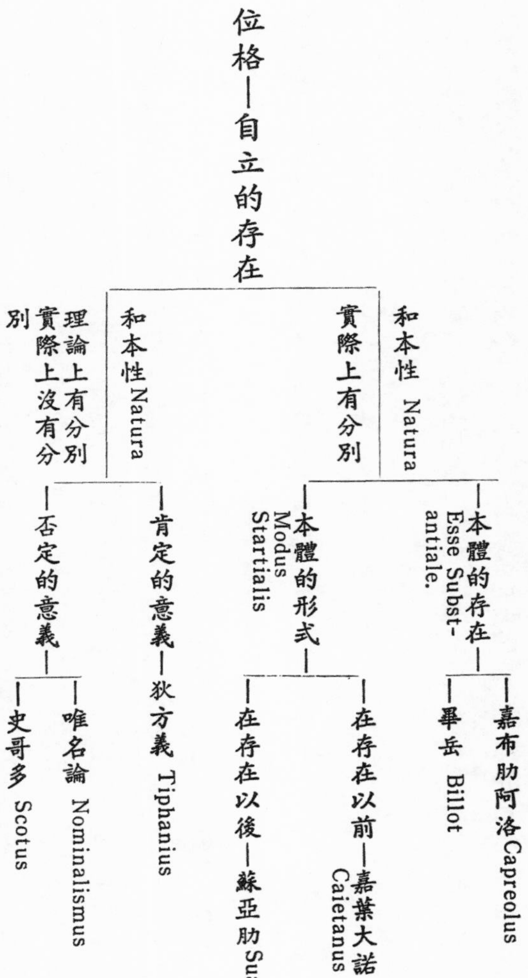

天主的本性本體爲唯一的，唯一的和單獨的在意義上不相同，前者爲積極的，後者爲消極的，唯一的本性本體具有一切，沒有對外的必要關係。單獨的則是沒有對外的關係，在本性上可以須要有對外的關係。天主是唯一的，沒有對外的關係，祇有對內的關係，天主因爲是「絕對的行」，沒有能和成的分別，絕對是體用合一。因此，本體以內的關係，和本體爲一。天主本體的關係有兩項，這兩項便是兩絕對本體，構成兩個「位格」，天主便是三位。

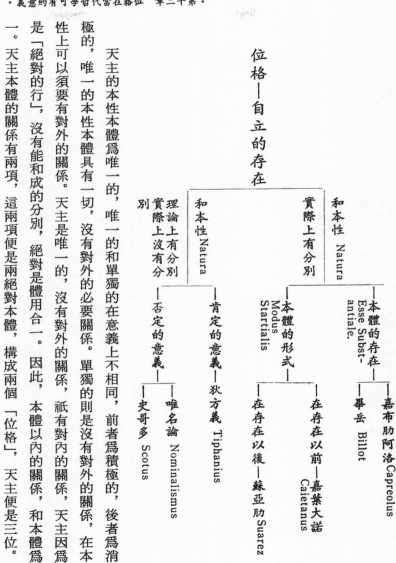

三位的本體又同是一個本體，天主便是三位一體。

我當然不能在這裏給大家講神學，祇能概括說天主敎神學家以『位格』的成因爲自立存在（Subsistentia）但是怎樣的解釋，則各家不同。

在西洋哲學方面，不論士林哲學或其他學派從中古到現代都沒有特別注意「位格」。當代西洋哲學卻開始注意到自立的個體，柏格森講生命流行，存在主義講具體存在，懷德海講具體事件。尤其存在主義以具體存在爲人的存在，而講到「我」，義大利乃有「人的邏輯學」或「人的解釋學」（Ermenutica umana），即是「位格主義」。「位格主義以人的具體存在爲『位格』，『位格』爲一整體，包括本體、附體和自立存在。關於人的一切，應由位格去解釋，人所有的共同條件，如男女性別、年歲（時）、性格、才質，都按各人的『位格』去解釋，各自有區別而不相同。「位格」乃成爲研究「人」的基本；而且在解釋人性時，竟否認共同的人性，祇承認每個人的人性（個性），和朱熹的氣質之性相近。」㈢歐美目前的社會人人都注重自己的位格，尤其青年人，都有尊重「位格」的意識。

二、中國哲學

中國哲學是傾向實際的個體。中國的文學，以形和聲爲主，形和聲來自眼睛和耳朵。眼睛和耳朵的對象是個體的實際物體。中國文字爲表達抽象的觀念，便非常貧乏。由文字到推理，中國人的思維法，常根據具體事件或古人的高見去推論。很少根據抽象的玄理去想。㈢因此，中國哲學是重實際的哲學，不像印度哲學重抽象的玄想。中國重實際的哲學講人生之道，以人爲中心，稱爲人文哲學。人文哲學以實際的人爲中心，便注意每個單體的人。孔子講「仁」道，以「仁」一貫自己的學說；然而門生向他請問「仁」的意義時。他就依照每個發問的門生的人格而作答，所有的答覆就常不相同；因爲他是「因人施敎」。孔子的倫理標準爲「禮」，「禮是分」，把每個人分在不同的位置。孔子乃主張正名—君君、臣臣、父父、子子、夫夫、婦婦，各自有各自的名份，各自有各自權利義務，儒家性善性惡的問題，爭論了兩千多年，一位尋求澈底解決這個問題的學者朱熹，提出「氣質之性」以作結論。性的善惡不能由公共的抽象的天地之性去解決，而要由每個人實際的氣質之性去解決，每個人的善惡不同。

中國哲學沒有位格這個名字，也沒有一個相同的名詞，可是意義早存在中國哲學中，而且非常被重視，作爲人文哲學的主體。儒家人文哲學由理氣、陰陽歸結到人，人則由人性去講，人性由人心而顯。朱熹以心統性情，由心以制情。王陽明則主張孟子的心學由陸象山繼承，陸象山主張反觀自心而知善惡的天理，王陽明繼承陸象山乃主張致良知，良知爲每個人實際的行動指標，王陽明的知行合一，就是以「位格」爲基礎。

儒家的一貫修身之道，也是建立在「位格」上。大學的大條目，以「自己」爲中心，由上而下，由下而上，「修身」居在中央：

平天下，治國，齊家，「修身」。正心，誠意，致知，格物。

因此，大學、中庸講「愼獨」，講「誠」，朱熹講「主敬」，王陽明講「致良知」。這種修身之道，常在於克一己的情慾。變化一己的氣質。培養一己的心靈。因此，中國的哲學沒有「位格」的名詞，卻有「位格」的實在意義，常注意到自己。但不是如同日本人中村元所說：為個人主義，趨向利己，「期望聖賢們從中受益，但並不希望聖賢去敎導所有的人。」㈣儒家主張聖賢贊天地的化育，使人民受益，發揚自己的仁心，沒有一人一物在仁心以外，張載曾主張在愛心方面，心外無物，陸象山在天理方面，主張心外無理；王陽明在生命方面，主張一體之仁。這種思想和西洋神學思想有點相近。中國哲學以人為宇宙萬物的代表，每個人為一「位格」，人的「位格」便包括宇宙的一切，人就是宇宙。人的生命和宇宙萬物的生命，便合而為一。

三、生命哲學與位格

生命哲學由「存在」講論「有」；所講的「有」，為一具體的有，卽一個實體。在「人」來說，就是一個實際具體的人，便是「位格」。

「位格」由「存在」而成，「存在」為「生命」，「位格」便由「生命」而成。

一個人是一個「位格」；一個人能夠是一個位格，因爲他活着，活着是生命，沒有生命便沒有這個人，也就沒有「位格」。

位格代表一個整體的人，因爲「生命」不能分。人的生命，爲心物合一的生命。人的位格，便是心物合一的位格，普通稱爲「人格」。人死後，靈魂仍活，靈魂的生活祇是心的生命，靈魂的生命便不是一個完整的「位格」，常保留和身體相結合的傾向。

心物合一的生命，有身體的生活，表現在體格上，又表現在身體美上，構成一個人的「位格」。女人以美爲自己的人格。連自己的服飾，也包括在「位格」內，不容別人模仿。心物合一的生命，有心理感情生活，表現在情緒上，構成一個人的「性格」；又表現在道德上，構成一個人的「品格」；性格和品格就是一個人的「位格」或「人格」。心物合一的生命，有理智的生活，表現在思想或藝術上；一個人的思想，一個人的學術，一個人的文學藝術作品，代表他自己，構成他的「人格」或「位格」。

一個人的生命，不是孤獨的生命，常和別人生活在一起，常發生關係；這些關係造成權利和義務，古人稱爲「名份」，名份便成爲一個人的「位格」或「人格」，絕對不讓別人侵害。同時，在法律上，一些不是個人而是權利義務的主體，被法律認爲「法人」，也是「法律位格」。

凡是位格，都建立在人的生命上，生命就是「位格」。

西洋哲學思想，目前傾向於以「我」爲主體，由抽象觀念走到實際的本體，成爲實際的哲學；如存在論、結構論，以及語言邏輯，還有柏格森和懷德海，以及「人的解釋學」。中國哲學傳統地以實際人生爲主體，追求培養每個人的「品格」，常以「位格」爲目標。實際的人是一個活的人，是一個生命；我因此乃講「生命」哲學。宇宙萬物的生命，和人不能分，由人去代表，人的生命綜合宇宙的生命。人的生命爲一個「位格」，而人生命的來源，是宇宙創生力，創生力則來自造物主的創造力，創造力則是天主一體三位的第三位聖神；因爲我們天主教的信仰，是「聖言以聖神的德能，養育聖化萬有。」這樣便是天主的「位格」創造了人的「位格」。

附註

(一) Petus Parente. *De Deo Trino*. p. 85. Roma 1938

(二) Laura Pasleti, *Ermeneutica delle condizioni umane*. Edizioni Fondazione Nova Spes. Roma 1990. p.151.

(三) 中村元著　東方民族的思維方法　林太、馬小鶴合譯，淑馨出版社　徐復觀譯同一書，祇翻譯「中國人之思維方法」　學生書局出版

(四) 東方民族的思維方法，頁二二四。

附錄　位格的弔詭

人是物質的精神體，有精神與肉體，這種奇異的結合構成了人的張力，並解釋了莫洛斯(Mouroux)所謂人類位格的弔詭。

1. 人有肉體，所以受制於物質定律，人存於時空之中，有別於其他事物，雖然人是統一的整體，其單一性並不完整，但卻包含許多互不衝突的元素。人又有精神，所以能超越時空，能完全自我呈現，也能瞭解宇宙其他事物並與之合而爲一。

> 精神與肉體是同一存有。人類位格的第一個弔詭是：人乃精神與肉體的統一體。……因為具有肉體，在肉體內精神進入時空，成為各種食慾感覺的主體，而獲得整個生物的、心理的與社會的個體——這些對純精神而言，都沒有意義。然而，在精神唯一能表現的方式下，它變成了肉體的活動力——亦即是說仍然保有精神性，並認知、凌駕與超越肉體。就此純粹的觀點而言，位格乃凌駕與擺脫有限的肉體比例，也支配肉體使自己仍是非物質的、超越時間的，

並呼吸新鮮空氣，也可說是：對他自己來說是無限的。因此，位格乃嵌入、顯現與內在於肉體，又再超越肉體的精神。

2.人類位格是自立的與開放的。所謂自立的，是指在已存有與爲己存有，位格只是他自己，而不能成爲別的事物。就存有的普遍性而言，位格是個微小的自容島嶼，在活動的範圍內支配自己，步入被創生的存有無法瞭解的境界。就基本角色言，人是不可侵犯的神秘體，人的自我意識絕不能被任何人分享。

然而，同樣的位格卻由垂直的與水平的方向加以開展。位格垂直地朝向上帝，由上帝而獲得其存有，並在任何時間內都能繼續維持其存有，因爲位格永遠是上帝創造活動的對象。其次，位格是水平地朝向他人，因爲位格是個體，與其他人一樣，具有人性。當上帝創造了物質的物種，位格所意向的卽是殊種（Species），而不是個體。個體是因爲殊種而存在，其地位亦低於殊種。既然人是個物質存有與動物，那麼前述的情形亦可適用於人。就人種而言，位格是個環，自有其重要性，並具有變化無竊的外貌。

但是，人並不純粹是物質存有，他仍有精神，作爲精神體，人不可能只是工具，也是目的；不可能只是環，也是整體，更是事物滙歸的中心。

這會帶給我們有關人類位格的基本弔詭。就他是支配肉體的精神而言，他是被導向物質實體的條件；他是殊種之一，正因為是殊種而得以存在。由於人是超越肉體的精神，所以他能分享精神受造物的條件；他與上帝有直接的關係，故能凌駕為其所造的殊種。他一方面被與殊種的關係和整合所限制；另一方面，則由其單純性與內化能力所制定。他既是成員又是整體；既是離心點，又是核心點。他是整體與自己之間活潑的張力；除非經由他人或內在於他人，否則二者均無法獲得滿足。

3.位格是存在的，但尚未被完成。位格是存在的，他是個在己存有、為己存有、由己存有的實體，也是不變的肉體原理，以及感官的與相關的活動。然而，位格並不像固定的某物和原本就完美的某物一樣地、一成不變地存在著。

此處並不論述有關位格在生理的與心理的成長。位格並無特徵，因爲動物也具有位格。這種發展並不是自由的，只能說在個人發展的環境與客觀境域下，人天生就被賦予這種特徵，因位格決定了自己的行爲及發展方向，故有自由的精神發展。我們以爲自由抉擇與自由活動乃指：沒有人能脅迫位格，並使之背離其所崇敬的上帝。上帝召喚人且賦予其理智與意志，但並不強迫每個人都接受他的召喚，而放棄外物的誘惑。然而，位格對外物誘惑所作的回應方式，已決定其生活的意義、眞實的價值、永恒的命運。

位格雖已存在，但仍須完成自己。就特殊意義而言，位格存於宇宙已非重要課題，更重要的是由他自身所表現出來的自由活動。

因此，人通常混於召喚與回應之間，或更好說是被召喚與回應所環繞。人只有回應而無選擇，有也只是選擇其回應。人有時接受召喚，並將之與權力分開，但因與召喚的關係過於密切，似乎又使與召喚合而為一：純粹的、快樂的回應與强有力的、成功的召喚完全相同。人有時也排拒召喚，若無其事地假裝充耳不聞，這種拒絕已帶給召喚本身破壞力與阻礙人强勁的衝力與否定力，使人分裂、崩潰與受折磨。人有時奉獻自己；有時又轉變心意；有時又同時付出與收回。……這固定的召喚與回應構成了人類職業，以及位格本身的整個劇情：無窮的劇情——不論如何神秘——在任何時刻均有其意義——也隨時準備換取另一個。這的確是個極端的選擇，因為人的意義與價值就在此選擇上，雖然無法確切指出人自身的存有是純潔的、單純的，但至少可說是道德的與精神的存有，其受賞或受罰的命運必由選擇來決定。神的關愛與人的自由之間有極大的搏鬪，連上帝本身也不是勝利的保證。

J.F. Doncel. S.J 著 Philophical Anthropology.

劉貴傑譯 巨流圖書公司 頁四五九—四六二

羅光全書

冊二之三

生命哲學再續編

臺灣學生書局印行

序

民國八十一年元月，出版了生命哲學續編，現在又寫了生命哲學再續編，將於八十三年六月付印，兩冊書中，對於生命哲學訂定本的思想，有改正的地方，有發揮的地方。讀者可能有所疑慮，我的生命哲學究竟是怎麼講？因此，爲向讀者和關心我的思想的學人，有所交待，我便把生命哲學的思想，簡單作一系統的敘述，也作這冊書的代序。

我講生命哲學，從形上本體的理論去講，不同於倫理的人生哲學。形上本體論講「有」，「有」本體有「性」和「在」，「性」講「有」是什麼，「在」說「有」存在。從「性」去講「有」，「在」的本性很空洞，是一個內涵最少，外延最大的觀念，凡一切都是「有」，「有」就是「有」。從「在」去講「有」，則「有」是「動」，因爲「在」是具體的，實際上，「有」是動的，「有」的「在」是動，易經就說宇宙是「易」，萬物也是「易」，易爲變易，爲動。易傳說：「生生之謂易。」（繫辭上・第五章）易經所講的動，乃是「生生」，卽生化生命。中國儒家的哲學傳統一貫地講宇宙萬物都是活動的，都是生命。當代研究中國哲學的學者，如熊十力、梁漱溟、方東美、唐君毅、牟宗三諸先生都肯定儒家哲學的中心點是「生命」。因此，我爲求儒家哲學的發展，乃講生命哲學。

一

生命，乃是「存在」，「存在」即本體的「存在」；「存在」既是生命，本體的「存在」就是生命，本體乃是「生命者」；所以說萬物都是活動的，萬物都有生命。

生命究竟是什麼呢？易傳說：「一陰一陽之謂道，繼之者善也，成之者性也。」（繫辭上・第五章）宇宙萬物由陰陽兩原素合成，陰陽兩原素在宇宙間常動，在萬物內也常動。兩原素的動，爲本體內在的動。這種動，構成生命，生命便是「本體內在的動」。

宇宙萬物的本體內在的動，爲一體之動，爲一元之動，這一元之動，中國古代哲學稱爲「大化」，稱爲「生命洪流」，實際乃是「創生力」。

當代物理學說宇宙爲一極大的力，力的動作稱爲「能量」，宇宙的「能量」是「無限的」。宇宙便是一無限能量的創生力，創生力即宇宙本體的力，這個力爲宇宙活動變化的發動力，即是「動因」，繼續發動宇宙的變動，生化萬物。

「創生力」的來源，爲造物主創造宇宙的「創造力」，造物主即是天主上帝，上帝創造宇宙不是從自體分出，乃是用創造力自無中生有造成的。宇宙爲受造物，宇宙的本質，由造物主以自己的全能從無中生有而造的。宇宙的「理」，則是造物主創造宇宙的理念，質和理合成宇宙的本原，本性的「在」，就是「創生力」，卽是繼續動的動力。

「創生力」宇宙繼續動，由動從混沌中生化物體，每一物體的生化，由創生力發動宇宙物質中的物質，按照造物主造生這物的理念相結合而成這物本體的性質，稟受創生力的力而存在。宇宙創生力的變化，時有新種物體的生化，宇宙的變化是進化向上，這種進化向上的事跡，在於生命表現的進化。進化的物體，常因環境不適於生存，造物主創生新物體的理念，由創生力使與宇宙內適當的原質相結合而生化新物體。生化新物體的變化是質的變化，是突破，是進化；質變化的「理」，卽「原形」，不在原先的物體內，而是「創生力」從「創造力」所輸送造物主的創造這物體的理念。造物主創造物體的理念，也就是創生力的變化的規則；因爲創生力發動「質素」（原質）和「理念」（原形）相結合而成物；所謂「發動」、「結合」、「成物」，是一個動作，沒有先後，就是創生力之動。創生力之動，有動之理；動之理，由造物主在創造宇宙時就賦予創生力本體宇宙，創生力按時依序而動，動則成物。但是人的理——靈魂，乃是精神體，不能先存在宇宙物質內，每一個人的靈魂直接由造物主的創造力而賦予創生力——卽出生的這個人的創生力，也就是這個人活的存在，也就是他的生命，生命便是他的靈魂。

中國哲學從易經常講宇宙的變易，變易是什麼？是陰陽兩元素的結合，這種結合在本體論究竟怎麼講？中國哲學沒有說明。西方哲學亞里斯多德和聖・多瑪斯則說明是由「潛能」到「現成」或「現實」。每一次變動，都有變動起點的能，變動過程的行，變動終點的成。變動的性質有本體的變動和附體的變動。本體的變動有生有滅，附體的變動有質變和量變。

生命爲本體內在的動，動的起點和終點都在本體內，動的動力因也在本體內，這種動在形上本體論的解釋有三種不同的解釋。第一種是動沒有潛能，也就沒有起點和終點，只是「純粹的行」；這是絕對實有體——上帝天主的生命，只稱爲「行」，沒有動，沒有變。第二種是受造純精神體的動，有潛能，沒有變，即是天使的生命，只有動。第三種是宇宙萬物的動，有潛能，有終點，起變化。

第二種和第三種的本體內在的動，既是生命，便是生而不是滅。本體的變，怎麼可以是生而不是滅呢？但是一個人在生活裏時刻在變，他卻仍舊生活。不過，一個人生活的變可以說是附體的變而不是本體的變，生命的變爲存在的變，乃是本體的變。王船山曾說「性日生而命日降」，性日生即是人每天都重新生，所以人的生命是本體變。本體變是人出生；出生以前，在父母本體內有生子女的「潛能」，父母是已經現成的實體，由現成實體的生育子女的「潛能」行動到新生的胚胎，胚胎現成爲實體。胚胎的生命由能到成，中間的過程，是由一現成的實體到一現成的實體。胚胎現成以後，繼續變動，由已存在的實體到生化成的實體，便是生，不是滅。若變動的終點，沒有生化的實體，則是滅，是死亡；那是因爲起點的實體，已經沒有生化的潛能。天使實體是精神，常有生化的能，所以以常動、常生，沒有滅而永存。人的身體到死亡境地，沒有生化的潛能，停止變動而死亡，人的靈魂離開肉體，仍舊繼續動而生，常存不死。

二

生命哲學所講的生命是人的生命，人的生命在實際上是我的生命，生命哲學所以講「在」，講實際人的存在，以具體的實際的「我」，作爲研究對象。

我的生命，爲靈肉合一的生命，卽心物合一的生命。「我」在抽象理論上，可以分爲本體和附體，在具體上則是一個主體，一個位格。「一」的基礎在於生命。實體是一，因爲牠「在」，「在」是創造力，創造力是生命，生命創造力使「我」靈魂和身體結成一個我，又使身體的各部份結成我的身體。我的生命是一，貫透整體的我；我的一個肢體若沒有我的生命，實際就和身體隔離。「我」不僅整體結構上是一個我，在時間的變動中，「我」又常是一個同一的我，理由也因爲我有同一的生命，生命的表現可以不同，生命卻常是同一的生命。

「我」的生命是心物合一的生命，無論那一部份的活動，都是「我」的活動。心靈的活動，要用身體的器官；身體的活動，要有心靈的發動，就如思維要用腦神經，睡眠要有心的活動。

「我」生命活動的最高者，是理智認識活動。理智的對象，爲物之理，不是物的形色。「我」先用感官攝取物的形相，形相進入我心中，理智攝取形相之理而制成觀念，觀念卽是物體在人心中的存在，不僅是物體的代表，而是物體在人心中的「意向存在」，一種精神性的存在，這種存在也是人的理智和物體的結合。有了這種結合，「我」便有對物體的認識，無所謂主體和客體的距離，而是主體客體的合一。

中國哲學傳統地講「致知格物」，爲認識人生之道，因爲中國哲學就是講人生之道。人生之道，中庸說「率性之謂道」，性是在我以內，我返觀自己，就認識自己的性。所以格求外物之知，是求知外物對我生活的關係，卽在生活中和我的本性的關係。陸象山主張心外無理，朱熹主張格外物而物理自然貫通，都是主張在主體上求知人生之道，所以沒有西方哲學認識論的主客距離問題。西方哲學的求知，在求知事物的性理，求知客觀的理，客觀的理在外在客觀的事物中，理智在主觀的心靈裏，知識則須主客相合，所以有理智不能進入事物中，事物不能進入人心中，產生主客不能相結合的問題。

「我」的認識活動，應該包括中西哲學的兩部份，旣求知人生之道，又求知事物之理；

求知事物之理是從自然科學和人文科學所得的結論，以求知事物的本性之理。外面客觀事物進入人心，構成一種「意向存在」，主客互相結合。

「我」生命活動的最重要者，在於發展人性的生活。中庸講盡性，中庸第二十二章說：盡性則盡人性，盡人性則盡物性，盡物性則贊天地之化育。這就是倫理生活的善和眞，中庸把至聖和至誠的人相配，至聖爲善，至誠爲眞。

善和眞，是倫理方面的事，善的情動而合節，眞是誠實無妄，善德也是善良的習慣。中國哲學則以善和眞爲人本性的發展，即是人的生命的發展，孟子主張人生來就有仁義禮智之端，人性是善，人發揚仁義禮智即是發揚人性，即是盡性。所以，善不是一種景況，不是行動和法規的關係，而是人性的發展，惡是摧殘人性，儒家常把善惡問題由倫理轉到本體論。我自己從生命哲學去研究，善惡確是關係生命本題的問題。「我」的生命須發揚，發揚有自己的規律，合符規律時，生命得有合理發揚；不合於規律，生命就受傷害。因此，善惡乃是生命受發揚或受摧殘。例如天主教信仰中的信望愛三德，是三種超性力量，使人的超性生命發揚。在本性方面，我們也可以說有生來的力量，使本性生命發揚，即是仁義禮智之端。普通所說性律，不僅是人生來所有的行爲規律，還是人生來行善的能，即是良能，孟子說是愛心（惻隱之心），羞惡之心。人要培養這些良能，良能發揚就是善德。

美，普通說是美感，在客體上說，美是完滿的次序，美感是人對客觀的美的興享。充滿的次序，是物體的本體次序，本體次序藉形相以顯出，美便常有形相。形相的美須有生命力予以貫通，顯出生氣。中國歷代對於畫、雕刻、詩歌，都主張要有生氣，不能死板，「栩栩如生」才是美。藝術品以「神品」爲最高、最美，「神品」即是精神生動不可測，具有不可測的神妙。凡是生命，不論品質高下，都神妙不可測，美乃是生命的特性。每級生命，本身常是充實(美)，常是眞，也常是善。西方本體論論「有」，「有」本身常是眞美善；生命爲「在」，「在」本身也常是眞美善。因此，論到美，中國詩人常要以自己生活的感情輸入自然的景物中，自然景物的生命和詩人詞人的生命相通，乃有美的詩詞。畫家和雕刻家也把自己的生命，注入自己的作品中，作品才成爲美藝品。

三

生命是活的，常動常化，繼續向前。「我」的生命爲心物合一的生命，在時間和空間中進化。空間爲「我」身體的空間，身體爲物質物，物質物由份子構成，每一份子在另一份子以外，生命常有身體的變化，便常有空間的變化，稱爲「量變」。空間除自然界的空間外還有人事結構的空間，稱爲地位，易經常講位，位是「我」生活在社會的空間，常隨人事而變遷。時間則是生命的延續；但是絕對實體爲絕對的生命，爲純粹的行，沒有動，沒有變，純粹永恒的綿延，稱爲永恒，超出時間，或說爲純粹的「時」。受選的精神體天使，他們的生命，由能到成，便是延續，具有先後的時間。人的生命，人物合一，更是由能到成，在時間內進行。

但是時間，實際上常是「過去」，「過去」已不存在；因爲生命就是繼續由能到成，不能停止。生命的繼續靠「記憶」，「記憶」把生命的活動留在人的心中，即留在精神上，再由心用腦神經重視於人理智中，使生命的活動互相連接，成爲人的生活史。把生活史寫下來，就成爲歷史。

「我」的生命繼續發展，發展的外圍，有大有小，小是家庭，大是社會國家，更大到國際和自然界。「我」的生命不能是孤獨的，和宇宙萬物的生命相連，而且相依爲命。「我」的生命心物合一，然而以心爲主宰，心則是愛。朱熹曾說天地以造物爲心，人天地之心以爲心，故仁。聖若望宗徒更說天主是愛，人按天主肖像造的，人也當是愛，愛心，乃是「我」生命的主宰。

孟子曾說親親仁民愛物，儒家的大同思想，遍及宇宙萬物。天主教的愛遍及一切受造物，因爲都是天主所造。宇宙間的萬物爲生活，須要適合生活的環境，環境變到不能適合生存時，這種物體就會消失。生物史上已經有許多的物種絕跡，那時還沒有人爲的原因。現在人們在造成許多原因，使一些植物動物不能生存，間接也傷害人們自己的生命。仁民愛物的思想須要認眞實現。

「我」爲生存，首先須要有父母和家庭。家庭天倫之愛，爲人生命的成長要素，一個人人格的培養，父母都分有責任和成效。單身父或母教養子女，要盡雙份的努力。

夫婦相愛爲兩性的生命的成長，進而爲新生命的泉源，絕不容荒廢或浪費在婚姻生活以外。

父母子女的生命相連繫，中外傳統一致肯定，孟子曾以嬰孩生來就愛父母，這種愛爲人的良能，父母對子女的愛也是天生的良能。父母子女的愛爲天倫的愛，爲生命的自然發展。一個人不愛父母而愛旁人，愛不是正常的；同樣一個父親或母親，不愛子女而愛旁人，愛也是不正常，不是生命的自然發展，而是人造的僞。

「我」的生命，以心爲主宰，心爲精神體；心本然地傾於眞美善，因爲心自體是眞美善，但只是有限的眞美善，常求有所充實，許多時又徬徨於假冒的眞美善，反而作惡以傷害自己的生命。中國傳統哲學儒釋道三家同以天人合一作人生命的最高目標，作精神生命的歸宿；儒教主張天人合德，人以仁心贊助天地的化育；道家主張人與天地元氣相合，由元氣而歸於道，同天地而長久；佛家主張明心見性，性是心，心是眞如，眞如是佛，華嚴宗主張「一心眞如」，一心是佛又是萬物，互相圓融。

「我」的心的生命，爲精神生命，本性傾於絕對的精神，絕對精神是天主，天主爲絕對的眞美善。天主的眞美善在受造物中也顯靈出來，「我」也去追求，有時得到，有時迷失，有時受騙，心絕不能滿足。滿足的時候在身後。人身後的靈魂繼續存在，靈魂爲精神體，可以趨向天主。然而人的靈魂，究竟還是有限的，是相對的，絕對的眞美善天主正在超性界，超出「我」心靈的力量。於是天主遣聖子下凡，降生成人，以自己神性的生命予人，人被攝到超性界，乃能依傍絕對的眞美善，達到生命的目的，永恒不息。

上面所講，就是生命哲學的大綱。在這本書裏討論了本體的變，認識論，時間和記憶幾個重要問題。現在要研究我的生命哲學，請把三册書一併研究，前後不會矛盾，但能後者補充前者，後者說明前者，系統仍舊不斷也不變。這樣，就給大家增添麻煩，還請多加原諒。

民國八十三年正月六日天母牧廬

生命哲學再續編

目錄

序……………………………………………………………Ⅰ

一、生命的形上問題

一、生命哲學的形上問題……………………………………一
二、存在的行、動、變……………………………………一三
三、論附加體或附加式……………………………………二五
四、生命哲學中單體的成因………………………………三五
五、生命哲學的認識論……………………………………五一
六、生命哲學的時間和記憶………………………………六九
七、生命哲學融會中西哲學思想…………………………一〇五

二、生命的意義

八、生—生命是愛……一一九
九、婚姻—常學習 常相愛……一二三
十、老—學到老 愛到老……一二七
十一、病—愛心繞病榻……一三一
十二、死—愛的圓融……一三五

三、古哲的思想

十三、聖奧斯定論「我」……一三九
十四、曾國藩家書的五倫道德……一五七
十五、王船山思想的體系……一八九

附　錄

一、生命與信仰互融的智慧（談羅光教授的生命智慧）……周景勳……一九九
二、羅光的生命哲學……李匡郎……二二三

一、生命的形上問題

一、生命哲學的形上問題

前言

對於生命哲學，我雖然出版了訂定本和續編，但是對於形上學方面，有些問題，還須深入研究。因此，我特別寫了這一篇文章，把生命哲學的形上問題，簡單地、系統地加以說明，說明的內容，將來擬出專書，詳細研討。

一、創生力

形上學研究「有」，「有」是「在」，乃是實有。「在」不屬於抽象理論界，屬於實際界。實際的「在」是「行」，即是常自動，即是活，即是生命。絕對的實有，天主，爲純粹的「行」，動而不變；然而化成「三位一體」。「三位一體」乃絕對的純粹生命，純淨無雜，晶瑩透明。

「純粹的行」以萬能的力創造了宇宙，宇宙為一無限大的動力，分享天主的萬能創造力之能，稱為創生力。創生力（宇宙）的質為萬能創造力從無中所造，創生力的（宇宙）理，為造物主天主創造宇宙的理念，質和理由創生力結成一個宇宙。

宇宙本身是力，即是創生力，創生力含有正負兩力，兩力互相進退，造成創生力（宇宙）常繼續「行」。宇宙的「行」，造成變化，化生萬物，易經說「生生之謂易。」（繫辭傳上 第五章）

每一物由（宇宙）創生力之「行」，使宇宙的物質，按創生力生創造力稟受造物主造一物之理念，結合適於具體環境而存在的物體；宇宙的物體乃生生不息，呈現新的物種，表現進化的現象。這種現象，聖奧思定和聖多瑪斯稱為「繼續的創造」。創造宇宙，在天主方面，創造的「行為」超出時間；在宇宙方面，為繼續變化，便在時間以內。宇宙繼續的變化不能脫離天主的創造力。每件物體的化生，等於一次創造；物體的質，是宇宙的物質，物體的理是天主創造這物體的「理念」，中國古代哲學稱為「命」，即是天命。經由創造力而賦與創生力以化生這物體。整個宇宙物體的化生，呈現一種進化的梯次，進化的基礎是環境的改變；「適者生存」為進化的原則。新物體的物性之理則來自天主創造這物的理念。王船山曾說「命日降性日生」。每個人的靈魂（理，元形）直接來自天主，經由創造力而賦予創生力，由創生力而結合身體和靈魂。

中國古代哲學以性爲理，理卽天命。天命的性不僅是抽象的人性，而是實際這個人的性，卽是個性，宋朝理學家稱爲氣質之性。理和氣相結合，成就這個人的性，抽象的性由氣予以限制，因爲每個人的氣有淸濁的不同。但是每個人所稟的氣爲什麼不同，學生們問朱熹，朱熹也不能答，這就是中國人常說的「命」，「命」卽天命。士林哲學以個性來自「元質」，「元質」限制「元形」，身體限制靈魂，造成每個人的才能和個性，個性所以都由量去計算。但是靈魂爲生命根基，若是個性來自身體，人去世後，靈魂脫離身體，失去限制，每個人的靈魂便都是一樣；再者，天使沒有身體，只有靈魂，靈魂若沒有限制，天使便都是一樣；這兩者都不可能，我們便應該說：天主造每人的靈魂，按自己的理念造，每個理念不同，所造的具體靈魂也不相同，靈魂和身體相結合，靈魂限制身體，有這樣的靈魂，乃有這樣的身體。中國古代哲學，例如張載和王船山，以陰陽五行按照天命結成一個人的個性。

二、生命實體

每個物體化成以後，自己獨立存在，成爲存在實體。存在實體爲一整個的實際物體。一個人存在，存在的主體就是這個人，就是這個「我」。「我」在，「我」是存在主體；但是我在，並不是說我是主體，存在是附體，在是我的存在，而是我就是在，在就是我；不在，就沒有我；我有，就是在。笛卡爾說我思則我在，不是說我思想所以我在，而是我思，我是思者，思者就是我，我當然在。我在，我是在者。

「我」是在，我是一個實體，實體是一個整體。士林哲學分析主體和附體，主體爲自立體，附體則附於主體。這一點在抽象理論上是可以講，在實際上則合而不可分。一張木桌子在理論上主體是桌子，附體則是木材、顏色、形狀；在實際上木材爲這張桌子的本體，顏色和形狀爲這張桌子的個性，這些都不能分開，假使分開，這張桌子便不成爲這張桌子。

我這個人，有靈魂有身體，靈魂有才能，身體有形狀，有大小，有顏色。這一切結合起來，結成「我」。若是把任何一部份分開，我就不是我了，不要說分開靈魂和身體，或是分開身體的肢體，卽是把我身體的大小或顏色分開，我也不是我。我乃是一個整體，不分主體和附體，在抽象理論上可以分，在實際上不能分。

實體的「一」，理由是以「在」爲根基。「在」是一。每個實體只能有一個在。若有兩個或多個在，便不是一個實體，而是兩個或多個實體。一個實體的主體和附體，都同於一個「在」，「在」把主體和附體結成一體。我是一個實體，我的靈魂和身體，身體的各部份以及顏色和形狀，都存於一個「在」，因著「在」而結合一個我。

「在」因「性」而定。每個物體的「在」，根據他的「性」。人的「在」，由人性而定。我的「在」，由我的個性而定。人性爲抽象理論的性，實際物體的性都是個性。性來自天命，爲造物主造物體的理念。

三、在爲生命

易經講宇宙的變易，爲「一陰一陽之謂道」，變化由陰陽變化而成。陰陽變化繼續不停，「一陰一陽之謂道，繼之者善也，成之者性也。」所成之性，爲一個變易之性，即是陰陽繼續變易之理。宇宙整個地常在變易，每個物體也常在變易；王船山因此說「命日降，性日生。」這種內在繼續的變易稱爲生命，「生生之謂易」。（繫辭上　第五章）中國古人看宇宙爲四季變化的宇宙，春生夏長秋收冬藏，循環不息。每個人，每隻禽獸　每株花草，常是繼續變易，常活著，宇宙和萬物都是生物。

天主是純粹的行，絕對的生命，以創造力創造了宇宙。宇宙爲一活力，稱爲創生力，創生力分享創造力的創造能，化生宇宙萬物。創生力在所化生的每件物體以內繼續變易，每件物體乃有內在的繼續動，乃有生命。生命的成和表現，在人內最完全，人的生命在宇宙內爲最高的生命，爲心物合一的生命，爲有靈性的生命。

每個物體的「在」，都是動的「在」，都是「行」，都是生命。生命是活動，生命的活動稱爲行。純粹的行，不由能而到行，僅是純粹的行，所以不能有變，不能有新的自成。天使的生命，由能到行，然而是純精神體，便沒有物質的變。人的生命爲心物合一的生命，即心物合一的「在」，人的生命之行，當然是由能到行，而且必有變化，因爲身體是物質，物質若有內動必有量變。

一個人即是我，我是在，是生命。我的在既是生命，當然是行，而且有變。我在身體上從少到老常在變，我在心靈上也常有變。我是生命的實體，生命變即是實體變，就是我變。我變，不是我的變，不只是我的身體變了，我的顏色變了，而是我自己變。

士林哲學接納亞里斯多德的思想，宇宙內的變或是本體變或是附體變，本體變爲生和滅，附體變爲量變和質變；每個人的變都是附體的變。

生命的變既是實體的變，實體爲一個整體，實體的每一變動，都是整個實體的變，實體就是生命。實體變是主體變呢？或是附體變呢？在抽象理論上說，可以說是附體的變。但是在實際上則是整體的變，整體是一，不能分。整體的一，來自「在」，「在」即生命，來自生命。生命爲創生力。我活，我變；我變由於生命，生命通於我整體的每一部份，不分主體附體，每件變化都由生命，即創生力所化生，每一件變化都是生命的變化，表現在我的各部份。我的變化，乃我生命的變化，即我整體的變化。我整體既有變化，我爲什麼不變成另一個我，或者馬上就死滅呢？理由是，生命是一，我生命的性是一，生命按性而行，我生活常是天命的我生活，天命是一，我便常是我。不死而生，問題尚在。

我常是我，在時間上是因生命是「一」，我是「在」，「在」是「生命」，「在」爲「一」，「生命」爲「一」，「我」爲「一」。在空間上，我的心物各部份合爲一整體，也因著生命，生命結合我的各部份。生命不到的部份，便不屬於「我」。

每個物體，都因內在的動力，即創生力，結合成一體，動物植物都因生命而成一體，礦物石塊也因內部動力，即創生力而結成一體。

「在」爲「行」，「行」爲天然內動，爲生命。生命在本身的意義，是內在的自動；天主生活，就是天主內在自動；而且是純粹的行，不由能到成，便沒有變。在宇宙以內，萬物都有物質性，物質性有內在自動必有變，因爲由能到成。宇宙萬物的生命都有變化，變化的程度則按物性而定。物有類，類有個體，類性和個性，都來自天命。礦物內在的動之生命，活動因物質性太重乃非常遲鈍，植物因物質性較輕，生命活動較速；動物因物質性又較輕，生命的活動較高，人則有靈性的靈魂，生命的活動乃神妙莫測。人去世以後的永生，則只有動，沒有變。

四、盡性

中國傳統哲學，從孔子以來，常講修身，發揮人性。大學爲儒家修身的指南，大學第一章開宗明義，「大學之道在明明德，在親民，在止於至善。」中庸爲儒家精神生活的要典，中庸第二十二章講至誠之人，能夠盡個性以盡人性，再盡物性，達到贊天地之化育，天人合德。

儒家不以人性在人出生時，就已經完全，就已固定，而只是在出生時，有了基本的人性，具有人之爲人的基本理由和能力，孟子說是具有仁義禮智之端，每個人一生要努力養心養性，發揮人性之善。荀子和朱熹都以爲求學，開始求做君子，最後求做聖人。王船山常講「繼善成性。」

人性或個性在實際上是一束能力，心靈上的能和身體上的能，孟子稱爲才。這束能力，應該隨著時間，實現爲成。「我」的生命就包含這一束能力，生命的活動卽是生活，生活就是在發揮這些能力。身體生活從小到大，天天成長，壯年以後則因物質力衰，漸漸退化。心靈生活從孩童到耄老，不斷進步，發揮各種能力。理智生活在西洋哲學裏代表人的生活，使人的智識逐漸增加，智識越高，人的身份也愈高。中國哲學以情意生活代表人的生活，使人的倫理道德日漸增高，以達到至善。

人的生命爲心物合一的生命，心靈則爲生命的根源，也爲人生活的主宰。心靈生命的活動必有應有的規律，以及應有的目標。心靈爲精神，精神活動的規律，就是倫理的規律，精神活動的目標，就是欣賞絕對的眞美善。因此，黑格爾曾以精神哲學使人歸回絕對的精神，精神哲學則是藝術，宗教和哲學，求美求善求眞。方東美教授也曾以超越境界的人爲藝術人倫理人和宗教人。求眞求美求善的生活。不是累積外來的智識和良好習慣，而是發揮自己的個性，成全自己的生命。求眞的智識和求美的印象，來自身外，以有得於心。求善修德，累成良好的習慣，習慣爲外來的形式，形式的內容則是生命的發揚。因此，求美求眞所得，都要融合於倫理規律裏，才能眞正發揚心靈生命。心靈生命的發揚，實際就是倫理的善德，「繼善成善」使「我」的個性逐漸成全。路加福音記載說耶穌十二歲時從耶路撒冷回到納匝肋家裏：「耶穌在智慧和身體上，並在天主和人間的恩愛上，漸漸地增長。」（路加福音第二章第五十二節）古代的神學家和聖經學家，認爲耶穌是人而天主，一出生就具有天主性的聖德和智慧，不能有增加，路加所說「增加」，是向外的表現。當代聖經學家和神學家則認爲耶穌是人而天主，具有眞正的人性，在人性方面，完全按照人生活的自然規律，智慧和善德逐漸累積，路加所說「增加」是眞正的增加，耶穌的人性也是逐漸成全。

五、意識

意識，是「我」對我的存在和行動，自己知道。精神體的知識，是一種明見，精神體本體透明，自己看自己是明見，看其他的精神體也是明見，明見則是直見，也是透視。人是心物合一體，心靈爲精神體，荀子說心是虛靈，身體則是物質體，本體不透明。人的生活都是心物合一的生活，心靈的活動要透過身體，身體的生活要依賴心靈；因此，對於知識，人沒有明見，必須透過身體的神經和感官。

笛卡爾曾主張我思則我存，我對於我的存在，是一種直覺，不能證明，也不要證明。

「我」對於自己的存在，我活，我是活者，活者就是我。我對自己存在的意識是一種直覺，是一切知識的基礎。

生理生活爲我的第一類生活，是身體發育的生活，身體發育爲我生命的一部份，完全使用身體的器官。爲知道或意識到這種生活，我須使用感官，感官卻不能自己反觀自己，或反觀自身，因此對於生理生活不能有意識。

感覺生活也是身體的物質生活，然而感覺爲成感覺知識，必須經過心靈知識，心靈能夠反觀自己，對於感覺乃有意識。

心靈生活，爲精神性生活，然爲活動須藉用物質性的神經。我對於心靈生活不能有明見，只能有意識，知道是我自己的活動，再加以反省，便可以知道活動的內容。

我活，我意識我的存在，意識我的活動，是精神生命自己看自己。我活，因爲是心物合一的生命，心靈看自己須透過身體，便只有直覺，和反省。

精神生命的意識，還有一種永恆的意識。精神生命的發揚，趨向求眞求美求善。眞美善是無限的，精神生命的追求也就無限，精神生命的發揚也就無限。人世沒有可能滿足這種追求，人心乃有不滿足的遺憾。正義爲精神生命的規律，在人世卻非常缺乏正義，善惡的報應常使人失望，使人迷惘。因著人心的無限追求、對正義的完全實現，人的生命使人有一種永恆的意識，以完成生命的追求。

生命又有相連的意識，宇宙生命結成一體，萬物互相聯繫。聯繫不是「存在」的連繫，生命的實體各自爲獨立體，對於生命發展的需要則互相聯繫，在生命本體說，生命爲創生力；宇宙創生力爲一，每一物體的創生力也是一，物體的創生力要和宇宙創生力相連，進而與造物主的創造力相連，創生力才能活動，才是天主的繼續創造。

「我」的生命分享天主創造力的化生和創造能，「我」的生活因而具有創造性，具有化生的能。「我」的生命可以化生另一個「我」，可以創造別的物體，藝術品、學術品，種種事業。

「我」的生命，橫則聯繫整個宇宙，直則伸入永恆。

二、存在的行、動、變

一、存　在

在生命哲學的形上問題那篇文章裡，講到存在卽是生命，生命是活的，存在便常在變。存在的實體爲一整體，整體變便產生形上問題，「我整體既有變化，我爲什麼不變成另一個我，或者馬上就死滅呢？理由是，生命是一，我生命的性是一，生命按性而行，我生活常是天命的我生活，天命是一，我便常是我。不死而生，問題尚在。」

我現在就試圖把這個整體變，不死而生的問題，作個解釋。

存在的名詞在拉丁文裡，可以有三種用法：一種是動詞（Existere），例如說「他在，ille existit」；一種是形容詞兼名詞（Existens），例如他說「他是在 ille est existens」；一種是名詞（Ens），卽存在者。哲學上的「存在」，包含這三種意義，不加劃分。

存在的觀念，在我心靈裡爲一個實際的意向性存有，不是虛空的觀念。這個意向性的實有，和外在實體的形式不相同，外面實體的存在，是整體常動的存在，在我心靈裡的意向性存在，則是靜態性和單獨性的存在，祇是存在，不含複雜性，也不含動。

生命哲學就外面實體講存在，存在爲整體，爲動。因此便有存在的動和變的問題。西洋存在論講存有，是講「我」，講人的實際存在。這種存在是個整體，又是一個實際的單體。存在論講「存有」，以「存有」——「我」的特性爲焦慮，爲虛無；焦慮表現「存有」——「我」對上帝的關係；虛無劃分「我」的「人世之有」和宇宙人世的隔離。這都是從存在的關係方面去講「存在」的性質。中國熊十力的新唯識論，以「存有」爲「活生生的實存而有」，「所謂的『生活世界』的生活」一詞，更不只是一般所謂的生活而已，活者，健動不息，生者，源泉滾滾。……生活世界指者是那有本有源、通極於道體，流行充周於上下四方，往古今來而成者。……換言之，人之作爲一個存活者，（實存者），他之爲存活（實存）是以其當下的生活感知，即此生活感知而上遂於道也。故此感知經驗非一般認識之經驗，而是一上遂於道的本體經驗，就此「活生生的實存」而說的任何一個「有」（存有），我們說其爲「活生生的實存而有。」㈠以與道的本體相連的經驗作爲生活，以有這種生活的存有爲實存，與熊十力由本體所講生命有些不同，因爲以與道的本體相連的經驗，乃是佛教禪觀和眞如融會的思想。熊十力的存有，可以說有三態：「一是『存有的根源』，這是就其歸本於寂的『寂然不動』之體而說的，它具有無限可能性；二是『無執著性，未對象化他的存有。』這是就其本體自如其如的開顯其自己而說的，它是一『感而遂通』所成的世界；三是『執著性，對象化的存有』，這是經由人心靈意識之執取作用所成的世界。」㈡這都是套用佛教的思想。

生命哲學所講的「存在」，即是外界的實際存在，也就是每個物體。每個物體具有內在的動，稱爲生命。「存在」便有變動的問題。

爲解釋這個問題，我先解釋這三個名詞：行、動、變。

行，是實體自性的行（Actus），是不由潛能而行的行，是純粹的行（Actus purus）。動，是由潛能而到成的行，稱爲動。變，是有物質性的實體的動，物質性實體具有物質，物質動時則起變化，物質性實體動時必生變化，稱爲變。

二、行

實體只有行，而且行是純粹之行，則是絕對的實體，乃是上帝天主。

天生本體是活，本體是生命。

聖多瑪斯分「行」爲兩種：第一行，第二行。第一行爲本體，第二行爲動作。天主的本體是行，天主的動作是天主的本體。㈢

聖多瑪斯肯定天主是最大的行又是純淨成全之行，（cum Deus sit maxime in actu

ac simpliciter perfectus ……）。㈣

因此天主絕對不變。「天主既然是第一存有，絕對單純，本性無限，便是根本不變的」。（Deus cum sit primumens, omnino simplex, et per essentiam infinitus, est simpliciter immutabilis）。㈤

天主絕對沒有潛能，也沒有附體，天主的動作就是祂的本體。天主既是活，必然有行動，天主的行動是本體行動，是「存在」的行，而不是附加體的動。天主存在的行，不是由潛能到成，而是純粹單純的行。對於這種行，我們沒有觀念，不能想像，祇能由理智去推想，可以懂得。

聖多瑪斯說生命是自動，是向發展自己的自己的自動，他又說生命名詞本來指著本體和存有，即是適合自動本性的本體和存有，有時也可以指生命活動。（Vitae nomen substantiam et esse illius naturae cui convenit se movere, proprixe signifiect; nonnunquam vero minus proprie vitalem oper ationem.）㈥天主是活，本體是生命，不能停滯靜止，而是行。天主的存在就是行。

三、動

動，是由潛能而到成的動，但是沒有變，因爲本體爲精神體。這種精神體是天使。

聖多瑪斯肯定天使是精神體，不由元質構成，不會朽壞。他說：「那些肯定天使由元形元質構成的人，他們錯了。」(Errant qui angelos ex materia et forma compositos esse affirmant.) (七)

聖多瑪斯以生命以理智認識而表現，他肯定天主有理智認識，天主所以有生命；同樣他肯定天使有理智認識。對於天使的理智認識，他問天使的理智認識是不是天使的本體，天主的理智認識是天主本體，其他任何受造物的動作都不能是他的本體，天使的理智認識不能是他們的本體。(Cum solus Deus actus purus existens, sit suum intelligere, nulla cujusve creaturae actio est idem quod substantia ejus; necetiam ipsum intelligere angelorum idem est substantia ipsorum.) (八)

理智認識是一種動作，不是本體。天使的本體爲精神體，爲天主所造，所以是相對實體，是由潛能而到成。在未受造以前，天使不存在，受造以後是整體的存在。天使的存在爲生活的存在，不是靜止不動的存在。生命爲整體的生命，存在是就整體的存在。天使生活，天使的存在便是動，而且是由潛能到成的動。但是天使沒有物質，不是由元形元質構成，天使存在的動便不帶有變。不過理智認識的動作所得知識，意志情感動作所有的愛，是不是變呢？我們人是心物合一體，理智認識有觀念，情感的愛有印象，這些在人心內都引起變化，因爲觀念或增多減少，情感印象或濃厚淸淡。天使爲精神體，他們的理智和情感的動作都是直接的動作，沒有觀念和印象，因此不會引起變化，但是繼續的動。

聖多瑪斯對於天使的理智認識，主張天使認識自己因著自己的本體，認識物質體則因著在物質體內所有的「理」，這種先天的理乃分享天主造物的理念。(Cum angelus sit intelligiblis subsistens, seipsum per substanti am intelligit.)(九)(angelicum superiores rebus materialibus et corporalibus sint, materialia omnia cognoscunt per speciesintelligibiles existentes in eis, inquamtum in illis sunt intelligib-iliter.)(十)天使沒有感官，不能直接和物質體接觸，祇能在自己本體內的先天理念去認識。對於人世的事件，不能直接知道，祇能在天主的主宰萬物的理念內去認識。天使的認識和情感都是動作，不帶變化。

天使的本體是生命，他們的存在就是生命，生命就是動。天使的動由潛能到成，天使的存在整體是由能到成的動，這種本體的動卻不是生滅，究竟怎麼解釋呢？

生命常是由能到成，每個嬰孩都是由能夠生而生，在生以前不存在。嬰孩的存在，在母胎受孕時，就開始存在。嬰孩的開始存在之能，是在父母的體內，父母則已經是存在者，是「成」。嬰孩開始存在之能，是在「成」內。由「成」之潛能，即父母生育之能，而到「成」，即是受孕。

天使存在的開始，當然不是這樣，乃由天主所造。天使蒙天主創造以後，永久生活。他們的存在是生命，是行動。天使被創造卽是「成」，「成」內有生存之能，由能而到「成」，「成」內又同樣有生存之能，再由能而到「成」。這樣繼續行動，繼續生活，繼續存在。發起行動是創生力，天使的創生力來自天主的創造力，創生力常和創造力相連結；創生力繼續發動天使存在的行動。天使的本體爲精神，沒有毀滅的原因，常能存在，存在的行動乃永恆繼續，永恆的行動，不是生滅相繼續，而常是到「成」，卽常是「生」，常是生的繼續。

若是質疑，存在怎麼能夠是行動？在理論上，「存在」的觀念卽是「在」，不包含行動；在實際上，則是「行動」。實際的行動，不消失「在」，因爲創生力是「一」。

四、變

宇宙萬物是物質物，人則是心物合一體，物質物的行動，常動物體的物質，凡動物質的動，必產生變。

聖多瑪斯對於宇宙萬物是否有生命，曾表示意見。他說「因此，本意稱活爲生者，乃是按著某種行動，使自己行動的實體。行動或者指不完全的行動，卽指可以存在的潛能，或者指完全的行爲，如同理智認識、感覺。這樣凡自己行動或動作者都是生物。凡不是能自己行動或動作者，不能稱成生物，祇能說相似生物。」(Ex quo patet quod illa proprie sunt viventia, quae seipsa secundum aliquam speciem motus movevt; sive accipiatur, motus proprie sicut dicitur actus imperfecti, id est existentia in potentia, sive actus accipiatur communiter; prout intelligere et sentire dicuntur moveri; ut dicitur; et sic viventia dicantur quaecum-que se agunt ad motum, vel operationem aliquam. Ea vero in quorum natura non est ut se agunt ad aliquem motum, vel operationem, viventia dici non possunt, nisi per aliquam simlititudinem.)(十一)

聖多瑪斯主張能自動者卽是生物，具有生命。生命的意義是在有感覺的活動，生命的高尙意義，是理智認識動作。但是凡能自有行動者，無論行動是那一種，都稱爲生物，他所講的生命，是普通一般人和自然科學當然的意見，大家都認爲礦物爲無生物，因爲不能自動。現在物理學則主張凡是物質物件，體內都有自動，而且以自動的量代表物體的特性。我講生命哲學主張創生力在每個物質內不停行動，每個物體都是生物，具有生命，和聖多瑪斯的基本思想相符合。

宇宙萬物和人的存在，本性是動，從不停止。動的發動原因爲創生力。物體動常爲物質性的動，人的動雖然是心物合一的動，也有物質的動。物質的動帶著物質的變，因爲物質動一定有變，最低最小也有地位的變，因此，人和萬物的存在，在動時常有變化。實際上植物動物和人的存在常常在變，顯出生命的存在，生命的動作。這種變化，是整個物體的變化，但就理論上的分析則是附體的變。附體和本體結成一個整體，附體的變也是整體的變，就是存在的變，就是生命的變。

生命本體的行動，人和宇宙萬物都是由能而到成，和天使存在的行動一樣。不過，天使本體爲精神體沒有變，不會壞，所以繼續行動而不死滅，常是生。

人和萬物的生命本體行動，帶動物質的變化，變化而有消耗，到了物體消耗已經不具生命力，即不合於創生力去發動，行動就停止，物體就死滅。例如人生命的行動，帶動身體的變化，身體物質時常消耗，到身體因消耗而不再能動時，即不符合創生力發動，生命行動停止，人就死亡。

人活時，存在常在行動。存在而又行動，是從成而到成。譬如電影或電視劇，在放映時是一個行動的存在，是活的，電影或電視劇的本體，是一張張的底片拷貝，每張底片是「成」，有可以動的潛能，電氣發動底片的潛能，底片行動而結成活的劇，因著電力的動而成爲一劇，成爲一種動的存在。

「我」的存在爲一個生命，時時行動，從「能」到「成」，「成」中有「能」，再由「能」到「成」，繼續不停，每次的成，好似電視的一張張底片，結成活的劇，「我」乃生存。到了「我」的身體消耗到（因病消耗）不能再行動時，即已經沒有生命潛能，不能再行動到成，則變而死滅。中國古代哲學，常以宇宙變化，化生萬物是在宇宙萬內有「大化」的週流，大化爲變化的原動力。

普通的生物都有這樣的行動，先常是生，最後則歸於滅。礦物的存在行動很低微，很少有內在變化；但若因本體消耗或外在動力加以摧毀而不能再行動時，實體就風化散開，實體不再存在。

每個實體的存在，都是行動，行動有高低，生命也就有高低。絕對實體的行動，不由能而到成，爲純粹的行動，生命最成全，生命最高。天使精神體的存在，由能到成，但沒有變化，祇有行動，生命長久，生命算是高。人的存在，爲心物合一的存在，由能到成，有物質身體的變化，物質消耗使生能已盡時，便不再行動，人就死亡，靈魂卻開始天使一般的生命。物質物的存在有動有變，也有毀滅，生命雖是一，就是造物主的生命，受造物所分享的生命，則分級不同。

聖多瑪斯對於天主是否在萬物以內，答覆是肯定的，因爲天主的存有即是祂的本性，(Deus cum sit ipsum esse per essentiam, est intime in omni-bus rebus.)㈢ 聖多瑪斯解釋說，天主在萬物內，不是部份本性在全體內，也不是附體在本體內，而是作者因發動力在萬物內。因爲發動和發動者，常一同存在。天主的存在是祂的本性，發動也就是祂的本體；一切物體由天主的動力而受造，因天主的動力而存在，天主便和物體的存在相連，深深地在物體以內。物體因天主的動力，即創造力而存在，便是因天主的存在而存在，分享天主的存在。天主存在是生命，萬物就也分享了天主的生命。

天主的創造力創造創生力，創生力就是物體的動力，也就是物體的生命。物體內幾時有創生力就有生命，就存在，一旦失了創生力，生命就停止，物體就不存在。一個人整體內有創生力，能動，就有生命，就存在；一旦失去創生力，完全不動，生命停止了，人就不在了，就死了。

在人和萬物裡有兩種動：一種是附件的變，例如身體的變化，心靈裡理智知識的變化。這些變化由本體之動而發生，發生在附體部份，然都屬於整個的實體，也就屬於物體的存在。普通所講的變化，都是這些量變和質變，形上學方面沒有問題。另外一種動是本體的行動，是存在基本的行動，卽是生命，在形上學乃產生難題，本體的變祇有生滅，既已存在的本體若有變化，則是死滅，怎麼是生生呢？對於這個難題，我在解釋天使存在的行動時，就加以說明了。從首先的「成」之潛能，到第二個「成」；從第二個「成」之潛能到第三個「成」；從第三個「成」到第四個「成」，一直繼續不停，從行動起點之「成」，到行動終點之「成」，常是由「成」到「成」，「成」是存在，是生命；所以是由存在到存在，由生命到生命；所以是生生。行動的力是創生力，動力和動力者爲一，創生力便是存在，便是生命，行動到了最末的「成」，「成」內沒有生命的潛能，行動停止，物體死滅。

我不敢說這種解釋，完全說明了形上學的困難，更不敢保證能爲大家所接受，我當然會繼續研究。

註釋：

(一) 林安梧。存在、意識與實踐。頁十八，東大圖書公司。
(二) 同上，頁二十。
(三) S. Thomas, Summa Theologica, I. 9. XIV. 9. 4
(四) 同上，I. 9. XVIII. a. 3.
(五) 同上，I. 9. XXV. a. 1. c.
(六) 同上，I. 9. IX. a. 1. c.
(七) 同上，I. 9. XVIII. a. 2. c.
(八) 同上，I. 9. L. a. 2. c.
(九) 同上，I. 9. LVI. a. 1. c.
(十) 同上，I. 9. LVI. a. 1. c.
(十一) 同上，I. 9. LVII. a. 1. c.
(十二) 同上，I. 9. XVIII. a.
(十三) 同上，I. 9. VIII. a. 1. c.

三、論附加體或附加式

一、生命的變

士林哲學追隨亞里斯多德，以物體由「元形」（Forma）和「元質」（Materia）構成「本性」，「本性」和「存在」結成實體。實體都不是靜止的，常是動；因爲「存在」是創生力。物體的創生力，來自宇宙的創生力，宇宙的創生力來自造物主的創造力。物體的創生力，具在「元形」內，「元形」使物質性的「元質」和自己相結合，使「元質」的各份子結成一體。「元質」爲物質，是靜止不動的；「元形」爲非物質性，分有宇宙的創生力，乃常動。人的「元形」爲「靈魂」，直接由創造力所造，不來自宇宙的創生力。「靈魂」爲人的生命根源，「靈魂」在整個人的身體內，也在身體的各肢體內。每個毛孔都有全部的靈魂，才能活；如果不活，便是失去靈魂，成了死的肢體，和整個身體脫離關係。

朱熹以理氣構成物體，理成性，氣成形。理是抽象的，靜止的；氣則是具體的，是動的。理要附在氣上，才能在。中國傳統哲學都以氣是動的，氣流行不止。宇宙的活力爲天地之氣，稱爲大氣，又稱爲元氣。大氣流行天地間，化生萬物。人的生命在於元氣，道家養生便求保全元氣。但是在另一方面，中國人則相信「魂」是生命的根源，在宗教信仰上乃有「招魂」的儀式。不過，「魂」也由氣而成，「魂」的氣爲陽氣。儒家遂講陽氣爲動，陰氣爲靜，動靜都屬於氣；理，祇是抽象的理由。普通，人的一切動作都是氣，動作有動作之理。

在這一點上，中西哲學不相同。中國哲學分形上形下，物體的動作屬於形而下，形而下是氣。理爲形而上，形而上爲抽象，沒有所謂動靜。但是，宇宙化生萬物，化生萬物的動，沒有形跡可見，易經稱爲「神妙」。然而宇宙化生萬物的力，也是氣，即是宇宙之氣，稱爲大氣或元氣，因此，張載和王夫之便以氣包括形而上和形而下。形而上之氣，沒有形跡，稱爲神。這種形而上之氣和西方哲學的「精神體」相似了。

西方哲學區分物體爲精神和物質：精神無形，爲動；物質有形，爲靜。人的動作，來自生命，生命來自靈魂，靈魂爲元形，身體爲元質。身體的動，由靈魂發動。身體離開靈魂就成爲呆木的屍體。

中國哲學沒有精神體和物質體的分界，只有氣的清濁，清氣散發，濁氣凝重，散發故動。清氣程度若最高則靈。如人的心靈，由清氣而成，本性虛靈；心靈就是靈魂。中國哲學的心靈虛靈，乃是精神體，和西洋哲學相同。祇是西洋哲學以靈魂爲元形，中國哲學以心靈爲氣，爲元質，兩方的觀念不同。而且實際上，氣爲元質，質爲質料，爲物質，不能爲精神。

「元形」在人爲靈魂，爲精神；在宇宙萬物，也爲非物質性。非物質性，不是物質，又不是精神，這一點很難說。困難的解釋，可以這樣：宇宙物體的「元形」，是精神性，但不是精神體，必須和「元質」結合才有，和「元質」分開時就消失。人的「元形」靈魂則是精神性，能夠自己存在。

「元形」既是動，每個物體也就動。普通以生物爲動，無生物不動。實際上，無生物的「元形」也動，祇是動的表現程度很低。物體的「元形」動，爲內在的動，便是生命。

「元形」的動，和「元質」結合而動。「元質」爲物質，物質由分子合成，物質一動，內部分子的關係就起變化，物體便有變。物質的變，雖然是在「元質」方面，卻是物體的變，因而該是本體的變，普通西方哲學的「元質」的變，爲附加體的變；但是我們認爲這種變爲「生命的變」。

生命的變有兩層的變：第一層的變，是生命本身由潛能到現成，這種變，由有潛能的實體，到現成的實體，就是從父母的生命潛能到現成的胚胎，胚胎有生命的潛能，繼續到現成，以及到嬰孩、幼童、青年、壯年、老年。一旦現成實體沒有生命潛能，變動停止，人就死亡。

第二層的變，是生命由潛能到現成的變，即第一層的變，在「元質」上所引起的變。人從胚胎成長，身體繼續在變。這第二層的變是第一層的變向外的表現，爲身體的變，普通哲學稱爲附加體的變，我們認爲是生命的形式。

二、附加式

士林哲學追隨亞里斯多德，區分實體爲自立體和附體，自立體（Substantia）也稱爲本體或主體，附體（Accidens）也稱爲依附體或附加體。亞里斯多德說明自立體爲「不敘述而是被敘述的主體」，這是就「主體」說。「能自立及不必依賴他物而存在者」，就是就「自立」說。附加體則是依賴他物體而存在。實際上，每個實體爲一單體，單體必定具有附加體。亞氏研究附加體的區分，作一範疇（Ategoria）：

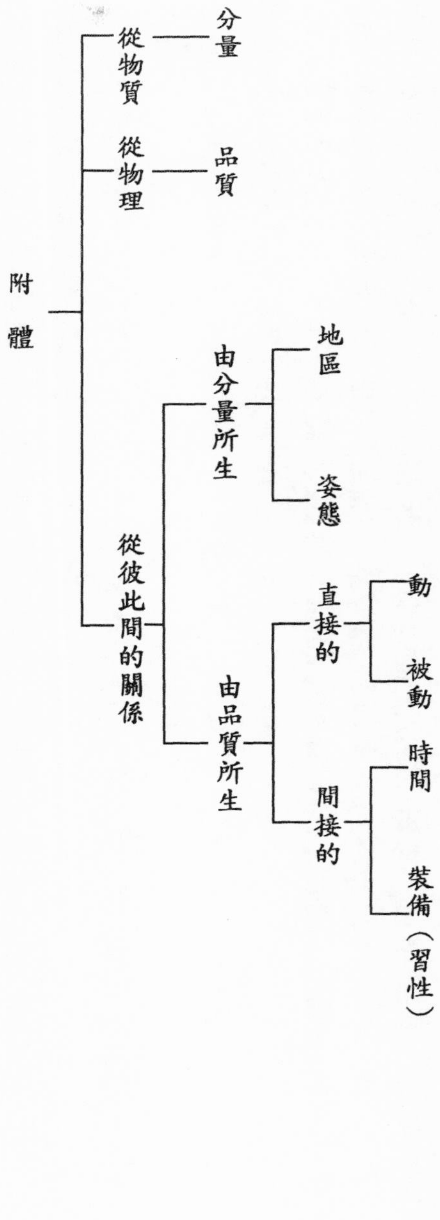

附體範疇共九：分量、品質、關係、地區、姿態、動、被動、時間、習性。(一)

從上面範疇去看，所謂依附體，都不成體，祇是成形。普通講附體，跟亞氏的思想一直到今天，常祇留意到「立」字上，就是講「自立」或「依附立」，但沒有留意到「體」。所謂附體，既稱爲體，便是物體，物體由元形元質而成本性。這些附體，每一件有什麼元形和元質呢？講元形，附體的每一件各有自己的「形」，可以作爲它們的「形」，而且是它們的意義。例如顏色、高低、大小、快慢，都是「形」；但是它們的元質呢？它們沒有，它們以所依附的主體的質爲質。例如顏色，是某某物體的顏色，顏色自己不是一種物體，凡是物體，必定有自己的「在」；既是在，便能立；立，就是自立。糖和水相溶，兩物的「在」合成一個「在」，不是糖依附水而立。因此所謂附加體或依附體，或簡稱附體，都不是物體，只是種種的「形」。這種形不是元形，是附加形，或稱附形。

附形的產生，來自物質，物質由份子合成，物質動時，份子間的關係就起變化，變化表現於外，便成附形。物質的變化常在空間和時間以內，亞氏的範疇表說明附體是從物質和從物理兩方面來，從物質即是從空間，從物理即是從時間、物質的份子不能同在一地位，所以有空間，份子一動，地位就變。物質的動由一份子延到另一份子，必有前後，所以有時間。附形便是空間和時間所發生的關係，亞氏的範疇表上也標明「從彼此間的關係」。

從中國哲學看，附加形乃是「用」，中國哲學從本體方面去講物體，只講體用，而且講體用合一。

物體的在，爲生命力，也就是創生力。創生力賦與元形以動力，結合元質。元形的力常動，元質乃有變化。人的身體從出生到死亡，一時一刻地在變。

物體的變有兩種：一種是本體的變，一種是外形的變，物體的形也有兩種：一種是本體的形，一種是外形。本體的形，由元形而來，人的身體，因爲是人，身體和肢體的位置，有人的本體形，例如直立，頭頂向上。狗的身體，因爲是狗，有狗的本體形。這種本體形，乃是「元形」對「元質」的限制，不能變。每種物體都有自己本體形，若缺而不全，則為殘廢。外形為物體外面加在本體形上的形色，這種形色是可以變的。

物體的在，為生命，生命常動，物體乃有變。物體變時，本體形不變，附加形乃變。附加形的變，常是空間的量變，或是時間的質變。所以亞里斯多德講宇宙的變，區分為兩種：本體的變和附體的變，本體為生和滅，附體的變為量變和質變。物體生命的變，在上面已經說明為兩層次，物體元質的變為第二層次的變。第二層次的變，又有兩層次：一種是物體本體的變，一種是附形的變。本體的變，是本體的質的變，本體的形不變，例如人的身體長大了，本形沒有變，常是人的人形，本質有變，身體的物質所有的份子，增多了。通常稱這種變為量變，為附體的變。但是構成物質的份子不是附加體，而是屬於本體，因為身體由份子組成，份子若是附加體，身體的本體就沒有了。身體份子的增或減，並不影響身體的存在。這種身體的變為本體的變。生命的變除這種元質本體的變以外，還多有外面附形的變：如高矮、肥瘦、顏色，這些變化頗多，而且不可能持久不變。

質變，普通稱為物體的特性之變，特性普通稱為能，即潛能，也稱為才。元形有特性，元質也有特性。特性，普通稱為附體。特性的變所以稱為質變，為附體的變。但是特性不能稱為物體，乃是元形和元質所有的限制。所有的能，本來是元形或元質的本體，祇是在用時受了限制。凡是人都有智慧，每個人的智慧不同，有的高，有的低，高低即是限制。朱熹以為能或才的限制來自氣的清濁，氣清則才高，氣濁則才低；氣清則善，氣濁則惡。我們認為這種限制來自個性，個性來自造物主。中國傳統稱爲「命」，命，即天命，乃上天的命。因此，所謂質變，是用之變。生命活動時，必動用本體的能。「能」屬於本體，能要被動以成形，才有用；質變爲能的變。能的變，在時間內成就，因爲用是動，物體的動必有先後，先後祇是形，不是體。

但是，如同元質的量變，有本體變和外形變；同樣質變也有本體變和外形變。質變爲特性的變，特性爲「能」或「才」的限制，特性變性使限制變化，這種變化該稱爲本體的變。能或才在用時，外面有表現的形式；這種變，乃是附形變。一個人因求學研究使智慧加高了，在外面行動，便有外形變。

結語

附體，不是物體，乃是物形。每個實體，爲元形元質所成。元質具有由元形而成的本體的形；本體的份子對外有各種關係，各種關係都有自己的「形」，這些「形」爲附形，例如顏色、數量、地位。這些附形顯出了，身體的各種限制，成爲具體的身體。元形具有力常，動對外發生關係，這些關係稱爲特性，普通以特性爲能，稱爲潛能，潛能不是附體，因爲不是體。凡是體都有自己的本體，本體有形有質，潛能沒有質，潛能稱爲特性，是元形對外的關係。例如人，人的元形—靈魂，對外有各種關係，有各種用，因爲人是一種相對體，不是絕對體，絕對體純粹是「行」，是「成」。相對體在「存在」以前，不存在。它的存在，是由能而到成；相對體的「在」，便常是由能到成，這就是生命的第一層變。相對體既已存在，對外便發生關係，這些關係，也是由能到成。普通所說的關係的能，是元形，每一實體的元形，都有對外活動之理，實體活動時，按元形所有的理而動。普通所說的能，就是「理」。元質雖也有它的特性，例如堅軟、辣鹹等等，爲元質對外的關係。對外關係的「理」，由元形而來，例如眼睛能看，口能說話，從人的元形而來。木材有堅有脆，從木材的元形而來。若以特性爲體，以能爲體，附加在本體上，這種附體既不是物，祇可以說是力，普通稱爲能力；然而力乃是創生力，即生命的動。所以我們講生命哲學說特性或潛能，是生命向外的表現；生命是活動，宇宙內「相對體」的活動常有先後，而且又用身體物質作工具，便有形。更具體說：實體的存在是動，是生命；生命動引起變化，使元質所有的限制起變化，即是質的構成份子或增或減，這是量變。又使元形所有的限制起變化，即是元形所造成實體的個性起變化，更聰明、更愚蠢、更暴躁、更溫和，這是質變。量變和質變都不能改變元形，不能改變實體的本體，所以是附加形。

附加形乃是生命的表現，即是生活。一個人的生活，即是量變和質變。生命是活動，宇宙萬物生命的活動，常常引起變。萬物生命的變，總括如下表：

- 萬物生命的變
  - 第一層次變 — 生命本體的變 — 由能到成
  - 第二層次的變
    - 量變（空間）
      - 本體變 — 份子增減
      - 附形變 — 份子彼此關係變
    - 質變（時間） — 附形變 — 元形的限制增減

註釋：

(一) 參考曾仰如，亞里斯多德，東大圖書公司，頁三二一—三二九。

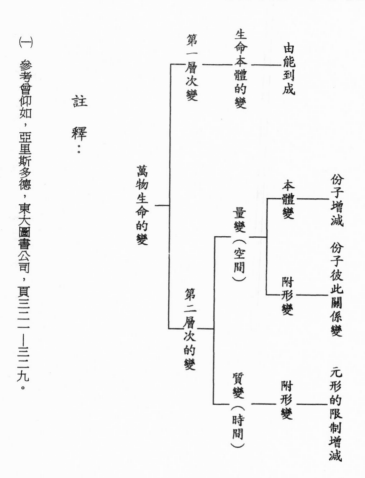

四、生命哲學中單體的成因

生命哲學是一種形上的生命哲學，從本體論研究生命，不是從自然哲學或倫理學去研究。西洋形上學的研究對象為「有」；「有」在亞里斯多德和聖多瑪斯的思想裏，和「在」不相分離。所謂「有」是一實在的「有」；但是西洋形上學後來把「有」和「在」分開，「有」成了一個最普遍的觀念，觀念的解釋，先從定義下手，解釋這個觀念的意義。例如「人」這個觀念，便下一個定義說：人是有理性的動物。定義是從物的性質去說明，對於「有」便也從性質方面去講，因為「有」的性質非常空洞，所以沒有辦法可以講。中國儒家形上學從易經開始，以萬物或萬有為「生」，「生」是動，萬有便都是動，易經乃研究「動」，易經的易就是動。萬有是動，是從「在」去研究，每個「有」都是「在」，每個「在」都是「動」，每個「動」都是「生命」，每個「有」都是「生命」。「生命」乃是儒家形上學的研究對象。

「生命」的「在」是實際的「在」，實際的「在」為一單體，生命哲學的研究對象乃是單體。

對於單體，作哲學的研究，不是去描寫單體，而是對於單體的本體成因和性質作研究，研究的結論可以應用於一切單體。這就是對於「在」作研究，「在」是「動」，生命哲學特別研究「動」；「動」有「變」，「變」而生萬物，萬物爲單體，生命哲學又特別研究單體的成因。

中西哲學對於單體的成因，早已研究過，士林哲學以「元質」爲單體的成因，朱熹以氣爲單體的成因。

一、朱熹的理一而殊

儒家的形上學由易經開始，要到宋朝理學才能成章，朱熹則是集儒家形上學的大成，他創理氣併立說。萬物由理氣而成，理是物類的成因，氣是單體的成因。他標出他的主張爲「理一而殊」，「理一而殊」的來源，出自程頤，程頤答楊時對西銘評論說：

西銘明理一而分殊，墨氏則二本而無分。分殊之弊，私勝而失仁；無分之罪，兼愛而無義。分立而推理一，以止私勝之流，仁之方也；無別而迷兼愛，至於無父之極，義之賊也。子比而同之，過矣，且謂立體而不及用。（伊川文

集卷五答楊時西銘書）

朱熹對「理一分殊」，在紹興二十六年春，一天夜間不能睡，忽想到子夏之門人小子章的灑掃進退小事，覺悟到事有大小，理卻沒有小大，萬物都各有一理之全。紹興二十八年他拜李侗爲師，李侗以存養，到致知，到應事三階段，教他靜坐澄心，體貼人心的天理，以實踐去行「應事灑落」。天理是一，應事是殊。紹興三十年李侗和朱熹就「仁」上對「理一分殊」，結論到『體用兼舉』，隨事以觀理，卽理以應事。在李侗去世以後，朱熹和當時各派學者接觸，他決心反佛反老，對李侗的靜坐懷疑，由湖南湘學張南軒等朋友，使由主靜走向主敬。乾道六年朱熹完成了『太極圖說解』，確立了他的理學體系的三條原則：一、無極太極同一；二、理氣相卽不相離；三、理一分殊，同時地和張南軒、呂祖謙互相討論，最後，朱熹完成了他的思想，「理一分殊具有了四重內在的邏輯層次關係：從道與理的層次關係，看理一分殊首先規定了本體之道（太極之理）與萬物之理的統一關係，卽普遍道與特殊之理的關係，理一分殊也就是道一理殊；從理與氣，道與器的關係層次看，理一分殊也就是道一理殊；從理與氣，道與器的關係層次看，理一分殊又是規定了本體之理與萬物之氣的關係統一系統，理一分殊也就是理一氣殊；從理與事，理與物的關係層次看，理一分殊又是規定了本體之理與萬事萬物的統一關係，理一分殊也就是理一事殊；從體與用，顯與微的關係層次看，理一分殊又規定了一理之體與萬殊之用的統一關係，理一分殊也就是體一用殊。但這一龐大的客觀主義理學體系的邏輯架構卻是在「太極圖說解」和「西銘解」中已奠定了的。……但依舊可以以這兩本書爲標志把乾道九年看成是他的太極理本體論及其理一分殊哲學原則正式確立之年。」(一)

這四層體系：「道一理殊」，「理一氣殊」，「理一事殊」，「體一用殊」，前兩層爲形上本體論層次，後兩層爲形下自然科學層次，我們所要討論的，是形上本體論的理一分殊。問題的焦點在於是理限制氣？氣限制理？朱熹的門生曾經以這個問題問朱熹老師，朱熹答說是氣限制理，所以有單體的氣質之性。門生又問氣本身爲什麼分殊，氣是否受理的限制，朱熹說，這很難說，要門生們自己去體驗。

朱熹的思想，可以在下面分析地說明：

甲、太極，朱熹在「太極圖解」以太極等於無極，無極就是太極。這是爲解釋周敦頤的思想。周敦頤以太極爲宇宙萬物的根由，太極爲一實體；但是他沒有說明太極的性質，後來張載就說爲太和或太虛之氣，即是氣之本體。

朱熹自己主張太極爲「理之極至」，即是一個完全之理。他不主張太極在宇宙以前，爲宇宙萬物的根由；因爲他堅決主張理氣相卽，有理必有氣，有氣必有理，不能有無氣之理，不能有無理之氣；所以太極不是宇宙以前之理，而且也不能有一個宇宙以前的實理。朱熹也說理和氣沒有先後的可言，祇在理論抽象方面說，可以說理在氣先，這種先後是理論的抽象的先後，不是實際的先後。所以說：「宇宙之究竟本根爲一太極，而物物皆稟受此究竟本根以生，故物物各有一太極。」㈡此種說法不清楚，既然承認有理必有氣，便不可以說太極爲宇宙萬物的本根。若說「南宋朱熹是理學的集大成者。在太極說上，他從根本路線上繼承了周敦頤、邵雍的思想……他站在理一元論基礎上，把太極解爲理。」㈢認爲朱熹主張太極爲萬物之根，理生氣，太極之理爲一實體。這種解釋是錯解了朱熹的思想。

朱熹主張太極爲理之極至，爲一完全之理，太極之理卽天地之理，故說天地有一太極。同時天地也有天地之氣，萬物得天地之理和大地之氣以生；故說萬物各有一太極，卽各有各物的完全之理，所以太極之理不是一實際之理，獨立在宇宙萬物以前，朱熹對於太極並不繼承周邵的思想。

天地之間，理一而殊。天地只有一理，卽天地自己的理，這理是完全的，也包含宇宙萬物的理。萬物分有天地之理，他生各種物體。找着各種物體的理，各種物體分有天地之氣，乃成爲各種物體；例如人、牛、馬、樹、鳥、魚……等等。天地間理一而殊，天地之理一，各種物體的理殊。這種分殊是物類的分殊。朱熹說人得理之全，物得理之偏。人得天地全部的理，物得天地的部分之理。天地之理分於物體之中，構成物的種類，理一而殊的關係，是理限制氣；人有人之理，乃有合於人之理的氣；犬有犬之理，乃有合於犬之理的氣。物體種類之理，來自天地之理，物體種類之理互不相同，這種差別由何而來？中庸說「天命之謂性」，性即物種之理，物種之理的差別，即是限制，來自天命。

乙、天地間的萬物都是實際的單體，例如人，是每一個單體的人，單體的人彼此有差別，這種差別由何而來？這就是單體的成因。朱熹說單體的成因是氣，因爲氣有清濁，每個人所禀天地之氣有清濁不同，每個人乃有「氣質之性」。「氣質之性」因氣的清濁不同，每個人所以互有差別。朱熹以「氣質之性」解釋人性的善惡；實際上則並沒有解決性的善惡難題。現在單就理一而殊去講，朱熹以單體的成因，在於氣的清濁限制了理，人的理是同類的一理，因每人的氣之清濁有差別，每個人乃互有差別。

朱熹的解釋有三點疑難：第一、氣在單體有差別，在類別的物種也有差別，人之氣清於犬之氣。爲什麼種的差別是理限制氣，單體的差別是氣限制理？朱熹可以說因爲種的差別是性理的差別，在理論上理先於氣，所以理限制了氣。單體的差別，是實際上的差別，實際上的一切來自氣，所以單體的差別由氣限制理而來。

第二、性是理，氣是形，單體之性稱爲氣質之性，是氣滲入了理。這一點從理學家講性來說，有些不對，昔是物種之理，在理論上說先於氣；單體的理，在理論上說更是先於氣，因爲在理論上說應該先有人之理，然後才有這個人的氣，因此氣限制理的理論並不能成立。

第三、單體的氣有差別，這種差別由何而來？物種之理的差別來自天命，單體的氣的差別是否也要說來自天命？如果來自天命，則應該說『天命之謂性』，即是單體的個性，即單體個性之理由天所定，天所定個性之理限制了氣，才有實際的單體。

這樣單體的成因，是天所定個性之理，即中國傳統文化中所謂的「命」，由個性限制氣，單體的氣也互有差別。但單體的差別還是「理一而殊」，類之理爲一，單體之理爲殊，而不是朱熹的類之理爲一，單體的殊爲氣，那就變爲理一氣殊了。

王船山曾經說：『命日降而性日生』，性因天命而成，物體因性而成。單體的限制是在於情命之理。

理一而殊之理爲生生之理，即生命之理。生命之理在理論方面說是一、在實際上則分殊；因爲生命有高低的程度，程度的實體成因爲氣的清濁，氣的清濁是由單體的理予以限制。因此，理一而殊是抽象之理爲一、實際之理爲殊。朱熹對於人性未來也說抽象的人性，即未然之性爲一，單體的性，即氣質之性爲殊。但是他以氣質是性的限制，來自氣，門生問他：氣怎麼受限制呢？他便無法作答了。

二、士林哲學的量印元質 Materia Signata

關於單體成因問題，曾仰如神父教授在所著「十大哲學問題之探微」，作了詳細的討論。㈣很可以供大家參考。

希臘哲學家柏拉圖主張觀念世界獨立存在，觀念爲元形(Forma)，每個元形觀念祇有一個，獨立在觀念世界裏。觀念世界的觀念由宇宙世界的物體所分享，分享一個觀念的物體爲同種類的物體，具有同一元形的觀念，但由物體的身體不同，分享元形觀念的程度不同，乃造成一種類中的單體。

亞里斯多德改正柏拉圖的主張，創造了元形 Forma，元質 Materia，主張萬物的物性由元形元質而成。元形本體不受限制，而因和元質結成單物體的性，乃有限制而變成多。單體性的成因是元質。不含元質的單體，即精神體，單體的成因是元形的單純性(Simplicitas)。

中世紀亞拉伯哲學家亞維采納 Avicenna (980-1037) 接納亞里斯多德的主張，且加以說明，認爲元質所以成爲單體性成因，是因爲元質已經有量的印鑑或標明，成爲量印的元質 (Materia Signata)。他認爲元形和元質構成物性，物性是種類的，不是個別的。個別的成因不能來自物性本體，而必來自附體，量是附體，元質附上量的限制，物性乃成爲單體性。

聖多瑪斯採納了亞里斯多德和亞維采納的主張，以元質爲單體性的成因。他說：「元形成爲單體的，乃因看元質，藉之，元形才成爲這特殊的元形。」(Individuatio Formae ert ex materia, per auam Forma contachitur ad deteruninatum) 中世紀的哲學家繼續討論這個問題，培根 (Roger Baron) 主張單體成因不能在物體內尋到，只能歸源於造物主，因爲在已成的共相上，宇宙內沒有任何力量或物體可以加上個別性而使成單體。

士林哲學的方濟會學派，另有主張，聖文都拉（S. Bonaventura 1229-1274）否定元質是單體的成因，因爲元質在各物體中是共同的，不能帶有分別，只是元形和元質結成物性，物性和存在結合爲一實際的具體物體，在一定的空間和時間內，乃成一個別單體。從這方面說，才可以說單體由元質而來。他說：「但是你若追問到底最重要的因由從何而來？便該當說單體是這個物體。若這種事實最重要的因由來自元質，因着元質，元形有自己的位置在空間以內。一個物體來自元形，這一個物體來自元質。」（Si tamem quaeras a quo veniat principaliter, dicendum ert quod indiuiduum ert hoc aliquid, Quod sit hoc principalius habet a materia, ratione cujus Forma habet positionem in loco et tempore, quod sit aliquid a forma）。㈤

思高圖（Duns Scotus. 1266-1308）主張單個性的因由應該是實際的物（Entitas positwo），應該在單體的物性內，不能是附體。一個種的物體成爲多類物體，類性的因由是實際物，加在種性上，構成類性，例如人是動物的一類，人的類性因由爲「理性」，人是理性動物。同樣單體性因由也應該是實際，由這實際的因由，和類性相接合，乃有一單體性。（Haecceiras），但是他沒有進一步去解釋，究竟有何種結合的程序。

士林哲學聖多瑪斯學派的學者，在註解聖多瑪斯著作時，對單體性成因也各作了註解。

問題的焦點都在「量印元質」(Materia Signata) 上。費拉連 (Franciscus Fernarienses 1474-1528) 解釋「量印元質」是實際上已受限定而有時空限度的元質。嘉耶當 (Thomas Cajetanus 1469-1534) 解釋「量印元質」爲處於能在此分量勝於彼分量之限定狀態中的元質。若望多瑪斯(Johannes de S. Thomas.) 解釋「量印元質」爲元質對於分量的傾向,元質自己傾向元形又傾向於分量,元質和元形結合成一實際物體時,元質對分量的傾向乃實現於有限定的時空內,因而限定了元形。

對於士林哲學的這派主張,根本問題是在元質上,元質 (Materia Prima) 沒有任何的限定,也不能有任何的限定,怎麼能夠在和元形結合以前有量的印鑑,即是有量的限制?雖然元質自己是有量的,這種量是不定的,只是一種本性。在和元形結合成一單體時,元形怎麼能夠得到特別的量,而限制元形?

量,爲一物性,爲一附件;單體性則不是附體性,乃是這個物體的成因;物體的成因,不能由附體構成。雖然一個人和另一個人的分別,普通常是用量去表達,例如身體的形態,智慧的高低,情感的強弱,天才的多少。但是這些在外面的表達並不構成每個人的單體性在外面的表現,可以說是「用」,它有它的「體」。

即使說元質自身有量,量是不定的,在和元形結合時不能限制元形。若說在「性」和「在」相結合以構成實際的單體物時,元質的量已成爲限定的量,可以限制元形;但是在「性」

和「在」結合時，元質和元形已先結合，最少在理論上說，元質後來的量的限定，怎麼去限制元形呢？

元形是主動的，元質是被動的，元形限制元質，不是元質限制元形。

再者，聖多瑪斯主張不帶元質的實體，卽精神實體，只有元形，不能有類中的單體，元形的類性，精神體只有類沒有單體，也就是說類就是單體，單體就是類。所以天使只有類，每一個天使就是一類。這種講法，從我們人的想法去想，想不通，我們很難想無數的天使是無數的類，至少天使都是有限的精神體。天使精神體的元形是有限的，不是無限的，天使精神體的限制由何而來？每個天使雖說是一類，但這一類是一實際體，不是抽象的性，實際體常是一個；就是天主也是一個。天主是因祂的「有」而爲一個天主，因爲天主的「有」是絕對的，絕對的性只有一個，天主乃是一個，天主因自己而爲一個。天使的「有」是有限的，天使「有」的限制來自何因？天使「有」的限制，應來自天使的性，天使的性爲有限的精神體之性，「性」在「在」相結合，成一個天使。天使的「在」，爲有限的「在」，和「性」相符合。

方濟會派哲學家的主張，含有頗好的理由，但是沒有詳細的說明，沒有系統的陳述。他們主張單體性的因由應是實際體，應當進入單體物的物性內。這種主張更有道理。

三、生命哲學的單體性成因

(1) 單體成因的問題，第一是一和多的問題。在生命哲學續編第二章一的根基，討論實體的一，來自「在」，「在」是創生力，力使實體各份子合而為一，又維持這個結合的一。這個一的根基是從實際的實體去講，不是從理論方面去講，從理論方面去講，則要討論實體的一，是因為物性，還是因為「在」？士林哲學就是從這方面講：多瑪斯學派從物性，方濟會哲派從存在去研究單體性來源。

實體由「性」和「在」而成，「性」由元形或由元形和元質相結合而成。「性」在哲學上代表種類，有共同性是共相，所以說「性」不能是單體性的因由。這一點可以說是西方哲學的共識。但是我們加以深入研究，實際情形並不是這樣。「性」，為一種一類的性，乃是一共相觀念，在人心靈上有一種「意向的實有」(Intential reality) 然而不是實體的存有，只是在柏拉圖的觀念世界裏才視為實體的存有。這種意向的實有之性，由理智從感覺印象內抽出，為一種抽象性的觀念。抽象性的觀念，只能在理論上可以講，在實際的實體中並不實際存在。例如人性。共相的人性只存在人腦中，在客體的人中有確實的根據，每個人都有人性。但每個人的人性，除共相的人性外，還有每個人的個性，即是說每個人的人性，是實際的單體人性。

單體人性怎麼成的？每個人都是天主造的，每個人的靈魂直接來自天主，靈魂是人的元形，人的元形直接來自天主。天主造每個人的靈魂，即每個人的元形，不是造一個抽象共相的靈魂，而是造這個人的實際具體的靈魂，是一個有限定的靈魂，即是一個已有限定的元形，不是抽象的共相元形。這個元形和元質相結合成這個人的具體人性，即這個人的個性。個性不是由於元質限定了元形，而是已經由造物主限定的元形，而限定元質，若說元形不能限制元質，元形是「行」(actu)，元質是「能」(aotentia)，「行」在自己的本性是全的，「行」的限制來自「能」。這種理論並不完全正確，因爲精神體的性，例如天使的性，並不是無限制的，否則天使成爲絕對體了！天使的性的限制不來自元質，因爲天使沒有元質，天使性的限制來自造物主，造物主造天使的性是造一個實際有限的性。因此每個人的元形，不能是一個沒有限制的性。若說人性的限制，是類的限制，類的限制怎麼來？應該說是天主所造。但是實際上沒有只是類的實體，所以天主實際上沒有造只有類的物，類性的觀念也不存在天主內；天主按照自己的理念造物，所造物都是實際的具體物，在天主內的理念便是每一物體的單體性。一個不實際存在的類性，可以限制原質而成類性，例如人是有理性的動物，動物有元質，有理性的元形限制了動物的元質，成爲有理性動物的人類，那麼爲何說元形不能限制元質呢？這一套理論都是抽象的理論，應用到實體上就產生矛盾。

單體性的成因，是單體的元形，元形受造時已有限定，不是一個抽象的空泛觀念。已經限定的元形，限定元質，乃成一實際限定的單體性。

⑵ 元質在單體性內有何作用？元質若不限制元形，元質在單體性的構成，有什麼作用？或者說有什麼意義？

元質是物質性的，本質帶有量，量有多少，有大小，有分別。元質對於單體性，結成單體性的物質體，例如結成人的身體，身體配合靈魂，使靈魂在物質界能有行動。元質本質帶有量性，元質與元形結合時，元質的量性受元形的限定，成爲限定的量，元質限定的量也就作爲元形行政的範圍。例如每個人有自己的身體，身體的官能都有限制，眼睛、耳朵、腦神經，在每個人的身體裏都有強弱、高下的不同。靈魂在物質世界動作，就受這些官能的限制。這些官能的限制，對靈魂說，不是牠們限制了靈魂本體，而是限制靈魂的用。靈魂本體的限制，即元形的限制，來自造物主。每個人的靈魂，不是空泛的人性，具有人的一切本能，沒有限制，在和元質結合時，才受元質的限制。每一個人的智慧和天才，各不相同，這種不同不是因爲各人的身體所有神經不同，而是因爲各人的靈魂在受造時，由造物主賦予的不同。普通我們都說一個人的智慧天才來自上天，稱爲命，孟子也稱爲性。

沒有元質的精神體，一切動作都屬精神動作，動作的限制範圍，就是元形本體所有的限制。精神體的元形所有限制由造物主所定。

⑶ 元形和元質的結合，由創生力而結合，由創生力而結合，創生力爲「存在」，元形

和元質因「在」而結成一實體，實體爲一活體。實體的「在」爲生命。

實體的成因，不是一個類的元形，例如人性，被投入具有「量印元質」，被塑成一個單體的實體。也不是先有一個類性的元形，例如人性，然後有每個單體分享類性元形，分享的比量不同，單體就因此不同。實體的成，或由創生力從創造力直接取得天主所創造的一個人已有限定的元形——靈魂，或由創生力從宇宙一類物體中取得按照造主物意向而有限定的元形，使和宇宙物質中和元形相符的元質相結合。創生力結成實體，創生力又保持實體。創生力爲實體的「在」，卽實體的生命。實體爲單體，單體性在生命裏表現出來。

現在士林哲學常講類性的分享，我並不是反對或否定這種分享。不過我對於類性分享有兩點要說明：第一、類性分享只是抽象的理論問題，例如說每個人的個性是分享人性而成，這種講法，是柏拉圖的講法。實際上沒有一個獨立存在的類性，實際上便沒有分享可講。第二、所謂分享，在理論上可以說世界上沒有一個表現完全人性的人，每個人都只表現人性或多或少，因此我們說理想的完人只有一個。但是在實際上每個人的單體性是獨立的，是天主個別所造的。當然天主造每個人時，天主以人的共同點作單體性的基礎，然而不能說天主先造了人性觀念，然後按人性觀念去分配給每個人分享多少。天主沒有造一個理想的人，按照理想的人去造實體的人，天主是按自己的肖像造了人，使人分享祂的神性生命；生命是實際的，不是理論，分享天主的生命，不是分享天主的元形，而是分享天主的存在。

單體性的成因，是由造物主所限定的元形所成。沒有元質的精神體，元形限制自己；有元質的實體，已限定的元形，限制元質。元形和元質由創生力使之結合而成實體，實體表現自己的單體性而表現生命。

註釋：

㈠ 東景南　朱子大傳、頁二八四，福建教育出版社。
㈡ 張岱年　中國哲學大綱、頁一二四，藍燈文化公司出版。
㈢ 葛榮晉　中國哲學範疇導論、頁六六，萬卷樓圖書公司。
㈣ 曾仰如　十大哲學問題之探微，輔仁大學出版社、參、個體性的基本因素（原理）（De Principio individuationis）（The principle of individuation）頁一一七—一五一。
㈤ S. Bonaventura, II Srnt. d. 3. p. 1. a. 2. q. 3.

五、生命哲學的認識論

一、新士林哲學的認識論

在生命哲學的續編裏，我曾經寫了一篇圓滿的認識論，提出兩點主張：第一，認識的主體和實體，彼此相連相通，沒有過不了的鴻溝；第二，心靈爲一明鏡。近來對於這種認識問題，我常加思索，又重新閱讀馬里旦教授的著作，自己有些新的見解，對那篇圓滿的認識論再加補充，在認識過程方面，解析更清楚。

馬里旦的認識梯次（Les degrés du Savair），收在他的全書第四册。認識梯次共有九章和八篇附錄，深入地討論了認識論的各方面問題。問題的中心是第三章評判的實在論（Le Realisme critique），馬氏主張評判的實在論是士林哲學的認識論，代表聖多瑪斯的思想。馬氏在這一章的第三段認識論（De la connaissance elle-meme），簡單而深入地總括認識的內容，列爲七點。

1.在認識和非物質性（immaterialite）之間，有很嚴密的互相應合，因爲一個存有要是非物質的，才被認識。

2.認識是成爲自己的另外一個存有（fieri aliud a re）。認識的主體超於物質以上，主體和被認識的物體互相結合。

3.認識爲一種認識工作，好似存有和物性。認識工作不是製造什麼事物，也不是接受什麼事物，而是一種存在（exister），一種更好的存在，超越實際事物的限制。

4.認識的動作，和我們週遭的動作都不相同，不能列在亞里斯多德的動或被動的範疇裏。感覺認識動作是製造感覺印象，理性認識製造觀念，但是這種內在的製造，並不是認識動作所造，而是認識所必須有的條件和工具，又是認識動作的表現。

5.因此，除絕對自有體天主以外，對於有限的相對體之認識，應該加入一個另外的存在，即是意向的存在，（esse intentionale），和物體的本身存在不同。被認識者存在認識者以內，認識者和被認識者合而爲一。這種合一的存在，爲非物質性的，意向性的。這種存在不是由無而生一個新的有，而是一種意向的有（ētre intentionel），被認識者存在認識者的心靈內，認識的心靈變成了被認識者。按照意向性存在(secundum esse intentionale)兩者都放棄了原來存在的特性，成爲非物質性，無限制性的存在。

6.兩者結合的媒體爲非物質性的形態（species），形態不是外物的構形，不是外物的替身，而是心靈的一種內在限定（determinative interne）。感官由外物得一印象，印象相似一顆種子，留在心靈中，心靈的理智主動力從印象裏抽出外物的理，成一非物質性的觀念，在理智主動力動作時，認識者的心靈接受觀念的限制，心靈得一意向性存在，就是理智認識。認識爲一意向性存在，認識者和被認識者合而爲一，同有一種存在。

7. 認識作用的所思，有兩種功能：第一是認識者心靈的限制，有如一個模型限制一種作品，但不是認識本身；第二，在認識者心靈內，這種模型代替被認識的物體，然而超於物體的本身存在，爲非物質性，使被認識者在認識者心靈以內，兩者相結合而構成一種意向的存在。

最重要的一點，馬氏在這一章的第一第二段裏，特別說明外面的物體是認識的質料對象（l'object material），外面物體的「理」則是認識的正式對象（l'object formal）。認識的正式對象進入認識者的心靈，成爲形態的觀念，這種對象，這種對象不能和外物分開，它就是認識中的外物。假若把這種對象和外物分開，則外物不能進入認識者的心靈，不和認識者合而爲一，不同有一個意向性存在，則認識論或者是唯物論，或者是唯心論。

他也反對笛卡爾和胡賽爾，認爲他們都是走入唯心的迷魂陣，他反對康德，因爲康德的純理性批評不是外物的形態限制心靈，而是心靈以先天的形態限制了外物。士林哲學的評判實在論，則是心靈與外物合一，使認識成爲一種存在，這種存在爲實有的存在，不是心靈本有的存在，又不是外物本有的存在，而是一種第三者存在：一種意向的存在。這種意向的存在就是認識，也就是理智正在認識，又是外物正在被認識，兩者結合一起。對於外物要分析兩種性向：一種是外物現有的存在，即是它本有的存在；一種是作爲認識的對象，呈現在理智面前。這種認識對象爲認識的正式對象，要進入認識者的心靈。因此，外物的兩種性向不能分離，認識對象就是被認識的外物，只是存在的性質不同。聖多瑪斯曾經說過，我們所認識的外物，例如「人」，在我們的心靈內存在，在外面的物體內存在，但是兩方面存在的性質不相同。聖多瑪斯也曾說：眞是兩方面存在的互相符合：「眞，跟着物的存在。」(verm sequitur esse rerum)。(一) 物有性理，(quidditas) 有存在，(esse)，眞，更是跟隨存在，而不是跟隨物理。

西洋認識論爭論的焦點，就在於被認識的外物，怎麼能進入認識者的心靈內，越過客體和主體間的鴻溝，進入主體心靈的對象是否眞是外物，而不只是一種作替身的印象？唯物論否認外物可進入認識主體的心靈內，所有認識只是感覺的認識。唯心論肯定外物進入主體心靈內，但只是心靈所作的一種替身觀念。因此彼此爭論不休。

二、中國哲學的認識論

當前，中國哲學者常諷刺西洋哲學者自造困擾，把認識工作分成主體客體，在兩者中造一鴻溝，大家爭論怎麼跨過這道鴻溝，中國哲學的認識論不分主客，一切都在主體內，沒有跨過鴻溝的問題。

事實眞是這樣，但是兩種哲學的認識論所有對象不相同，西洋哲學所要認識的萬物的理，中國哲學所要認識的是人生之道。萬物的理當然在外物以內，不在認識者主體的心內，便當然分主客體。人生之道則是性，中庸第一章說：「率性之謂道」，人性是在人心以內，當然沒有主體客體的分別。

儒家的認識論，中心是在一個「明」字。在書經的「舜典」裏，就「克明峻德」；「康誥」有：「克明德」；「梓材」有「先王既勤力明德。」「召誥」有「保受王威命明德。」「君奭」有：「弗克往歷嗣前人恭明德」。「文侯之命」有「克愼明德。」從這個傳統留下來的「明德」，大學乃有『大學之道，在明明德。』

屈萬里的尙書釋義，對於「舜典」的「克明峻德」，沒有解釋。對於「康誥」的「克明德」解釋爲：「按：德，惠也。明德，謂惠於人公明也。」對於「召誥」的「保受王威命明德」解釋爲：「明德，昭明之德也。」對「君奭」的「弗克往歷嗣前人恭明德。」解釋爲「言不能長久繼承前人恭明之德也。」對其他各篇的「明德」沒有加解釋，以爲意義很明白，不必要注解。屈萬里的解釋有兩種意義：一、德，恩惠；明德，恩惠公明。二、德，善德，明德，昭明之德。

大學的「明明德」，朱熹的四書集注解釋說：「明，明之也。明德者，人之所得乎天，而虛靈不昧，以具眾理而應萬事者也。但爲氣稟所拘，人欲所蔽，則有時而昏；然其本體之明，則有未嘗息者，故學者當因其所發而遂明之，以復其初也。」

書經的「明德」，意義當如屈萬里所說「昭明之德」，即是人君的明顯善德，爲外面行爲所表現的德行。大學的「明德」，則如朱熹所說：人心的天理，即是中庸所說的「天命之謂性。」

中庸講人性，卻沒有講人心；講人心顯現人性的，是孟子。孟子所講人心和人性的關係，是以人性爲善德的根本，這種根本由人心而顯，所以說人心有仁義禮智之端。孟子主張養心或養性，以培植善德，有如培植草木和穀麥，舉牛山濯濯和揠苗助長作例。養心或養性在於克慾，因爲慾情妨礙善德的成長。宋朝理學以人性爲天理，即人生之道，理由人心而顯，因此，理、性、心的意義相同。陸象山且以「心外無理」，反觀自心就知天理，王陽明認爲孟子的心學淹沒了幾百年，到象山才能有繼承的人，王陽明自己則認爲是陸象山的繼承人，傳承了孟子的心學。實際上孟子的心學是培植心的仁義禮智之端，而不是求知天理。求知天理乃是宋朝理學的問題。

大學講明明德，爲明明德則有正心誠意致知格物的步驟和方法。中庸講率性，率性爲誠，誠爲明。中庸說：「誠者，天之道也；誠之者，人之道也。」（第二十章）「自誠明，謂之性；自明誠，謂之教；誠則明矣，明則誠矣。」（第二十一章）人性爲自誠，爲天道，所以爲明，自己顯明自己。但因爲人心有慾情，慾情能夠掩蔽人性，所以要人克除私慾，使人性顯明，「自明誠，謂之教。」也就是「大學之道，在明明德。」中庸和大學所講的人性和率性，都和孟子的人性善，以及養心養性，在意義上相同。但大學對於致知格物的解釋，遭遺失了，朱熹作注時自己補注了一篇：「嘗竊取程子之意，以補之，曰：所謂致知在格物者，言欲致吾之知，在卽物而窮其理也。蓋人心之靈，莫不有知，而天下之物，莫不有理，惟於理有未窮，故其知有不盡也。是以大學始教，必使學者卽凡天下之物，莫不因已知之理而益窮之，以求至乎其極。至於用力久，而一旦豁然貫通焉。則衆物之表裏精粗無不到，而吾心之全體大用無不明矣。此謂物格，此謂知之至也。」

這一篇補注，就是朱熹的認識論，開啓了和陸象山的爭端。就朱熹的補注，我們應注意以下幾點：一、心靈有知，卽是說心有能力可以認識事物。二，心靈所認識的是事物之理。三，認識事物之理的知識，可以使人心之全體大用無不明矣。四，窮究事物之理，用力久了，可以一旦豁然貫通。五，因已知之理求未知之理。從上面五點去看，朱熹所講的外物之理，「天下之物，莫不有理。」不是外物的本性的物理，如現代物理學和生物學所研究的物理，卽自然科學所研究的物理，而是外物在行動上和人的生活之關係，這種物理的知識，可以使人心之全體大用無所不明。所謂「吾心之全體大用」，應該指着人心應對一切事物之道，和人心善德的化育，這一切都關係人生之道。外物對我們人生之道，是關於人心的天理，兩者間要能相合。對於宇宙萬物之理，朱熹繼承二程的思想，主張「一理而殊」，宇宙萬物生命之理，爲同一之理，但因所稟的氣有淸濁不同乃有分別。因此，在研究萬物之理的時候，從每種物體的不同之氣以求同一之理，所求的理必和人心之理相同。這樣去研究，「至於用力之久，而一旦豁然貫道。」一旦豁然貫通了，則「吾心之全體大用無所不明矣。」在這種研究工作裏，雖然有外物和人心，卻不形成主體和客體的分別，因爲外物之理，也在我心理。既然在心裏，又何必去研究外物？陸象山主張不必去研究外物，只要反觀自心就夠了。朱熹主張研究外物，因爲每一物的氣不同，實際上每個物體就不相同，每個物體和我心的關係在抽象的天理上都是一樣，但在實際上的上行動就不相同。例如孝道，子女該孝敬父母，在理論上常是一樣，在事實上怎樣去做孝敬父母的事，符合現實的環境，便事事不相同了。因此對於外物之理，也該當研究。

朱熹所主張的卽物窮理，不是自然科學的物理，而是萬物對於「人生之道」的關係。王陽明曾經以爲朱熹主張研究自然科學的物理，便去剖竹以求知竹的物理，剖了又剖，幾乎到了神經分裂的程度，仍舊對竹的物理一無所知了，乃捨棄這種窮理的工作，轉向陸象山的反觀自心，以心爲理，心理的知爲良知，致良知，便是大學的致知。

孔子講求學，求學以知人生之道。人生之道在於率性，性在人心，自然顯明，但人心有慾，慾能掩蔽人性，大學乃講「明明德」，克慾以養性養心。這樣，修身克慾成了認識論的一部份，即是中庸的「自明誠」。儒家的認識論以人性天理爲認識的對象，人性天理在於人心，人心虛靈自然顯明人性天理。聖人的心沒有私慾，自然知道天理，乃是中庸的「誠者，天之道也。」也是孔子所說：「生而知之。」普通的人常有私慾，爲求知天理，一方面克除私慾使自心的天理同能夠顯明，一方面研究外物之理，外物之理和人心天理同一理，能夠使人反省自心之理。這就是儒家的認識論。

關於道家的認識論，我在「一個圓滿的認識論」裏，曾經說過莊子的認識論。莊子的養生，重在一個「通」字。這個通字，也是莊子認識論的重點。莊子主張宇宙萬物由氣而成，天地之氣貫通萬物。人的知識應該是由氣的相通而有直接的直見，通爲氣知，通爲大知，理性的知，稱爲小知，由理智去測知物理，乃是片面之知，又是不實的知，如同一羣瞎子去摸象，各說各人的感觸，各人不同，卻都不錯，沒有是非。

佛教的認識論，不是唯識論，而是「明心見性」。佛教所要認識的是佛，佛在各人心中，稱爲佛性，爲各人的眞我。人要排除人心的一切雜念雜知識，人心空靈，佛性乃明白顯出，人便在自心見到佛性。

三、生命哲學的認識論

生命的哲學以生命爲中心，人的活動也是生命。認識爲人的活動，認識便也以生命爲根基。人的生命爲心物合一的生命，人的認識便是心物合一的活動。

1. 人的認識活動，不限於認識人生之道，也該擴展到自然科學的物體，還又發展到形上學物體的本體。人生之道，乃是人知識的中心；因爲人生就是人的生活，生活爲生命的活動，生命爲人的存在，人對於自己存在之道，當然要知道；而且人的一切活動都是以存在爲根本，和存在都有關係；人是爲自己的生存而活動，一切活動爲發展自己的生存。

西洋哲學不講人生之道，不是不重視，而是因爲把人生之道由宗教去講。西洋各國多信天主教，後來有幾乎三分之一改信基督教。但是天主教和基督教都以信仰規範人民的生活，傳統上都是政教不分，到了當代公共生活才脫離宗教範圍；因此，西洋人的生活之道，歷來由宗教去講。西洋人家庭的小孩，都要到教堂學習教義和倫理，到目前仍沒有變。小孩所學的倫理知識雖不一定都發生效力，然而社會上一般民眾心理裏，能夠造成是非的共識；尤其對於老年人，可以再回到心頭。中國歷代家庭注重倫理教育，私塾老師必定講解四書的人生之道。目前家庭既缺乏家教，學校又因聯招升學壓力，疏忽生活教育，因此必須重新提倡家庭和學校的倫理教育。當代學校的教育，已經全部教授科學的知識，全部授受歐美的學校制度，今天求學絕對不是學習人生之道，而是學習自然界物體的理。儒家的認識論必定要加擴充。儒家認識論的目的，爲求生命的發展，則仍舊保全；人生之道固然是爲發展生命，自然科學的知識也直接都有助於發展人的生命。形上學則是人生之道和自然科學的原則，也是應用的原理。目前，中國哲學研究的方向，也和傳統的哲學不同，已經走向西洋哲學的路線，追求實現眞理，不是追求人生之道。

2.研究各種學術的方法不同。歐洲近兩百年來，因自然科學發達，自然科學的研究方法被推爲一切學術的研究方法，傳統形上學幾乎被全部推翻。最近半世紀，形上哲學逐漸恢復固有的地位，但研究的方法則大有改變，接受了自然科學注意實體的趨勢。在傳統上，哲學只研究共同的觀念和共同的原理，自然科學研究具體的單獨實體。本世紀的歐美哲學則注意具體的事物，存在論研究具體存在的「我」，懷德黑研究實際的事體（actual reality），還有學派研究人生活的實際經驗或實際的人稱。

中國哲學在宋朝時，朱熹和陸象山的爭論，就是哲學研究方法的問題。西洋傳統哲學所處的境界，也就是理論的境界。陸象山所主張的研究方法是處在內在心理的境界，也就是理論的境界；朱熹主張的研究方法是兼顧理論與實際，他主張理氣並重，理爲理論界，氣爲實際界。但是哲學注重實際和自然科學注重實際，只在「質料對象」上相同，在「形式對象」上則不相同。哲學注重實際，是從實際具體的存在，研究具體存在的理。自然科學研究實際事物，是就實際事物研究實際事物。

3.研究人生之道，是反觀自己的人心。人生之道的原則由造物主刻在人性上，人性由心而顯，人心虛靈而明，人反觀自心，便能認識人生之道。中國哲學常講這種方法。陸象山且主張心就是理，「心外無理」。王陽明更主張良知就是心，良知就是理。聖奧斯定曾經主張事物的原理，都由造物主放在人心內，人見到外面的事物，引發心中所有的原理，因而認識外面事物。聖奧斯定的思想，有似先天觀念論，如同柏拉圖所說人的靈魂先天認識所有觀念，靈魂和身體結合後，和外面事物接觸，引發靈魂先天的認識。聖奧斯定不接受柏拉圖的觀念獨立存在論，而以觀念為天主造物時的理念，天主造人時，把這些理念授給人，人先天具有這些理念。聖多瑪斯不接納聖奧斯定的主張，認為觀念是人的知識，由人的認識動作所造。但是就人生之道一方面講，人生之道的原則是先天的知識，藏在人心，稱為「人性律」，自然顯明；大學稱為「明德」。但是慾情能夠加以掩蔽，人需要克慾；大學稱為「明明德」。儒家的「明」和莊子的「通」，都指着克慾。西洋哲學也講良心，良心有良知，自然認識先天的倫理原則；這一點和儒家哲學一樣。

生命哲學對於人生之道，主張為認識的第一對象。人生之道為生命發展之道，人的生命雖是心物合一的生命，然而以心靈生命為最高，也是人的生命的基本。心靈生命能有合理的發展，人心舒暢，生命才能有快樂。心靈生命的原則，心靈先天具有；心靈虛靈，先天原則自然顯明，心靈虛靈又能知，必定可以直接認知心靈生命之道。

宇宙萬物的生命，互相關連。人的生命爲心物生命，心與物的關係，除生理方面的關係，不在人的意識內，心靈直接不可以體驗，其他在理智和情感方面的生命，心靈可以直接體驗，再還可以加以反省。外面事物在生命上和人生命的關係，除生理生活外，心靈也可以直接體驗。這是莊子所說的「通」，但不是「氣通」，而是創生力的相通。中國詩人文人，在所作的詩中和文中，自身的感情和自然界物體相通，例如『感時花濺淚，恨別鳥驚心。』中國的傳統藝術常注重這種相通，認爲藝術品應具有生氣，不宜呆板堆砌。莊子曾講「天樂」和「人樂」，「天樂」爲自然界的歌曲，人心可體驗。儒家也講「天樂」，爲自然界的和諧。易經所以講時位的中正，孔子乃講「中庸」，以求人的生命和宇宙萬物的生命之平衡，使宇宙成一和諧的整體。

4.理智的認識，爲心物合一的認識，不是直接的認知，而是經過感覺的抽象工作，構成觀念。觀念就是認知的事物，在人的心靈內，和理智構成一種意向的存在。

宇宙的事物，除人以外，都是物質物。物質物的每一個物體有自己構成存在的理，這種存在之理在每一個物體中自然顯露，好比一個桌子，它存在之理，自然顯露於構造中。又好比一幅畫或一座雕刻，畫和刻像的意義，自然顯露在畫中和雕刻中。人造的事物是這樣，自然界由造物主所造的物體也是這樣。當然，有的物體的理很單純，有的很複雜，例如現在的新派畫，不容易看出畫的意義。物體的理，爲存在之理；存在是理，物體有動之理。士林哲學有句俗語：「Ratio essendi est ratio operandi，存在之理卽動作之理。」動的存在卽是生命，動作卽是生命，動作卽是生活，生活必定以生命爲動作之理。因此，說人是理性的動物，就是由動作去界說人之爲人之理。中國哲學乃常說：『體用合一』。『體用合一』，在認識方面是正確的，在本體論方面則不對；因爲本體上，體是體，用是用，兩者不同；在實際上，兩者不能分。

宇宙間每一物體的理，自然顯露在自己的構造中和動作中。物體的構成分子爲物質，物體的動作也是物質性，爲認識這些物體，須用感官，感官對物體的構成分子或動作活動取得印象。印象中的這些物質或動作，例如顏色，聲音，不是普通的顏色或聲音，而是這個物體或這個動作的構成素，受這個物體或動作的構成之理所加的限制，限制之理卽是物體構成之理。因此，這些感覺印有物質之象帶有物質之理，感覺印象進入心靈中，心靈的理智主動地認識印象所含的物體之理，理智主動認識印象中之理，理智和印象中之理結合爲一，構成觀念，觀念不是由印象中抽出，和外物相分離，按照柏拉圖所說，和觀念世界的模型觀念相結合，成爲一種不實在的代表記號；而是理智和印象中之理結合成一實際的存有；這種存有就是客體外物，和理智認識力結成的「意向存在」，稱爲觀念。

客體外物怎麼能夠進入人的心靈？近幾世紀歐美哲學繼續在討論這個問題。

人是心物合一的一個整體，物有心靈，有身體。身體對外的動作，動用五官，五官動作經過心靈的意識，才成全完全的動作。因此五官動作所得感覺印象，天然地進入人的心靈。否則，心不在，看，看不見。進入人心靈的感覺印象，是物體和感官的結合，即是加有感官的客體外物，客體外物的構成物質和構成的理，整個的和感官相結合。人的心靈動作，也須經過身體動用神經，心靈動作和外物相接觸，必定經過身體的五官。這種接觸的歷程爲天然的歷程，爲造物主所定的歷程，歷程的經過必定達到目的，如同其他多種動作的天然歷程一樣。例如生理生活的歷程爲天然歷程，各種生理動作都能達到目的。否則就出現病態。認識動作的歷程，客體外物通過感官進入人的心靈，而有感覺印象。感覺印象含有物體之理，和理智相結合而成觀念，觀念便是客體外物在心靈中的「意向存在」也就是理智對客體外物的認識。外物在認識動作中進入主體，乃是宇宙萬物在生命上的互相連繫，在生理生命上互相連繫，在心靈生命的認識上也互相連繫。既然，外物必須要和人的理智相結合，才能有認識，認識動作是人的生命和外物相連繫的天然管道，則外物必定進入人心靈內。進入心靈爲什麼是這樣？只有答說：那是造物者所定，是一種自然法，和別的自然法一樣；爲什麼這種物體，人可以吃，那種物體不可以吃？自然科學只能說因爲兩方面的物性相合或不相合。爲什麼相合或不相合，自然科學也只好說天然是這樣。

宇宙間萬物生命的相連，最後的理由，是宇宙萬物生命的創生力是同一的創生力，週遊宇宙萬物間，皆發動一切的動作。中國古代哲學常說宇宙有大化流行使萬物繼續化生。大化應該說是造物主所造的宇宙創生力。

但是人的認識有時錯誤，既然觀念就是外物，錯誤從那裏來？上面已經談過，外物之理有的單純，有的複雜；單純的理一眼看出，複雜的理則待研究、錯誤不是觀念有錯，而是分析觀念予以解析說明時可能有錯。

這一段的結論，和馬里旦結論一樣。只是加了生命哲學的萬物生命連繫之道，作為基本的理論。

5.人們對於客體外物，沒有「直見」（Intuition）；因為人的認識動作是心物合一的動作，必須經過感官。莊子的「氣知」，佛教的「禪觀見性」，天主教的「直接默觀」，都不可能；因為不能脫離身體，人脫離身體就是死。但是天主教的歷史裏，有了「直接默觀」的事實；這些事實乃是天主的特恩。即是天主運用自己的神能，使人暫時脫離身體，心靈單獨動作，在「直接默現」時，身體等於死，一點知覺都沒有，僅只生命沒有斷。心靈則直接面對天主，恢復平常生活以後，對「直接默觀」的內容無法述說，因為沒有相配的觀念。

人死以後，只有靈魂生活，靈魂沒有感官，不能和物質世界相接觸，不能看，不能聽，不能說話，只能由天主而能知道世上的事。但還保全認識物之理的能力，靈魂若和天主不相結合，就不能知道人間的事了。

馬里旦曾講一種「神秘的經驗」（Experience mystique），不是「直接默觀」，而是一種心靈的體驗，直接體驗天主的臨在，心靈覺得非常的滿足。聖十字若望曾講人對天主的愛，發揚到極點，超過理智的認識界限，再接受天主聖神的助力，人的心靈實際生活在超於宇宙人物的天主聖愛中，沒有看見天主，沒有直接認識天主，在沒有感官和理智認識中，體驗到天主的臨在。

這種神秘的經驗，用來解釋印度的神秘主義，又用來解釋佛教的禪觀。人的心靈面對一個絕對的至高存有，不見不聞，只有在理智的黑暗裏有直接的體驗，同時心靈卻有非常的光明，和高度的滿足。

生命哲學講人的意識時，說人有永恒的意識，人心常向永恒的生命發生希望。馬里旦說形上學有向上超越理智的企望。因着這種永恒的希望，人的心靈可以得到「神秘的經驗」。

對於生命哲學的認識論，可以作下面幾點簡單的結語：

甲、生活之道，為認識的第一對象。生活之道，明白顯於人心，反觀自心就能有知。

乙、對於外物的認識，自然科學和哲學的方法不相同。

丙、物體的理，自然明顯在物體的構成中和動作中。這是所謂體用合一。

丁、外物由感官進入人的心靈而有感覺印象，理由主動在印象中認識物體之理而構成觀念。

戊、觀念是外物和理智的結合，成爲外物的「意向存在」。觀念即是外物。

已、外物進入心靈，爲認識的天然歷程，以創生力而完成。

庚、人可以對超宇宙最高絕對存有，得到「神秘經驗」。

註釋：

(一) S. Thomas, De Veritate, 1-1, 3e, sed Contra, 參考 in I, d. 199. 5, a.1,

六、生命哲學的時間和記憶

生命既是活的，時間和記憶便離不了生命。中西哲學都討論了「時間」，而且爭論很多。對於記憶，則被歸於心理學的問題，討論的人就不很多了；但是聖奧斯定卻在懺悔錄裡講了記憶以後，才講時間。現代西洋哲學柏格森講生命哲學，乃講記憶和時間。我既然講生命哲學當然該講這兩個問題。我先講一講中西哲學對這兩個問題特別注意而又特別討論的哲學家所提出的意見，最後我講我的意見。

一、周易的時間

大家都知道周易非常看重時間，在六十四卦的傳辭裡有十二卦特別提出『時的意義非常重大』。而且周易以『中正』作爲變卦的標準，中正則由時位而成。由卦變而到人事，周易則勉勵君子『與時偕行』，君子行事須要『待時』、『及時』、『奉天時』。

1. 周易時間的意義：

周易的時間，不是計算變化先後的時間，也不是計算行動久暫的時間，而是標出「時機」的時間。「機」字在周易中意義明顯，指着「動之微」，卽事將發生還沒有發生的時候，但已經有現象顯示要發生。王船山很重視「幾」，在他的歷史哲學裡，具有重大的意義。易經說『知幾其神乎』。（繫辭下 第五章）能夠知道把握「幾」，採取行動，幾發的事爲善，則促成發生，若不善，則預防或阻止發生。「君子見幾而作，不俟終日。」（同上）這個機，當然稱爲時機。但事情已經發生了，開始進行，這種時勢稱爲時機。王船山曾經說：「太上治時，其次先時，其次因時，最下亟違乎時，亟違乎時，亡之疾矣。」(一)治時，是控制時勢；先時，是利用未發之幾；因時，則是事情已發，則順着時勢而行；違時，則是反乎時機。周易所說：待時、及時、奉天時，與時偕行，都是指着好好掌握時機，同變化結在一起，也就是同生命相結合。

時間本身是虛是實，在中西哲學裡都是一個爭論的問題；但無論虛實，時間本身非常微妙，不可捉摸。周易的時間，爲能捉摸，乃和空間結合一起，所以周易講時位；位，便是空間。周易的空間，不指着物質物的量所佔的空間，卽不是指着物質物的一份子在一份子之外，所成的空間，而是和變化相關連，表示變化的具體環境。

物質物的變化，是物質物的分子起變化，分子的變化必定在具體的環境內，周易以卦象徵宇宙的變化，卦由爻組成，每一卦六爻，六爻組成一個卦圖或卦象。卦圖的六爻爲組成圖象，須有排列的次序，爻的次序是位置，位置是空間。一二三四五六，是上下的次序，每一爻佔一地位；同時，上下的次序又代表一個變化的起點或止點，例如第三爻上到第四爻，第三爻爲變化的起點，第四爻爲變化的止點，變化的起止，則是變化的歷程，屬於時間的意義。因此，周易一卦的爻所處位置，是空間又是時間，例如乾卦的初爻，意思是「潛龍勿用」。潛龍指着隱居的空間又指着隱居的時間，所以稱爲時位。位置不是一個空間，而是變化的起點或止點。變化的起或止，也是時間和變化的關係，時機更是指着變化從起點到止點的歷程，又包括變化的具體環境，因此時間和空間在周易的卦裡，時常連合在一起，而空間更代表時間，例如乾卦的初九、九二、九三等，是位又是時。

2. 周易的時間是陰陽變化的關係

周易卦爻的變化，是陰陽兩爻的升降；兩爻的升降，引發各種關係；關係的說明，在於彖辭爻辭和象曰。關係的構成，基本在於陰陽的關係，陰陽關係的形成則在於起點和止點的位。位雖是空間的名詞，但又代表社會上和禮儀上的名位，例如君臣、父子、夫婦、君子小人，對於這些名位的關係，在倫理和禮儀上有一定的原則，陰陽變化不能違背，違背則不正，就是凶。例如：

豫卦，彖辭說：「豫，剛應而志行，順以動，……豫之時義大矣哉，」周易本義程頤註說：「九四爲動之主，上下羣陰所共應也。坤又承之以順，是以動而上下順應，故爲和豫之義。」豫卦爲五陰爻一陽爻，一陽爻在第四爻，上卦爲震卦，下卦爲坤卦。王船山在周易內傳註解豫卦說：「一陽奮興於積陰之上，拔出幽滯之中，其氣昌盛而快暢，故爲豫。乃靜極而動，順以待時而有功之象。……孤陽居四而失位，然而爲豫者，與小畜之陽不舒，謙之陽伏不顯，正相爲反。凡此類，以錯綜之卦互觀之，義自見矣。」(二)又註彖辭說：「豫一陽失位，……疑於不利，故聖人推言所以利之故，而嘆其時義之大，非善體者不能用也。審其時，度其義，知豫爲聖人不測之神化，則不敢輕於用豫。」(三)

陽爻的位在第五爻，豫的陽爻在第四爻，本是失位；但第四爻是由第三爻上升，爲動的象徵，一陽能動，五陰相應，乃能有利。王船山說豫的陽爻和謙卦不同，謙卦也是五陰一陽，一陽在第三爻，第三爻不能動，因爲第三爻和第四爻之間有一淵，第四爻又是陰，陽爻不能動，所以「謙之陽伏不顯。」又和小畜不同，小畜卦是一陰五陽，一陰在第四爻，陽不動，陰也不動，「小畜之陽不舒。」

因此豫卦之時義，是可以動的時機，「利建侯行師，」但是有非常謹愼。

又如：

遯卦，彖辭說：「遯亨，剛當位而應，與時行也。小利貞，漫而長也。遯之時義不矣哉。」

遯卦，四陽二陰，二陰在第一爻和第二爻。這卦的卦位爲中正卦，因爲第二爻是陰，第五爻是陽，所以說『剛當位而應』，陽居五而下應六二。這卦象徵「君子進則立功，退則明道，明哲保身，樂在疏水，於己無不亨。」㈣這是王船山在周易內傳對遯卦的註解。他又說：「初，四者退爻也，三，上者進爻也，進則過，退則不及，剛柔皆有過不及之失；二，五酌其宜以立爲定位，而居之安，故位莫善於中也。」㈤遯卦象徵一個時機，在位的君臣相安勿動。

又如：

姤卦，彖辭說：「姤遇也，柔遇剛也。……天地相遇，品物咸章也。剛遇中正，天下大行也。姤之時義大矣哉。」

姤卦，五陽一陰，一陰在第一爻。王船山解釋卦辭說：「不期而會曰遇，姤之象也。……而姤乃女子邂逅，與男相遇之謂，其爲名貞明矣陰之忽生於羣陽之下，本欲干陽，而力尚不能敵，故巽以相人，求以得陽之心，而逞其不軌之志，其貌弱，其情壯矣。卦本一陰爲主，而卦之名義，彖，爻，皆爲陽戒，小人之幸，君子之不幸也。……乃在不斯而會之際，陽方盛而二，五皆未甚其中，則忽之以爲不足憂而乍然相喜者多矣。戒之於早，猶可爲亂，而非中人以下所能而惑也。」㈥又解彖辭「姤之時義大矣哉」說：「本義曰：『幾微之際，聖人所謹，』當其時，制其義，非聖人不能，然亦豈有他道哉？以義制利，以禮制欲，以敬制念，則無不可遇之陰矣。」㈦

妒之時義大，因爲須特加謹愼，有聖人的謹愼，才能善用這個時機，不致被惑。

我們簡單地說，周易的「時間」指着「時機」。占卜得一卦，要認識這卦爻變所代表的時機，好好順時而動，「與時偕行」，或者「待時」，安守不動。

「時機」的意義，則由陰爻陽爻升降的關係所構成；陰爻陽爻升降關係的順逆，易經學者的意見就頗多了，大概都以卦象去解釋。對於卦象就有義理和占卜兩大派系；義理派又有王弼、程頤和王船山三大系；卜占派則有漢易的象數易各家和朱熹。但是這些學派的易學思想雖不同，大家對於「時間」的意義則有共識：時間代表變動的時勢。

二、聖奧斯定的記憶和時間

在懺悔錄一書裡，聖奧斯定追求認識自己，深入自己以往的生活，引發對天主深刻的懺悔。在懺悔裡表達對天主最赤誠的愛，在愛中把着無窮的希望，希望能得生命的幸福。深入以往的生活，則必定引起回憶和時間的觀念，進去追求了解這兩個觀念的意義。但是聖奧斯定在懺悔錄不是討論抽象的理論，而是對於生命活活地體驗，講到回憶和時間，也是從生活裡去體驗，不講學理。但是在生活體驗裡隱藏着幾個基本的理念。

1. 記　憶

聖奧斯定在懺悔錄的第十卷談記憶。在這一卷的開端聖奧斯定說：

祢（天主）認識我，我也希望認識祢。我希望認識祢，如同祢認識我。」(八)

爲認識天主，宇宙萬物都可以幫助我們，但是我們要愛的，不是形色美麗的物。

我愛天主，我究竟愛什麼？那個我靈魂的是誰？我願在我靈魂的指導之下，跑到他身邊去。……

為達到造我的天主台前，我還當啥靈於別一種力。於是進入了別一個領土，廣大的記憶宮殿。那邊藏着從感官得來的無數的想像之寶。那邊也貯着從原始想像，經增減改削而構成的想像，和一切我囑它保管，而還沒有淹沒的東西，

我進入這個宮殿，我可以隨便予以召集：有些立刻報到；有些久後才來，彷彿是從什麼神秘的地方趕來的。(九)

聖奧斯定進入記憶宮殿裡，尋找自己。記憶在那裡？記憶是什麼呢？他沒有詳細說明：

我天主，記憶的能力是強大的，……這是我靈性的一種能力；我也未能了

解我的所以然。(十)

他雖然不能了解記憶的所以然，他卻說明記憶的來源；他說明感覺的記憶，靈性的記憶，懷舊的記憶，情思的記憶，還有忘記的記憶。

感覺的記憶，由感官攝取外物的影像，影像進入心中留在心靈裡。

靈性的記憶，有智識。智識不是外物的影像，是外物的關係，出自事物的性理，記憶得所收藏的，不是影像，乃是智識本身，智識本身是理，是原則，是眞理。

> 那末，它們究竟怎樣進入我的記憶裡，我不知道。我認識它們，我的認識不是從他人來的，而是由我的理智來的。我在我的理智裡，認識它們，確定它們的眞實性。……在我認識它們以前，它們已在那裡，可是還沒有進入我記憶的領域。……它們早已藏在我的記憶中，埋沒在記憶的一角深處，不經發掘，我是不會想起的。(十一)

聖奧斯定主張先天觀念論，理性的共同觀念，眞理的觀念，天主造了放在人的心靈裡，人遇着外物須討論理論的性理時，人在自己心裡可以發掘這些觀念。

數學的定律，不是數字的影像，不是從五官進入人心；可是人可以懂得，又可以記得。因此應先已在人的心內。

對於事實，對於情感的印象，記憶都可以保存。還有忘記，也可以記憶，就如我記得昨天忘記了一椿事。

還有一件不可思議的事情？我說忘記，記憶和忘記同時出現在我心靈裡。……歸根結底，忘記是什麼？不是缺席的記憶嗎？……那末，我們應否這樣結論；我們記念它，在我們記憶中的不是它，而是它的像。因為，假使它存在的話，它要使我們忘記，而不會使我們記得。㈩

記憶是我們心靈的能力，收藏感官所得的印象，又收藏我們情感的經驗，而且先天藏有理性的觀念和原則。我們隨時可以運用心靈的記憶，在心靈的記憶裡，我們認識我們自己，也構成我們的生活。沒有記憶，我們的生命就瓦解了。

在記憶裡，我們追求幸福的觀念。大家都希望幸福，但是幸福的觀念在那裡？在我們的記憶裡。那麼我們原先是幸福的，否則，怎麼可以有幸福的觀念。幸福是天主的，幸福的對象是天主，幸福的理由是天主，幸福的路徑也是天主。㈢幸福的路徑來自眞理，在眞理中看到以往的罪惡，心靈懺悔，在懺悔的眞理中，找到天主。

我天主，祢看，我為尋祢，我怎樣縱橫馳騁於記憶的領域中。最後，我在它那裡找到了祢。㈣

2 時間

聖奧斯定在懺悔錄第十一卷裡談時間。

人們常問：天主在造天地以前做什麼？聖奧斯定答說：發這個問題的人，不認識天主是誰，不知道天主生活在永遠中。永遠是什麼？永遠是整個現在，時間則是逐漸積成的。

無論什麼長時間，是逐漸的，一點點積集起來的。相反地，我們談永遠，算術中的問題，是插不進的：因為永遠是整個現在。㈤

聖奧斯定答覆說：「天主在造天地以前，沒有做什麼。假使做過什麼的話，那樣東西也當包括在受造物的範圍內。」㈥

時間是什麼？

> 假使人家不問我，我很明瞭；假使要我解释起來，我茫然無頭緒。(七)

時間常分成過去、現在、將來。但是過去的時間，已經過去，已不存在；將來還沒有來，也不存在。再一點，時間常分長短，但是長的時間所存在的，只有現在的一刻，短的時間所存在的，也是現在的一刻，長短怎麼分呢？

> 現在我已明瞭：將來和過去都不存在。我們說：時間分三種：過去、現在、將來。說得更準確些，三種時間是過去的現在，現在的現在，和將來的現在。這不過是個類比的說法。這是我們思想中，三種不同的觀點，別的地方是找不到的。過去的事情於現在是記憶，現在的事情於現在是直覺，將來的事情於現在是等待。假使我能這樣說，我認為有三種時間。(六)

記憶、直覺、等待，都是心靈的活動，都在心靈以內。因此時間的造成，是心靈的活動。

> 我聽見一個學士說：時間就是日月星辰的運動，我不能贊成。……我認為時間是種延長，可是，我究竟看見沒有？或許不過我以為看見。(九)

時間不是物體的運動，運動長短的測量又是另一事，兩者都根據時間，而本身不是時間。

> 最後，我認為：時間是種延長。什麼東西的延長，我不得而知。假使不是心靈的延長，我更要莫名其妙了。(二十)

對於時間，我們常要測量，那椿動作時間長，那椿時間短。聖奧斯定認爲一種在進行時，不能測量長短，到了終點，可以測量時，動作的時間已經過去了，不能測量，祇好用我們對這椿動作過去時間的記憶。聖奧斯定對時間的結論：過去時間是記憶，將來的時間是等候，現在是直覺，這三者都在我們心靈裡。人的生命，就是由這三方面去看。

> 為人的整個生活，生活的各部分，為人類的歷史，歷史的各部分也是這樣。(二一)

最後聖奧斯定向天主說：「希望人們注意現實，承認祢在時間還沒有存在的時候，早已存在。祢是一切時間的創造者，沒有一個時間，一樣東西，就是它存在時間之外，也不能像祢是永遠的。」(廿二)

永恒是整體的現在，時間必有過去、現在、將來。時間乃是人心靈對運動的記憶。

三、柏格森的時間和記憶

1. 形上學

柏格森從形而上學去看時間和記憶。形而上學的研究方法，和科學的方法不同。「所謂兩種不同的認識方法云者：一則吾儕之認識，但環繞於物之外周，而一則直探該認識物之內面。」(廿三)

科學環繞於物的外周，用分析以作識別，「惟絕對僅能由直觀以得之也。所謂直觀者何？卽一種之知的同情，吾人賴之以遊神於物之內面而親與其特獨無比，不可言狀之本質融合爲一者也。分析則反之，僅剖割其物，檢其組織中之要素使與吾儕已知之要素一致而已。」(廿四)

人們都承認有一「實在」，所謂實在，「卽通過時間流動之我等自身之人格，延綿不斷之自我也。」(廿五)

我們自身延綿不斷，爲「內的生活」，「內的生活」實同時具備有性質之多樣性，進步之連續性，方向之統一性之三者，不能僅以一心像表示之也」㉖

「由是則於綿延之間，雖可謂有一多數性；然彼完全爲一特異之多數性，與他之多數性毫無類似之點，則不能不認明者也。以則於綿延之間，雖謂爲有多數性，然實則因綿延之各種要素相互融會流通，雖有多數，而綿延則爲惟一之綿延，同時，具有單一性者也。」㉗

2. 時間

柏格森考試博士的論文，即是「時間與意志自由」，研究自由與時間的關係。柏格森反對「命運論」，主張人有自由。人的自由在於內心的意識，內心的意識爲人的內在生活。內在生活爲單一性而又多數性的綿延，綿延爲純一不分的，自由便也是單一而不分的。

普通人們談自由，談自由的原因，自由的限制，和自由的強弱；這些人談自由，已經把自由分析了，加上了許多不同的元素，而且和時間空間相混融了，造成了件件的心理事件。

柏格森主張有兩種時間：自然科學的時間（分量的時間），我們體驗的時間（性質的時間）。自然科學的時間，爲數學性的時間，用鐘錶計算或氣象錶計算。這些計算儀器都是物質物，都是空間性物體。它們所成的時間，是一色的而用預定標準去計算的時間。這種時間是被動的，沒有動作。我們體驗的時間，則是由生命內部發揮出來的，是動作的，形爲一種不可分裂的進程。

對於第一種空間性的時間，柏格森舉計算數目的例：

> 例如我們要想像五〇這個數，我們就從一起，把所有的數都一一數一遍，複到五〇時，我們就相信，我們已是「在時間內而只是在時間內」，把那個數想出。……然所數及的各數目，當我們從上一個數到下一個去的時候，上一個必須留在那裡等着人把它加到別一個裡面去；它如果只是「久」之中的一剎那，它怎麼等得呢？如果不把它置在空間裡，叫它在什麼地方等着呢？……但當我們把前乎此的各剎那加到現下的一剎那裡面來的時候，如我們把各數目加起來時那樣，我們所處理的不是那些剎那的本身，因為它們已經是「逝者已矣」的了，而是似乎是它們在空間經過時所遺留下的那些不滅的遺跡。(二八)
>
> 所以，它們是空間的各區分，而空間因此就是那心用以造成數的質料，並且是心把數存放於其中的那個周遭。(二九)

柏格森認為空間是「對於一個空洞而一色的周遭的那個直覺，或概念的。……空間就是使得我們能夠辨別一許多同樣而又同時的感覺的彼此的。」(三十)

在空間裡我們把數目列成一行一行地，而後加在一起。能夠加在一起，是因爲「有一個揉合或組織的過程使這些一個可以由此被動加在一處，而成一種爲質的眾多的東西。這些一個的得以相加，是因爲有這個動的過程。」㈢

動的過程，是人心內的時間；人心把外面空間的一個一個連繫起來。人心內的時間，是人心內的「久」。

在我們身內底「久」是什麼呢？是一種質的眾多，和數沒有相似處；是一種有機體底演化——這可不是一種正在增加中的量；是一種純乎底「翻新」裡面沒諸般各別底性質，一言蔽之，內在的久的各刹那不是互相見外底。在我們身外的是什麼樣底久呢？只有一個現在……只有一個「並時」？……我們在一個指定底刹那中，於身外是見到一個許多並同時底位置的全系統；見到一個前乎此是沒有什麼遺下底許多「並時」的全系統。㈢

外面的時間，由空間位置予以分割，有前有後。內面的時間，則不能分割，是質的眾多，不是量的眾多，是純淨的「久」。外面久和內面久，造成兩個「自己」。

因此上，「自己」就終於要有不同底兩個，其中一個彷彿是其他一個的外着底影子，它的空間性的和社會底表現。我們要得那第一個，是要用深入底內省及底狀態；之為互相吞沒着而其在久中後先相繼承，絕不和一色空間裡的排列有什麼相同之處底諸狀態。㈢

內在的自己，才是眞正的自己，是眞正的自由。

3. 記　憶

柏格森的另一册書物質與記憶，討論記憶，在「序論」裡他說明唯物論和唯心論，以及實在論，都不正確。物質是實有，精神也是實有。

我以為物質是影像之總合。我所謂影像是指一個存在，比觀念論所謂表象來得強些，又比實在論所謂物體來得弱些——就是一個存在而位於物體與表象之中間。㈣

在常識上，所謂物體，是外面存在的物體。這些物體有自己的表象，經感官給人一個影像。柏格森把物體和影像不要分開，物體的存在就是影像的存在。

我們人，有精神，有身體，關於精神和身體的關係，我們所知道的很少。心理生物學，強調心靈和腦的關係，認定心靈的動作，在腦裡有位置區別的神筋；例如記憶，在腦筋裡有自己的位置。柏格森反對這種學說，認爲心和腦的關係很密切，但不受空間的限制。

心的狀態與腦髓有密切關聯是不能反對的。……雖心理的事實是連帶於腦的狀態，却不能推論到心理的系列與生理的系列是並行的。……我們必定曉得這個問題是我們所研究底記憶有關係，因為記憶乃是精神與物質之交點。㊟

我們對於外物有感官的認知，認知外物的影像，影像存留在我們身內。我們對於外物有感官之知，是因爲身內有生命中心，中心有動力。

我們置身於有廣袤性的一切影像中；在這物質界我們覺有許多不限定之中心，就是生命之特徵。因為從中心放出動作，所以這些中心必於一方面接收其他影像之影響，而於他方面利用這些影響。㊠

利用影響時，對於反應有所選擇，選擇常受過去經驗的影響，因此便必訴諸記憶。我們的活動常向前進，在後面便生一空虛，記憶乃就塡滿這個空虛。

記憶有兩種形式：第一種是動作的機括，第二種是獨立的意念。動作的機括，由身體之習慣去保留，身體接受運動而傳到於動作機括上去。第二種把時間上繼續起滅底一切影像凝集爲一。(三七)

在記憶的歷程裡有三點：純粹的記憶，記憶的影像、知覺。知覺使精神與現在對象相接觸，孕有記憶影像在內，這三個歷程常結合在一起。但記憶和知覺根本不同，不覺對於過去無能爲力。純粹記憶，則過去的每一瞬間皆保留，和實際生活是離開的。

但是我們要問，記憶究竟堆積在那裡？「把他定於腦質上，在分子的變化之狀態中似過於簡單。因爲如此乃是把他當作一個容器，只要開放便可使潛伏影像流出到心意，……至於我們對於他難以理解底緣故純是由於把能含利被含之關係，未來只用於物體之集合在空間上一瞬間者，而推廣到時間上記憶之連串上。這個根本的錯誤，是由於把在連續的潮流中之綿延，變作一利那中被切成一個橫切面底形式。」(三八)

兩種記憶：一種定着於有機體上，使我們能適應於現在境遇，造成自變的反應。這種記憶更好說是習慣。另一種則是眞的記憶，與心意同一範圍，保留我們的各種狀態。心意有多種層面，自潛伏層一步一步趨於一端，成爲現實狀態，身體乃現，純粹記憶即存在於潛伏層面裡。記憶不是從現在到過去的逆溯而成，乃是從過去到現在之順流而成。純粹記憶就是精神，知覺就是物質，現實記憶把物質和精神合一。

4. 生命活力 Vital Impetus Étan Vital

柏格森解釋時間和記憶，都講純粹時間和純粹記憶，由綿延去解釋。綿延卽是生命，爲純粹不可分的時間。生命爲「生命活力」。柏格森主講宇宙內有「生命活力」，在一切物體中，作爲物體的動力。宇宙因着生命動力乃有進化。生命活力由一代傳到後一代，推動變化，宇宙乃有物種靈的進化。時間和記憶爲靈性心靈的人所有；靈性心靈的人，乃能當現實的生活。

「弗特吾人之自我存在，由綿延構成，卽物質世界亦不例外，連續化，變易也，此等現象，在物質界亦復同然。……我之全體與及週圍所接觸之事物，同在綿延，以策伸展，達於宇宙全部，於今構成一整體，至是吾可斷言，宇宙在綿延。」㊴

「柏格森之進化思想，以『實在』是永遠的變易，變易是一無窮盡的長流，進化卽變遷之永遠繼續，此變遷是純粹動力。」㊵此動力卽是生命活力。

四、海德格的時間

存在論哲學家海德格有一本著作，名爲存有與時間。這本著作可以說是海德格思想的代表著作。哲學與文化月刊，在民國七十七年三月的第十五卷第三—四期，曾先後登載項退結教授的「存在與時間探微」上下篇，作了明確的說明。我採用他的說明，作我下面論說的資料。

海德格研究形上學的基本問題，即「存有」。他不採納傳統哲學的解釋，認爲存有不是存有者，存有的特徵是「理解存有」和「在世存有」。怎樣去理解「此有」呢？「此有」應由它的「存在」去理解它自己，因爲「存在」就是「此有」成爲自己或不成爲自己的可能性。

「存在」的解釋，應由「存在」本身去解釋，即是由親身的經驗去瞭解自己，海德格稱爲「存在的瞭悟」。再在研究時把「存在」的各種組織加以分析，則稱爲「此有的存在分析」。「存在」的分析，爲理解存有必經的途徑。這種分析由日常生活去研究，結果揭示「存在」的組織是時間性的形態，存有和時間性不能分離。海德格以爲人不是如同自然界的物體，祇是被動，人應該以行動者的資格塑造成爲自己的自我，這才是所謂「存在。」

「自我」乃是眞正的「此有」，「此有」的特點爲「每一自我性」。這種特點由「存在性徵」而顯。「存在性徵」是「此有的本質在於其存在」，意思是說「此有」對於自己所「己是」的一切有採取選擇態度的可能性，或者成爲眞屬於自己的自己，或不成爲自己，或者失去屬於自己的自己。

「自我」究竟是什麼？「自我」是「此有」，「此有」的自我卽他的存在。海氏分析自我存在爲「自我存有」，「共同存有」與「人們自我」。

自我存有不是孤獨的存在，而是在他人之中，和他人在「關切的世界中相遇」。「此有」對「此非此有性」的事物相遇，稱爲「關切」，由關切對於共同存有者的態度，稱爲「關心。」因着關心，向周圍觀察或停留瀏覽，乃會發覺「世間的存有者」，後者成爲被揭示者，被揭示者便是眞實，但是主要的眞實則是發覺或揭示者。

海德格把「此有」或寓有的「在」或「寓」，解釋爲開顯，心境、理解與言說的三重結構。心境，顯出此有的內外情況，卽是全部意識。意識包括希望、傾向、慾望、恐懼、憂慮等等，均由心境顯示，顯示的基本現象卽是「此有」本身的「所爲何事」及對自己的理解，也體會「此有被投擲於投思的存有方式」。對於投擲「此有」必須對自己的可能性加以抉擇。被投擲性、陷溺性與存在性三者構成的「此有」完整性，稱爲「關念」(關注、掛念)，便是「此有」的存有方式。

「關念」，藉憂懼的基本心境而顯示，促使「此有」孤獨起來，意識到最獨特的自我，而有「無家可歸」的不安心境。乃對於死亡，認爲每一「此有」自己不得不接受的存有可能性。這種可能性，是最屬於自己，沒有人可以代替，使「此有」與他人的關係均告消失，自身無可跨越的被投擲。

在日常生活中，「此有」在被投擲於人和事物中，發生不安的憂懼，祇注意「屬己的存有」可能性，成爲良心的呼號。然而對於良心的責任感，則由「空無的基礎」所形成。「空無的基礎」由三方面結成：被投擲性、陷溺、自由抉擇。人們聽取良心的呼喚，自作決斷，實現自己的存在。

「此有」的自己存在的「存有方式」爲「關念」，「關念」由存在性、現實性、陷溺三者所構成。「關念」的前顧，則是「先於自己」預趨於死亡的決斷。「預趨決斷」有三個去向，即「關念」的「先於自己，寓於世，且旁及世間所遭遇之存有者的存有方式」。「先於自己」指對未來可能性之投思，「寓於世」指「此有」的世界性，「旁及世間所遭遇的存有物」則指「此有」對物的關切及陷溺於物。這三個趨向，「先於自己」是到向，「寓於世」是現前，「旁及世間……」把自己帶入現前的處境。海德格把三者合在一起，形成「原初的時間」，即「屬己的時間」。

「到向」、「已是」、「現前」，代表「未來」、「過去」、「現在」。因爲海德格主張時間是「此有」在其最屬己的可能性中到回自己的到。「回到自己的將來，決斷使自己處於現前的處境，已是從將來焙托出，這樣將來從已是過程中顯出現在。這種現象具有一種一致性，從將來由已是過程中構成現在，我們稱爲時間性。」(四)

另一種時間，爲「通俗時間」。「此有」乃「共同存有」即是在世存有，和周圍的人在日常生活中必須有一「共同的現在」，對工作的認定過程，因此便有公眾的時間，即是「通俗的時間」。通俗的時間以太陽的白日，作爲自然時間的衡量標準。

這種時間由「關念」所演化，以可做或可能做顯出；因此時間就是「可做」這個或那個的現在，而過去的未來的時間都被視爲過去的現在或未來的現在。

祥斯（W. T. Jones）說海德格的『存有和現在，兩者意義相連。』海德格說：「存有不是一物，但是這時間性的無，是受時間的現在所限定。」㈣

現在爲顯示（hrecencing），爲此有顯示自己。顯示自己包括給與，退回，是現出自己又掩蔽自己。海德格從存有性到本體性講「此存有」，存有性爲存有方式，存有方式以關念（關懷）而顯出，顯出乃是現在。對「公共性存有」，現在是「此有」和別人共同生活的共識標準，是實際的客體時間。在「此有」本身說，現在爲屬己的時間，「此身」投向未來的死亡，回到自己而顯出現在。這種現在乃是意境的現象，海德格講「此有」，「此有」爲具體的單有，由心理感受去講，乃講存有的方式。「此有」屬己的存有方式，即是顯示自己（presenting itself），顯示自己乃是現在。

五、生命哲學的時間和記憶

上面，從中西哲學兩方面，講述了四種哲學的時間和其中兩種哲學的記憶。這四種哲學都是講動的實際單體的哲學，都可以說是講生命的哲學，和我的生命哲學有關係，從他們對時間和記憶的思想，啓發我的時間和記憶的思想。

1. 時　間

上面四種哲學對時間有一點共識，即「此有」爲動的存有，不是靜止不動的；海德格雖不明明講動，但他「此有」的存有方式由投擲，由「關念」，由回到自己，這些過程都是動的。我認爲『時間物的動性』，沒有動便沒有時間。

這一點是大家的共識，「時間由動而成」，沒有動便沒有時間。無論從自然科學或從哲學去看，時間代表動。

生命哲學以存在是動（廣義），存在是生命，生命便有時間。但是生命的意義在各級實體中不完全相同，時間和生命的關係，也就不相同；結果，時間的意義，也有差別。

甲、存在本體的時間

時間，在最普遍的意義上，代表動。它不是動，是動的特性。普通我們人，一想到動，就想到動的久或暫。動的久或暫，是一個純一性在縱面的伸張，久或暫不講動的性質，或強弱，祇是講在縱的方面的伸張，好比空間，是一種純一性在平面的伸張。

但是我們人的認識，爲心物合一體的認識，一切認識都由感官而來，都帶有物質性，便都會有「量」性。又因宇宙間的物體都是物質性的物體，物體因「量」使一分子須要在另一分子以外，不能同時在一地位，概成了純一性在平面伸張的空間。同樣，我們人認識「動」，也是把動分成分子，每一動分子不能和另一動分子在同一時間內，時間便成了純一性在縱面的伸張，時間和空間相混，時間已經空間化，時間的意義，乃是動的次序。這種時間是「宇宙時間」。

從時間的本身意義說，祇代表動，代表純粹的動，不代表先後，時間便和生命連在一起，時間代表生命。這種時間，是純粹的時間，是時間的本身。

乙、絕對的生命祇有純粹的時間

絕對的生命爲天主的生命，爲純粹的行，只有行，不動，不變。

通常我們說：天主超越時空，天主的生命不在時間空間以內；這一點是眞的，天主的生命沒有先後，沒有久暫，更沒有位置和方向。但是我們也常說：天主的生命是永久的，或永遠永恒的。「永久」的意義，聖多瑪斯說：「永恒可以相稱地定義說是無限生命的同時圓滿的具有。」(Aeternitas est intermimabilis vitae tota sinul at perfecta possessio.)[24]無限，是無始無終，沒有起點，沒有終點。因此，無限的生命沒有所謂繼續，而是同時圓滿的具有，卽同時具有生命的一切。聖多瑪斯說明永恒不是時間，永恒是同時的圓滿具有，時間則是繼續(Differt aeternitas a tempore quod caest tota simul, tempus vere successivum.)。

從時間方面說，永恒是圓滿的現在，沒有過去，沒有將來，好比一個圓周，從圓周中心點到圓周圈的各點，距離都是一樣。永恒是圓周的中心，圓周圈象徵時間，永恒對於時間，沒有前後，都祇是一樣的同時。

丙、本體的存在，具有本體的時間

本體的時間，是時間的本身，具有時間本身的意義。本體的時間代表廣義的動，即代表生命，本體的時間不能分割，不能像直線或圓周線可以分成「點」，直線由點而成。本體動是純淨的動，既不分別動的性質，也不分別動的繼續。本體的時間指着物體的本體動，本體動就是存在，就是生命。

一切實體的存在，都是動的存在，都是生命。從這一點說，實體的存在，具有本體的時間。

絕對存在的天主，祇有永恒，永恒是圓滿的現在，圓滿的現在不是綿延，綿延有純一性的繼續之意義。永恒沒有繼續的意義，是同時的圓滿，是圓滿的現在，也就是圓滿的本體時間。

相對存在的實體，有精神體，有物質體，有心物合一體。精神體的天使所有的存在，有始、無終，沒有變化。天使的存在是綿延，不是圓滿的現在，含有繼續的意義，但不能分割，不能和空間相合。所以天使的存在，具有本體的時間。

聖多瑪斯在永恒和時間之中，主張有「時代」（aevum）。永恒爲絕對存有的計時，「時代」爲精神體的計時，時間爲物體的計時。「時代」有始沒有終，本體不變，動作如理智認識和情感，則有前後。聖多瑪斯說明「時代」分有永恒和時間的部份意義（aevum ipsum est medium inter aeternitatem et tempus, utroque participans)。㊃精神體天使的存在，有始無終，本體不變，動作有變，稱爲「時代」。這種「時代」，乃是綿延。

人爲心物合一體，人所有存在，就是心物合一的存在，人的生命也是心物合一的生命，而且是在宇宙萬物間的生命，宇宙萬物爲物質體，人的生命便共有「宇宙時間」。但是人本體的存在，從本體的意義說，則具有本體的時間，因爲本體存在爲生命，生命是內在的動，從內在的動在本身上說，不表明動的性質，祇表明動的意義；因此，便有本體時間。人的靈魂在人活的時代，和身體共有「宇宙時間」，在人死以後，靈魂單獨存在。靈魂的存在和天使的存在，性質相同，存在的計時，便是「時代」。

宇宙的萬物，同樣也都具有本體時間。

丁、宇宙時間

宇宙時間，爲宇宙萬物的計時，有始有終，有前有後，分爲過去、現在、將來，常會有繼續性。

宇宙萬物爲物質體，都由份子構成一份子在一份子之外，本身就含有空間性。物質體動時，發動力由一份子到另一份子，於是物質體的動，有前有後。祇有人的靈魂，因爲是精神體，乃同時遍佈整個身體。再者，物質體的變化，由潛能而到行（成，現實），也有先後，因爲物體的潛能，不能同時都變爲行。宇宙萬物的存在，本身就在時間之中，不僅有「本體時間」，而且也有「宇宙時間」

宇宙時間用爲計算先後，計算的標準，應該用另一種單純的繼續動，例如中國皇宮用銅壺漏水計時。但爲全世界同一個時間，則必須用全世界的單純的繼續動，這就是用地球和太陽的關係，以往認爲太陽繞着地球轉，現在肯定爲地球繞着太陽轉，這種轉動爲整個人類世界是同一的，是公共地，所以陽曆陰曆便用爲人類計時標準。這並不是如同柏格森所說，因爲白天有太陽光，人們可以運作，因而用太陽作計時的標準。

再者，爲計算「宇宙時間」，計算標準是單純一致的動，而且還是循環的動；因爲地球的運動是循環的，有白天黑夜，有一年四季，若計時標準是單純一致的向前運動，就無法標明事件發生的時間。例如中國的銅壺漏水法，祇能計出一天一夜的時間，不能計出日數月數和年數。至於曆書的作法和準確，則是科技問題。

戊、時間祇有現在

「宇宙時間」分爲過去、現在和將來。聖奧斯定說明這種分法，實際上不能成立，因爲過去已經過去，已經不存在，將來則還沒有到，也不存在，所存在的就祇有現在。聖奧斯定說：「過去應當是記憶，將來應當是期望，兩者都是心靈的思念，不是客觀的實在。」

時間，無論「本體時間」和「宇宙時間」，不是客觀的實體存在，而是實體的特性。「永恒」是絕對實體的特性，「時代」是相對精神體的特性，「時間」是物質體的特性，絕對實體不含有附體，所有特性就是他的本體，因此，永恒就是他的本性本體，乃是圓滿的現在。「時代」爲相對精神體的特性，精神體雖動，但是不變，祇有工作有先後；精神體的存在，乃是綿延，綿延不能分割，沒有時間的先後，而是一個單純的現在。宇宙萬物含有先後的時間性，因爲本體爲分子所構成，本體是「量」；所以「宇宙時間」常是空間化的時間，就是量化的時間。物質的量，使一分子和另一分子不能同時在同一地位，也使一動和另一種不能在同一時間內。實體的構成分子，同有實體的存在，雖不能同在同一地位，但能在不同地位而同時存在，變動則祇有當前在進行的變動，附在實體的存在上；過去的和未來的，則實際不存在。所以變動的特性，是當着變動進行，表現自己存在；變動的存在，爲分割性的繼續存在。能分割的，或說分割所表現的是當前變動的存在；這種存在爲現在的存在。因此「宇宙時間」也祇有現在。

「宇宙時間」的現在，雖是當前「變動」的時間，但是變動所有存在，是附加在實體的存在，實體的存在爲本體的存在；因此，當前變動的存在，表現爲變動的現在，這種現在仍舊是「本體時間」的表現，就如本體的存在，表現爲當前變動的存在。過去和將來則是心靈上的意念，如同聖奧斯定所說是記憶和希望。爲標記每人生命的時間，也不是「宇宙時間」，而是「本體時間」；因爲一個人活了多久，把一生的時間綜合起來，「宇宙時間」不能結合，「本體時間」則綿延不斷。

2 記憶

聖奧斯定很看重記憶，在記憶中看見天主，在記憶中看見自己的生命。時間，即「本體時間」標出每個人的生命存在綿延，是一種單純的標記。記憶則是實際上顯示每個人的生命，顯出每個人的存在。

甲、記憶留在心靈上

柏格森反對心理學以頭腦爲人記憶的根基，反對心理學標出那一部份爲記憶的倉庫。柏格森說是錯誤地把容器和容納運用到記憶。柏格森認爲記憶是在人心靈內。

現在心理學確是常把腦神經區劃爲記憶神經區，這一區受傷，人的記憶就受傷。但是在學術上是講不通的。腦神經怎樣保留記憶呢？神經是物質性，物質性的神經就有量性，有量性則不容一份子和另一份子同時在同一地位，雖然可以說神經的量性可以容納印象，就如照像的膠捲，可以接收照像物體的印象。可是膠捲祇能接收一個印象，若加上第二個第三個印象，膠捲的印象格本就沒有了，變成了一團糟，什麼都分不清楚了。人一生的記憶，百千萬個怎麼可以容在神經內，還有不是感量的印象，即理智的知識，情感的愛恨，這些記憶怎麼可以容在神經內呢？記憶是以心靈爲根據，記憶是留在心靈裏。荀子曾說心虛而靈，可以容納無限的知識。人的記憶是留在心靈中，腦神經是記憶的使用器官。就如人的理智工作運用腦神經一樣。

乙、記憶不是人的自我

西洋當代哲學研究人的位格，講論我的一致性，我爲什麼常是我？不分年青時的我或老年的我，我常是我。學者中有人主張我的一致性乃是記憶，我因着記憶，乃能使能常是同一的我，失去記憶，便失去我。這在心理學上事實可以是這樣，在哲學的本體論就不能這麼講。實際上失去記憶的人，他仍舊是他自己，是他自我。記憶是人的一種工作，一種才能，不是人的本體。人的自我，乃是人的本體。

丙、記憶代表人的生命

人的生命是一種綿延，不是一種圓滿的現在。人的生命綿延，在於繼續的動，在於不停的變化，身體本體在繼續變化，心靈的活動也繼續在變化。時間的綿延祇說生命繼續在動，不說生命有什麼變化，在實際上把生命綿延的繼續變化，乃是記憶，記憶把人一生的變化連繫起來，結成一貫，爲生命的實際綿延。每個人的生命在記憶中，實際連結起來，前後一貫，前後分別清楚；失去記憶的人，他的生命所有變化不能連結。他的生命變成了「宇宙時間」，祇有當前的現在，生命就割裂了。記憶的可貴，就在這裏。

丁、記憶不僅是心靈的意念

聖奧斯定似乎認爲過去的時間已不存在，過去的事也不存在，祇在人心靈內。西洋現代歷史哲學唯心論者，認爲歷史的史事已經過去不復存在，研究歷史的人在自己心中回想已往的事，歷史祇在研究的人之心中，歷史完全失去客觀性。

過去的事已經過去，但在當時確實存在時間過去了，事實倂不因此就消滅了。因此，記憶是把已有的事，在時間上再變成現在，可是這個現在不是我腦子隨便想的，任意造的，而是把已往的事重新現出來。所以記憶不是心靈的空想，而是已往事實的重現。所重現的是往事的觀念，是已往人生命的現在，這個現在重現在回憶者心靈的現在。

生命，即是內有自動的存在，內有自動表現於外，有存在的變化。聖奧斯定在靈魂的量(De quantitate animae)的書裏，曾說身體有自身的變化，靈魂則沒有自體的變化。身體爲物質，物質的動常產生變化。物質變化必有先後的次序，因此物質體的存在，乃附有時間，時間紀錄變化，代表存在。精神性的實體有內在的動，卻沒有自體的變化，自體不附帶時間性，而是圓滿的現在，或是綿延的「時代」；然而本體是生命，是活動，便也有代表廣義的動之時間。這種時間，是不是時間的時間，卽不是宇宙時間，沒有先後，祇有現在；所有現在，或是圓滿的現在，或是綿延的現在，卽是本體時間。

註釋：

(一) 王船山 春秋世論。
(二) 王船山 周易內傳，豫卦。船山全書，嶽麓書院出版，第一冊，頁一七九。
(三) 同上。
(四) 王船山 周易內傳，遯卦。船山全書第一冊，頁二九〇。
(五) 同上。
(六) 王船山 周易內傳，姤卦。船山全書第一冊，頁三六〇。
(七) 同上。
(八) 懺悔錄 應楓譯，光啓出版社，頁二〇五。
(九) 同上，頁二一二。
(十) 同上，頁二一四。
(十一) 同上，頁二一六。
(十二) 同上，頁二二一。
(十三) 同上，頁二二六。
(十四) 同上，頁二三〇。
(十五) 同上，頁二六三。

㈩同上，頁二六四。
⑰同上，頁二六六。
⑱同上，頁二七一。
⑲同上，頁二七四、二七五。
⑳同上，頁二七八。
㉑同上，頁二八一。
㉒同上，頁二八二。
㉓柏格森　形而上學，頁一，啓明書局印行。
㉔同上，頁八。
㉕同上，頁十。
㉖同上，頁十七。
㉗同上，頁二六。
㉘柏格森　時間與意志自由，潘梓年譯，頁九一，先知出版社。
㉙同上，頁九八。
㉚同上，頁一一〇。
㉛同上，頁二五六。
㉜同上，頁二五七。

(三三) 同上，頁二六二。

(三四) 柏格森 物質與記憶，張君譯，頁十五，先知出版社。

(三五) 同上，頁一九一二〇。

(三六) 同上，頁九二。

(三七) 同上，頁一一〇。

(三八) 同上，頁二二二。

(三九) 吳康 柏格森哲學，頁二七，臺灣商務印書館。

(四十) 同上，頁一一七。

(四一) M. Heidegger, Being and time. Translation by J. Macquarrie and E. Robinson. p. 374.

(四二) W. T. Jones. A. History of Wertern Philosopley. vol. V. p. 322 Harcout Bsace Tovanowich Tnc.

(四三) S. Thomas, Summca theologica I. q. X. a. I. c.

(四四) 同上，I. q. X. a. 5. c.

七、生命哲學融會中西哲學思想

一、儒家的生命哲學

中國哲學在傳統裏稱爲儒釋道三家，傳統的中國哲學則以儒家爲正統，中華民族的文化乃爲儒家的文化。

儒家哲學的目標，和道教佛家的目標一樣，在於講人生之道。古人研究哲學稱爲求學，求學的目標，如荀子在「進學篇」所說，開始爲求作君子，最後在求爲聖人。朱熹後來也用同樣的話，說明此學的目標。

人做人之道，就是「人道」，「人道」在易經的易傳裏說是來自天地之道，「繫辭下」第十章說：「易之爲書也，廣大悉備，有天道焉，有人道焉，有地道焉，兼三才而兩之故六。六者，非它也，三才之道也。道有變動，故曰爻。爻有等，故曰物。物相雜，故曰文。文不當，故吉凶生焉。」三才，爲天地人，天地人代表宇宙萬物。

三才之道，爲變之道；宇宙萬物都在變，故易經講宇宙之道，稱爲易，易爲變易。易傳「繫辭上」第五章說：「生生之謂易。」宇宙萬物變化之道，目標是爲化生萬物。

1. 形上生命哲學

易經講宇宙，由「變」去講，西洋希臘亞里斯多德講宇宙，也由「變」去講，但是講法不同。亞里斯多德看宇宙爲物質，乃由物質方面去講「變」；雖然人有精神體的靈魂，然而人的靈魂和身體合成一體，人的變動也是物質性的變。亞里斯多德講宇宙便從物質的動去講宇宙。中國易經講變，則從形上本體論去講。西洋形上本體論講「有」，以「有」爲萬有的最後根本。「有」是什麼？從本體的性質沒有可講，因爲一切都是「有」，「有」是最後的觀念。中國易經的形上學講「在」，萬有都要是「在」，不在就不有。「有」和「在」不能分離，實有由「性」和「在」所構成，西洋形上學講「安置」由性去講，中國儒家形上學由「在」去講。「在」是什麼？易經設「在」是變易，宇宙的萬有都是變易，變易爲生生，宇宙萬有都是生命。

生命是什麼？生命是實體的內在的動。宇宙萬有都有內在的動，內在動由陰陽而成。易傳「繫辭上」第五章說：「一陰一陽之謂道，繼之者善也，成之者性也。」陰陽爲變化之道，變化繼續不停，變化所成的爲物體之性。成了物性以後，陰陽在物體以內繼續動，物體乃變化不停。例如人，從出生到老，沒有一刻不是在動，不是在變，不動就不活了，不活就不存在了。人的存在就是活，活就是動，動就是變。所以「在」是變動的「在」，也就是生命。「在」是生命，「在」是本體的「在」，「在」的變動，乃是本體的變動。王船山曾經主張『命日降而性日生』（尚書引義　卷三）又主張宇宙萬物的變動不說爲生滅，祇說往來屈伸。「故曰往來，曰屈伸，曰聚散，曰幽明，而不曰生滅。生滅者，釋氏之陋說也。」（正蒙註　卷一）

易經講宇宙變化的規律，爲循環不息，復卦在六十四卦裏非常重要。乾坤是元，「大哉乾元，萬物資始。」「至哉坤元，萬物資生。」復卦的彖辭說：「反復其道，七日來復，天行也。利有攸往，剛長也；復其見天地之心乎。」朱熹註說：「積陰之下，一陽復生，天地生物之心幾於滅息，而至此乃復可見。」

宇宙有大化流行，化生萬物，長流不息。有理學家主張大化爲氣，有理學家主張大化爲理；王船山註解張載的正蒙，就以太和的太虛之氣，有不息的大化能力。

宇宙的變化，由陰陽五行而成。陰陽五行的變，常有自然的平衡，易經乃講中正，陰陽符合時間空間的環境。一年四季的變化俱爲化生萬物，尤其爲化生五穀，四季變化應合於五穀的生長，春生夏長秋收多藏，須要風調雨順，寒暑得其宜。

2. 倫理的生命哲學

天道地道規律著宇宙的變化，人道規律著人的生活。宇宙對人的生命最有關係的，是一個「通」字。

宇宙爲一個實體，宇宙的生命是一個。宇宙萬物的生命合成宇宙的生命。宇宙萬物的生命乃彼此相通。宇宙間沒有單獨生活的物體，物體的生命都是彼此相連。山林的土和苔草灌木相連，再和大樹相連，林中的鳥和獸又和土，草、樹木相連。山林的空氣和鄉間的空氣互通，鄉間的空氣又和城市的空氣相通。天上的雨，下到高山深林，結成水源，流入平原；高山的地下水道，上流不息，流成江河。人爲宇宙生命裏最高者，人享受萬物的供應，王陽明在「大學問」曾講一體之仁，卽一體的生命。

萬物的生命，不僅互相連接，而且互相幫助。例如山林中的土壤幫助苔草生長，苔草幫助野獸生長。野獸的排洩物又幫助土壤生草。土壤幫助樹木，樹木的落葉又幫助土壤積水。人爲生活，王陽明說要吃動物的肉和植物的菜和菓，又要吃礦物的藥石。一個物體的生存，需要宇宙萬物的助力。因此，若宇宙一方面受到汚染，整體宇宙就要受到傷害。孔子和孟子已經就主張打魚打獵，須要按照魚、鳥，獸生殖的時期，加以禁止。

天地化生萬物，儒家稱爲天地好生之德，易傳「繫辭下」第一章就說：「天地之大德曰生」。朱熹曾說：「天地以生物爲心」。生是仁，仁是愛生命，孔子以仁爲他的一貫之道，朱熹以人得天地之心爲心，故仁。孟子乃說：親親，仁民，愛物。張載在「西銘」中說：「乾稱父，坤稱母，民吾同胞，物吾與也。」這就是儒家的大同思想。儒家的仁愛，遍及萬物。

儒家仁愛的最重要表現，乃是孟子所說的「親親」，即是孝。儒家的孝，以生命爲基礎，也以生命爲範圍，兒子一生應該孝敬父母，在橫的方面，兒子一生的事情，都歸於孝：好事是孝，惡事是不孝。「大孝尊親，其次勿辱，其下能養。」兒子一生從少到老，又無論地位怎麼高，就是皇帝，對於父母都要孝敬。有老萊子七十娛親的故事，有皇帝對於母后，常自稱皇子。父母去世後，兒子仍舊要「事死如事生」，祭祀父母和祖先。這是因爲父子一體，兒子的身體，是父母的遺體，兒子的生命，是父母生命的延續。所以說「不孝有三，無後爲大」。

還有儒家的報應，不在於人的身後，而在於家中的子孫。父母行善，爲子孫積福。一個人得有名位，常說托祖宗的福。一個人行善作惡，不一定自己受賞罰，他的子孫將受賞罰。這也是國家族的生命相連。

儒家生活的最高境界，在於和天地同德，達到天人合一。和天地同德則是贊天地的化育，易經「乾卦文言」說：「夫大人者與天地合其德，」德就是好生之德。中庸第二十二章乃講盡性，人盡自己個性則盡人性，盡人性則盡物性，盡物性則贊天地的化育。儒家的聖人就是與天地合德，贊天地化育的人。中庸稱讚孔子：「萬物並育而不相害。」（第三十章）稱讚聖人：「大哉聖人之道，洋洋乎發育萬物，峻極於天。」（第二十七章）

因此，現在研究中國哲學的學者，都指出生命的思想，爲中國傳統思想的中心思想，從古到今，一貫流傳。熊十力以佛教思想和易經思想講生命哲學，他說：「大哉易也！斯其至矣。」(一)

方東美教授說：「中國哲學的中心是集中在生命，任何思想的系統，是生命精神的發洩。」(二)

牟宗三教授說：「中國哲學從它那個通孔所發展出來的主要課題是生命，就是我們所說的生命的學問。」(三)

梁漱溟先生說：「這一個生字是最重要的觀念，知道這個就可以知道所有孔家的話，孔家沒有別的，就是是順著自然道理，頂活潑頂流暢地去生發。」(四)

二、新生命哲學

1 士林哲學的宇宙論

士林哲學的名詞，就等於中國的儒家，士林哲學（Philosophia scolastica）的「士林」拉丁文爲 Scolastica，來自學校，翻譯爲士林，也就是儒家。士林哲學在歐洲的歷史，也有點像中國的儒家，爲歐洲的傳統哲學。

士林哲學的宇宙論，接受亞里斯多德的宇宙論思想。宇宙論研究「物體」。「物體」由元形（Forma）和元質（Materia）兩元素構成。元形成物性，元質稱物質。物體的成，都由變而成。

變有內變和外變：內變是物體自力內部的變，以成自體的發展，聖多瑪斯稱這種內變爲生命。㈤外變是物體因外力而變，可以是質變，可以是量變。

物體的變，都是由「能」而到得「成」；沒有能，不能有成。譬如說：扶著狗不能上樹，或緣木而求不到魚。

物體的變有四種：本體的變有「生」和「滅」，附體的變有「質變」和「量變」。

由「能」而到「成」的過程，稱爲「行」（actus）；成也稱爲行。沒有能而祇有成，則稱爲純粹的行（actus purus）。純粹的行，祇是絕對實有體的行，就是上主天主的行。

這一系列的有系統的說明，構成士林哲學的宇宙論。宇宙論和論「有」的形上本體論相連，但不屬於形上學。

中國易經講宇宙，以「易」爲中心觀念，「易」是「變易」。易經講「變易」不祇從宇宙物體變動去講，而是從宇宙物體的本體去講，以本體的「在」（存在）是「變動」，稱這種變易爲生命，「生生之謂易。」（繫辭上第五章）

2. 融會中西哲學而成新的形上生命哲學

通常研究中國哲學的人，常說儒家沒有形上學；我則總以爲若沒有形上學，儒家哲學就沒有基礎，怎麼能傳了二千年？易經的宇宙思想，就是儒家的形上學，後來更有宋明理學的形上思想。把儒家的形上思想和西洋的形上學比較，驟看，有點看不見儒家形上思想的形上意義；但深入去研究，則可以見到易經形上思想的深奧。易經以萬有都由陰陽而成，宇宙爲一本體，宇宙本體爲陰陽；萬物各爲一本體，也各有陰陽。陰陽在宇宙內常變易，以化生萬物。每一物體的陰陽也繼續變易，使物體成長。這種變易是本體的變易，稱爲生命。

士林哲學的形上學，研究「有」，「有」是什麼？從「性」上去講，「有」爲最單純的觀念，沒有意義可講，祇能講「有」在存在時的關係。易經講「有」，則從「在」上去講，「在」是變易，易經沒有講變易的意義，我們拿士林哲學的變易思想，去解釋易經的變易，便成爲形上生命哲學的基本思想。

宇宙萬物都是動，沒有靜止的，這是中國傳統哲學的主要思想，西洋當代哲學也有這種思想，如柏格森的哲學和懷德黑的思想。士林哲學主張有生物是自動的物體，無生物則不動；但是生命是自動，乃是士林哲學一貫的主張。

當代新的物理學，以動力爲主要觀念。宇宙爲一無限大的動力，各種物質都是動力。新物理學已不主張有靜態的質，而主張以動力代表物體的質，物體的分別，建立在動力的量，能量轉成爲物質。哲學的宇宙論應該和物理學相應，中國傳統的動態物體論，跟新的物理學不相違背。

易經的變易，由陰陽兩元素而成，陰陽在宋明理學爲陰陽兩氣。氣和陰陽的思想，因名詞過於物質化，在現代不適宜採用；士林哲學有元形和元質的觀念，元形和元質和朱熹的理氣觀念很相近，我們不妨以陰陽和元形元質互相融合，物體變化的兩種成素更能抽象化。

宇宙和萬物的由來，儒家哲學沒有明明解釋，易經說易有太極，以太極爲宇宙變化的開始點，張載以太極爲氣之本體，稱爲太虛之氣。太極或太虛之氣由何而來？易經沒有說，張載也沒有說，理學家傾於自然而有或自有的主張。理學家的主張，來自魏晉南北朝時融合儒道的傾向，使儒家接受了老莊的自然思想；原先書經和詩經，有「天造神物」的造物主觀念，中庸的「天命之謂性」，應該是上天之命成爲性，理學家則以「天」爲自然。我們發揮儒家本有的造物主思想，按士林哲學所說：以宇宙爲上主造物主所造，上主用自己的創造力創造宇宙，宇宙乃一大創生力，宇宙繼續變動，乃繼續化生萬物。這種思想既不違背儒家的本有思想，而且予以發揮，使儒家不變成道家。

造物主以創造力創造了宇宙，宇宙爲一創生力，宇宙創生了有宇宙的質，有宇宙的理，質爲造物主所造，理則是造物主創造宇宙的理念。宇宙的萬物，因宇宙創生力的動，化生適合環境的物體，每一物體的質，取自宇宙的質，每一物體的理（性），由創生力接納創造力所輸送造物主創造這一物的理念。每一物乃有自己的理和質，又有自動的創生力。創生力常動，每一物體也就常自動，都具有生命。生命的程度不同，礦物的生命祇有內在元素的動，在外不能顯出，植物和動物的生命則分高低各級而顯。人的生命爲宇宙生命最高級。

人的生命爲心物合一的生命，孟子曾說人有大體和小體，大體爲心思之觀，小體爲耳目之官。儒家講心靈，卻不講靈魂；雖講魂魄，卻不講明魂的性質。我們拿士林哲學對靈魂的解釋，說明靈魂爲精神體，爲造物主所造，既造，就永恒存在。

靈魂的工作，如荀子所說：能知，能主宰。關於知識問題，儒家大學講致知格物，宋朝朱熹和陸象山對致知格物大作辯論。儒家以人的知識是在求知作人之道，作人之道在於「率性之謂道」，性爲理，理在人心。人爲求知，反心自向，就可知道。朱熹雖主張格物，然不是求知物之所以爲物之理，而是求知物和人的生活的關係。儒家的知識論，便沒有西洋哲學知識論的主客兩方有鴻溝的問題。但是人的知識，尤其在科學的時代，絕對不能限制在作人之道，哲學和自然科學都在求眞理，求知物的本性。因此，我們要用士林哲學的知識論，擴充儒家的知識論，除知道自心的天理良知以外，也要知道外物的理；而在主客中間，不能設一鴻溝，靈魂的認知力自然可以使主客相結合。

西洋哲學的知識論，以知識祇是抽象的共同觀念，對具體的單體，不能有學術的知識，祇能有具體的描述。但是當代的西洋哲學因自然科學的發達，乃轉向具體的單體，如存在論的海德格，如實物論的懷德黑，還有其他的學派，都以具體的「我」，作爲哲學研究的對象。中國儒家哲學從「在」方面去看萬物，常是注意具體的單體。然而講論的方法，是直接體驗，不加分析，一切都很籠統模糊。我們拿士林哲學對單體的構成思想，補充朱熹的理氣思想使單體研究爲一學術研究。

荀子說：心能主宰。主宰則有自由，有自由便有行爲的倫理，有倫理便有善惡。儒家對於善惡有兩大問題：一是性善性惡的問題，一是中庸所講的未發和已發問題。這兩個問題，可以說是朱熹哲學的中心問題。朱熹把兩個問題都拉到本體論，以氣質之性有善惡，以未發爲性已發爲心，後未又改以未發屬心，已發屬心之動的情。但是這樣不單沒有解決問題，反而使問題變成更複雜。

儒家對於善德，分爲仁義應智信，從易經到宋朝理學，常由陰陽五行去解釋；這樣又是把問題拉到本體論。

我們以士林哲學的思想，以善惡和善德，都是倫理方面的問題，不要混入本體論，雖然和生命相關，善和善德發展人的生命；但不是人本體的構成元素。

儒家哲學的最後終向，在於天人合一。人的生活和天合德，贊天地的化育。中庸特別發揮這種思想，讚揚聖人的精神：「洋洋乎發育萬物，峻極於天。」（第二十七章）朱熹也說人得天人得天地之心以爲心，故仁。仁爲孔子一貫之道，也爲儒家道德的總綱。士林哲學雖不購修身和精神生活，然而聖多瑪斯，聖文都拉，聖亞爾伯，都以士林哲學和神學相連，講修身，講精神生活的終點，與天主相契合。我們用這種合理的講法，發揮儒家的仁道，以達到至善的止點。

這樣說來，形上生命哲學，以中國儒家傳統的生命觀，作哲學系統的主幹，用士林哲學的形上思想和倫理思想，以及宗教思想，予以發揮，結成一個系統，其能連接中國的儒學傳統，解釋舊觀念，加以新的意義，和現代的科學相應合，成爲現代的儒家哲學。

三、結　語

大家都知道明末淸初的天主教傳教士，把自然科學的知識，帶進了中國。天文曆數，地理測量，建築工程，音樂繪畫，天主教傳教士留下了豐富的遺產。尤其在建設天文臺和繪畫中國輿圖的工作，貢獻非常大。

但是在哲學方面，也有了相當的成就。

第一册西洋哲學書譯成中文，爲傅汎際同李之藻合譯的名理探，名理探爲詮釋亞里斯多德的理則學書，傳汎際於明天啓七年（公元一六二七）翻譯。原本三十卷，所譯的爲十卷。後有南懷仁的窮理學，共六十卷，於康熙二十二年八月二十六日進呈御覽。傳汎際又譯寰宇詮六卷，爲亞里斯多德的宇宙論。利類思譯聖多瑪斯之「超性學」的第一部分，名超性學要。畢方濟口授，徐光啓筆錄的靈言蠡勺，成於明天啓四年（一六二四）。高一志譔寰宇始末，艾思及譯性學描述。這些書當時有付印的，有手抄的，流傳頗廣，我國學者方以智和王船山都受影響。民國初年，馬相伯爲震旦和復旦兩大學編寫致知淺說，介紹希臘亞里斯多德和聖多瑪斯的哲學思想，當時蔡元培和于右任都爲馬相伯的弟子，曾研究致知哲學。民國以來，教育部禁止學校講宗教，士林哲學和神學相連，大學研究哲學的人都不研究士林哲學，惟獨天主教培植教士的傳統則專門研究。政府遷到臺灣以後，輔仁大學於民國五十年在臺北復校，復校時祇有哲學研究所碩士班，民國五十八年增設哲學研究所博士班，當時爲全國唯一的哲學博士班，臺灣各大學所有哲學教授多爲輔大哲學系或哲學研究所的畢業生，書局的士林哲學介紹書亦多有。士林哲學對臺灣哲學頗有影響。形上的生命哲學，以士林哲學的思想補充儒家哲學的生命觀念，又不受士林哲學的限制，確實具有融會中西哲學的效能，使儒家哲學進入現代國際哲學的境界。

註　釋：

(一) 熊十力　體用篇，頁二三八。臺灣學生書局

(二) 方東美　方東美演講集，頁七九。黎明出版社

(三) 牟宗三　中國哲學十九講，頁十五。臺灣學生書局

(四) 梁漱溟　中西文化及其哲學，頁一二一。

(五) S. Thomas, Summa Theologica. I. q. XVIII. a2. c.

二、生命的意義

八、生——生命是愛

天涼氣爽，遊人稀少的初春季節，走在陽明公園的園徑上，茶花滿樹紅苞，杜鵑叢叢鮮瓣，老楓添上嫩葉，鮮苔換了新綠，幾隻黑蝶穿花飛翔，處處滿是生意。我的脚步雖然老弱，心靈卻清新活潑。歷年習慣在輔大的青年學生中生活，從來沒有感覺自己的耄老年齡，走在佈滿生意的陽明公園路上，竟自覺生命仍在發展。

從陽明山下來，汽車走入臺北市區，樓房蔽天，煙氣薰地，汽車馳驟，行人趕路，混濁氣流，衝昏人的頭腦。然而目不暇接所看見的，各種顏色形式的商品，都是人所創造。在城市裏，生命像一鍋熱湯，繼續鼎沸，滾的冒煙冒氣。

在陽明山公園，面對生命的發展，覺得樹木花草很可愛。在臺北市的街頭，衝着生命的活力，感到人和人在爭着成長。

生命是活的，不停止地向前；一停止，生命就消失了。生命是動的，常常在動作；一不動作，生命就衰落了。生命是創造的，繼續地製造新的事物；一不創造，生命就萎縮了。

創造的、前進的、發展的生命，來自絕對眞美善的造物主。造物主用自己的神力創造了宇宙，宇宙是活的，是演變的。宇宙大得無法計算，神奇莫測；宇宙小得肉眼難見，細小花草的生命，美妙驚人。人的生命，是分享造物主的生命，永恒存在，靈性不斷發展。這一切都是造物主的愛的表現。

人的生命，造物主經由人的父母而出生，人的生命出生，稱爲父母愛情的結晶。出生以後，父母以愛心懷抱他，以愛心撫育他，他的生命是在愛心中成長，也要是在愛心中發育才能夠成全。

人的生命在團體中發展，首先在家庭的團體中，發展天倫之愛；繼續在民族團體中，發揮民族的愛；又在自然宇宙中，推廣對萬物的愛心。如同孟子所說：親親、仁民、愛物。

人和家中親人，血脈相連；人和民族同胞，生命相共；人和宇宙萬物，生命相通，沒有家中親人的愛，人就成爲鰥寡孤獨。民族同胞相爭相恨，人便變爲無義的禽獸。殘暴自然宇宙的萬物，人將死於自然界的反撲。生命要有愛心，才能欣欣向榮。

本來虛無，由造物主得到生命的禮物，人將永世常常生存。發展心靈的各種能力，永遠欣賞絕對的眞美善。

現生當然有困苦，當然有阻難。困苦和阻難乃是生命成長的飲食，吃苦才知幸福的可貴；遇到困難，才能體驗成功的快樂。

生命是造物主的愛，是親人同胞的愛，該當是本人的最愛。愛自己的生命，有了生命力能創造，乃能建業，乃能欣賞眞美善。愛惜自己的生命，也要愛別人的生命；要自己的生命好，也要使別人的生命好。社會洋溢着愛心，人的生命如魚得水。

曾載於益世評論　民國八十一年十一月一日

九、婚姻——常學習 常相愛

十一月二十二日耶穌君主節，沈春華女士與胡鎭康先生在聖家堂舉行婚禮彌撒，我主禮，在彌撒中證道，又在凱悅大飯店酒會致詞。

一、證道詞

婚姻爲人世間一件大事，禮記上記載，有人問孔子，爲什麼婚禮要那麼隆重，孔子答覆說：「婚姻結兩家之好，繼百世之祀。」當然要非常隆重。我們天主教看重婚姻爲一件聖事，爲一件神聖的大事。

第一、因爲是天主——造物主所規定的。爲傳生人類的生命，造物主天主在造人的時候，規定人類的生出由一男一女結成夫妻，造生人類的新生命。這一點，在聖經的「創世紀」曾有記載，在新約的福音傳裏，基督自己也說過。婚姻是天主造物主所規定的，當然是件神聖的事。

第二、因爲人的生命是神聖的。造物主創造宇宙萬物，創造了一道生命的洪流，整個宇宙就是一個生命，這個生命長流不息。中國儒家乃說一體的生命，人的生命和萬物的生命相連。但是人的生命最高最貴。宋朝朱熹曾經說：「人得全部的生命之理，萬物各得生命之理的一部分。」天主教的聖經在「創世紀」裏說：「天主按照自己的肖像造了人。」人乃有精神的生命。人類的生命由父母所生，父母新生的新生命，在身體方面須要父母的撫養，在精神方面須要父母的教育。造物主乃規定婚姻是一男一女的長久結合，人不能分離。人的生命既然是高貴的，而且是相似天主的生命的；婚姻傳生人的生命，養育人的生命，婚姻當然是神聖可貴的。

第三、人的生命由男女結合成一生命，乃得圓滿發展。造物主造人，造了一男一女，男女的身體和心理、性格各有不同。中國古書常說宇宙萬物由陰陽兩氣相合而成，人的圓滿生活也由男女相結合而成。男女各有長處，各有短處，兩人互相結合，以一方之長，補一方之短，兩人的生活便能正常發展。婚姻便是男女兩方發展生活的圓滿途徑，便也是神聖可貴。

婚姻既是神聖可貴，傳生新的生命，圓滿發展夫婦的生命，責任和困難一定很多很重。基督爲幫助夫妻承當這種責任，勝過這些困難，立定了婚姻恩寵，賜給新婚夫妻，協助他們一生愉悅地負起婚姻責任向前走。

我今天求天主耶穌，豐富地賜給你們兩位婚姻恩寵，祝福你們一生享有愛的結合，擁有圓滿天倫之樂的家庭。

二、在酒會致詞

今天來參加婚禮的貴賓，大多數是電影電視新聞界的人士，因爲新娘是一位有名的傑出電視新聞的主播者，在中視的電視晚間新聞裏，常看見主播沈春華小姐，儀態端莊且美麗活潑，播出的內容充實又廣泛深入，大家對於沈小姐都非常看重。

在今天的婚禮上，我就祝賀新婚夫婦一生「常學習，常相愛」。你們兩位把婚姻生活，每天看做一件新事，用採訪新聞和編輯新聞的精神，要把每天的生活變成新的生活，不把每天的生活看成習慣，更不要把彼此的愛情作爲已有的事。每天彼此相對，像是初次見面，彼此追求更能認識，更能了解對方；彼此追求以新的方式互相表現愛情，愛情不會退化，生活不會老化。

人的心非常奇妙，不但多變，而且非常深。變得不能被人追到，深得不能看到底。你們兩位雖然認識已久，彼此了解也很淸楚，但是彼此所不認識的必定還多，而且將來的變化也不少。要緊的是每天不斷學習認識對方，了解對方。另外，愛情又是非常神妙，很可能不被人常常握緊，必須每天去學習掌握的方式。

我便以「常學習，常相愛。」兩句話，贈送給你們。

曾載於教友生活 民國八十一年十二月三日

十、老－學到老　愛到老

我曾經在天母公園附近，早起淸晨，遇到陳立夫先生夫婦慢慢散步，上個月在臺北第一殯儀館向參加夫人殯禮的立夫先生致意。我心中想這兩位老人，眞是愛到老。年青時因父老之命結了婚，年齡相等，而能白頭偕老到九十三高壽，互相親愛。這種相愛，是時時學習相愛，時時感到新鮮，而不是摩登青年們以結婚爲愛情成熟點，以後的歲月，便是結果，然後落葉枯萎。

我自己是獨身，我愛哲學，從二十五歲就開始教中國哲學思想，到現在八十一歲滿，教了五十六年，仍舊每週授課。自校長職位退休，每天在家按時間看書，按時間寫作，看的是新書，寫的是新作，天天「趣味盎然」，絕不以爲「老之已至」。

我自己是主教，主教是獻身於基督而又負責代表基督傳道的人，雖說精力不足，職位退休，但是愛基督愛教會的愛，在每天長時的祈禱裏，常是加熱，常是新鮮，常求新的動作。

老年人不像一根枯木，卻像一株多天落葉的樹。青青的葉子，被歲月的時間凍壞，被冷風吹落了，樹幹裏的生命則仍舊盛旺。老年人的身體是老朽了，精神則活潑。

老年人仍舊要以每天的生命，是造物主的新的禮物，每天的生活是新的生活，以新的興趣來度過。每天的事情和工作，常是一樣；但是世上沒有兩樁事完全一樣，當前所有的事或工作，是一樁新的，前面的事已經過去了。織布工廠的女工織布，每一匹布的各段都是一樣，但當機器運轉時，所織的每寸布在她手中都是新的，她要注意。日常的生活就像一架織布機器，一分一秒，織成我們每天的生活，每分每秒爲我們都是新的。我們要用新的精力來接受，來處理；同樣每種工作，雖然可以是每天相同，但是我們工作的精神和興趣應該是新的。在輔大哲學研究所，我教了快三十年，可是上每堂課的前晚，我要重新預備，不能每堂課背講義，才覺教書有興趣。

孔子愛自己傳道授徒的工作，他說自己「發憤忘食，樂以忘憂，不知老之將至。」習慣，照例，使生活機械化，使人老化，每天常作一樣的事，常因習慣而變成機械，少年、壯年的公務員和工廠工人，喜歡聽人說：「少年老成」，少年變成老年乃可怕的事。生命是活的，是創新的；古書說，「周雖舊邦，其命維新」，老年人的身體雖舊了，腐朽了，他的精神生命則常是新的，俗語說：「老年人經驗多」，可以教訓人。若是他一生常習慣地做一樣的事，他可以有什麼多的經驗呢！

一位爺爺牽着小孫兒，或者一位外公牽着外孫上學校去，看看小孫或小外孫跳着、喊着，覺得小孩的生命在活動，自身的生命也在愛心裏跳。

生命是造物主愛心的禮物；造物主爲絕對無限，祂的愛心常是新鮮的。我們的心和天主的心相結合，我們將似魚在大洋裏，任意往那方面游，都感到新鮮。詩經上說：「維天之命，於穆不已。」大學上說：「湯之盤銘曰：苟日新，日日新，又日新。」老年人的生命，要是日日新的生命，他要學到老，愛到老，他就能「樂以忘憂，不知老之將至」。

曾載於益世評論　民國八十一年十一月十六日

十一、病—愛心繞病榻

到榮民總醫院探望病人，眼看各種身有病症的人。有一位壯年外交官，頭痛澈骨髓，醫院查不出病情。有一位鋸斷了一條腿，全身卻浮腫。有一個年青人，眼耳患毒瘤，痛得不能看。還有年老人，體瘦如柴，奄奄一息。眼對這些患病的人，心中體驗他們的痛苦，感覺到一座醫院整個地是個「苦」字。

但是眼又看到另一個情景。一位中風癱瘓的人，不能言不能看，全身不能動，他的太太在旁已經七年，夜以繼日地幫他沐浴進食。鋸了腿的病人，太太常陪着他，日夜不斷。患毒瘤的青年人，有母親常在旁邊，盡心照顧。患病的老人，有老伴有女兒陪。我自己臥在榮總病房時，病並不重，修女和司機和司機太太，輪流在房中、學校的同事和門生，天天有人來看望，送花送水果。

病中見眞情！一個人生了病，而病又重，整個家就亂了，大家擔心，大家去照顧，大家都想方法減少病人的痛苦，都用各種方式安慰病人的憂慮；在病榻周圍流動着活躍的愛，顯示一片愛心。

還有藍衣天使的護士，按時照顧病人用藥，測量體溫血壓。一聽病房電鈴響，立刻進房相幫病人解除困難，供給各種服務。醫師乃是病人的希望，病人和他的家人，把一切希望都放在醫師手裏。只要看病人和他的家人，向醫師探詢病情時，他的眼睛的表情，就可以體驗到他們的心，都懸在醫師的每句話上。醫師和護士在醫院的房屋裏，是陪着病苦的愛心。

繞着病榻的愛心，是可以安慰病人的憂苦。使病榻上的病人感受到不是單獨一個人，在背負病痛，有許多人同他一起分擔，心中的苦可以減輕。但是，身上的痛苦仍舊在，仍舊使他感到器官和肢體的受傷，使他覺得對工作的無奈無力，使他覺得生命結束的危機，心裏憂苦，甚至失望。孔子當時去探望一個重病的門生，執着門生的手說：「這樣好的青年，竟得了這樣重的病，眞是命中注定嗎！眞是命中注定嗎！」孔子心裏很悲傷，害病的學生心裏一定更悲傷。

七百年以前，在意大利中部亞細亞城一座修院裏，院長加拉修女患重病，耶穌聖誕夜不能參加慶祝的宗教典禮，「因此心中更覺難忍；然而天主的聖意既如此安排，她也只好安心順從，犧牲一切。」㈠

上一世紀末，在法國巴黎附近一座修院裏，一位年青二十二歲的修女德蘭，患肺結核病到末期時，身心痛苦。「至論聖女病苦，怕以死前半月，因時時嘔血，不能領聖體爲最苦。

一年前，吐血後，往往通宵，或因患病，或因寒冷，不能安寢。只要能領聖體、清早無不奮勇起身，願與好天主，身心合併，水乳交融，則萬苦不爲苦，萬病不爲病。」(二)

病，不是由天主來的，是人世的罪孽，然經過天主的許可，便可以說天主安排的，天主是人的慈父，不會要人受苦受害。也許人的身體受病痛傷害，必使病痛增進人心靈的福利。人用孝愛天父的心，接受祂的安排，把病痛和耶穌基督所受的痛苦相合，作爲補贖人世罪孽的犧牲，病痛變爲同基督受苦的同情愛心，變爲對世人代作犧牲的愛心。這樣病人心中充滿愛天父，愛基督，愛世人的愛，病痛變爲愛心的表現，「則萬苦不爲苦，萬病不爲病。」

因此，病榻上，病榻周圍都滿佈了愛，愛在心中減除了憂苦。

曾載於益世評論　民國八十一年十二月一日

註釋：

(一) 超人軼事　張俊哲譯第一二三頁。

(二) 靈心小史　第三二七頁。

十二、死——愛的圓融

惠施的詭辯中，有「方生方死」的一條，胡適在哲學史裏解釋爲「論時間，一切分割區別都非實有」，「卽有上壽的人，千年的樹，比起那無窮的久，竟可以說是方生方死了。」馮友蘭在哲學史裏解釋爲「天地萬物，無時不移。」現在一位大陸學者在中國邏輯思想史料分析的書中，解釋爲相對運化觀，生者以死爲死，死者以生爲死，生死運化不居。我的解釋是死生爲相對的名詞，有生才有死，有死才有生；因此有生的名詞，就有死的名詞，兩者互相包涵，所以說：「方生方死。」

這些說法都是在說話上去講，實際上人的心理是很不情願把死字和生字連在一起。既有生，何必有死！中國人從古就想長生，愈是活得有勁的人，愈想不死。秦始皇和漢武帝在一生追求長生之藥，魏伯陽和葛洪發明成仙之術。

生而不死，是不可能！造物主天主造人，本來沒有規定死。人由心物合一而成，心靈爲精神體，永久不滅，肉體爲物質，逐漸消耗。但造物主賜予人特恩，使肉體不消毀。可是不幸人類始祖經不過造物主所設的考驗，違背命令，變成造物主的敵對。失去了特恩，造物主對人說：「你原來出自塵土，你終於要歸於塵土」，死要結束人的生命。

生，是造物主的愛；死，是罪惡的罰。人性傾向生而怕死，雖然人一出生就必有死，但聽見死就色變。

耶穌基督是眞天主，然也是眞人。祂奉聖父的命降生以救人，在要完成救人工程而被釘死十字架的前夕，祂預先知道自己慘死的境遇；憂苦害怕，要求門徒有同情的心，祂向聖父祈禱若能免了這種遭遇，就免了罷！但祂聲明完全接受聖父的旨意，聖父派遣天使鼓勵祂。祂遂挺身迎接來捕祂的差役，到了猶太官長和羅瑪總督審問時，祂一言不答，態度非常鎮定，使羅瑪總督都很詫異。被釘在十字架上，受苦三個鐘頭，血流過多，只說口渴。最後向聖父說：「我將我的神魂托放祢的手中」，然後說：「一切都完結了！」垂下頭，斷了氣。

基督的死，完成了對聖父和人的愛。祂的死，補償了人對造物主的罪，人重歸與造物主和好，成了天主的子女。

人既是天主的子女，天父在那裏，人也要在那裏。在現世生活時，人是在世界上，不能面見天主，要等到離開了世界，人的靈魂和天主相結合，和天主永久同在。

天主教追思亡者祭祀的經文說：「我們雖爲死亡的定律而悲傷，卻因永生的許諾而得到安慰。我們結束了塵世的旅程，而獲登永生的天鄉。」

聖女小德蘭，臨終最後對基督苦像說：「我愛祢！——我主天主，我固——惟祢——是愛也。」就如聖十字苦望所說：「蓋死之時，愛河之水，由靈心放逸，朝宗於天主愛情浩蕩之海洋也。」（靈心小史　第十二章）

聖五傷方濟，臨終前，盡力唱歌，向旁邊的徒弟們說天主已啓示他的罪都赦了，卽將進入天鄉，他歡喜唱歌。

天鄉就是愛的圓融，天主愛人，人愛天主。人的永久生命，在於欣賞天主絕對的和無限的眞美善，所欣賞的常是新的，所體驗的是天主的愛和同賞永福的同體的愛，所取得的是心靈的滿足。

佛教的涅槃是常、樂、我、淨，因而空虛安靜。天主教的天鄉是愛，因而活躍生動。

佛教以生老病死爲苦，天主教以生老病死爲愛，愛能沖銷痛苦。

曾載於益世評論　民國八十一年十二月十六日

三、古哲的思想

十三、聖奧斯定論「我」

一、實體的我

我們研究聖奧斯定的哲學思想，先要注意到以下幾點：首先聖奧斯定沒有系統地講論神學和哲學，都是對著當時的現實問題。即是各種邪說，予以答辯；第二，聖奧斯定不分開神學和哲學，而是把兩者融會在一起；第三，聖奧思定採納柏拉圖和新柏拉圖派的學說，不討論抽象的觀念，而討論實際的對象，因此，我們研究聖奧斯定思想中的「我」，不能擺脫神學方面的信仰觀念，也不能純淨由哲學觀念去講。

整體的聖奧斯定的思想，是環繞三個中心問題，天主、人、人和天主的關係。從現代學術去講，這三點可以分別由哲學和神學去講；但是聖奧斯定認爲在實際上天主和人，以及人和天主的關係，不可能只由哲學的觀念去講，一定要加入神學的觀念，因爲實際的人，是由天主所造，天主所救贖，以愛天主爲生活的目標。

聖奧斯定思想中的「我」，是一個具體的人，爲認識具體的人，聖奧斯定由自己親身的經驗去體驗，他的親身經驗很深刻地表現在他的懺悔錄書裏，從懺悔錄裏我們不僅認識了聖奧斯定人的心理面貌，也認識了每個人的具體心理面貌。

人，你是人，因為你是有精神體的靈魂，也有一個身體。因此你由靈魂和身體所成，靈魂不可見，身體則可見。㈠

這種人，是一個按人本性的人；但是聖奧斯定認爲「從來沒有，現在也沒有，將來絕不會有一個純粹本性的人」㈡因爲他所要講的「是一個實際淪落的又被救贖的人，人雖然可以追求眞理，可是他要受天主聖寵的指導，也常需要聖寵的支持，以獲得救恩的眞理」㈢

聖奧斯定從自己親身的經驗，體驗到每個人——「我」的內心境況：

人，人從各方面說，在自己的存在上，人是好的，也有正當生活的能力。㈣

人的本性完全是精神性的，我說的人是有靈魂和身體。誰把身體排除在精神性以外，是種錯誤。㈤

這種好的人爲天主所造的人，可是人自己把自己作成了罪惡，成爲罪人。

> 人和罪人；兩個互相分別的實體，人，是天主所造的；罪人，是人所作成的，你摧毀你所作成的，使天主保全祂所造的。你總要恨你所作成的，愛天主所造成的。幾時你開始厭惡你所作的，就開始顯出你的好的作為。㈥

天主造了人，按照自己的肖像造的，有理智，有意志，人的罪惡並不能予以摧毀，因爲「實際上人只有一個最後目標，而且給人定了超性的目標，一個超於本性的目標。」㈦

聖奧斯定描寫自己的心靈境況說：

> 主，祢是偉大的，最可讚美的，祢有無限的能力，難數的智慧。人要稱揚的，就是祢。可是他，受造物中渺小的一份子，渾身是死亡的徵兆，罪惡的痕跡，和祢討厭的驕傲人的證據。不管怎樣卑微，他還是要歌頌祢的實在，他的樂趣，就在歌頌之中；因為我們是造來為祢的；我們的心得不到祢，就惴惴不安。㈧

「我」，是一個淪落於罪惡的人，有原祖的罪之流毒，有自己的罪過。但是全心追求幸福，追求安寧，可是在生活裏又找不到，必須追求天主，找到了天主，心才可以安定。

誰能使我安息於祢呢？誰能使祢進入我的心靈，而使它陶醉呢？希望我能忘却我的一切煩惱，而把祢，我的惟一的愛，緊緊懷抱著！(九)

「我」，是一個最奇妙的，最深奧的深淵。如同聖保祿宗徒所說的：「我也知道，善不在我內，即不住在我的肉性內，因爲我有心行善，但實際上卻不能行善。因此，我願意的善，我不去行；而我所不願意的惡，我卻去做。但我所不願意的，我若去做，那麼已不是我作那事，而是在我內的罪惡。」（羅馬人書，第七章第十八節～第二十節）

「我」是靈魂和身體結合的實體，靈魂是生命，貫穿整個身體，身體的活動，分有靈魂的精神性。中國古人也說：「心不在焉，視而不見，聽而不聞，食而不知其味。」（大學第七章）所以聖奧斯定認爲不能把身體排除在精神性以外，同樣，靈魂也分有身體的物質性，靈魂的活動，須要使用身體的器官。因此，原罪的流毒，每在靈魂上，使人成爲天主的仇敵，同時，原罪的流毒也泛濫到肉體內，肉體的慾情加強激動力，在發動時，常常逸出規律以外。這就是聖保祿宗徒所說的「在我內的罪惡」。聖奧思定的罪惡感非常強烈，而深刻，才說「我」「渾身是死亡的徵兆，罪惡的痕跡。」雖然「我」的實際情況是這樣，「我」仍舊要走向生命的目標，聖奧斯定舉目向天，向天主說：

> 祢從天上伸下手來，把我的靈魂從黑暗的深淵裏拯救起來在祢面前的當時，我的媽媽，祢的忠信的婢女，為了我，哭得比哭亡者的母親們，還要悽慘；因為她從祢所賜給她的信光裏，覺得我不過是個行屍。主，祢竟俯允了她，祢俯允了她，祢沒有藐視她的眼淚。㈩

「我」，爲能排除在自己以內的罪惡，歸向天主，須要有天主的援助，但是「我」有自己的自由，也要自願接受天主伸援的手。

> 我愛祢愛的太晚，很古很新的美好！祢在我內，我却在我外。在外面尋找祢，竟把祢所造的美麗住所，弄成了髒污醜陋。祢同我在一起。我却不同祢在一起。那些將我捆在祢以外的，本是因祢而得存在，否則就不在了。祢呼喚我，大聲喊我，打破了我的聾耳朵。祢閃電，祢發亮，祢擘開了我的盲目。祢鞭打，祢引導了我的心靈，我追求祢，我體味你，我飢渴求祢。祢觸動了我，

我在祢的平安裏加溫。㈩

必要在「我」接納了天主的光照，「我」才能安靜在天主的平安裏。在當初，聖奧斯定以為惡是實體：

在那無理性的生活裏，我覺得有種難說的實體，至惡的要素。這種實體，不純是實體，而也是一種性命，可是，我天主，我想一切雖由祢化成，但不當是由祢來的。㈫

後來，他認為惡是善的缺乏，惡是沒有善，而不是在「我」以內，存有惡的實體，只是慾情的氾濫，惡劣的感性。「我」是一個實體，為天主所造，本來是善，但由原罪的流毒而常淪落於惡。善惡的表現，在於心的動向。

人？人是一個神秘的深淵。你可以數清你頭上的頭髮，一根也不錯，但你心情的變動，比頭髮多的！㈬

這種實情，就是「我」的奇妙，也是「我」的痛苦，「我」以心靈爲貴，心靈認識自己，認識外物，外物的印象留「我」心裏，我隨時記憶起來。聖奧斯定非常重視記憶力，「記憶的力眞大哪！我天主，它的深奧，它的無窮變化，實在使人驚駭！這就是我的心靈，就是我自己！我天主，我是什麼？我的本性是什麼？是個多變的，多頭的，神妙莫測的生命。」(十四)

「我」的心靈生命有記憶，我是生活在時間以內，有時間才有記憶，記憶是記憶以往的所有的印象。時間是什麼？有人問天主在造天地以前作什麼呢？聖奧斯定說這個問題不能成立，時間，是要在有個天地才有，時間也是天主造的。天主永遠在時間以外。

「那麼，時間究竟是什麼？」聖奧斯定問自己，過去的時間往那裏去了？未來的時間怎麼成爲現在？他認爲我們看過去，是在現在去看，看將來也是在現在去看，過去的和將來的，都要看成現在的。

> 現在我已明瞭，將來和過去都不存在。我們說，時間分成三種：過去，現在，將來。說得更準確些，三種時間是：過去的現在，現在的現在，和將來的現在，這不過是個類比的說法，這是我們思想中，三個不同的觀察，別的地方是找不到的，過去的事情的現在是記憶，現在的事情的現在是直覺，將來的事

情的現在是等待。假使能這麼說，我認為有三種時間。㈤

時間究竟在那裏？時間在我心裏，過去的事情留的印象，我記憶過去，是記憶我心裏的印象，我想將來的事，更是想我心靈的印象，「爲人的整個生活，生活的各部份，爲人類的歷史，歷史的各部份也是這樣。」㈥

零零落落，我的生命可算什麼？……祂（基督）運用一切，在一切之中，使我因祂把握那個因祂已往把握我者：使我跳出紅塵，翕合於惟一的祢。從此忘掉幕後，不管將來過去，只管現在，勇往直前，追求天鄉的得勝枝，到了那裏，我將聽到祢的誇獎，和祢的不來不去，永遠存留福樂。㈦

二、生　命

聖奧斯定把存在和生活和認知，連在一起，在論自由的書裏，他指出人是存在的，但他的存在不能明顯，除非他是活的。他認爲他懂得兩樁實事；他自己存在，他自己活著。按他說三樁事是確定的：他存在，他生活，他懂得。㈧

「我」在，因爲我活著；我活著，因爲我懂得。我懂得，是我內心的自覺。感覺的認識，不能給「我」眞正的認識，眞正的認識是認識觀念。聖奧斯定採納柏拉圖的思想，以觀念爲常久不變的眞理，柏拉圖主張觀念實際存在，構成觀念世界，人的靈魂也先天存在，認識觀念世界，當靈魂和身體相結合時，「我」忘記了對觀念的認識，要在現世中漸漸隨著環境去回憶，聖奧斯定則以觀念存在天主內，天主造靈魂時，觀念先天在人以內，但「我」的認識先天觀念，須要有天主的光照，另外是「我」爲認識天主，必須有天主的靈光。

我的靈魂雖不是真理之源，我還不知道，它當受別一光源的照耀，才能獲得真理。主，祢光照了我的神魂之燈：我的天主，祢光照了我的黑暗。我們所有的一切，都是從祢的大泉源裏來的。祢是真光，光照了入世的人羣。(九)

認識眞理，還不是生命，生命是愛。「當聖奧斯定以形上學的方式講論天主時，他認爲天主是一個純全的實體，可以使相對的部份實體得到滿全，也可以補足這些實體的缺憾。從這種觀點去看一切受造物，既然是受造物，便都在各種次序中，是不完全的也不實際的。但較實際的愛造物，較能認識天主，愛天主，在天主內找到和平。」(二十)

一切萬物的行動，從植物生長的變動到動物複雜的行動，都是『愛』的各種表現，它們的愛雖然不誠實不正確，它們的動作是外表的，不有結論的，混亂的，但是它們努力尋求對天主的愛，這種尋求對永恆不變和最高實體的愛，使它們的變動中，有規律，有恆，有次序。人的善，像別的受造物一樣，在於正確的愛。聖奧斯定因此給善德一個定義，即是「合理的愛。」㈡

聖奧斯定對於「愛」，常不斷地在各種著作中重複地申說：

我的愛是一種重力，拉著我走，我到什麼地方，都是這種重力在拉我。㈢

一切物體由重心力所要到的點，不是別的，只是它們心靈的愛所傾向點。㈢

心靈無論向那方，都是愛的重心力定律所吸引。㈣

身體因它的重心力，靈魂因它的愛，拉到那裏就到那裏。㈤

亞里斯多德和聖多瑪斯以人的理智爲重，人的高貴在於理智，「人是有理智的動物」。聖奧斯定以人心的意志情感爲重，人的特點在於愛，愛的正當不正當，造就人格的好壞。中國哲學也是以人心的善爲重，人心的善在於情感的動合不合理。孟子曾以惻隱、羞惡、辭讓、是非之心爲人的特點，這四種之心都是情感，四者中以惻隱之仁心爲首，爲總綱，仁卽是愛之理，卽是仁愛。

人心爲什麼愛？是爲求自心的愉快，聖奧斯定說：「我們不會愛不能給我們愉快的人和事物。」(二六)

愛，追求佔有所要的，是熱望；佔有並享受所愛的，是幸福；攻擊能使失掉所佔有的，是恐懼；若知道所愛的已失掉，是憂愁。這些感情，若所愛的不正當的，使都是可咒罵的，若所愛的正當，就都是好的。(二七)

在倫理方面，正當的事，就是合理的愛，「聖奧斯定的倫理，最先的是愛的倫理。人用自己的意志中向天主，最後達到天主又欣享天主。」(二八)聖奧斯定說：

倫理就在這裏，因為一種善良的，高尚的生活，只有在愛天主和愛人的倫

理內可以造成，因此這是人所該愛的。㈩九

「我」生命的目標，在求福星，眞正的福星在於天主，天主是全美全善的。

至上，至善，至能，至仁與至義，至隱與至顯，至美與至力，隱而不可捉摸，不變而變化一切；永不新，永不舊，而刷新一切；在不知不覺中，壓倒傲慢的人們。常動常寂，細大不捐，而什麼都不需要。……我的天主，我的生命，我的聖的甘飴，我們說了些什麼？幾時談祢，我們能說什麼？談話而不談祢的人，是有禍患的；因爲嘮叨的人，甚於啞吧。㈩十

「我」的生命，來自天主，要歸於天主。在生命的路上，以天主爲目標，天主成了「我」的生命。

三、關 係

聖奧斯定一生裏所有最活的記憶，和最深的感情，是他對於母親莫尼加的懷念和愛慕。

差不多，九年之間，我在深泥澤裏，我在廢棄的黑溝裏打滾。我求自拔的努力，不過使我越滾越深。可是，那個貞潔的，熱忱的，淡泊的，祢所鍾愛的寡婦；懷著悲哀希望的情緒，不斷地在祢台前為我哀禱。她的祈禱的聲浪，向祢飄去，祢仍讓我在黑夜裏濫滾。(三一)

但終究他悔改了，而且徹底改換生活。「主，祢竟俯允了她；祢俯允了她，沒有藐視她的眼淚。」他一生深深感到母愛是何等重要和可貴。他想起母親從非洲跟他到義大利。「我虔誠的母親，已追跡而來。爬山航海，把祢做靠山。為尋找，任何危險都不怕。當濁浪排天，危急萬伏的時候，她反去鼓勵那些理當安撫旅客的水手，保他們平安到達目的地。這是出於祢特別的啓示(三二)。」他改正了自己的生活，決定陪母親回非洲的家鄉。在羅瑪海港口等船時，母親重病去世，享年五十七歲，他自己是年歲三十三。「我天主，我們是祢造的。我的一點孝敬，怎能及得她加於我的恩情呢？我的靈魂少了她，就少了一個大安慰，怎能不悵惘呢？我們母子的生命是二而一的，她的死不就是這個性命的分裂麼？」(三三)

忽然我少了她，我在祢面前，只有痛哭；我為我的母親而哭，又為我自己而哭。從前我遏住的淚水，我讓它自由地，盡情地流出。淚水像隻床，我的心

躺在上邊，得到了安息。聽我淚水聲的，只有祢的耳，懂我淚水意的，決不是一個陌生人。㈢

聖奧斯定終生懷念著母親，體驗到「我」和家庭的緊密關係。他在講論人世社會的「天主之城」時，更認識家庭對社會國家的重要，家庭裏的人際關係乃是社會關係的基本：

每一個家庭應該是國家的細胞和根源，既然每一個根源被註定為一特別目標，每一個細胞被定為所屬機體的全體，所以家庭的和睦應該為國家的和睦有貢獻。因此，家庭內有發號施令的，有接受命令而服從的，兩者互相關連以構成家庭的和睦。㈤

但是在一個按信仰而生活的家庭裏，知道是在走向天鄉的旅途中，誰發號施令，是為被指使的人服務。他們不是為著權威的慾望而發號，而是為獻出自身；不是因驕傲作為一家之主，而是希望照顧大家。㈥

「我」在家中有自己的地位，有自己的名份，或是發號施令者，或是接受號令者，自己按照名份，維護家庭的和睦。丈夫發號令，妻子服從；父母發號令，子女服從；家主發號令，傭工服從。但是彼此都是以愛心而維持和睦，爲愛天主而發號或服從。

聖奧斯定生在古羅馬帝國崩潰的時代，他去世以前不久，野蠻民族的兵隊已經渡海到非洲北部，圍困了他的城市，他死去以後，蠻兵破圍而入，搶掠焚燒，當時人揚言天主的信仰招致古羅馬神靈的怒，重罰了羅馬帝國。聖奧斯定著作「天主之城」一書，駁斥這種傳說，標出他的兩個世界觀：天主之城，塵世之城。每一個「我」，必定屬於一個世界。世界有它的歷史，每一個人「我」，也屬於歷史。聖奧斯定的歷史爲救恩史，人類因天主聖子的救贖以得到救恩，整個人類的歷史，按著天主顯示救恩的歷程而進行，「天主之城」是得救恩的世界。「我」進入救恩的世界，參加人類的救恩歷史。

人，可以說是按照本性的規律，要建立社會，保持彼此間的和平，並且盡力予以保全。(三七)

在地上，天主按自己的肖像，人佔第一個位置：我們不知道天主為什麼造了一個人，却又不讓他獨自個人生活。在動物裏沒有另一種像人這樣，因著毛病彼此不和睦，同時又因著本性非常共同相處。為攻打不和睦的毛病，或是為

預防或改正這種毛病，人們沒有更有益的道理較比這種更好：就是天主造了原祖，使人類由他繁衍，是為保持人類心靈的合一。(三)

「本是同根生，相煎何太急。」「四海之內皆兄弟也」這就是使人類和睦相處的基本理由。「我」由天主所造，不是孤獨的實體。而是相處在社會裏的一員。「我」的社會性是天主的，是人性的一部份；「我」的存在，就有「在世存有」。聖奧斯定所以說：生命就是愛，生活就是愛的活動；「我」的關係，也就是愛的關係。因著愛，「我」參加救恩的歷史。

註釋

(一) 聖奧斯定　聖若望福音註釋第二十六卷。

(二) Federick Copleston. A History of Philophy VIV p. 49.

(三) 同上，頁四十八。

(四) 論自由　卷二，第二節。

(五) 論新歌　卷四。

(六) 聖若望福音註釋　第十二卷，第十三節。

(七) 同上，頁四十九。
(八) 懺悔錄，吳應楓譯，頁一，上海土山灣出版。
(九) 同上，頁三。
(十) 同上，頁四十二。
(十一) 同上，頁一八九。
(十二) 同上，頁六十。
(十三) 同上，頁五十八。
(十四) 同上，頁一八〇。
(十五) 同上，頁二二一。
(十六) 同上，頁二三〇。
(十七) 同上，頁二三〇。
(十八) Copleston　同上(二)頁五十四。
(十九) 懺悔錄　頁六十。
(廿) W. I. Jones A History of western pholosophy VII p. 104.
(廿一) 同上，頁一〇四。
(廿二) 懺悔錄　頁二六四。
(廿三) 書信集　第五十五卷，第十章第十八節。

(二四) 書信集 第一百五十七卷，第二章第九節。

(二五) 天主之城 第十一卷，第二十八章。

(二六) 證道 第一百五十九卷，第三章第三節。

(二七) 天主之城 第十六卷，第七章第二節。

(二八) capleston, 同(二) p. 82.

(二九) 書信集 第一三七卷，第五章第十七節。

(三十) 懺悔錄 頁三。

(三一) 同上，頁四十二。

(三二) 同上，頁八十一。

(三三) 同上，頁一六一。

(三四) 同上，頁一六二。

(三五) 天主之城 第十九卷，第十三節。

(三六) 同上，第十九卷，第十四節。

(三七) 同上，第十九卷，第十二章第二節。

(三八) 同上，第十二卷，第二十八章第一節。

十四、曾國藩家書的五倫道德

一、前　言

曾國藩生於公元一八一一年，於一八七二年去世，享壽六十一歲。去世到今已兩甲子，離他的生年，則已經三甲子了。最近臺北市已出售大陸唐浩明先生的曾國藩歷史小說三部九册，故宮博物院在十一月底將舉行兩天歷史學術講演，紀念曾國藩在中國歷史的身價。今年六月，臺北學術界曾召開王船山學術思想研討會，紀念王船山逝世三百週年，我曾在中央日報發表一篇文章，講述王船山思想的系統，對這位（衡陽）鄉賢表示我的景仰。曾國藩曾出生在衡州，對於他的逝世兩甲子，我又作一篇紀念性的文字，表達對這鄉賢的敬重。

曾國藩的著作流傳最廣，版本也最多的，是他的家書。黎明書局曾出版一部，編者在「編者的話」裡說：「本書的出版，承俞部長大維先生，出所藏珍本，又重加蒐集校正，更見完善。」

「編者的話」中更有一長段介紹家書內容：「以數量而論，有一千餘封之多；以對象而言，上由祖父母至父母，中對諸兄弟，下及兒輩；足以探索全家人物的生活和形象；以內容而論，由瑣屑的家事，父母的存向，兄弟的勸誘，子女的教導，進而至國事、政務的處理……以至於論文論學，修身成德，眞實而又細密，平常而又深入，眞是一部眞實生動的生活寶鑑。……曾文正公是最好的兒子，能使父母放心、歡心；也是最好的哥哥，教導和照顧弟妹，體貼入微，眞情實意，極爲動人；更是成功的父親，仁慈而又嚴正，是子女的好榜樣。……凡是想要扮演好爲人子女、爲人父兄的角色，都不可不細看這些情眞意切的書信。……」

家書既然具有這麼高的修身齊家價值，我就簡要的從家書中舉出五倫的道德，作爲研讀家書的人做參考。

二、修　身

在中國傳統的文化裡，修身爲齊家治國的基石。大學講治國平天下，先要修身，次要齊家。身不修，則家不齊，更談不上治國了。

曾國藩從少謹愼修身，謹言愼行，一生服膺孔孟之道。在家書裡勸勉弟弟，訓戒兒子，時時流露這種儒家君子的精神。在家書裡，多處說明他自己的缺點，也標出自己反省改過的方法。

> 沅弟言我仁愛有餘威猛不足，澄弟在此時亦常說及，近日友人愛我者人人說及。無奈性已生定，竟不能威猛。所以不能威猛，由於不能精明，事事被人欺侮，故人得而玩易之也。(家書第一冊，頁三三七，咸豐四年五月初一日　致澄弟、沅弟、季弟)

曾國藩自知剛強威猛，不如左宗棠和彭玉麟，精明不如李鴻章；但他能取他人之長補自己的不足，左、彭、李都是他幕下的謀士猛將。他自己常是鄭重，腳踏實地。

> 然我用功，實腳踏實地，不敢一毫欺人。……我在京師，惟恐名浮於實，故不先拜一人，不自詡一言，深以過情之聞為恥耳。(家書第一冊，頁一三七，道光二十四年十二月十八日　致澄弟、溫弟、沅弟、季弟)

後來戰功日高，官位身望日隆，他力求謙虛，絕不以官位驕人，時時戒慎恐懼。

自概之道云何？亦不外清、慎、勤三字而已。吾近將清字改為廣字，慎字改為謙字，勤字改為勞字，尤為明淺，確有可下手之處。（家書第三冊，頁一一二四，同治元年五月十五日　致沅弟、季弟）

早在京師時，他已經告誡弟弟們，作工夫赴考場「盡其在我，聽其在天，萬不可稍生妄想。」

吾人只有進德修業兩事靠得住。進德，則孝弟仁義是也；修業則詩文作字是也。此二者由我作主，得尺則我之尺也，得寸則我之寸也。（家書第一冊，頁一二二，道光二十四年八月二十九日　致澄弟、溫弟、沅弟、季弟）

當他官位已經封侯，他越覺自己要謙虛。

吾兄弟位高，名望亦高，中外指目為第一家。樓高易倒，樹高易折，吾與弟時時有可危之機，專講寬本謙巽，庶見高而不危。（家書第四冊，頁一七三六，同治五年八月二十四日　致沅弟）

而且他每以「悔」字作爲生活準則。

弟求兄隨時訓示申敬。兄自問近年惟有一悔字訣。兄昔年，自負本領甚大，……自從丁巳、戊午大悔大悟之後，乃知自己全無本領，……故從戊午至今九載，與四十歲以前迥不相同，大約以能立能達爲體，以不怨不尤爲用。（家書第四册，頁一七八三，同治六年致沅弟）

朱子嘗言，悔字如春，萬物蘊蓄初發；吉字如夏，萬物茂盛已極；吝字如秋，萬物始落；凶字如冬，萬物枯凋。（家書第四册，頁一七九九，同治六年三月初二　致沅弟）

曾國藩常懷著易經乾卦的亢龍有悔，身居高位，時時有危機感，謹小愼微。

余在外立志以愛民爲主，……又性素拙直，不善聯絡地方官，所在齟齬，坐是中懷抑塞，亦常有自艾之意。（家書第二册，頁四八六，咸豐八年二月二日　致沅弟）

當亂世處大位而為軍民之司命者，殆人生之大不幸耳。（家書第四冊，頁一七九五，同治六年二月二十一日　致沅弟）

余定於正初北上，頃已附片復奏抄閱。……余決計此後不復作客，亦不作回籍安逸之想。但在營中照料雜事，維繫軍心，不居大位享大名，或可免於大禍大謗。若小小凶咎，則亦聽之而已。（家書第四冊，頁一七五九，同治五年十一月初三日　諭紀澤）

但事情進行並不是他所追求的，他升官拜爵，功名盛極一時。他乃常記著以往告誡弟弟們的話：

凡人一身，只有遷善改過四字可靠；凡人一家，只有修德讀書四字可靠。（家書第一冊，頁二八八，咸豐元年七月初八日　致澄弟、溫弟、沅弟、季弟）

他在軍中，或在高位，每日讀書，用正楷字寫日記，事事專心。

凡人作一事，須全副精神注在此事，……人而無恆，終身一無所成。我生平坐犯無恆的弊病，實在受害不小。（家書第一冊，頁四七〇，咸豐七年十二月十四夜　致沅弟）

曾國藩一生持身處世，常把持這種謹慎精神。他所謂無恆，在於訓練湘勇，跟長毛作戰，幾次失敗，想放棄軍事；但每次仍舊再起，終至成功。在政事上，天津教案交涉，遭受攻擊，被調回兩江總督任，更謹慎處理事務，以致在六十一歲就因病去世。慈禧太后也痛惜說：「曾國藩沒有過一天的享受。」

三、家庭

曾國藩的家庭，原是四代同堂的家庭，上有祖父母，下有兒女。一家的精神，建立在祖父星岡公的教訓。

余與沅弟論治家之道，一切以星岡公為法，大約有個八字訣。其四字即上年所稱書、蔬、魚、猪也；又四字則曰早、掃、考、寶。早者，起早也；掃者，掃屋也；考者，祖先祭祀，敬奉顯考、王考、曾祖考，言考而妣可該也；

寶者，親族鄰里，時時周旋，賀喜弔喪，問疾濟急。星岡公常曰：人待人無價之寶。（家書第二冊，頁七〇六，咸豐十年閏三月二十九日　致澄弟）

家中養魚、養猪、種竹、種蔬四事，皆不可忽。一則上接祖父以來相承之家風，二則望其外有一種生氣，登其庭有一種旺氣，雖多花幾個錢，多請幾個工，但用在此四事上總是無妨。（家書第二冊，頁五五一，咸豐八年八月二十二日　致澄弟、季弟）

吾祖星岡公於僧道巫醫及堪輿星命之言皆不甚信，故凡不近情理之言不敢問之開口。以後吾家兄弟子侄，總以恪守星岡公之繩墨為要。（家書第四冊，頁一五〇六，同治三年四月十四日　致澄弟）

星岡公制定治家八字，爲日常生活的規則，曾國藩在家書中多次提醒子弟，決不忘記。在精神倫理道德方面，曾國藩引申祖父的遺訓，規定本家的形像。

吾家子侄半耕半讀，以守先人之舊，慎無存半點官氣。不許坐轎，不許喚人取水添茶等事。其拾柴收糞等事，須一一為之；插田蒔禾等事，亦時時學之。庶漸漸務本而不習於淫佚矣。（家書第一册，頁三三一，咸豐四年四月十四日致澄、溫、沅、季弟）

家中之事，望賢弟力為主持，切不可日趨於奢華。子弟不可學大家口吻，動輒笑人之鄙陋，笑人之寒忖，日習於驕奢而不自知，至戒至囑。（家書第三册，頁一〇三七，咸豐十一年八月二十四日　諭紀澤）

居家之道，惟崇儉可以長久，處亂世尤以戒奢侈為要義，衣服不宜多製。（家書第三册，頁一〇三七，咸豐十一年八月二十四日　諭紀澤）

曾國藩最怕家中子弟染上官家習氣，失落祖傳家風。他的父親曾撰一聯，命曾國藩書寫，懸掛家堂。

有子孫有田園家風半讀半耕但以箕裘承祖澤
無官守無言責世事不聞不問且將艱鉅付兒曹
（咸豐四年正月上旬竹亭老人自撰命男國藩寫）

曾國藩以勤敬二字作爲家法，令子弟遵守。

家中兄弟子侄，總宜以勤敬二字為法。一家能勤能敬，雖亂世亦有興旺氣象；一身能勤能敬，雖愚人亦有賢智風味。吾生平於此二字少工夫，今諄諄以訓吾昆弟子侄，務宜刻刻遵守。（家書第一册，頁三五一，咸豐四年七月二十一夜致澄、溫、沅、季弟）

曾國藩軍功蓋世，官至封侯；他卻常有危機感，諄諄囑咐家中人絕對不能驕奢，要恐懼滿招損。

此後總須步步收緊，切不可步步放鬆。禁坐四人轎，姑從星岡公子孫做起，不過一二年，各房亦可漸改。總之，家門太盛，有福不可享盡，有勢不可使盡。人人須記此二語也。（家書第四册，頁一四四〇，同治二年十一月二十四日致澄弟）

平日最好昔人「花未全開月未圓」七字，以為惜福之道，保泰之法莫精於

此。……星岡公昔年待人，無論貴賤老少，純是一團和氣。（家書第三冊，頁一二六六，同治二年正月十八日　致沅弟）

讀書乃寒士本業，切不可有官家風味。……家中新居富壎，一切須存此意，莫作代代做官之想，須作代代做士民之想。門外掛匾不可寫侯府相府字樣。天下多難，此等均未必可靠，但掛宮太保第一匾而已。（家書第四冊，頁一七八〇，同治五年十二月二十三日　諭紀澤）

我家中斷不可積錢，斷不可買田，亦兄弟努力讀書，決不怕沒飯吃。至囑。（家書第二冊，頁七九〇，咸豐十年十月十六日　諭紀澤、紀鳴）

家中最要的，在於一團和氣，一團和氣尤其是在兄弟間，影響全家。

兄弟和，雖窮氓小戶必興；兄弟不和，雖世家官族必敗。（家書第一冊，頁七七，道光二十三年二月十九日　稟父母）

夫家和則福自生。若一家中，兄有言弟無不從，弟有請兄無不應，和氣蒸蒸而家不興者，未之有也，反而不敗者，亦未之有也。（家書第一冊，頁六八，道光二十三年正月十七日　稟父母）

曾國藩的家書，幾乎百分之九十，是給弟弟的信，信中規勸弟弟，勉勵弟弟，力求和弟弟心意相通，又要求子弟，不以官家自居，以士民之家爲家，家風勤儉，家有道德。

四、父　母

孝道在中國社會，已經實行幾千年，凡是讀書人，多是以孝爲治家之本。曾國藩家書開始是向祖父母和父母寫信，稟告自己的生活狀況，盡子孫之責。致弟弟書信，常提及孝道。

余嘗語岱雲曰：『余欲盡孝道，更無他事，我能使諸弟進德業一分，則我之孝有一分；能教諸弟進十分，則我孝有十分；若全不能教弟成名，則我大不孝矣。九弟之無所進，是我之大不孝也。惟願諸弟發奮立志，念念有恒，以補我不孝之罪。幸甚幸甚。』（家書第一冊，頁五七，道光二十二年　致澄、溫、沅、季弟）

賢弟性情真摯，而短於詩文，何不日日在孝弟兩字上用功？「曲禮」「內則」所說的，句句依他做出，務使祖父母、父母、叔父母無一時不安樂，無一時不順適；下而兄弟妻子皆藹然有恩，秩然有序，此真大學問也。若詩文不好，此小事，不足計；卽好極，亦不值一錢。不知賢弟很聽此語否？（家書第一冊，頁八八，道光二十三年六月初六　致澄、沅、季弟）

不僅教孝，實際要行孝；對於祖父，謹望父叔服侍；對於父親，囑咐弟弟服侍。

且男忝竊卿貳，服役已兼數人，而大人以家務勞苦如是，男實不安於心。此後萬望總持大綱，以細微事附之四弟。四弟固謹慎者，必能負荷，而大人與叔父大人惟日侍祖父大人前，相與娛樂，則萬幸矣。（家書第一冊，頁二〇二，道光二十七年七月十八日　稟父母）

吾兄弟五人，溫、沅皆出外帶勇，季居三十里外，弟弟常常他出，遂無一人侍奉父親膝下，溫亦不克遽歸侍奉叔父，實於論語遠游、喜懼二章之訓相違。余現令九弟速來瑞州與溫並軍，庶二人可以更番歸省，澄弟宜時常在家以

盡溫情之職，不宜干預外事，至囑至囑。（家書第一冊，頁四二八，咸豐六年十月初六日　致澄弟）

曾國藩對於家庭的形像，非常注意。自己既任高官，自己的家在鄉村應該保有樸素的形像，絕不宜假藉勢力，干預地方行政，不向地方政府拜托施壓，他勸父親莫進入官署。

我家既為鄉紳，萬不可入署說公事，致為官長所鄙薄。卽本家有事，情願吃虧，萬不可與人構訟，令長官疑為倚勢凌人，伏乞慈鑒。（家書第一冊，頁一五一，道光二十五年五月二十九日　稟父母）

又聞四弟六弟言父親大人近來常到省城縣城，曾為蔣市街曾家說墳山事，長壽庵和尚說命案事。此雖積德之舉，然亦是干預公事。……凡鄉紳管公事，地方官無不銜恨。無論有理無理，尚非己事，皆不宜與聞。地方官外面應酬，心實鄙薄。……以後無論何事，望勸父親總不到縣，總不管事，雖納稅正供，使人至縣。伏求堂上大人鑒此苦心，姪時時掛念獨此耳。（家書第一冊，頁一六三，道光二十五年十月初一日　稟叔父母）

前信言莫管閑事，非恐大人出入衙門，蓋以我邑書吏欺人肥己，黨邪嫉正，設有公正之鄉紳，取彼所魚肉之善良而扶植之，取此所朋比之狐鼠而鋤抑之，則於彼大有不便，必且造作謠言，加我以不美之名，進讒於官，代我搆不解之怨。而官亦陰庇彼輩，外雖以好言待我，實則暗笑而深斥之，甚且當面嘲諷。且此門一開，則求者踵至，必將日不暇給，不如一切謝絕。今大人手示，亦如杜門謝客。此男所深為慶幸者也。（家書第一冊，頁一六八，道光二十六年正月初三日　稟父母）

曾國藩爲保持家庭的樸素形像，敢向父親進言，勸不代人向地方官打交道，他實踐論語所說：「事父母幾諫，見志不從，又敬不違，勞而不怨。」父親竹亭公接納兒子的善言，以後不進官署。他另一項孝道，是爲祖父母及父母，預辦四具壽器，多次囑咐弟弟用上等漆每年爲壽具加漆，表示他極看重這種傳統的孝道。

五、兄　弟

曾國藩兄弟五人，他最年長。對於弟弟，家書講話最多。在他心目中，家庭的結構由兄弟負擔。祖父母和父母已到安閒休養年歲，兒子和侄兒尚在求學時期，家中事務都由兄弟承擔。所以他說「家和」，常指著兄弟的和睦。中國傳統的道德，最重孝悌，孝是孝敬父母，悌是愛敬兄長。兄長對弟弟有教導的責任，弟弟對兄長有聽從的義務。曾國藩在弟弟們年青考試時，指導讀書的方法，做人的道理，指示他們選擇老師。家書中的第一封寫給四個弟弟的信，詳細指示進德脩學。

> 寫至此，接得家書。知四弟、六弟未得入學（沒考過），悵悵。然科名有無遲早，總由前定，絲毫不能勉強。吾輩讀書，只有兩事；一者進德之事，講求乎誠正修齊之道，以圖無忝所生；一者修業之事，操習乎記誦詞章之術，以圖自衛其身。（家書第一冊，頁四八，道光二十二年九月十八日　致澄、溫、沅、季弟）

道光二十二年十月廿日、十一月十七日，有兩封致四個弟弟的長信，詳細就個人的心境予以開導，勉勵讀書進德。他說：

> 所望者再得諸弟獨立，同心一力，何患令名之不顯，何患家運之不興？欲別立課程，多講規條，使諸弟遵而行之，又恐諸弟習見而生厭心；欲默默而不言，又非長兄督責之道。是以往年常示諸弟以課程，近來則只教以有恆二字。

所望於諸弟者，但將諸弟每月功課寫明告我，則我心大慰矣。（家書第一冊，頁三一，道光二十四年十一月二十一日　致澄、溫、沅、季弟）

至於兄弟之際，吾亦惟愛之以德，不欲愛之以姑息。教之以勤儉，勸之以習勞守樸，愛兄弟以德也；豐衣美食，俯仰如意，愛兄弟以姑息也。姑息之愛，使兄弟惰肢體，長驕氣，將來喪德虧行，是原我率兄弟以不孝也，吾不敢也。（家書第一冊，頁二四四，道光二十九年三月二十一日　致澄、溫、沅、季弟）

到後來他練勇和太平軍作戰，澄弟留在家，溫弟、沅弟、季弟都參加練勇，溫弟戰死，季弟病死，沅弟國荃領帶湘勇，攻克安慶，攻破金陵。曾國藩給澄弟寫信，指示治家；給沅弟寫信，指示作戰和修身之道。

余往年撰聯贈弟，有「儉以養廉，直而能忍」二語。弟之直人人知之，其能忍，則為阿兄所獨知；弟之廉人人料之，其不儉，則阿兄所不及料也。以後望弟於儉字加一番工夫，用一番苦心，不特家常用度宜儉，卽修造公費，周濟人情，亦須有一儉字意思。總之，愛惜物力，不失寒士之家風而已。（家書第

三册，頁一四三五，同治二年十一月十四日致澄弟）

余與沅弟同時封爵開府，門庭可謂極盛，然非可常恃之道。記得己亥正月，星岡公訓竹亭公（祖訓父）曰：「寬一雖點翰林，我家仍靠田作業，不可靠他吃飯。」此語最有道理，今亦當守此語為命脈。望吾弟專在作田上用些工夫，而輔之以書、蔬、魚、猪、早、掃、考、寶八字，任憑家中如何貴盛，切莫全改道光初年之規模。凡家道可以久者，不恃一時之官爵，而恃長遠之家規；不恃一二人之驟發，而恃大衆之維持。我若有福罷官回家，當與弟竭力維持。老親舊眷，貧賤族黨不可怠慢，待貧者亦與富者一般。當盛時預作衰時之想，自有澤固之基矣。（家書第四册，頁一七一四，同治五年六月初五日　致澄弟）

這一段話，很明顯地說出曾國藩的儒家修養，很怕「亢龍有悔」，很想預防「盛極而衰」，以謙樸持家，家的富貴乃能持久。

沅甫曾國荃，才高氣盛，尤其性躁，又有肝病，行軍作戰，常求速決。在圍攻金陵時，費時三年，曾國藩屢次寫信，告示弟弟行軍作戰之道，另外勸弟弟能忍、能讓，宜看天意以行事。

日中則昃，月盈則虧，吾家已盈時矣。管子云：斗斛滿則人概之，人滿則天概之。余謂天概之無形，仍假手於人以概之。……吾家方豐盈之際，不待天之來概，人之來概，吾與諸弟當設法先自概之。自概之法為何？亦不外清、慎、勤三字。吾近將清字改為廉字，慎字改為謙字，勤字改為勞字，尤為明淺，確有下手之處。（家書第三册，頁一一二三，同治元年五月十五日　致沅弟）

疏辭兩席一節，弟所說甚有道理。然處在大位大權而兼享大名，自古曾有幾人能善其末路者？總須設法將權位二字推讓少許，減去幾成，則晚節漸漸可以收場耳，今因弟之所諫，不復專疏奏請，遇便能附片申請，但能於兩席中辭退一席，亦是一妙。（家書第三册，頁一一五七，同治二年正月初七日　致沅弟）

「凡辦大事，以識為主，以才為輔；凡成大事，人謀居半，天意居半。往年攻安慶時，余告弟不必代天作主張。……弟現急求克城（金陵），頗有代天主張之意。若令丁道在營鑄砲，則尤於無識矣。願弟常畏天之念，而慎靜以緩圖之，則近耳。……弟於吾勸誡之信，每不肯虛心體驗，動輒辯論，此最不可。吾輩居此高位，萬目所瞻，凡督撫是己非人，自滿自足者，千人一律。君子大過人處，只在虛心而已。（家書第三册，頁一三七九，同治二年七月二十一日致

沅弟）

余自經咸豐八年一番磨煉，始敬畏天命，畏人言，畏君父之訓誡，始知自己本領平常之至。……弟經此番裁抑磨煉，亦宜從畏慎二字痛下功夫。畏天命，則於金陵之克付諸可必不可必之數，不敢絲毫代天主張。且常覺我兄弟菲材德薄，不配成此大功。畏人言，則不敢稍拂輿論；畏訓誡，則轉以小懲為進德之基。（家書第三冊，頁一四〇七，同治二年九月十一日　致沅弟）

在同年十月二十八日致沅弟信中，仍說：「克城之遲早，仍有天定，不關人謀也。」同年十一月初一日的信，勸說：「望弟無貪功之速成，但求事之穩適。」後來朝廷有意派李鴻章率淮軍助克金陵，曾國藩也想請李鴻章出兵，曾國荃不同意，他給弟弟寫信說：

如奉旨飭少荃中丞前來會攻金陵，弟不必多心，但求了畢茲役。獨克固佳，會克亦妙。功不必自己出，名不必自己成，總以保全身體，莫生肝病為要。善於保養，則能忠能孝，而兼能悌矣。（家書第四冊，頁一五〇七，同治三年四月十六日　致沅弟）

李鴻章當然不願發兵，避免和曾國荃爭功；曾國藩自己也不親往金陵督師，留在安慶，讓克金陵之功，歸於國荃，在同年同月二十日，又囑國荃「事事落人後着，不必追悔，不必尤人，此等處總守定畏天知命四字。」後來國荃於元月十六日攻克金陵，國藩於六月十九、二十、二十一速寫四封信與國荃，詢問詳情，囑「弟勞苦太久，切勿過於焦慮，至囑至囑。」國荃仍因心燥發肝疾，回家休養，國藩去信說：

> 沅弟濕毒與肝鬱二者總未痊愈。濕毒因太勞之故，肝疾則沅心太高之故。立此大功，成此大名，而獨懷鬱鬱，天下何一乃為快意之事？何年乃是快意之時哉？余於本月代具請假摺，九月再奏請開缺，十月當可成行。（家書第四冊，頁一五七八，同治三年八月十四日　致沅弟）

> 故吾輩在自修處求強則可，在勝人處求強則不可。（家書第四冊，頁一七四二，同治五年九月十二日　致沅弟）

在此信中，曾國藩列舉北宮黝、孟施舍、曾子的德，又舉出鬥智鬥力之害，如李斯、曹操、楊素，終至遭禍。故囑曾國荃切勿以「自治者每勝一籌。」在最後曾國荃回鄉，他更囑咐維持家聲。

吾鄉顯宦之家，世澤綿延者不少。吾兄弟忝叨爵賞，亦望後嗣子孫讀書敦品，略有成立。乃不負祖宗培植之德。吾自問服官三十餘年，無一毫德澤及人，且愆咎叢積，恐罰及於後裔。老年痛自懲責，思蓋前愆。望兩弟於吾之過失寄箴言，並望互相切磋，自勤儉自持，以忠恕教子，要令後輩洗淨驕奢之氣，各敦恭謹之風，庶幾不墜家聲耳。（家書第四册，頁一八九四，同治十年三月初三日 致澄弟、沅弟）

曾國藩於同治十一年二月三日逝世，正是寫上封信的後十一個月，這時剛六十歲，自稱老年痛自懲責，勉勵兩弟以勤儉自持，以忠恕教子，以維持家聲。

六、兒子、妻女、朋友

曾國藩有兩個兒子：曾紀澤、曾紀鴻。紀澤天份高，紀鴻天份平平。曾國藩教導他們讀書、作文、寫字。第一封信寫給曾紀澤的信，是咸豐二年七月二十六日，曾國藩在回鄉省親的途中，突得母親去世的耗音，乃去信給留在北京的兒子，詳細指示他處理開吊，家眷回家，賬務各種事件，信中流露孝思、誠樸、寬容、謹愼的心情，無形中是很好的家教。以後給紀澤、紀鴻的信，都是教導讀書和修身之道。

讀書之法，看、讀、寫、作，四者每日不可缺一……至於作人之道，聖賢千言萬語，大抵不外敬恕二字。仲弓問仁一章，言敬恕最為親切。……孔言欲立立人，欲達達人；孟言行有不得，反求諸己。以仁存心，以禮存心，有終身之憂，無一朝之患。是皆言恕字最好下手者。爾心境明白，於恕字或易著功，敬字則宜勉強行之。此立德之基，不可不愼。（家書第二冊，頁五三三，咸豐八年七月二十一日　諭紀澤）

吾教子弟不離八本，三致祥。八者曰：讀古書以訓詁為本；作詩文以聲調為本；養親以得歡心為本；養生以少惱怒為本；治家以不宴起為本；屬官以不要錢為本；行軍以不擾民為本。三者曰：和致祥，勤致祥，恕致祥。（家書第二冊，頁八八一，咸豐十一年三月十三日　諭紀澤、紀鴻）

余生平有三恥，學問各途，皆略涉其涯涘，獨天文算學，毫無所知，雖恒星之緯不識認，一恥也；每作一事，治一業，輒有始無終，二恥也；少時作字，不能臨摹一家之體，遂致屢變而無所成，遲鈍屢變而無所成，遲鈍而不適於用，近歲在軍，因作字太鈍，廢閣殊多，三恥也。爾昔為克家之子，當思雪此三恥。（家書第二冊，頁五四九，咸豐八年八月二十四日 諭紀澤）

余近年默省之勤、儉、剛、明、忠、恕、謙、渾，八德，曾為澤兒言之，宜轉告與鴻兒，就中能體會一、二字，便有日進之象。澤兒天資聰穎，但嫌過於玲瓏剔透，宜從渾字上用些工夫。鴻兒則從勤字上用些工夫。用工不可拘古，須探討些趣味出來。（家書第四冊，頁一六九一，同治五年三月十四夜諭紀澤、紀鴻）

一曰慎獨則心安。自修之道，莫難於養心。心既知有善有惡，而不能實用其力，以為善去惡，則謂之自欺。方寸之自欺與否，蓋他人所不及知，而已獨知之。故大學之誠意章，兩言慎獨。果能好善如好色，惡惡如惡臭，力去人欲，以存天理，則大學之所謂自慊，中庸之所謂戒慎恐懼，皆能切實行之。……

二曰主敬則身強，敬之一字，孔門持以教人，春秋士大夫亦常言之，至程朱千言萬語不離此旨。內而專靜純一，外而整齊嚴肅，敬之工夫也。……三曰求仁則人悅。凡人之生皆得天地之理以成性，得天地之氣以成形，我與民物，其大本乃同出一源，……孔門教人，莫大於求仁，而其最切者，莫要於欲立立人，欲達達人數語。

四曰有勞則神欽。凡人之情，莫不好逸而惡勞……人一日所着之衣所進之食，與一日所行之事所用之力相稱，則旁人韙之，鬼神許之，以為彼自食其力也。……

余衰年多病，目疾日深，萬難挽回……今書此四條，老年用自儆惕，以補昔歲之衍；並令二子各勖勉，每夜以此四條相課，每月終以此四條相稽，仍寄諸侄共守，以期有成焉。（家書第四冊，頁一九二七）

上引為家書最後一篇，末記「金陵節署中日記」，曾國藩時年六十歲，已自稱衰老，以這四條訓勉子侄。次年，他卽去世，可說這四條是留給子侄的遺囑。

曾國藩對於妻子郭夫人，互相尊重，家書中有兩封致歐陽夫人的信，稱呼「夫人」，語氣平和有禮。

丞中遇祭酒菜，必須夫人牽婦女親自經手。……吾夫婦居心行事，各房及子孫皆依以為榜樣，不可不勞苦，不可不謹慎。近在京買參，每兩去銀二十五金，不知好否？茲寄一兩與夫人服之。（家書第四冊，頁一七六八，同治五年十二月初一日 致歐陽夫人）

余精力日衰，總難多見人客。……余亦不願久居此官，不欲再接家眷東來。夫人率兒婦輩在家，須事事立一定章程，居官不過偶然之事，居家乃是長久之計，能從勤儉耕讀上做出好規模。……望夫人教訓兒孫婦女，常常作家中無官之想，時時有謙恭省儉之意，則福澤悠久，余心大慰矣。（家書第四冊，頁一八一二，同治六年五月初五日 致歐陽夫人）

這種勤儉謙恭的思想，乃曾國藩一貫的思想，在致弟弟和兒子的信裏，時常提及，時常囑咐。對於婦女他依照這種思想，督促她們作家事。

新婦初來，宜教之入廚作羹，勤手紡織，不宜因其富貴家子女不事操作。大、二、三諸女已能做大鞋否？三姑一嫂，每年做鞋一雙寄余，各表孝敬之忼，各爭針黹之工，所織之布，做成衣襪寄來，余亦得察閨門以內之勤惰也。

（家書第一册，頁四二七，咸豐元年十月初二日　諭紀澤）

可見他本人的儉樸，穿着家中人所作衣履，又見他對家中事的細心。

余於家庭有一欣慰之端，閨妯娌及子侄輩和睦異常。……

（家書第四册，頁一五三六。同治三年六月初一，致沅弟）

吾家門第鼎盛，而居家規模禮節總未認真講求。……故吾屢教兒媳諸女親主中饋，後輩視之若不要緊。此後還鄉居家，婦女縱不能精於烹調，必須常至廚房，必須講求作酒作醯醢小菜換茶之類。爾等亦須留心於蒔蔬養魚。此一家興旺氣象，斷不可忽。紡織雖不能多，亦不可間斷。大房唱之，四房皆和之，家風自厚矣。（家書第四册，頁一七二〇，同治五年六月二十六日　諭紀澤、紀鴻）

此種家風，今天的社會已不能實用，但是勤儉的家風，今天仍舊應是居家的原則。

家書中沒有致朋友的信，但在家書中曾國藩常提到朋友，尤其對曾國荃帶兵作戰，曾國藩常指點謹愼朋友間的往來。在道光二十二年十月二十六日致四個弟弟的長信，述說他在京師所交的朋友，自稱『余之益友』，也說自己得益，「盡明師益友，重重夾持，能進不能退也。」（家書第一册，頁五四）

七、君臣

家書中沒有上呈皇帝的奏稿，只有在家信中提到朝廷和皇上時，曾國藩表明自己的態度。

分兵北援以應詔，此乃臣子必盡之分。吾輩所以忝竊虛名，為衆所附者，全憑忠義二字。不忘君，謂之忠；不失信於友，謂之義。今鑾輿播遷，而臣子付之不聞不問，可謂忠乎？……孰若入援而以正綱常以篤忠義？縱使百無一成，而死後不自悔於九泉，不詒議於百世。弟謂切不可聽書生議論，兄所見卽書生迂腐之見也。（家書第二册，頁七六七，咸豐十年九月初十日　致沅弟）

英法聯軍入侵，淸帝避往熱河，詔遣曾國藩率師北援，曾國荃不同意北上，來信批評朝廷，曾國藩復信罵他「滿紙驕矜之氣，且多悖謬之語。」信末說：「此次復信，責弟甚切。

嗣後弟若再有荒唐之信如初五者，兄卽不復信耳。」後四天，又致曾國荃一信，說若皇帝決派他北援，「則十月奉旨，十一月底卽當起行。明知此事無益於北，有損於南，而余忝竊高位，又竊虛名，若不赴君父之難，則既貽後日之悔，復懼沒世之譏，成敗利鈍，不敢計也。」（家書第二册，頁七七。）

從上面兩封信可以知道曾國藩的忠義。他自認是書生迂腐之見。中國儒家傳統觀念，以忠於正統之君爲臣子之責，清朝皇帝當時已是正統之君，曾國藩誓死忠於皇帝，上面所提曾國荃給曾國藩的信，內容不可知，但從曾國藩的復信，可以猜到有勸國藩放棄清朝，自立爲主的言論，曾國藩乃罵說：「天下之事變多矣，義理亦深矣，人情難知，天道亦難測，而吾弟爲此一手遮天之辭，狂妄無稽之語，不知果何所事。」

後世論曾國藩的人，也多批評他不背棄滿清，自創漢人朝廷。然曾國藩以自己書生之見，決不做這事；而且他看當時的情勢，也決不可爲。清朝雖已經無爲，但李鴻章的淮軍，左宗棠的楚軍，江西的沈葆禎，雖係曾國藩所保薦，不和他同心，然他最怕不受控制的弟弟曾國荃的跋扈，自作主張。他所以忠於清朝，明哲保全家。

八、結語

曾國藩家書所表達的家庭形態，爲一個典型的儒家傳統家庭。曾家當時爲侯府相府，曾國藩卻極力保全祖傳的半耕半讀的家風，謙虛勤儉的家德，在盛時不顯露驕奢，衰時仍能持久。

家書的倫理，以兄弟的倫理最受注意，曾國藩說：「予生于倫常中，惟兄弟一倫抱愧尤深。蓋父親以其所知盡以教我，而我不能以吾所知者盡教諸弟，是不孝之大者也。」（家書第一册，頁四九，致溫等四弟），家書的大部份都是給弟弟的信，不厭其煩的勸勉弟弟。對於父親，他敢於進言，「但當諭親於道，不可庇議細節。」（家書第一册，頁七一）對於女兒，則講「三綱之道，君爲臣綱，父爲子綱，夫爲妻綱。……夫雖不賢，妻不可以不順。吾家讀書居官，世守禮義，爾當誥戒大妹三妹忍耐順受。」（家書第三册，頁一二七一 寄紀澤）

現在社會遽變，大家庭變爲小家庭，五倫道德幾乎已不存在；但是我們仍要保持曾國藩對家庭的理想；家庭爲人品道德的搖籃，爲人生情感的總滙；兄弟和睦爲事業成功的妙訣，家人勤儉是家境持久不敗的要道。居心謙虛，以體認自身成功乃先人的遺澤；力求檢點，爲後人留福德，家庭乃是生命共同體，生命所有互相流通，人生乃不孤獨，身心可得平衡。

目前，中國家庭，不僅是組織上解體，尤其是精神上崩潰，夫妻反目，輕易離婚；父母子女，代溝不通；老親被棄，幼少無依。而且淫佚奢侈，絕無家風。在另外一面，臺灣的財團，卻都是家庭兄弟合資。我們誦讀曾國藩家書，感慨實多。一位身處亂世，位居統帥總督，天天不忘自己的家庭，時時爲家風家聲着想，因而子孫乃能百年受福。我在文中，多引家書原文，期望大家面對與人的話語，倍覺親切，激發心中同情和反省。

十五、王船山思想的體系

本年六月三月到六日，文化建設委員會在故宮博物院，舉辦「王船山學術研討會」，由中國哲學會、故宮博物院與輔仁大學聯合承辦；教育部和力霸公司協辦。

去年十一月，大陸學人在湖南衡陽舉行了王船山逝世三百週年國際學術研討會，一百多位學人參加。衡陽是王船山的故鄉；他生在衡陽，住在衡陽，葬在衡陽。但是他不是因爲考試落第，布衣終身。他一生辭官不做，埋身草莽，反對滿清外族入主中國，去世以前，自題墓石說：

抱劉越石之孤憤而命無從致，
希張橫渠之正學而力不能企。

王船山的墓在衡陽金蘭鄉大羅山，墓碑刻「明徵仕郎行人王公薑齋府君之墓。」兩旁有兩幅石刻對聯：「前朝乾淨土，高節大羅山。」「世臣喬木千年樹，南國儒林第一人。」

王船山生於萬曆四十七年（公元一六一九）己未九月初一日，卒於清康熙三十一年（公元一六九二）正月初二日，年七十四歲。船王先生，名夫之，字而農，號薑齋。晚年居於湘西左石船山，自稱船山老人船山老農，學者稱船山先生。年二十四，同長兄介之應湖廣鄉試，都獲中舉。次年，張獻忠陷衡州，捉拿他的父親作人質，逼他投降。船山自己刺傷全身，叫人抬著往見，乃得脫免，走匿雙峰嶺下，築室名續夢庵。二十六歲時（公元一六四四）李自成陷京師，清兵入關，崇禎帝自縊，船山作悲憤詩一百韻，悲憤數天不進食，遷居黑沙潭雙髻峰。兩年後，明福王被執，船山續寫悲憤詩一百韻。二十八歲，明唐王被執，再續悲憤詩一百韻。次年明桂王至武岡州，船山由湘鄉間道奔赴，因霪雨連月，被阻山中，不果往。清兵克衡州，避居蓮花峰，研究易經。桂王遷南寧，船山往奔行在，因著父喪，辭不受官職。三十二歲（公元一六五〇）船山在梧州，就行人司行人介子職，被王化澄陷害，幾死。往桂林，依瞿式耜。八月，母親去世，清兵陷桂林，瞿式耜殉節，船山乃回鄉，浪遊滂溪、郴州、萊陽、晉寧、漣邵，又匿入常甯猺洞，變姓名爲猺人。四十歲時（公元一六五八）徙歸衡陽，居蓮花峰下。後二年，徙居湘西金蘭鄉高節里，造小屋，名曰敗葉廬。公元一六六二年，桂王被執，又續悲憤詩一百韻。遷居船山，築土屋，號觀生居，稍後，在附近二里許築草屋，曰湘西草堂，作爲定居的小屋。公元一六七八年，吳三桂據衡陽稱帝，迫船山寫勸進表，船山逃入深山，吳三桂卒，兒子吳世潘繼位，世潘敗亡，船山回湘西草堂，繼續授徒、寫書。公元一六九二年，清康熙三十一年壬申，正月初二，卒葬於高節里大樂山。

船山著作很多，專精於易學、理學、歷史哲學。在各種著作裏，常流露他心中追念明朝，痛恨外族滿人入主中國的憤慨。在宋論書中，評宋朝亡於蒙古元人說：「漢唐之亡，皆自亡也，宋亡，則舉黃帝堯舜以來道法相傳之天下而亡之也。……孰令宋之失道若斯其愚邪！天地之氣五百餘年而必復，周亡而天下一，宋興而割據絕，後有起者，鑒於斯以立國，庶有待乎！平其情，公其志，立其義，以奠其繼，斯則繼軒轅大禹而允爲天地之肖子也夫。」（宋論　卷十五）

船山在史論裏，對於華夷的分別很嚴明。「夷狄之與華夏，所生地異，其氣異矣。氣異而習異，習異而所知所行蔑不異矣。異種者，其質異也；質異而習異，習異而所知所行蔑不異矣。」（讀通鑑論　卷十四　東晉哀帝）。他看夷狄人有如羅馬人看奴隸，不承認他們享有人權，衹是主人的所有物，可賣可殺。他說：「人與人相於，信義而已矣。信義之施，人與人之相於而已矣，未聞以信義施之虎狼與蜂蠆也。……故曰：夷狄者，殲之不爲不仁，奪之不爲不義，誘之不爲不信，何也？信義者，人與人相於之道，非以施之夷狄也。」（同上　卷四　漢昭帝）

華夏和夷狄的分別，由於地域不同，氣質互異。船山說：「天以洪鈞一氣，生長萬物，而地限之以其域，天氣亦隨之而變，天命亦隨之而殊。中國之形如箕，坤維其膺也。山兩分而迤，起自賀蘭，東垂於碣石，南自岷山，東垂於五嶺，而中爲奧區，爲神臯焉。故裔夷者如衣之裔垂於邊幅，而因山阻漠以自立。……濫而進宅乎神臯焉，雖不歆其利也，地之所不宜，天之所不佑，性之所不順，命之所不安。是故拓拔氏遷洛而敗，完顏氏遷蔡而亡。」（讀通鑑論 卷十三 晉成帝）縱使夷狄入主中國，採用夏漢文物制度，必喪失本身的民族性而取滅亡。「夷狄而教先王法，未有不亡者也。……沐猴而冠，爲時大妖，先王之道不可竊，亦嚴矣哉。」（同上 卷十四 晉孝帝）

他在清朝統治之下，不承認清朝的統治權，作永曆實錄二十六卷。第一卷開卷大行皇帝紀，紀明桂王卽位肇慶，改明年爲永曆元年。按年紀事，永曆十六年，吳三桂弒上於雲南及皇后。其他各卷，爲永曆朝的忠臣叛臣立傳。

船山又著黃書，說明他的政治理想。黃書共七章，第一章原極，「保我族類洋洋之大，脈脈之傳。」第二章古儀，「深仁大計，建民固本，淸族類，拒外侮之謀。」第三章宰制，說明我河山氣概，「濯秦愚，刷宋恥」。第四章愼選，「抑浮燥，登德行，立庠序，講正學，厲廉恥。」第五章任官，「公其心，去其危，盡中樞之智力，治軒轅之天下，族類強植，仁勇競命。」第六章大正，「湔惡俗，極民瘵，創業中興。」第七章離合，「地有必爭，天有必順，氣有必養，誼有必正，道有必反，物有必惜，權有必謹，輔有必疆。」「亂極而離，離極而又合，合而後聖人作焉。受命定符，握權表正，以擬保中區之太和。」船山遵循中國歷史哲學的傳統信念，深信將有正命天子，結束滿清的變亂，恢復華夏的正統。

「南國儒林第一人」，王船山的墓園石刻對聯的這句評語，可謂非常中肯。從中國學術史去看，在詩賦裏，屈原應是南國第一詩人。從儒學去看，宋朝理學家周敦頤和張南軒應是南國名家，但就學術思想的淵博去說，還是明末清初的王船山，應是「南國儒林第一人。」王船山一生沒有做官，祇有短暫幾年在肇慶爲永曆皇供職，一生讀書寫作，著書八十八種，屬於經類二十四種，史類五種，子類十八種，集類四十一種，其中佚失的頗多。長沙嶽麓書社現正出版船山全書，共十六册，收有著作四十九種。

王船山的哲學思想，以易經爲根據，再採納張載的思想，加以發揮，成爲他的形上學。易傳講宇宙變化的歷程，以「易有太極，是生兩儀，兩儀生四象，四象生八卦。」宋朝周敦頤採納漢朝易學的思想作太極圖說，以太極而無極，太極生陰陽，陰陽生五行，五行生男女，男女生萬物。張載則以太和和太虛，代替周敦頤的太極和無極。太和爲氣的本體，不分陰陽，稱爲太虛，王船山接受張載的太和太虛，但以氣的本體已分陰陽，祇是隱而不顯。這是王船山的特點，所以在易經解釋上，他主張「乾坤並建」，但不是二元，而是一氣的兩類。宇宙內沒有純陽無陰的氣，也沒有純陰無陽的氣，陽中有陰、陰中有陽。動靜爲陰陽的特性，動中有靜，靜中有陰。

氣有陰陽，陰陽有動靜，動靜有聚有散，有進有退，變化無窮，化生萬物。氣變化的理，含在氣中。變化的理，爲繼續變化，循環不已。元氣變化生物，物化回歸元氣。氣在化生的物體內，仍繼續變化，王船山倡「命日降性日生」的主張。人在出生時，因天命而成人性。天命爲太虛變化之理，規範氣的變化。人性因天命之理而成，人形則由陰陽五行之氣而成。陰陽五行之氣在人內繼續變化，人性也隨著發展，然而一個人的性的根本則不變，常是同一個人，因爲天命之理不變。此與中庸第二十二章之盡性思想相符。

宇宙整體具有天德天道，天德爲體，天道爲用，天體爲精神性，因而宇宙的變化，神妙莫測，化生萬物。變化的本體爲氣，宇宙變化爲一氣的運行、氣運始生時爲機，氣運已成則成勢，迭有盛衰，盛而衰，衰而盛，循環不息。人類社會事事物物也爲一氣的運行，易傳以天道地道人道並列，合爲三才，人道和天道地道相通，人和萬物一體。

人類社會事物的表現，一爲倫理，一爲歷史。人的生命爲倫理善德生命；倫理善德由陰陽五行的氣所凝聚而成，氣凝聚所成的性，繼續發展，乃成倫理善德生活。人的生活便是發展善德，應常誠於自己的人性。中庸講誠講中，誠是率性，中庸說「率性之謂道」；中爲人性的天生傾向，一切變化常求平衡，不偏不倚，不過不及。易經的時位常求中正，中正在人便爲中庸。

倫理善德生命的內在意義和精神，在於化育生命，化育生命在宇宙爲天地的大德，乃上天好生之心；在人則爲仁。易經以仁爲元，爲生命的資始和資生。生命始生以後，有亨利貞。人的善德生命，開始爲仁，然後有義禮智，但是亨利貞不能脫離元，義禮智也不能脫離仁。儒家繼續孔子以「仁」貫通一切。孔子曾經說，「吾道一以貫之。」

在實際生活上，仁道卽是人心之道。人的倫理生活由人心去活動，活動的進行，爲大學所說的正心；正心在於守敬，守敬使心常存於正，正卽是仁義。王船山生於明末清初的時際，外族入主中國，他認爲亂世，亂世須重嚴肅，他一生持身非常嚴，窮到沒有紙可以寫作，仍一絲不苟。向親友借紙寫書，寫後歸還所借的紙，自己不存原稿。所以他的著作散失，不易收集。這種嚴肅精神，常表現在他的史論中。最顯著的一個例子是他最不滿於三蘇的人格，尤其痛斥蘇軾的浪漫生活，責以宋朝黨禍起於三蘇。

史論，爲王船山學術思想的重要部分。中國歷史哲學有尚書的天命史觀。有孔子春秋的倫理史觀，有易經的氣運史觀。王船山的史論著作，有春秋家說，春秋世論有讀通鑑論，宋論。他接受尚書的天命史觀，以君主由上天所選。在宋論的第一篇，說明上天選擇君王，第一選有德的人，例如湯王武王；第二選有功的人，例如漢高祖、唐高祖；第三在沒有上面兩類的人的時際，上天選將來可以治國的人，這就是宋太祖。天命的思想，不僅在君王的選擇，在國家的大事上，也是歷史的軌範。對史事的評論，絕對遵循春秋的原則，以倫理爲標準，一個人的功過，也以倫理的準衡。

對於史事的變化，王船山喜歡借用易經的氣運思想，使歷史評論另開生面，提出「機」字「勢」字，造成了「時機，時勢」的名詞。一樁歷史史跡在將發生還尚未發生的時候，稱爲史事的機。大的政治家有見機的能力，知道防亂於未然。將發生的事爲好事，則助它發生；將發生的事是亂事，則予以阻止。事既發生，成爲時勢，則因時順勢，若違乎時勢，必被滅敗。王船山在春秋世論一書中說：「太上治時，其以先時，其次因時，最下亟違乎時，亟違乎時，亡之疾矣。」時勢已成，靜待過去。王船山說：「天下之勢，極則變，已變則因。」勢不能持久，久必變。他在宋論第七卷說：「極重之勢，其末必輕，輕則反之易，此勢之必然者也。順必然之勢者，理也。」我們可以舉例如蘇聯共黨的勢力，末後很輕，反倒它是易事。王船山在春秋家說書中第一卷說：「大勝不以力，大力不以爭，大爭不以劇，故曰小不忍則亂大謀。」大勝爲整個事局的勝，是人心的勝，不能用戰爭武力去取得，必須持久以道德愛心才能夠收服。這一大原則正可以作我們大陸政策的標準。氣運是宇宙的變化，有天道地道的規律，天道地道爲天命，天命以氣運化生萬物，有利於化生，不有害於萬物。人道遵循天道地道，也必有利於人的心靈生命，故人道爲仁道，仁道用於人生，仁道運用於歷史。人和萬物相連，萬物和宇宙相連，宇宙萬物連爲一體，在天地大化的流行中，生生不息，王船山在張載正蒙「乾稱篇」下註釋中說：「天下之物，皆天命所流行，太和所屈伸之化，既有形而又各成其陰陽剛柔之體，故一而異。惟其本一，故能合，惟其異，故必須相成而有合。」

宇宙萬物，人世社會，一氣所成，彼此相通；各有本體，本體不同，互相融洽，以得和諧；人世社會乃爲一祥和社會，宇宙萬物，成爲風調雨順，生氣蓬勃的天地。

這是王船山哲學思想的大綱，接成一個系統，他思想的特點，則是他的民族思想。

附錄

一、生命與信仰互融的智慧

——談羅光教授的生命智慧

周景勳
香港聖神修院神哲學院哲學部主任

導言

羅光教授在八十歲那一年寫了一篇對自己過去研究「中國哲學」，及思考「生命哲學」等生命事工的簡介和寄望的文章：「八十總結開新生」。這篇文章雖然簡單，卻展現出一份生命的發揚、創生、旋律和超越：在其內，更將生命與信仰交織在一起，也將生命、信仰和文化熔爲一爐，這實在是羅教授的生命智慧，這份生命智慧實在也就是羅教授的人生目標和信仰精神的合一，誠如在文章的開端，羅教授說：

『人生七十古來稀』現在已不足為稀，八十仍舊不算為普通年歲。我這個有天主教信仰，又遵守儒家遺訓的人，常以『天人合一』，同天主相結合為人生目標，八十年來，天天在人間的事務裏忙來忙去，教育事業和研究學術雖說是精神的功作，仍舊將就的心牽掛在人世的事上，不克經常反親自心，面對心內的天主。我乃決定在八十歲，對於人世間的事作一次總結。

羅教授這一份「生命與信仰互融的智慧」實在就是自我生命的「反觀」的成果，即反觀自心以見心中的基督，相應着他研究中國哲學所體會到的「反觀自心以見本性」。

於是，吾人從羅教授生命哲學的生命超越的反觀，和他那一份信仰的執中裏，體驗到他有一股信仰和生命融貫在文化精髓中的力量和智慧；這份智慧引導他的生命趨向無限的眞善美，與基督的神性生命相合爲一：這也是他在中國的生命哲學中體悟到的「生命超越」的層面——與絕對體相合的境界。羅教授說：

我的精神生命，趨向無限的絕對真美善，又與基督的神性生命相合為一，我的精神生命乃在本體上超越宇宙萬物的自然界物體，攝昇到神性的本體。我精神生命的活動也日漸超越宇宙萬物，雖同萬物活在宇宙中，我精神生命的活動在目的和本質上，却屬於超宇宙的神性生活，且與絕對真美善的造物主天主相接。

在中國的生命哲學中，儒佛道都趨求生命的超越，儒家以『天人合一』，道家以『與道冥合』，佛教以『進涅槃』爲目的，都追求人的生命超越宇宙，達到與絕對體相合的境界。㈠

爲了清晰地介紹羅光教授的「生命哲學與中國哲學的精神，和生活的修養與境界」的智慧㈡，吾人從三方面加以探討和說明：

一、創生力

二、崇實知天

三、純明神通的修養

一、創生力

這裏所說的「創生力」有別於「創造力」。

所謂「創造力」乃指向宇宙萬物的根源而說的，即在宇宙萬物的變化中，必定須有一絕對的實體作爲第一根源，爲第一動力因；即宇宙萬物不能自有，必定是受造的，創造宇宙萬物的純粹性和絕對性的實體，必定要超越宇宙之上的，且在創造宇宙萬物時，創造主不用自己的本性本體，而是用自己的力；這種力，稱爲「創造力」㈢。

所謂「創生力」，羅教授強調：「創造主以創造力創造了『創生力』，『創生力』化生宇宙萬物。」㈣可見，創生力與創造力是互相相連的；它是分受創造力之「力」而繼續發揮宇宙萬物的生化活動，故創生力是「力」，是宇宙一切變易的發動力，也是創化生命的力，所以羅教授認爲：「創生力由創造力得到『力』，……創生力不能脫離創造力，好比電流不能脫離電源。創生力在開始時，即推動變化，變化的次序和過程，按照創造主智慧所定的自然法進行。……物的化生只是化生，不是創造，因爲不是從無中生有，物之理已是創生力的質中的潛能，質是由創生力的質中之原素而合成。」㈤

羅教授將士林哲學的「潛能」到「現實」的動力的思想，配合了中國哲學的「生生之謂易。」的生化變易思想，故說：「創生力在整個宇宙裏，是宇宙存在和變化的力，也就是宇宙的存在和變化。……變化是進化的，依照自然法而前進；但不是物種進化論。一物的理，不由另一物而生，而是已在創生力的質中之潛能，因着創生力的變化乃成爲現實。整個宇宙是一個創生力，整個宇宙的變化是一個變化。」㈥

在羅教授的思想中，他認爲萬物的生命是互相連接的和互相流通的，因爲創生力就是宇宙存在的生命力，又是每一物存在的生命力；而生命力是不斷地在宇宙萬物內活動着，使之成爲不可分割的綿延生化地發展生命，這就是由「能」到「成」的創生力的活動；羅教授說：

我認為生命力就是創生力。我所講的生命，首先是中國哲學所講的內在的變易；其次變易則是由『能到成』的行，生命所以是『行』。『行』的動因則是創生力。……我存在，由創生力使我有生命，生命常變易，又須創生力繼續維持，我的存在是生命，生命是變易，變易是創生力。(七)

「創生力」是羅教授生命哲學的一項創新的思想智慧，乃在於平衡「創造」與「進化」的衝突，使生命在變易的進化中，不致脫離了創造，而是分享着創造力，在創造力的「能」到「成」中繼續發展「能」到「成」的「行」；因爲生命的成因在於變易，而變化的成因有其起點和終點，就是動的過程；起點爲「能」終點爲「成」，動的過程爲「行」，宇宙萬有的存在是由「能」到「成」的繼續的「行」。每一物體的存在不是固定的存在，因爲並不是一次由「能」到「成」這個「成」就固定存在了，它的存在延續下去，是一次一次地由「能到成」，繼續的「行」。於是，宇宙萬物的「存在」必定常繼續由能到成，也必定常有「行」、「成」才是「存在」，「存在」也就是「行」，而由這種「行」應是「內在的」，所以稱爲「生命」；「生命」常是「整體」，故萬物的實體存在因着生命而成爲「一、眞、善、美。」

羅教授的生命哲學不脫離信仰中的創造主，也不脫離士林哲學的形上基礎，亦不脫離中國哲學的生生變易思想，更將這三者融會貫通，發展了自己的「創生力」的智慧思路，倘若以「人」作為例子，羅教授說：

人的『在』，是創造主以自己的創造力，創造創生力，創生力使實體存在。創造主對人的創造觀念是人的『理』，是人的靈魂。創生力使對人的創造觀念得以實際存在時，是用男女的精卵相結為質料，精卵相結成的胚胎為人的質，即人的肉體或身體。靈魂和身體因創生力而結成一個人。身體是物質，靈魂是精神，靈魂為人的『理』，『理』實際存在時，也該有質，靈魂的質是精神質，我們常說人是心物合一，即是精神和物質。由創生力相結合。一個人是單獨的實體，是一個『自我』。靈魂由創生力直接而成，肉體由父母血肉的創生力而形成。靈魂是人的生命中心，生命進入肉體內，靈魂和肉體結成一個實體，人的實體因生命而存在，人的『在』，即是『生命』。(八)

生命的發展在於落實地生活；於是，人要在「創生力」中維持造物主在人生命中的「繼續的創造」，以把握「自我」，以能意識到「求美、求善、求真的生活，以求生命的發展。」(九)其實，「求美、求善、求真，都在發展每個人所有的『能』，發展的活動，由『生命力』發動，每個人由『創生力』得有『生命力』，『生命力』，就是『創生力』在每個人本體內的活力，這種活力使自我常由『能』到『成』，這種繼續由『能』到『成』的變易，即是人的生活，在人的生活中，有生理生活、有感覺生活、有心靈生活。」(十)

人在生命的發展中，必定要運用生命力去發揚生命，就是要不斷地「創新」，使自己不停滯地活下去，這就是儒家家所說的「盡性」（中庸），以達「至誠」（中庸），「至善」（大學）而爲「聖人」，也就是所謂的「返本歸原」，即要歸到絕對的無限眞善美——生命的主。

在「返本歸原」之際，人的生命有着「生命的旋律」，就是人的生命在天地萬物的衍化大流中與其他生命緊相連繫，使人的生命（心靈）在宇宙美景中，拓廣到天之高、地之深，更擴充到無限；若在信仰的層面中表達，乃言：「我的心靈因萬物的美好，上升到造物主天主，在造物的美好中，欣賞詠讚天主的美善。」(十一)若在中國哲學（文化）的層面中表達，就是：「心飛越宇宙，卻在自己內面深處，體認『萬物皆備於我』（孟子盡心下篇），和崇實知天知命地達到『從心所欲不踰矩』（論語　爲政篇）的生命超越。」(十二)

生命的超越實在是羅教授生命哲學的終極點，就是指生命（人的精神生命）以「與基督的神性生命相合爲一」，即「與絕對眞善美的造物主天主相接」，也就是儒家以「天人合一」、道家以「與道冥合」，佛教以「進涅槃」爲目的所追求的理想。這理想爲羅教授來說更是「生命圓融」——「愛的圓融」——心靈生命充滿了愛，生命根由之愛，使現世的一言一行、一舉一動，都留有天上的一股淸香氣息。(十三)

二、崇實知天

生命的發展必定要落實於生活中，而不是空掛在抽象的觀念裏；故此，人的生命必須在「創生力」的變易中有「行」，「行」便構成生命哲學中的「生活觀」，指引人的生活趣向目的。西方哲學因着宗教信仰與生命的結合，引導人走向永遠生命的目的，卽現世的生命爲一旅程，永遠生命才是生命終極目的。而中國哲學在「行」上乃講「人生之道」，這個「人生」是指現世的實際人生。(十四)中國哲學在傳統儒家的影響下，其基本精神乃一種重實的精神，指示人善渡現世的生活，我們可從書經中的「鴻範九疇」所指的實際事宜得知(十五)；也可從易經的八卦和天地變易現象，以及所描述的實際生活事例可知。(十六)藉此，要求人能「素其位而行」（中庸），卽爲其所當爲者；然而，在「盡力爲之」之下，必須有「順受其正」（孟子盡心 上篇）的安命知天基礎，好能在己之內活出「內聖」，在己之外活出「外王」，卽能「正己安人」。(十七)這樣，人與人的生命得以調協，甚至宇宙萬物在生命上亦能互相聯繫、互相調協，人的生命跟天地的自然規律在安命的中和下相契合，萬物也因此而得以發育：「致中和，天地位焉，萬物育焉。」（中庸）而生命的調協，實在使人能發揚自己的本性，以至能參贊天地的化育（中庸），故儒家有「天地有好生之德」和「天地以生物為心」的思想，更有「人得天地之心而為心，人心故仁」的精神。㈥

羅教授在談生命的發展時說：「中國的形上學不分析生命的意義，而從動的方面講生命的發展。生命的發展分成兩大部份：第一，物的化生程序；第二，人的修養。」㈨吾人也嘗試從這兩大部份綜合羅教授的思想，以闡述其「創生力」思想與崇實知天的聯繫。其實，在羅教授的思想中，物的化生程序就是「創生力」在萬物中的由「能到成」以至於「行」的表達；而人的修養則為人在「創生力」的「行」中「順天安命」的落實生活，以求能做到「參贊天地化育」之「天人合一」的超越境界。

1. 物的化生程序

物的化生以「變」為徵要，在「變」中有「生生」，故易傳以變易為化生生命的能力，變易能貫通天地萬物，「生生之謂易」（繫辭上　第五章）。而變易的成因有其起點：「能」，和終點：「成」，其程序乃「行」，故在「能」到「成」而「行」中展現了生命底創生力：「是故易有太極，是生兩儀，兩儀生四象，四象生八卦。」（繫辭上　第十一章）八卦變而為六十四卦，六十四卦代表天地萬物，萬物產生的程序也是卦的程序。(二十)同樣的，每一卦代表宇宙的一種變化現象，每一變化現象皆由陽陰二爻在六位裏，上下變動位置而起變化，而每一種變化現象都是天地人的變化，亦是宇宙的變化，於是天地人結合為一體。㈡

可見，宇宙的變化乃陰與陽兩元素，即由陰陽的結合而成，其目的在於使萬物化生，使萬物能成其性，所以易傳繫辭下第五章言：「天地絪縕，萬物化醇。男女構精，萬物化生。」㈢

羅教授在言易經的宇宙變化時認爲，其變化有其目的，那就是「生生之仁」，因爲易經在講宇宙變化時，稱之爲天地之大德：「天地之大德曰生，聖人之大寶曰位，何以守位？曰仁。」（繫辭下　第一章）仁就是「好生之德」，仁和生緊緊相連；若落實於人的生命中言，天地變化的原則就是人的生活原則，即以天地之心爲心，此心必定是仁，唯聖人能感於此而以仁守位配天安命，亦能與天地相通，即能自化而化民，仁民而愛物，其智慧周涵萬物，仁道濟愛天下；其精神周流在萬物中，乃能樂天知命，這表示聖人體驗天地萬物一體，表現於自己的生活中。㈢可見，聖人和宇宙萬物的生命的相通在於「仁」，即王陽明所講天地萬物的「一體之仁」。（大學問）

2. 人的修養

「仁」在生生中顯示天道的精神乃使宇宙萬物在化生中能有其次序，同時也能互相調節，即宇宙間的化生次序在於調節自然界的變化現象，使之不紊亂，且協助有生命之物能夠發育生長，人可以藉着生物來維持生命，這種助長生物的精神，表明上天有好生之心之德。孔子羨慕這種天道，也看到聖人能行仁而與天道相通，故願意身體力行之，於是將這天道的生生之仁落實在人道的思想中，故人道也必須有「次序」，有「調節」，有「好生」，藉此以幫助人發展自己的生命。因此，孔子以「仁」包含着代表「次序」的禮，代表「調節」的中庸，代表「好生」的仁愛，(三四)作爲修養的要求。

「禮」在於助人立身以承天道，若不學禮，則無以立（論語　季氏篇），人的行動當效法天道的次序，使生活不紊亂而能正心和諧，所以禮的精神在於「仁」：「克己復禮爲仁。」（論語　顏淵篇）

「中庸」之道乃指宇宙萬物在化生的變化裏，能各得其中，互相調協；同樣地，在人的修養行動中，當常得其中而恰到好處地依於仁。

「仁愛」者在於「親親仁民愛物」（孟子盡心　上篇）的好生，目的在於致中和而發育萬物，更能「修己以敬」、「修己以安人」、「修己以安百姓」（論語　憲問篇），這就是發揮仁道。(三五)

至於修養的原則，羅教授引用中庸第二十二章的內容來說明：

唯天下至誠，為能盡其性；能盡其性，則能盡人之性；能盡人之性，則能盡物之性；能盡物之性，則可以贊天地之化育；可以贊天地之化育，則可以與天地參矣。

羅教授說：「性爲理，在這裏所說的性，爲生命之理；因爲生命之理相同，故人發展自己的生命，便能發展別人的生命，也能發展物的生命。我要保全而發展我的存在，便要保全也發展人和物的存在。我的存在是生命，在生命上我和別的人物相聯繫。王陽明講一體之仁即一體的生命，人的生命……和萬物的生命連接在一體之內。……也就是一體之仁的相愛。孟子說仁民而愛物，張載西銘說「民吾同胞，物吾與也」，這也是孔子所說的仁者立己立人，達己達人，乃是精神生活的最高峰。……人之心爲仁，由仁而和萬物相連，因相連而相愛，人乃仁民愛物以參天地的化育。」㊱

在中庸所引發出來的修養原則，及「仁」的修養要求中，吾人可看出羅教授很重視儒家的「內聖外王」精神，希望人人能在修身中把握住「心安」和「盡性」，務使自己的心靈與天地合其德地充滿天心的仁愛；更能「推己及人」地以「誠」行諸於世。㊲

三、純明神通的修養

羅教授畢身以信仰基督爲依歸，更將自己的生命奉獻於基督，爲信仰奮鬥和服務；可說：信仰就是他的生命。吾人從羅教授生命哲學底心靈超越的反觀中，體驗到他那一股心靈開放的追索，和他那一份信仰生命的力量；又從他遵守儒家遺訓的反思中，看到他那一份儒者君子的風範和允執厥中的精神；又從他努力將信仰體驗融貫在中國文化的血液裏的心願可知，他切實希望基督（天主教）的信仰與中國文化緊緊地扣合在一起，使之化成一體的生命。

於是，羅教授從天主教神修學的傳統思路：「『淨』（Purificatio）——心靈的淨化、『明』（Illumiratio）——進德修善、及『合』（Unificatio）——與主契合」的系統中，相應於他從中國文化的沉思中所獲得的生命體驗，以及他對自我生命追索的求知求眞求美求善的創造，找出生命在眞善美聖中的自由，以發展自我生命的旋律，誠心對主的展示了生命的超越，自我空虛地在愛的圓融裏成賢成聖，無我地唱出生命的智慧。(二八)

羅教授在生命的智慧中提出：正心立志、守敬主一、淨心寡慾、誠心對主、自強不息等修養方法，以維護人與人相處的和諧共融，更能使人在修身正心上穩健地發揚自我的生命。(二九)

生命的發揚必須自我不斷地在修持中成就的，所以在生命的修養中，自我勉勵是很重要的。於是，羅教授在「下學而上達」的謙卑心態下，找到了自我的生活標語，創造了自己的「中國靈修」路向，誠如他說：

> 我素日精神生活的標語，為『純而明，明而神，神而通。』這三句取自中國的古書，『純而明』取自大學的『大學之道，在明明德』；『明而神』取自中庸的『大德敦化』；『神而通』則取自王陽明的『一體之仁』（大學問），

張載的『民吾同胞、物吾與也。』」(正蒙西銘),但是我給三句標語,加予天主教精神生活的意義。天主教精神生活的意義,包涵在基督的山中聖訓和最後晚餐的聖訓裏。」㈩

羅教授從「心地純淨乃眞理」(聖經瑪竇福音第五章第八節)這句話的啓示,配合了「大學之道,在明明德」的「明」的思索,引發了自己的靈修路向:「純而明」——止於至善、靜而后定、定而后安、心地光明、齋戒沐浴、成性存仁、心靈祥和、怡然自樂。一個人若能做到「心常主於一」,便能知「萬物皆備於我」,更了悟生活的目標,在以基督的生活爲自己的生活,即在於奉行天父的旨意(若望福音四章三十三節);能奉行父旨的人,心中必有基督,基督便以聖神引人的心再一次歸向天父,心境便能常常祥和,無憂無懼,常安怡樂,故心常「明」。㈢

心常明,必能「虛明照鑑」;能照必能「德化衆生」、一如孟子所言:「夫君子所過者化,所存者神,上下與天地同流。」(盡心 上篇)也就是「大徵敦化」(中庸)的聖者,故能配天。羅教授在「純而明」之後,再進一層帶出「明而神」,藉以幫助人跨越自己,做到以德化人,正己正人,立己立人,達己達人。其路向乃:神而化之、肫肫其仁、大孝尊親、致知格物、無憂無懼、冰清玉潔、中正心謙、天倫之樂、以友輔仁、爲政以正。㈢

羅教授再進一步地說：「精神生活的境界，層層上升，純而明，明而神，神而通。通的意義，普通說是貫通。在精神生活上，莊子最注意『通』；……使自己的精神和道和天地和人物和世事，貫通無礙，順乎自然，一切天然，無知無欲，素樸天眞。儒家的聖人，以仁德的心和天地日月四時鬼神相通：『先天而天不違，後天而奉天時』（易經　乾卦文言）。基督的生命，既和天父相通，又和人類相通，且通於宇宙萬物，造成一種新天地。……人心（基督徒的心）以基督的生命，通於萬物；以基督的愛，愛惜萬物，在超越的境界裏，實現儒家的『參天地之化育』。」㈢其路向乃：通於世人、守口如瓶、通於萬物、天人合一。㈣

中國古代的傳統，常以天人合一為精神生命的根源和目標。儒家主張人與天地合德，以仁心參贊天地的化育，發揚萬物的生命。道家主張人的氣合於天地的元氣，再合於道，駕馭萬物，和天地而長終。佛教主張空虛自己，在自心顯現真如，進入涅槃，長樂我淨。我們（基督徒）領洗，因聖洗和基督結成一體。我們因基督和天主聖三相結合，在世界生活中以信德而渡過這種天人合一的生活，死後升天進入永生，乃完滿地實現天人的合一。

然而，在信徒的生活中，基督徒如何保持這份天人合一的境界呢？因爲人的軟弱和罪惡會使人與主分離，所以爲加強基督徒與主的結合，基督徒必須「通於聖事」常與主共融合一，因爲基督爲了加強信徒與祂的合一，建立了聖事，賦予人聖寵，聖寵乃是我們基督徒與基督合一的生命養料和力量。除了聖事之外，也必須「通於祈禱」，常常與主相晤交談，以達成一體的生命。基督徒既然與主有一體的生命，也就能將自己奉獻於主，分擔基督的救世贖世工程，即背十字架跟隨基督，這便是「通於痛苦」與基督合一。另一個與主相契合一的方法就是「默觀」，即在靜中體驗和觀想天父的偉大、寬恕、光明、慈悲、光明等，好能心靈安祥、純樸，同基督一起工作事主愛人，事事處處看到聖父的愛，時時刻刻尋求聖父的光榮㉟

可見，羅教授從信仰的超越和中國文化的精髓，以及他自己的生命默靜中，體驗到生命必須與基督的生命相通，故人必須懂得「空虛自己」，不自我執著，以基督的心爲心，以基督的生命爲生命，通乎萬物；以基督空虛自己的愛，包容萬物、愛惜萬物，在生命的超越裏，實現「天人合一」、「道通爲一」、「圓融一體」的靈修生活。

結語——生命的超越

羅光教授在生命哲學中所追求的是要結合哲學與宗教信仰，致力於哲學的思辨，探究生命終極的問題；他將生命終極的目標與宗教結合，再將中國傳統的文化扣緊着生命的信仰，使信仰落實在文化中以補足傳統儒家思想對生命的終極目標，在哲學上無法再延伸下去的，可以繼續有所發展，這不但沒有失去儒家思想的本貌，也不會將儒家宗教化，只不過是給予更新的詮釋，更健全儒家思想的完整性。㊱羅教授為了緩和生命與信仰的衝突，信仰與文化的衝突，他運用了自己在思考反觀上的智慧，提出在創造力底下的創生力，即造物主在每一物體內（特別是人）賦予了創生力，創生力在分享造物主創造的恩寵下，產生了「創新」的功能；「創新」的結果就是創生力的超越層面，所謂「超越」是指互相接觸的創生力，在互相調協、互相奉獻融合而成的，不是互相否定和互相排斥的。㊲可見，「創新」功能乃帶出生命的超越。

於是，人在生命的發揚中，必然意識到自我的生理生活、感性生活和理性生活是不可分割的「一體」生命，故互相之間是調協和諧的；同時，人也意識到自己是與生命外在的萬物可以相連，即從自我生命的開放，以貫通我與人的生命，也貫通到物的生命。㊳這種生命相通的體驗落實在信仰的超越中，就是與基督的生命相通、與教會相通，以肯定自己是一位奉獻於基督的人，在精神生活上必須有基督無私的愛人，才能達到通於人而無我地享有純淨愛心的神樂；透過信仰的落實於生命和文化中，羅教授更強調生命的歸依：

我希望我的精神生命能夠神化，直見天主的本體，我便要使我的精神生命

> 歸向天主，誠心信仰天主的慈祥和美善。在我現世生活裏，我的價值觀決定以天主高於一切，作為我生活的目標。我又堅信我的生命本體已經超性化，和基督的生命本體成為一體。……信仰生活是活潑潑的生活，信仰支配我整體的生活，而且引導我的心靈常用祈禱的默靜，歸向天主。……我希望我的精神生命神化而融會在天主的生命中，我必定要『空虛自我的意識』。……(三十九)

生命的空虛使人了悟黑暗底的光明，得到心靈的淨化，體驗明德的在我心，創生力在自我生命底的創新，更無思無念無憂無慮地直觀眞善美的主，把握在基督內的「愛的圓融」的合一。羅教授的生命智慧就是將生命投進基督的生命中，再在基督的生命中把握了自己的生命，實在是自我生命的超越；倘若要說：「玄妙」，眞是玄之又玄，妙之又妙；倘若說是美善，眞是美中之美、善中之善。(四十)

註釋

㈠ 羅光 生命哲學，臺灣學生書局，修訂三版，民七十九年，第六章，生命的超越，三〇一頁。

㈡ 本文所根據的乃羅光教授三本重要的著作：

1. 生命哲學　學生書局
2. 中國哲學的精神　學生書局
3. 生活的修養與境界　輔仁大學出版社

這三本書可以說是羅教授個人哲學智慧的創作，將西方士林哲學與中國哲學融會貫通的代表，也是他在思想會通下，將生命與信仰落實的反省，化作自我生命的持養與靈修的生活力量。

(三) 同(一)，第二章，創造，四三至四五頁。
(四) 同上，四六頁。
(五) 同上，四六頁、四九頁、五〇頁。
(六) 同上，五〇頁、五一頁。
(七) 同上，第六章，生命，九九頁、一〇〇頁。
(八) 同上，一三一至一三八頁。
(九) 同上，第四章，生命的發展——生活，一九五頁。
(十) 同上。
(十一) 同上，第五章，生命的旋律，二二四頁。
(十二) 同上，二二五頁。
(十三) 同上，第六章，生命的超越。
(十四) 在中國傳統的哲學思想中乃以儒家的思想爲核心，儒家的「崇實的精神」與道家引人走出現實以避世和佛教教人拋棄宇宙以出世是不同的。

(十五) 「洪範九疇」都是實際生活上的事，要求當時的皇帝為治國平天下應該盡心盡力注意的九項事務：「初一，曰五行。次二，曰敬用五事。次三，曰農用八政。次四，曰協用五紀。次五，曰建用皇極。次六，曰義用三德。次七，曰明用稽疑。次八，曰念用庶徵。次九，曰嚮用五福，威用六極。」

(十六) 易經中所有的是「辭、爻、象、占」，四者都用為人的日常生活：「易有聖人之道四焉，以言者尚其辭，以動者尚其變，以制器者尚其象，以卜筮者尚其占。」（繫辭上第十章）

(十七) 羅光　中國哲學的精神，學生書局，民七十九年，一三至一七頁、一三一頁至一三六頁。又在中庸第十四章所言的「素其位而行」乃是一種實際的生活之道的指示：「君子素其位而行，不願乎其外。素富貴，行乎富貴。素貧賤，行乎貧賤。素夷狄，行乎夷狄。素患難，行乎患難。君子無入而不自得焉。在上位，不陵下；在下位，不援上。正己而不求於人，則無怨。上不怨天，下不尤人，故君子居易以俟命，人人行險以徼幸。」

(十八) 羅光　儒家哲學的體系，學生書局，民七十九年十一月修訂版，一〇〇至一〇三頁。

(十九) 同上，「中國哲學中生命的意義」，八八頁。

(二十) 同上，八九頁。

(二一) 同上，易經的生生，一七九至一八〇頁。

(二二) 同上，一九一頁。

所謂天地男女，都是代表陰陽兩個元素。周易本義的注釋說：「絪縕元素。周易本義的注釋說：「絪縕，交密之狀。醇，謂厚而凝也，言氣化者也。化生，形化者也。」

(三三) 同上 一八〇至一八一頁。
易傳繫辭上第四章言：「與天地相似，故不違，知周乎萬物而道濟天下，故不過。旁行而不流。樂天知命，故不憂，安土敦乎仁，故能愛。」

(三四) 羅光 中國哲學的展望，學生書局，民七十四年 「孔子思想系統觀」 二六三至二七二頁。

(三五) 同上。

(三六) 同(六)，中國哲學中生命的意義，九〇至九一頁。

(三七) 同(七)，「崇實——實有、實際」，二六至三一頁。

(三八) 周景勳 超越生命的沉思「哲學與文化」月刊第二〇〇期，第十八卷第一期，民八十年一月出版，三四至三七頁。

(三九) 同(一)，第五章，生命的旋律，二六九至二八七頁。

(四十) 羅光 生活的修養與境界 輔仁大學出版社，民七十六年十二月初版，二頁。
作者按：基督的山中聖訓內容很豐富，乃指導人渡一個聖善的生活，其中以「眞福八端」爲核心。即

「赤貧的人是有福的，因爲天國是他們的。

哀慟的人是有福的，因爲他們要受安慰。
溫良的人是有福的，因爲他們要承受土地。
饑渴慕義的人是有福的，因爲他們要得飽飫。
憐憫人的人是有福的，因爲他們要受憐憫。
心裏潔淨的人是有福的，因爲他們要看見天主。
締造和平的人是有福的，因爲他們要稱爲天主的子女。
爲義而受迫害的人是有福的，因爲天國是他們的。」
（可參閱聖經瑪竇福音第五、六、七章）

至於最後晚餐的聖訓之內容，其重點在於「彼此洗脚」，這說明了愛的服務；耶穌更訓示了「彼此相愛」的命令，以及祂爲所有的人的祈禱，願眾人都在祂的愛內合而爲一。（可參閱聖經若望福音第十三章至第十七章）

㉑ 同上，一至六二頁。
㉒ 同上，六三至一三四頁。
㉓ 同上，一三五頁、一三六頁、一五六頁。
㉔ 同上，一五七頁。
㉕ 同上，一五七至一六六頁。
㉖ 汪惠娟　羅光總主教生命哲學之形上學，《哲學與文化》月刊，第二〇〇期，第十八卷第一期，

民八十年一月出版，三一頁、三二頁。

㊲ 同上，三〇頁。

㊳ 同㊱。

㊴ 同㈠三〇二至三〇五頁。

㊵ 羅光 生命哲學訂定本序，同㈠。

羅教授說：我曾寫「我的生命哲學」一文，對於生命的超越有以下的話：

「中國古代哲學，儒釋道三家都很明顯地指示人的生命應超越人世的有限界限。道家指示人忘掉形骸，以心神的元氣和宇宙的元氣相合，成爲『眞人』，長生不死，和宇宙而長終，莊子寓言眞人入火不焚，入水不濕，飄遊六合中。佛教指示人泯滅假心，尋到眞心，眞心卽眞我，眞我卽眞如，眞如卽絕對實體，人和眞如相合，進入涅槃，『常樂我淨』，常在、喜樂、眞我、潔淨。儒家指示人和天地合其德，與天地參，贊天地的化育，易經乾卦文言：『夫大人者，與天地合其德，與日月合其明，與四時合其序，與鬼神合其吉凶』。中國哲學都提挈人的精神生活，發展到無限的永恆境界。

但是我的生命，來自絕對的生命，和宇宙萬物的生命相合，我能『仁民而愛物』，我的生命通貫到宇宙萬物裏，有孟子所說的『浩然之氣』的境界，便要超越宇宙，面對絕對的生活；『愼終追遠』，始自絕對的生活，終於絕對的生命。

我的天主信仰指示我，我生命的歸宿，是回到造物主天主。天主是絕對的完全生命，是絕對的眞美善。我回到天主，因祂的永恆生命，而使我的生命永遠存在；因祂的絕對眞美善，我生命所追求的享受，乃能達到追求的目的。我的超越生命的完成是一種超越的圓融的愛，因爲天主是愛，絕對生命的生命就是愛。

在愛中，圓融爲一。天主教的超越生命，不是冷淸的冰冷生命，不是消失感情的平靜生命，也不是空的虛浮生命，而是最實際、最有活力的超性生命；不是高飛天際傾向不可攀登的天主，而是天主在我心內的生命。超越生命是生命本體的體認生命，生命的根由和愛造生命的結合，人乃以整個心靈喊叫天主爲『天父』。」

二、羅光的生命哲學

李匡郎

一、前　言

本文嘗試對羅主教所提出的「生命哲學」加以探討，並把這個哲學思想體系置於當代來反省，希望能更明確的瞭解羅主教所提出對中國當代哲學指出的方向。

羅主教的「生命哲學」系統著作於民國七十四年出版，到現在已近九年，九年中修訂過兩次，於民國八十一年又寫了續編，解釋一些自認沒有說明白的觀念。對一個已提出的思想體系在九年中做如此的修訂是值得探討的。更且，在中國哲學的展望中，他肯定了生命哲學是中國傳薪哲學，並且是新哲學的展望。因此我們可以考察一下生命哲學在當代諸哲學體系中所呈現的型態。

本文分爲三部份，第一部份從羅主教的著作中探索，生命哲學由醞釀到體系的建立，到修訂的脈絡；第二部份嘗試瞭解羅主教生命哲學的意義；第三部份反省當代哲學中生命取向的型態，以及羅主教的生命哲學所提供的融合士林哲學，並以中國哲學的傳統加以解釋所呈現的意義，由於篇幅及時間所限，第三部分只提出一輪廓，待日後再加以研究。

由於師承羅主教，在立場上及對其所提的思想體系之偏愛是一定的，只希望能做到不溢美。在反省上也能不過當，並且在當代哲學的諸般型態中眞能找出一條大道。以此求教於大方之家。

二、生命哲學脈絡的探索

八十多年的歲月對一個剛落地的新生命來說是一段漫長遙遠的旅途，但對已歷閱過的羅主教卻還能發出如孔子般的「其爲人也，發憤忘食，樂以忘憂，不知老之將至云爾。」（論語 述而）自我肯定的豪語，或許他早已了悟這漫長的生之旅，只不過是通往永恆天鄉的剎那。

成爲一個人意味著什麼，人人似乎都有成爲眞正自己的強烈願望，但眞正能意識到生命是一不斷內在變易的本體，繼續的由『能』到『成』，並力圖在變易中奏出「苟日新，日日新，又日新。」的生命旋律，展現出生命超越的特質，是中國傳統知識份子的特性，也是儒家、道家、佛家思想的精華。正所謂「成己成物」，「君子所過者化，所存者神，上下與天地同流。」（孟子 盡心）羅主教不僅在生命的過程中驗證了，並且在其「生命哲學」中展現了這種境界。

生命哲學是羅主教哲學生命的文字顯像。爲了解一個思想體系，透過思想家本身的心路歷程，在其歷程中層層剝現，由醞釀到建立，由建立到修訂，由修訂到趨於完成，一級級的追索，是本節所要做的工作。

1. 醞釀期

寫作「生命哲學」的構想是在民國七十年之前，中國哲學思想史——清代篇完稿之時。「我想在兩三年內先寫……，然後寫一部我自己的哲學思想，我既然看到哲學的展望，我就要在這條展望的路上去做嘗試。」㈠這條路就是「從詩書開始，中國生命的哲學，易經予以形上的哲學基礎，歷代儒者予以發揮，成爲儒家思想的脈絡，上下連貫，從古到今，道家、佛家也在生命的哲學上和儒家相通，生命便是中國哲學的精神，中國哲學將來的展望，便在生命之仁的哲學上往前走。」㈡

民國七十年是羅主教哲學生命的一個里程碑，清代篇完稿，意味這十年來，對中國哲學思想史的解讀與寫作的一個句點，從此轉入另一個新的里程，我們追索民國七十年以前「生命哲學」在羅主教的著作中的形成樣態。

民國六十二年羅主教開始寫作中國哲學思想史——先秦篇，在「孔子與門弟子思想」一章中提出「生命哲學」，認爲「生命哲學，在中國哲學史上沒有這個名字，在西洋哲學史裏也只有現代才有這種哲學，但是在中國哲學思想裏，生命的思想充滿了儒家的哲學，從易經開始『生生之謂易。』把天地的變化都集在生命一點，生命成了宇宙的中心，孔子以仁爲自己的一貫之道，仁卽是生生，卽是愛惜生命，孔子仁的哲學便成了生命哲學。」㈢

在民國六十二年出版的歷史哲學中，曾介紹西方二十世紀的歷史哲學，有德、法的生命哲學（Philosophy of Life），但在此時期羅主教以爲「生命哲學、人生哲學、精神科學，是相類似，生命哲學的是研究人生的經驗，以求得人生的意義，人生是人的精神活動，生命哲學也就可以稱爲精神哲學。」㈣

民國六十三年發表的聖多瑪斯哲學對中國哲學的可能貢獻中云：「宇宙變易的目的，在於創造生命，生命的意義在人的生命裏完全實現，因著生命，宇宙萬物合成一體，一體的表現在於仁。」㈤這段話可以說是生命哲學內容的基本架構，「生命」，「變易」，「仁」。民國六十五年發表的自我哲學中云：「中國哲學爲人的生命哲學，人的生命不是空的抽象問題，而是最具體的研究對象。」㈥

民國六十六年有好幾篇文章提到「生命哲學」這個主題，並且認定中國哲學的傳統爲「生命哲學」。如：

我認爲哲學的主題應該是人的生命。㈦

中國的傳統哲學是一種生命哲學，……中國哲學在將來的發展，若要繼續以往中國哲學的傳統精神則要走向發展精神生命的路線。(八)

中國哲學的特點在於講論生命，……這種生命哲學思想，為中國的傳統哲學思想，也是中國哲學的特色。(九)

行的哲學，就是生命哲學，而且是人的精神生命之哲學。……中國哲學在將來仍舊須要繼續發揚精神『生命哲學』，在天地萬物的大結合中顯出生命的活力，使人的精神浩然與天地相終始，而能超越宇宙以上，和絕對精神的造物主相接，……這種哲學乃是中國的生命哲學。」(同上)

民國六十六年是「生命哲學」系統明朗化的時期，已指出生命哲學1.是中國哲學的傳統；2.是中國哲學的新生；3.以易經的生生之謂易為理論基礎；和絕對精神的造物主相接。六十六年到七十年間有幾篇文章也代表「生命哲學」的主要觀念的形成。

易經生生的觀念，在中國哲學裏成了一個最基本的觀念，造成了中國哲學的特色，中國的哲學就是生命哲學。(十)

民國六十八年有兩篇文章直接的談「生命哲學」，爲中國哲學中生命的意義，及儒家的生命哲學。(十一)

民國六十九年發表一篇生生之謂易，云：

> 中國的哲學思想，由古到今，以「生命」相貫通，生命為仁，……殊不知儒家的倫理道德以形上的生命哲學為基礎。(十二)

從以上所徵引可以看出在民國七十年羅主教決定開始寫作「生命哲學」以前對「生命」做爲哲學的全部內容，貫通之道，是中國哲學思想的精華已肯定了，在架構上筆者以爲尚未臻成熟，到了七十年以後至七十三年完稿時這個體系才趨於明朗。

2. 建立期

民國七十年中國哲學史清代篇殺青，羅主教自云：「看到哲學的展望」，「要寫一部我自己的哲學思想。」他就開始「在這條展望的路上去作嘗試。」(十四)七十三年八月一日，生命哲學的序言完稿，七十四年元旦出版。在書序及緒論中羅主教表明了這個系統：

> 我這部書名為「生命哲學」，不是以哲學講生命，而是以生命講哲學，這

乃是儒家哲學的傳統。

因爲「哲學爲學術工作，乃生命的高度活動：哲學的研究對象乃是生命，爲我生命向各方面的表現。」但「生命的哲學，貫通了全部哲學的思想，結成一個生活的系統，不是『隔岸觀火』地研究哲學的對象，而是我在哲學的對象內生活。這就是中西哲學的結合，萬物爲『存有』，『存有』爲『生命』。」(十五) 當然羅主教先見的考慮到「生命哲學可以代表中國傳統哲學的革新而成爲中國的新哲學嗎？生命哲學可以作爲天主教思想和儒家思想的結合，成爲教會本地化的基礎嗎？」(十六) 由此我們更可以了解，這兩個問題其實就是生命哲學想要做到的境界。

在此我們看看作者自己對這系統的架構的說明，也是此書的六章：

哲學研究宇宙萬有，萬有既是生，哲學便可稱為生命哲學。

第一章　我生命的體認，認識論

生命哲學的第一步便研究理智和萬有的認識關係。稱之為我生命的體認卽哲學的認識。

第二章　我生命的本體

理智的認識不是認識萬有的形色，而是萬有的本體，理智藉著感官的印象，進而和對象客體相結合，認識客體的本性，由木性進到本體，再下到個性的屬性是二部份的研究為哲學的形上學，本體論。

第三章 我的生命和宇宙

我生命的本體不是孤獨一個，而是存在於宇宙萬有之中宇宙的一極大的時空，和我的生命相連，哲學便研究宇宙萬物，……即是哲學上的宇宙論。

第四章 生命與創造

人的生命乃宇宙萬有生命中最高最成全的，它的最高點在於心靈，……心靈的生命為理智和意志的生命。人因有理智和意志乃能創新發展人性生命，本書第四章，……即哲學的理論心理學。

第五章 生命的旋律

人的生命的特有點為精神生命，生命為活動，在發展，宇宙的活動常繼續不停，生化不息，遵循一定的規律原則，易經稱為天道地道，人生命的活動，一定也有規律，易經稱為人道，本書第五章便研究精神生命的規律，……即哲學的倫理學。

第六章 生命的超越

人的精神生命常變易，追求發展，精神發展力的本體雖有限，發展的對象則無限，人精神生命的發展傾向於無限，不能範圍在宇宙以內，中國儒釋道都講生命的超越，我信天主教，天主教講超本性的生命超越，本書第六章乃講生命的超越，即精神發展論。

以上是作者明白的表示本書的結構，並說：「本書六章前後一貫，以形上學爲基礎，貫通倫理學和發展論，都以『存有』、『生命』爲基礎，形成一個系統的生命哲學。當然我們也可看出這是西洋傳統哲學的表現架構。

3. 修訂期

修訂期可分成三個階段，第一，爲七十四年～七十七年，第一次修訂；第二，爲七十七年～七十九年底，訂定本的出版，第三階段則是七十九年底到八十年，八十一年元月出版了一冊續編，本文在行文中簡稱第一版、第二版、第三版、及續編。

第一階段——第二版

在第二版的序中羅主教云「五年來，我深入研究生命哲學的意義，漸漸有了新的構想。」這個構想也是在反省第一版「只想用『生命』貫通中國哲學和士林哲學，注意點在貫通，所以把中國哲學和士林哲學的重要部份都列舉在書裏，全書的次序也是傳統士林哲學的次序，

……因而給人一個印象是在講士林哲學。」(七)

「新的構想」也是發現西方哲學論「有」，但對「有」是什麼？認爲不必講也不能夠講。而中國哲學卻講了「有」是什麼。「有」是「變易」。「變易」是「生生」，「生生」是「生命」，但沒有講生命是什麼。因此羅主教把「生命哲學」是完全講生命，不僅以生命貫通一切，而是解釋生命的意義，由生命的意義解釋萬有。

爲解釋生命是什麼？羅主教用士林哲學的動因來說明「變易」，最後的動因是造物主的「創造神力」，「創造神力」發動宇宙開始的初次物體，予以「創生力」初次物體發動再次物體，以後陸續發動，陸續傳予「創生力」，然而從開始到現在，一切物體仍靠造物主的「創造神力」繼續支持，這種支持，等之於繼續創造，造物主的「創造神力」即是造物主生命的神力，這種生命的神力連繫了整個宇宙萬有，宇宙萬有在生命上乃有整體性，而宇宙萬物的生命也有整體性，由同一的「生命神力所發，分享造物主的生命。」

這是羅主教第一次用這些名詞來說明生命的意義及來源。

在書的結構上第二版的四、五兩章是第一版的五、六章。第二章加了論變易一節及生命的整體性，在這一節中他提出造物主的「創造神能」，「創造神力」並說「創造神力是生命」，說明了人的『在』來自造物主的「創造神力」，人的『一』也是來自「創造神力」。不僅人的一，宇宙的整體性，發展也都由「創造神力」所維繫著。

這次的修訂是一次里程碑式的修訂，所用的這些觀念第一次用來明確的說明變易、生命、存有、在的整體性。

雖然在結構上打散了第一版原有的士林哲學型態，但在內在結構上乃是一個系統，在序中羅主教預見「出版後大概不容易被讀者明瞭，更不容易被讀者所接納」，但「我相信我的路線是不錯的。」不久在哲學與文化出刊一篇羅主教對一些意見的回應，名爲「我的生命哲學」，此文以七小節說明之：

1. 儒家生命哲學
2. 生命的根源
3. 相對生命是由「能」到「成」的變易
4. 生命的整體性
5. 生命的意識
6. 生命的發展
7. 生命的超越

這個結構自成一個體系和書中所表現的不同，可以算是修訂版以後的反省。

第二階段——訂定本

兩年後生命哲學的「訂定本」面世，序言中云：「第一次的修改，在於增加『生命』的說明，初版的生命哲學試圖以『生命』貫通全部哲學，重點在貫通上。修訂本把重點放在『生命』上從哲學思維去解釋『生命』，……這次訂定本的修改在於講明生命的來源。……對於生命的發展，這次訂定本特別提出美善眞和愛的活動。」

在書的修改上和第二版比較

第一章　(不變)

第二章　改爲創造、提出『創造力』『創生力』『創造主』，這些名詞做爲專節來討論。

第三章　生命大部份與第二版之第二章同，但把第二版第二章中的一些小節擴大。

第四章　生命的發展——生活，是原二版之第六章，我的生命，也把原來的小節提出成專節，如：眞、善、美，並提出愛，做爲連繫的力量，且新寫了一節發展歷程——歷史。

第五章　是原第四章

第六章　是原第五章

第三階段——續編

民國八十年八月底，羅主教結集了一年來對生命哲學一些觀念的反省的十二篇文章出版爲續編，在序言中云：

「去年底出版了生命哲學訂定本，全書已改了三次，我想不必再改了，但是後來考慮書中尚有幾點沒有多加發揮，而且『創生力』的意義還不大清楚，須加以補充，便開始寫「宇宙」一篇。一面寫，一面思考，連帶引出了許多別的問題。」(九)這十二篇文章爲：一、宇宙；二、一的根基；三、二與變——陰陽；四、整體的實體；五、主體——我；六、合一的宇宙；七、圓滿的認識；八、倫理道德和生命；九、美與生命；十、歷史與生命；十一、文化與生命；十二、位格在當代哲學可有意義。

從這幾篇文章可以看出羅主教一面加強對「創生力」的解釋，一方面由生命哲學中理論基礎的建立，轉向實踐，談美學、歷史哲學、倫理學、文化哲學、生態學。在文中引了幾篇附錄，如，黑格爾美學中強調以生命爲基礎的美；伯格森的物理之道；熊十力的新唯識論；懷德黑的自然與生命；東舍的哲學人類學中位格的弔詭。在「宇宙」文中，以科學的理論，能量，力等概念來說明創造力、創生力。

以上的追索中，可以看出，羅主教對「生命哲學」這個系統從醞釀期的找到中國哲學中「生命哲學」的重要性與完整性；經過建立期以士林哲學的方法表現，而發現中國哲學中對生命起源理論的缺乏，而以「創造神力」、「創生力」、「四因說」，來補充之：到修訂期中加強「創造力」、「創生力」在宇宙間的整體意義，最後在續編中落實在文化與生態中人生命型態的各方面。經由近十年的思考、反省，再再希望早期的認定沒有偏差，從而建立一新中國的哲學基礎，指出一個方向。

三、生命哲學的根本意義

生命哲學在羅主教的著述中的意義爲何?

在生命哲學第一版的序中指出：「我的這本書名爲生命哲學，不是以哲學講生命，而是以生命講哲學，這乃是儒家哲學的傳統。」(二十)「哲學研究宇宙萬有，萬有卽是生，生是生命，哲學便可稱爲生命哲學。」(二一)「生命的哲學，貫通了全部的思想，結成一生活的系統，不是『隔岸觀火』地研究哲學的對象，而是我在哲學的對象內生活，這就是中西哲學的結合。」(二二)

一開始，羅主教肯定了這個系統，是中國儒家哲學傳統，而這一傳統，由「易經的『生生之謂易』。說明宇宙變易以化生萬物，萬物繼續變易以求本體的成全，整個宇宙形成活動的生命，長流不息。」(二三) 西洋哲學的傳統也以萬物爲研究對象，「西洋形上學以萬物爲『存有』，『存有』卽存在之有，爲一切事物的根基。」(二四)「『存有』和『生命』爲一體之兩面，在這兩面的基礎上，建立我的哲學。」（同上）由此可知在羅主教的「生命哲學」中是希望能結合東西方這兩大哲學傳統而這新的體系奠基在『存有』和『生命』故其「生命哲學，可以代表中國傳統哲學的革新，而成爲中國的新哲學，生命哲學可以作爲天主教思想和儒家思想的結合，成爲教會本地化的基礎。」(二五)這是羅主教最大的希望，也是處心積慮要完成的工作。

本節嘗試從羅主教的著作中了解他對生命哲學的解釋，也可以看出他如何將古今中西的哲學融爲一爐。

1. 哲學

哲學的定義自古希臘以來，無數的學者都嘗試用自己的語文作一最完滿的說明，因此，從「愛智」到羅主教的「推知萬物至理的學問。」㈥之間在時間上間隔廿餘世紀，此定義也是傳統的定義，由這定義可分析出傳統哲學的主要課題。

推知——理則學、認識論

萬物——宇宙論、人

至理——形上學、本體論

學問——有系統的知識

這是羅主教在民國四十九年出版理論哲學與實踐哲學（士林哲學理論篇與實踐篇）中所寫的定義，我們再從其他的說法來了解：

> 我認為哲學的主要課題應該是人的生命。㈦
>
> 哲學為學術工作，乃生命的高度活動，哲學的研究乃是生命，為我的生命

向各方面的表現。(二八)

研究哲學是人的一種生活，人的生活為人生命的表現，……哲學的研究工作為人的理智生活；因此哲學的思想為人生命的一部份，也可以說哲學研究為人的一種生命。(二九)

哲學的研究為生命的表現，人的生命就是『存有』，凡是沒有和人的『存有』發生關係的事物，對於人便是不存有，對於我所有的『存有』，是和我的生命發生關係的事物。(同上)

羅主教在諸多文章中都提過哲學是什麼的問題，但從上引的文據，可以歸結出，哲學、生命、存有三者是不可分的，而人是結合此三者的關鍵。

2 中國哲學

在羅主教的第一本哲學著作爲中國哲學大綱，他以爲中國哲學中，儒釋道三家的思想雖各有辦法（方法），但走的方向都相同，三家的目的都在解決人生問題，三家的哲學都是人生哲學。(三十)

在儒家形上學中，他從宋明理學、心學中找到中國哲學的形上基礎。(三一)

六十六年在太極、道、第一實有體文稿出刊以後，易經的生生概念，一直吸引他，並給他的哲學豐富的內容。也因此對中國哲學與新方向有新的看法。

> 儒家哲學研究的對象是天理……因此儒家哲學的研究對象是生命，是生命之道。㈢
>
> 我們可以說：中國哲學的對象，在於研究生生之理，使人達到成全的生命。（同上）
>
> 中國的傳統哲學是一種生命哲學。㈢

因此也指出，「中國哲學，在將來的發展，若要繼續往中國哲學的傳統精神，則要走向發展精神生命的路線。」

「在中國哲學思想裡，生命的思想充滿了儒家的哲學，從易經開始，『生生之謂易』把天地的變化都集中在生命一點，生命成了宇宙的中心。」

3. 生命

「生命」在羅主教的哲學思想中到底是什麼，在生命哲學初版的緒論中可歸結出：

存有和生命為一體之兩面，存有便是生，生是生命，卽內在關於本體成或壞之動。

我認為性和在的結合為生命，因為這種結合，不是一次結合就固定不易，而是繼續不停的結合，這種不停的結合，稱為行，稱為生命。

實際存在的『有』，乃一整體的實體，實體的根基卽是『在』，『在』是『生命』，實體的根基便是生命。㊃

每一個實體都因著『在』而為『存有』，每一個『存有』都是一，『存在』的一，就是因著『在』，『在』為『存在』則是活動的『存在』卽是生命，就是創造力。㊄

我在解釋實體時，主張實體為一整體，整體之『一』在於創生力，卽是『存有』，卽是具體的『在』，卽是生命。㊅

「儒家形上學所研究的對象也是『有』或『物』，即是『萬有』、『萬物』的最根本觀念，儒家研究『有』不是從『有』的內容去研究，而是從在去研究每個『有』都是『在』，……凡是『在』都是動的，在易經稱爲易。即是變易。儒家形上學的研究對象爲『變易』，易經稱這種變易爲『生生』；我所以稱儒家的形上學爲『生命哲學』。」(三七)

從以上所引用的文據，可以歸結到羅主教把生命、存有、在，看成是一體的諸『面』而其特性是變易、生生。

4. 生命的來源

從第二版的生命哲學開始，羅主教提出「創造神力」（創造力），「創生力」做爲宇宙萬物，在生命上互相連繫的基礎。因爲每個物體的變易在動因上互相關連，最後的動則是造物主的「創造神力」；「創造神力」發動，宇宙開始時的初次物體，予以創生力，初次物體發動再次物體，以後陸續發動，陸續傳予「創生力」，然而從開始到現在，一切物體仍靠造物主的「創造神力」繼續支持；這種支持，等之於繼續創造。造物主的「創造神力」，即是造物主生命的神力，這種生命的神力，連繫了整個宇宙萬有，宇宙萬物在生命上乃有整體性，而宇宙萬物的生命也有整體性，由同一的生命神力所發，分享造物主的生命。」(三八)

生命哲學因此便完全講生命，不僅以生命貫通一切，而是解釋生命的意義，由生命的意義解釋萬有。

在訂定本中羅主教以獨立的章節來解釋「創造力」、「創生力」，並以創造主創造一切。

創造主以「創造力」，創造了「創生力」，「創生力」化生宇宙萬物，因此宇宙萬物爲一整體。

四、羅光生命哲學的當代意義

本文所指的當代以鴉片戰爭以後到現在大約一百五十年的時間，在這段時間裡，中國的政治型態、意識型態屢變，從政治觀點來看，共產主義、三民主義爲兩大陣營，政治影響下的學術，造成一種新的型態，尤以公元一九四九年以後的大陸爲甚。在臺灣，儒家爲主的新方向，以融合西學爲基調。㊴民國卅四年賀麟先生所著的當代中國哲學中指出，「大體講來，中國哲學在近五十年來是有了進步，這進步的來源可以說是由於西學的刺激，清末革新運動的勃興，和從佛學的新研究裡得到方法的訓練，和思想度的提高與加深。我們試簡單的結算一下，至少有下列幾點可以值得我們大書特書：一、在這幾十年中，陸、王之學得了盛大的發揚；二、儒佛的對立得了新的調解；三、理學中程、朱、陸、王兩派的對立也得了新的調解；四、對於中國哲學史有了新的整理。」㊵沈清松教授以爲「當代中國哲學主要的成就和體系都是某種方式和某種程度的融合成果。值得論列者有兼、綜的融合導向，當代新儒家的

融合導向，中國士林哲學的融合導向等三種。」(四一)

從西方哲學思想傳入的歷史來看，始自明末利瑪竇和同輩的耶穌會士。艾儒略的「西學凡」爲首刊的介紹士林哲學的著作。(四二)但致力於將士林哲學與中國哲學融爲一爐而治之的學者，首推羅主教，「生命哲學」則是最具系統的著作。(四三)

在哲學界的一般著作中，「中國士林哲學」並不多見，一般的哲學史，在論述當代中國哲學時常以「新儒家」做爲當代中國哲學思想的主要理論系統，而以熊十力及其弟子們尤以唐君毅先生、牟宗三先生爲主（余英時教授在論錢穆與新儒家文中有深入的剖析。）(四四)。但如果以著作的系統向度來看，則方東美教授、唐君毅教授、錢穆教授、徐復觀教授、牟宗三教授、羅光教授，堪稱當代中國哲學思想的代表人物。而以對哲學思想的著作而言，以方、唐、牟、羅爲四個主要的系統。方教授受尼采、柏格森及英美的新實在論、懷疑論的影響較深。唐先生則受黑格爾的影響。牟先生受康德的影響。(四五)羅主教受士林哲學的影響。

羅主教在「朱熹的形上結構論」文後以熊十力、唐君毅、方東美的三段文字作爲附錄，並指出「這三位學者都以生命觀念爲中國哲學的特性。」(四六)在其中國哲學思想史民國篇論述方東美及唐君毅的思想時也標示了「生命哲學」一節。在中國生命哲學的發展中更引了牟先生的文據：「中國哲學從它那個通孔所發展出來的主要課題是生命，就是我們所說的生命的學問，它是以生命爲它的對象，主要的用心，在於如何來調節我們的生命，來運轉我們的生命，安頓我們的生命。」(四七)牟先生在生命的學問(四八)，蔡仁厚教授在新儒學的精神方向(四九)等書，都再再的表明，「生命學問」的重要性。

由以上所引可以歸結出，生命哲學在當代諸哲學體系的重要性，而羅主教不僅看出其重要性，更致力建構其完整的系統，以士林哲學補中國哲學從漢代以來無天的缺憾，用『愛的圓融』消彌一切對立，使宇宙萬物，在圓融的愛裡結成一體。

在當代中國哲學思想的四大系統中各有體驗，各有方法，對中國哲學的紹述亦殊途，但能從「良知的傲慢」「知性的傲慢」中超越，體驗到造物主的眞善美，是羅主教「生命哲學」所要爲中國哲學思想指出的一條路線。(五十)

註釋：

(一) 羅光 中國哲學思想史，清代篇，後記，頁五二六，臺灣學生書局。

(二) 同上 頁五二三—四。

(三) 羅光 中國哲學思想史，先秦篇（增訂版），頁二五八，臺灣學生書局。

(四) 羅光 歷史哲學（再版），頁一三八，臺灣商務印書館。

(五) 羅光 中國哲學的展望（再版），頁四十一，臺灣學生書局。

(六) 同上。

(七) 同上　頁廿一。
(八) 同上　頁廿八、卅三。
(九) 同上　頁卅五、卅八。
(十) 同上　頁四一。
(十一) 羅光　儒家哲學的體系，頁三四，臺灣學生書局。
(十二) 同上。
(十三) 同上　頁二三七。
(十四) 同註(一)
(十五) 羅光　生命哲學，初版序，頁三—四，臺灣學生書局。
(十六) 同上。
(十七) 羅光　生命哲學，二版，序，臺灣學生書局。
(十八) 羅光　生命哲學，三版，序，臺灣學生書局。
(十九) 羅光　生命哲學，續編，序，臺灣學生書局。
(二十) 生命哲學，初版，序。
(二十一) 同上　緒論，頁十。
(二十二) 同上　序，頁三。
(二十三) 同上　頁二。

（二四）同上。

（二五）同上 序頁三一四。

（二六）羅光 理論哲學，頁二，文景書局。

（二七）中國哲學的展望 頁廿一。

（二八）生命哲學 初版，頁二。

（二九）同上 緒論，頁十四。

（三十）羅光 中國哲學大綱序，臺灣商務印書館。

（三一）羅光 儒家形上學 初版，序，中央文物供應社。

（三二）中國哲學的展望頁四。

（三三）同上 頁廿八。

（三四）生命哲學 初，序。

（三五）生命哲學 續篇，頁十六。

（三六）同上。

（三七）儒家形上學 二版，頁十四。

（三八）生命哲學 二版，序，頁二一三。

（三九）參考沈清松教授著，兩岸學術思想發展。（中國論壇二四一期民國七十四年十月）

（四十）賀麟 當代中國哲學，頁二。

(四一) 同(三九)。

(四二) 羅光　中國哲學思想史—元明篇，臺灣學生書局。

(四三) 沈清松教授以吳經熊教授及羅主教爲代表，吳經熊教授在多篇著作中表現出融合士林哲學及中國哲學的思想。

(四四) 余英時　猶記風吹水上鱗，錢穆與新儒家，聯經。

(四五) 參考賀麟　當代中國哲學。

(四六) 羅光　儒家哲學的體系，頁六七。

(四七) 同上。

(四八) 牟宗三　生命的學問，三民書局。

(四九) 蔡仁厚　新儒家的精神方向，臺灣學生書局。

(五十) 良知的傲慢，知性的傲慢，引用自余英時，論錢穆與新儒家。在天主教的靈修中有所謂理智的黑暗，意指通向（體驗）最高智慧的準備期請參看羅光著我們的天父第九章拔除自我（聖十字若望）。牟先生在圓善論中則認爲，人不須靠外力亦可通向圓善的境界。